riete · Gennadij Ajgi · John Ashbery · Kofi Nyidevu

· Elizabeth Bishop · Edward Kam̄   ̄aite ·

ūido Ceronetti · Gu Cheng · Inֵ   ·

ūrnow · Fazil Hüsnü Dağlarca · Bei Dao · Mıcнel

Mircea Dinescu · Duo Duo · Hans Magnus

Falkner · Édouard Glissant · Lavinia Greenlaw ·

· Durs Grünbein · Manfred Peter Hein · Judith

Michael Hofmann · Felix Philipp Ingold · Roberto

ki · Ilya Kutik · Abdellatif Laâbi · Yang Lian ·

to Melleri · Christopher Middleton · Les Murray ·

Neri · Bernard Noël · Cees Nooteboom · Arthur K.

ɔo · Makoto Ōoka · Michael Palmer · György Petri

rd Priessnitz · Oktay Rifat · Gonzalo Rojas · Olga

lu · Charles Simic · Göran Sonnevi · Shuntarō

nicaya U Tam'si · José Angel Valente · Idea Vilariño

Vühr · Kateb Yacine · Andrea Zanzotto

Atlas der neuen Poesie

Herausgegeben von Joachim Sartorius

Rowohlt

Redaktion Andreas Anter
Umschlag- und Einbandgestaltung Walter Hellmann
Typographie Joachim Düster

1. Auflage März 1995
Copyright © 1995 by Rowohlt Verlag GmbH,
Reinbek bei Hamburg
Urheberrechts- und Quellenhinweise siehe S. 378
Satz aus Dante auf Monotype Lasercomp
von LibroSatz, Kriftel
Gesamtherstellung Clausen & Bosse, Leck
Printed in Germany
ISBN 3 498 06306 5

Atlas der neuen Poesie

Vorwort von Joachim Sartorius

Trotz aller Nekrologe: Die Poesie lebt

Das Jahr 1994 hindurch konnten die New Yorker in der Subway in jedem Wagen zwei Gedichte lesen. Der Vorsitzende der Verkehrsbetriebe hatte sich über die deprimierende Aussage der meisten Plakate beklagt. Alles gebe es da, sagte er: «Hämorrhoiden, Geburtenkontrolle, Drogenabhängigkeit». Das niederziehende Gefühl, das die meisten New Yorker mit den Zügen in Verbindung brächten, habe damit zu tun. Jetzt konnten sie Gedichte lesen von Emily Dickinson, Walt Whitman, William Butler Yeats, aber auch von Zeitgenossen wie Richard Wilbur oder John Ashbery. «Wir wissen», sagte Cynthia Atkins, eine junge Lyrikerin, die für die «Poetry Society of America» die Gedichte auswählte, «daß die Leute von Lyrik eingeschüchtert sind.» Aber flößt ein Gedicht wirklich mehr Furcht ein als ein Plakat, das für Mittel zur Warzenentfernung wirbt? In der ‹tageszeitung› stellte ich zwischen 1989 und 1993 jeweils auf einer ganzen Seite insgesamt 48 Dichterinnen und Dichter aller Breitengrade vor und entwarf eine poetische Landkarte, auf der dieser Atlas beruht. Die Auswahl fand Resonanz und zog eine Flut nicht unbedingt erwünschter Manuskripte nach sich. Der zweisprachige Abdruck von Gedichten von Wallace Stevens in der FAZ führte regelmäßig zu 70 bis 80 Leserbriefen, Reaktionen insbesondere auf die Übersetzung und ihre angebliche Mangelhaftigkeit.

Immerhin: die Diskussion um Lyrik wurde geführt, nicht nur von Autoren und Kritikern, jenen drei Dutzend, die sich hamstergleich im Lyrikrad drehen, sondern auch vom Geschäftsmann in Pirmasens und dem Zahnarzt in Berlin, der, sein Frühstücksei köpfend, die Faxmaschine in Gang setzte und beim zuständigen Literaturredakteur anfragte, warum um Gottes willen die Übersetzer «snow» mit «Schnee» wiedergegeben hätten. Das Festival «Poetry International» in Rotterdam druckte 1994 die Gedichtzeile «Trockene Tränen sind die schönsten» von Neeltje Maria Min auf Taschentücher und verkaufte sie durchaus erfolgreich in der ganzen Stadt.

Diese Geschichten aus dem wirklichen Leben stehen im Widerspruch zu den vielen Begräbnisreden, die in den letzten Jahrzehnten auf die Poesie gehalten wurden. Immer wieder beschwören Literaturkritiker genüßlich die Krise, ja das Ende der Poesie. Die heutige lyrische Avantgarde sei Wiederholung und Selbstbetrug. Die Poesie befinde sich auf dem Rückzug. Sie habe sich um ihre Sprengkraft gebracht, als sich die in Enzensbergers «Museum der modernen Poesie» inventarisierte «Moderne» durchgesetzt habe. Gerade deshalb sei es «nicht möglich, noch wesentliche Wirkung» zu zeitigen (Peter Hamm). Die Lyriker in ihrer Eitelkeit jammern selbst, sie polierten die «Perle des Denkens» (Christian Prigent) in einer merkantilen und histrionischen Welt.

Das Überleben des Genres steht aber nicht wirklich auf dem Spiel. Gewiß, das Interesse ist nicht übermäßig groß. Aber geziemte sich derlei überhaupt für eine literarische Gattung, die gegen die Theoreme der Ideologie, gegen die Abstraktionen des Weltmarktes und der Technokratie eigensinnig auf dem Besonderen beharrt und nicht gemeine Sache machen will mit Alltag, Wiedererkennbarkeit und dem Mainstream der Gefühle? Immer noch werden Bücher gedruckt und verkauft, die es nach den Gesetzen des Marktes eigentlich gar nicht mehr geben dürfte. In Südamerika erlebt die Poesie gerade einen neuen Boom. In England erreichen die schmalen Lyrikbände einer jungen Dichtergeneration – Michael Hofmann, Lavinia Greenlaw, Glyn Maxwell – spielerisch zwei, drei, ja vier Auflagen. Es gibt genügend Anzeichen, daß wir gegen Ende dieses Jahrhunderts ein Renouveau der Poesie erleben werden. Die «poetische Beute» – so Walter Benjamin über Charles Baudelaire – wird groß sein.

Was ist das Gedicht?

Weil die Sprache von allen die Sprache von niemandem ist, muß man sich eine Sprache finden, um das Intime – den toten Punkt aller positiven Diskurse – zu verbalisieren. Die Rolle der Poesie war schon immer, ein alternatives Sprachsystem zu produzieren. Das Gedicht ist, neben anderem, auch einer der stärkstmöglichen Ausdrücke von Intimität. Schon aus diesem Grund wird es überleben. Es kommen andere Gründe hinzu. Es gibt dieses Paradox, daß die Sprache, die uns zu Menschen macht, uns von der Welt genau in dem Augenblick erlöst, in dem sie vorgibt, sie uns zu geben: So kommt es einerseits darauf an, diese Geste der Loslösung vom Natürlichen bis zum Ende durchzuführen (das vollbringt die Dichtung mit ihrer rhetorischen Verdichtung und ihrem Streben nach Hermetik) und auf der anderen Seite dem Verlangen nach einer neuen Verbindung mit der Welt nachzugehen (durch Widerhall, durch ‹Korrespondenzen› im Sinne von Baudelaire und Rimbaud). Die Poesie – darin ist sie unausweichlich – ist der neuralgische Punkt, an dem dieser Widerspruch ausgestellt und behandelt wird, der unser Sprechen strukturiert.

Hierin ist das Gedicht sich gleichgeblieben seit den Gründungsvätern der modernen Poesie Mallarmé, Poe und Baudelaire. Es will, neben der geläufigen Sprache, ein Sein für sich führen. Es erfährt, radikal formuliert, die Wirklichkeit als das Unzulängliche, die Transzendenz als die Leere. Es bleibt ein Sagen, das seine Evidenz in sich selbst sucht. Der Dichter ist ganz allein auf seine Sprache gestellt. Von der Meditation über die Wirkungsmöglichkeiten dichtender Sprache gelangt er zum Austausch des Gedichts mit der Welt.

Nicht richtig aber ist die These, das Gedicht trete, seit der Epoche der «Moderne», so wie sie Enzensberger in seinem «Museum» kanonisiert hat, auf der Stelle. Im Gegenteil: in diese Ordnung ist wieder Chaos getreten. Was früher Einverständnis war, gilt längst nicht mehr. Die Geschichte der Dichtung der letzten fünfzig Jahre ist eine spannende Geschichte des Zustroms neuer Poesien aus Afrika, Asien und Lateinamerika, in denen auch der zynisch geschulte Europäer die pathetische Evokation, die Übersetzung des Schreis in Schreiben und den metaphorischen Aufschwung im Gewand fremder Traditionen lernen kann – und sie ist, in dem Raum, den das «Museum» absteckte, eine spannende Geschichte der Destruktion des Bildes und der Form. Beide, Bild und Form, stehen unter Wechselstrom. Früher war das Besondere die Form. Sie diente der Absonderung und der Erhaltung, fast so, als sei das Gedicht «eingeschlossen von Vulkangestein» (Durs Grünbein). Heute, unter dem Druck der massenhaft in Schüben ausgestoßenen Bilder, der unablässigen Diskurse der Medien, muß der Dichter, den Abwehrkampf probend, auf die Sprache selbst einwirken. Ganz Ähnliches gilt für das Bild, die Metapher. Seit der Romantik war «das tiefe Bild» die generative Zelle des Gedichts. Seit den sechziger Jahren verstärkte sich der Verdacht gegen die bilderreiche Sprache, was zu einem guten Teil mit der anschwellenden Produktion und Distribution von Bildern zu tun hatte. In Osteuropa setzten Zbigniew Herbert, Miroslav Holub und János Pilinszky auf Kargheit. Jede Theatralik, jede übertriebene Geste war ihnen abhold. Die Virtus wurde verteidigt durch das schmucklose Wort. Die Destruktion des Bildes geschah – und geschieht noch – auf dreifache Weise: Es bleibt zwar nach wie vor im Vordergrund des Gedichts, wird aber als trügerisch hingestellt, als etwas, das wir in Klammern setzen, parodieren oder einer Prüfung unterziehen müssen. So verfahren beispielsweise John Ashbery und Michael Palmer. Zum anderen wird das Bild durch das Wort selbst ersetzt. Das Interesse richtet sich auf die Morphologie und die Visualisierung der Bestandteile des Wortes. Das ist die Weise der konkreten Poesie – von den Pionieren wie Eugen Gomringer und Augusto de Campos bis hin zu John Cages «mesostic works». Andere Lyriker wiederum drängen das Bild hinter die Syntax zurück, die zur Dominante wird: in Poundschen Begriffen der Wechsel von phanopoeia zu logopoeia. Der Widerstand des Gedichts vollzieht sich nun auf der Ebene der Satzstruktur und nicht auf der Ebene der Bildcluster. Dadurch kann es sich der Vereinnahmung durch Sekundärsprachen nachhaltig entziehen. Der Leser hat wie in einem Puzzle die Sprachbeziehungen neu zu klären. Hierzu gehören so unterschiedliche Lyriker wie Manfred Peter Hein, Giampiero Neri, Inger Christensen oder Clark Coolidge. Diese Konzentration auf das Wort, die Struktur, die Diskriminierung der Wörter untereinander gemahnt an Pounds Definition von Poesie: «Sprache, aufgeladen mit Sinn bis zum äußersten.» Es ist nur die Natur der «Ladung», die sich so radikal geändert hat.

Bringt der Leser Geduld mit, liest er das Gedicht immer wieder, läßt er es sich eingraben, so erfährt er in der neuen Poesie viel über seine Sprache, die ihr verbliebene Autonomie, und somit über die Möglichkeit, eigensinnig in der Welt zu sein.

Ein Blizzard der Stempel und der Signale

Die beiden folgenreichsten Bücher zur zeitgenössischen Lyrik im deutschen Sprachraum sind 1956 und 1960 erschienen. «Die Struktur der modernen Lyrik» von Hugo Friedrich befaßte sich theoretisch mit der Moderne. Hans Magnus Enzensbergers «Museum der modernen Poesie» lieferte dazu das Anschauungsmaterial, die Software. Hugo Friedrich spricht in seinem Buch von «moderner Lyrik» und meint damit ganz selbstverständlich die europäische. Wallace Stevens und W. C. Williams, Octavio Paz und Leopold Sedar Senghor, selbst Ezra Pound kommen darin nicht vor. Vier Jahre später hat Enzensberger bereits Senghor und Aimé Césaire, die beiden Verkünder der Négritude, den türkischen Dichter Nazim Hikmet, den Kubaner Nicolas Guillén und den Peruaner César Vallejo berücksichtigt. Aber auch bei ihm suchen wir vergeblich nach chinesischen, japanischen, arabischen oder australischen Autoren.

Beide Bücher sind an einer Bruchstelle erschienen, einer nicht wiederholbaren Situation. Nicht nur war die Sicht der poetischen Dinge, zumal von Europa aus, homogener. Enzensberger selbst räumt in einem Referat von 1994 ein, daß damals nicht nur die Kasseler *documenta* und die *Biennale* in Venedig, nicht nur der International Style in der Architektur, sondern auch sein «Museum» – auf vielleicht zwangsläufig fatale Weise – von der Ideologie der «One World» geprägt waren – «ganz so, als ließen sich die Gesetze des Weltmarkts ohne weiteres auch auf die Kultur übertragen».

Aber auch die Informationswege liefen anders. 1957 wurden die Staaten des Maghreb, mit Ausnahme Algeriens, unabhängig, 1960 fast alle Länder «Schwarzafrikas» und die britischen Kolonien in Asien. Dies führte nach und nach auch zur Entdeckung ihrer Literaturen. Lyrikbände erschienen in Verlagen in Paris oder London, den Hauptstädten der ehemaligen Kolonialreiche, vermehrt aber auch in neugegründeten Verlagen in diesen Ländern. Literaturzeitschriften wie ‹Akzente› oder ‹die horen› haben uns diese fremden, noch unbekannten Poesien in Splittern und Fragmenten nähergebracht. Es entstand eine Ahnung von deren Reichtum. Wenn wir heute den Blick über die europäischen Ränder gehen lassen, so gibt es – wovon Enzensberger und Friedrich noch ausgehen konnten – kein sicheres Grundgefüge mehr und nur noch wenige strukturelle Gemeinsamkeiten.

In einem poetologischen Aufsatz hat Wolf-Dieter Bach geschrieben, «daß die Nordwand des Empire State Building, wenn dort der Winter hereinbricht, zwischen Tag und Finsternis mit ihren Fensterzeilen an- und aufflackert wie eine Schreibmaschine, die alle Weltsprachen gleichzeitig anschlägt. Ein Blizzard der Stempel und Signale.» Es gibt kaum ein trefflicheres Bild von der Vielfalt der Weltpoesie heute, vom Zerfall der einstigen «Weltsprache der Poesie» in zahllose Sprachen und Sprechweisen. Wir sind mit neuen Dialekten konfrontiert, zahlreichen Poetiken, vielen Dichterinnen und Dichtern, in einem Sturm aufflackernder Signale.

Nicht Museum, sondern Atlas

Angesichts dieser Unübersichtlichkeit noch eine Bestandsaufnahme der Lyrik am Ende des 20. Jahrhunderts auf ein paar hundert Seiten zu wagen, das hat einen nicht sehr ernsthaften Anstrich. Es kann nicht Bestandsaufnahme von allem Guten und jedem Besten sein. Es kann vor allem kein weiteres Museum sein. Allenfalls wäre an einen beweglichen Anbau an das frühere Museum zu denken, einen Flügel, in dem die permanente Sammlung eines Stifters gezeigt wird. Die Kunsthistorikerin Sabine Vogel hat zu den amerikanischen Museen, in denen der Geschmack des Stifters herrscht, bemerkt: «Die nicht selten abstruse, jedenfalls leidenschaftliche Subjektivität des Geldgebers unterwirft das Kunstwerk einer Ausstellungsstruktur gesonderter Geschichten.» Aus der Fiktion der «Weltsprache moderner Poesie» haben sich unterdessen viele vereinzelte Fiktionen geschält. Es zählen nicht so sehr ästhetische Doktrinen, «Strömungen», Schulen, sondern die subjektiven Erfahrungen des einzelnen, jeweils eingebettet in besondere historische Erfahrungen, die sich nicht mehr auf einen Nenner bringen lassen. Angesichts dieses Zerfalls früherer Einverständnisse und des spezifisch Inkommensurablen der neuen Poesie hat Enzensberger selbst mehrfach verlautbart, er halte das Museum nicht mehr für die angemessene Form, die Poesie der letzten Jahrzehnte darzustellen: «Eher könnte man daran denken, einen Atlas der Poesie zu entwerfen.» Wende ich den Satz über das amerikanische Sammlermuseum auf unser Vorhaben um, so heißt er nun: Die nicht selten abstruse, jedenfalls leidenschaftliche Subjektivität des Kartographen unterwirft die Poesie einer Ausstellungsstruktur gesonderter Geschichten, gleichartig bearbeitet und gesammelt in einem Atlas.

Subjektivität

Jeder Anthologist versucht Ordnung in die notgedrungen heterogene Gedichtpartitur vor seinen Augen zu bringen. Doch das Gemeinsame, das sich festhalten ließe, ist nicht lang. Allenfalls daß die Poesie mehr denn je in Opposition zu einer ökonomisch definierten Gesellschaft steht; daß sie hochnäsig an einem grenzenlosen und rücksichtslosen Denken festhält; daß sie fortfährt, mit einer (leeren) Transzendenz zu spielen, selbst in so verheerten, die Vernichtungen unserer Zeit ausdrückenden Gedichten wie die von János Pilinszky oder Manfred Peter Hein.

Das hilft kaum weiter bei der Auswahl der Protagonisten. Es spielen persönliche Vorlieben, das in zwanzig Jahren Aufgelesene, Gehörte, Verworfene, Wiederentdeckte, Ausgetauschte mit hinein. Zwei Vorlieben gibt der Kartograph unumwunden zu: die Vorliebe für die Jüngeren und die Vorliebe für die Unbekannteren. Deshalb nicht Gunnar Ekelöf, Paavo Haavikko und Tomas Tranströmer, nicht Zbigniew Herbert und Seamus Heaney, Miroslav Holub oder Henri Michaux, so sehr sie der Sammler verehrt und liebt. Deshalb auch nicht Orhan Veli Kanik, sondern Oktay

Rifat, nicht Oskar Pastior, sondern Clark Coolidge, nicht Jan Skacel, sondern Ilya Kutik, nicht Wole Soyinka, sondern Tchicaya U Tam'si, nicht Derek Walcott, sondern Edward Brathwaite. Das Prinzip der Entdeckung war wichtiger als das Prinzip der Hommage. Einzige Ausnahme bildet Hans Magnus Enzensberger selbst. Die Aufnahme seiner Gedichte in diesen *Atlas* soll Reverenz sein und die Kontinuität zu seinem «Museum» und dessen epochaler Wirkung bezeugen.

Das «Museum» wurde im Jahr 1945 abgeschlossen. 1945 markierte das Ende von Faschismus und Krieg, einer Epoche, die auch die Dichtung erreichte, veränderte und erschöpfte. 1960 war ein zweiter großer Einschnitt: eine neue Welt, plötzlich unabhängig, geriet ins Blickfeld, mit ihr schien auch eine neue, bislang nicht wahrgenommene Poesie auf. Der *Atlas* knüpft an diese Daten an. Die Dichterinnen und Dichter, die er vorstellt, haben ihr Werk hauptsächlich ab 1960 publiziert. So enthält der *Atlas* überwiegend Gedichte aus den Jahren 1960 bis 1994, konzentriert sich aber auf die letzten zwei Jahrzehnte. Neue Poesie heißt hier Poesie nach Henri Michaux und Eugenio Montale, nach Peter Huchel, Günter Eich und Ernst Meister, nach Aimé Césaire und Rafael Alberti, nach W. C. Williams und Wallace Stevens.

Längen- und Breitengrade

Mit der Entscheidung für einen Atlas sind auch Vorentscheidungen für seinen Aufbau gefallen. Weder wird im *Atlas* chronologisch vorgegangen, wie es Harald Hartung mit einer Ordnung nach Dezennien in «Luftfracht» versucht hat – noch findet die übliche Gliederung nach Themen und Motiven statt, noch – was denkbar gewesen wäre – eine Einteilung nach poetischen Konzepten.

Jede thematische Gliederung bedeutet das Zerreißen eines Werkes. Dichter werden zum Thema «zitiert» – Krieg, Trauer, Hochzeit, Meer etc. –, würden hier und dort in diversen Schubladen auftauchen. Das kann nicht Sinn eines Atlas sein, der den Dichter *vor* das Thema stellen möchte, ihn mit mehreren Gedichten *en bloc* zu Wort kommen lassen will.

So erteilt der *Atlas* jedem Rubrizierungswahn eine Absage. Gedichte in diesem *Atlas* sollen nicht «bebildern» und nicht als Belegstücke für Thesen und historische Vorgänge benutzt werden. Der Dichter repräsentiert keine Schule. Er repräsentiert sich selbst. Der *Atlas* geht nach Längengraden vor. Er fängt in Neuseeland und Australien an, geht über Japan, China, den Nahen Osten, den Maghreb und Europa nach Afrika, Lateinamerika und die USA. Innerhalb dieser geographischen Blöcke stellt sich jeder Poet, jede Poetin vor, für sich. Ihre Verse sind nie, und auch nicht in diesem *Atlas*, Informationen.

Die Längengrade sind ein Einteilungsprinzip, doch selbst zu einem beträchtlichen Teil imaginär. Denn in den Lebensläufen der Protagonisten spiegeln sich die Zeitläufte. Die chinesischen Dichter dieses *Atlas* leben nicht in China. Gu Cheng, von den Erfahrungen des Exils zerrüttet, tötete 1994 sich und seine Frau in Neuseeland. Kateb Yacine, Ahmad Shamlu oder

Gonzalo Rojas (während der Diktatur Pinochets) lebten oder leben immer noch im Exil. Breyten Breytenbach und Kofi Awonoor sahen ihr Land vor allem hinter Gefängnismauern. Andere Dichter zogen den Blick «von außen» vor. Manfred Peter Hein in Finnland, Elizabeth Bishop, die die Hälfte ihres erwachsenen Lebens in Brasilien verbrachte, sind Beispiele hierfür.

Der Kartograph vertraut darauf, daß der Leser, neugierig und kombinationswillig, selbst die Breitengrade – also die motivischen Stränge – herausfinden wird. Sie legen sich dem Aufmerksamen offen dar. Denn die großen Charakteristiken der zweiten Jahrhunderthälfte haben sich ungeachtet aller geographischen Trennungslinien in viele Verse eingesenkt. Die massenhaften Flucht- und erzwungenen Wanderungsbewegungen finden sich in den Gedichten der Exilchinesen Bei Dao und Yang Lian, des Marokkaners Abdellatif Laâbi oder des Ghanesen Kofi Awoonor. Die «Ruhe der Trauer» (Hannah Arendt) in einer Zeit der Katastrophe – sie hatte für Osteuropa 1939 begonnen und weit über 1945 bis 1989 angedauert – und der Stellvertreterkrieg – von Vietnam bis Kuwait – breitet sich in zahlreichen Gedichten dieses *Atlas* aus. Das Korrelat dazu, Schreie der Empörung, Proteste gegen diese Katastrophen, finden sich in den Gedichten von Göran Sonnevi oder Charles Simic. Das ausgehende Jahrhundert ist auch das Zeitalter des Elementaren, des Atoms, der Gentechnologie, des Verschwindens des Menschen. Im Gefolge der Mediziner-Dichter Gottfried Benn und Miroslav Holub ist eine Generation unbestechlicher Lyriker nachgewachsen, die den Befund unseres Schädeltheaters wagen: Gerhard Falkner, Durs Grünbein, Lavinia Greenlaw, Itō Hiromi.

In der Domäne der Breitengrade fällt insgesamt auf, daß das Material der gegenwärtigen Poesie häufig subjektiv ist, oft melancholisch, manchmal aggressiv, doch fast immer ernst: als brächte nicht nur die Abdankung der Form eine größere Strenge der Inhalte mit sich, sondern als hätten Schmerz und Not und bitterste historische Erfahrung zu einer Abkehr von allem Banalen und Frivolen geführt.

Die Poetik der neuen Poesie

Es kann nicht Aufgabe eines Atlas sein, einen Abriß der gängigen Poetologien mitzuliefern. Es ist aber eine Tatsache, daß mehr und mehr die Dichtung selbst – nach dem Zusammenbruch des ästhetischen Internationalismus der ersten Jahrhunderthälfte – zum Gegenstand des Gedichts geworden ist, oder zumindest die Reflexion über Dichtung, die Selbstbesprechung, auch die Selbstkritik unter Aufnahme aller vergangenen Poesie im Gedicht mitschwingt. Auch im *Atlas* finden sich solche Gedichte, die die Eigenart des Selbstreferentiellen aufweisen.

Es gibt keine verbindliche Poetik mehr. Es gibt, in den Gedichten versteckt, poetologische Überzeugungen. Denn die Dichter wissen, heute schärfer als früher, daß ein Gedicht es überhaupt nicht verdient, geschrieben zu werden, wenn es nicht imstande ist, es philosophisch und sprachlich mit den Bedingungen aufzunehmen, unter denen es zum Gedicht wird. So entstehen immer mehr poetologische Gedichte, manchmal auch Meta-Gedichte, indem sie ganz offen die Schrift und ihr Verhältnis zum Körper und zum Tod thematisieren, und es entstehen mehr und mehr Gedichte, die diskutieren und problematisieren, wie sie sich zu anderen Gedichten und zur Poetik anderer Gedichte verhalten. Derlei Gedichte sind noch das Verläßlichste, um Auskunft über die Poetiken der heutigen Poesie zu erhalten.

Ein *terrible simplificateur* könnte hier drei Grundtendenzen ausmachen: eine Poetologie, die immer noch festhält am appellativen Charakter des Gedichts. Es soll *compensation* sein, im Sinne Simone Weils, ein gegengewichtiges Instrument, um die Ungleichgewichte der Welt zu adjustieren und zu korrigieren. So erwartet zum Beispiel Seamus Heaney vom lyrischen Subjekt, daß es im Zentrum der Nöte unserer Zeit steht. Er zitiert Les Murray und Edward Brathwaite als Kronzeugen. Eine entgegengesetzte, ganz andere Poetologie beharrt auf dem metaphysischen Charakter der Poesie. Von Sprachskepsis gelangt sie in fließenden Übergängen zu einer Art Sprachmystik: Poesie als Suche nach einer rettenden, erlösenden Sprache; Poesie als legitime Nachfolgerin der Religion, einen Raum erdichtend, in dem all unser Denken und Fühlen stattfindet. Zu den Metaphysikern zählen Gennadij Ajgi, Roberto Juarroz, José Angel Valente. Und letztlich eine Poetologie, die Dichtung nicht ganz so ernst nimmt, das Spielerische in den Vordergrund stellt, vertrackte Spiele mit dem Vergangenen, der Romantik betreibt oder resolut auf Wittgensteinsche Sprachspiele setzt. Die konkrete Poesie, die in diesem *Atlas*, womöglich zum Bedauern mancher, nicht präsent ist, mag ein notwendiges Durchgangsstadium dorthin gewesen sein, wo sich Wortwitz und Wortspiel einen Hallraum als Bühne schaffen. Der Poet ruft und horcht hintendrein; die Sprache springt über die Kluft von Entzweiung und Einheit, von Trennung und Wiederfinden, sucht in Stimmbrüchen nach verändertem Sinn. Die Wortlistigen, wie John Ashbery, wie Clark Coolidge, wie Édouard Glissant oder Gellu Naum befassen sich auch mit Umsprung und Ursprung des Lauts. Sie wissen, daß das Wortspiel, Sprache in nuce, potentiell auch deren Totalität enthält: «Sprache hat keinen Boden oder hat ihn doppelt, ja dreifach» (Wolf-Dieter Bach).

Was kann das Gedicht?

«Wir haben gesehen, wie die Besten unserer Generation / bei Dichterlesungen vor Langeweile zugrunde gingen. / Dichtung ist keine Geheimgesellschaft, / und ebensowenig ein Tempel.» Mit diesen Zeilen aus seinem «populistischen Manifest» spricht Lawrence Ferlinghetti ein Grunddilemma der Lyrik und ihrer Rezeption an. Er setzt sich ab von Gottfried Benn («Lyrik ist eine anachoretische Kunst») und plädiert, ganz im Sinne von Ahnherr André Breton, für eine Poesie, die – «eine Entfaltung des Protestes» – die Massen erreicht. Doch ist es anders gekommen. Die Poesie, selbstgenügsam und versponnen, war nicht bereit, Kompromisse zu schließen. Darüber hinaus wurde sie in Ländern wie Rußland, wo sie noch vor wenigen Jahren mächtig war, durch neue, bisher entbehrte Medien, an den Rand gedrängt. So ist sie fast überall zu einer minoritären Beschäftigung geworden. Ihr fingierter hoher Wert steht in keiner Relation zur tatsächlichen Leserschaft. Um manche Prätention ärmer, zerstreut und verkleinert, mutet sie an manchen Tagen nicht länger anarchisch, sondern bloß anachronistisch an. Wie kann sie, hermetisch, vertrackt, orakelhaft feierlich, am Gedächtnis orientiert, Trauerarbeit leistend, auf Teufel komm raus darauf aus, eine eigene Sprache zu erhalten, eine Zuhörerschaft erreichen, die an Fax, VHS, Walkman, Laserdrucker, Anrufbeantworter, Computerspiele und Videoterminals gewohnt ist? Das Ende des zweiten Jahrtausends ist in ein Zwielicht aus Ultramodernismus (der Technologien) und Hyperprimitivismus (der öffentlichen Stimmungen) getaucht. Was hat auf dieser Szene, beleuchtet von raschest wechselnden Moden, von den Brennstäben von Parodie und Kitsch, die Poesie noch zu suchen?

Vielleicht ist sie jedoch, in ihrer Eigenart und Einzigartigkeit, ein Seismograph unserer Zeit. Sie mißtraut ja ihrer traditionellen Macht, der alten, memorablen Rede. Sie spricht von der Möglichkeit des Zusammenbruchs aller Kommunikation. Sie übt sich mitunter in einer «Kompositionskunst des Schweigens» (Juan A. Valente). Sie beweist, daß hinter der geläufigen Sprache eine Sprache ist, die das Vergangene neu formieren kann, im Sinne von Recycling und Récriture. Als gebe es ein Hinterland, oder besser: eine Tiefsee der Sprache, in der der Lyriker, in der Taucherglocke der Kunstform, noch hinabtauchen kann. Aus ihr bringt er Signale mit, ein Bote, der unsere gewohnten Vorstellungsnetze durchlöchert und Widerstand ankündigt, in der Verdichtung des sprachlichen Materials, in der behutsamen Erschließung neuer Räume in einer Trümmerlandschaft ideologischer Totalität oder postkolonialer ‹Ordnung›.

Es wird wesentlich darauf ankommen, ob das Gedicht sein Potential wieder vorzeigen kann, ob der wahrnehmende Zeitgenosse mit dem Gedicht überhaupt noch konfrontiert wird jenseits des Dutzends Literaturmagazine, die mehr und mehr von intellektueller Clochardisierung bedroht sind. Beschwörungsformeln wie die von Joseph Brodsky – «Poesie ist die Essenz der Kultur der Welt» – helfen da wenig, mögen sie auch kulturhistorisch richtig sein. Das Gedicht, ich meine: das schwierige Gedicht, muß in die Subway, in die großen Tageszeitungen, es muß im Radio zu hören sein, im Fernsehen muß es aufleuchten. Es muß wie Strom, wie Tankstellen zur Verfügung stehen. Dann, in Konfrontation mit der normalen Rede, wird man sein subversives Potential vielleicht wieder entdecken.

In der Informationstheorie nennt man alles, was eine bestimme Botschaft vom Sender auf dem Weg zum Empfänger verändert, *noise*. Dieses Geräusch, das aufhorchen läßt, diese Stimmen von außen, die sich einmischen, an den Sprungstellen zwischen Sprache und Wirklichkeit, und zum Aussortieren des Belanglosen und zum Bewahren dessen führen, was uns *betrifft*, das könnte die Poesie sein.

Aufforderung zur Entdeckung

Der *Atlas* präsentiert 65 Lyrikerinnen und Lyriker aus 36 Ländern und 21 Sprachen. Er will helfen, den Prozeß der neuen Poesie durchschaubarer zu machen. Weit über die Hälfte der Gedichte erscheint erstmals in deutscher Sprache. Viele Übersetzer arbeiteten an diesem Projekt mit, darunter mehrere jüngere Dichter. Dem Herausgeber schien es unerläßlich, die Originaltexte neben die Übersetzungen zu stellen. Der Leser soll in den Sprachen, die er beherrscht, der Melodie und dem Klang des Originals nachgehen können. Wichtig war in diesem Zusammenhang auch die *visuelle* Vermittlung von der Vielfalt an poetischen Zeichensystemen und Sprechweisen, die uns umgeben: Der Blizzard der Stempel und Signale sollte im *Atlas* Spuren lassen.

Was im *Atlas* ausgebreitet wird, ist eine subjektiv angelegte Auswahl. Sie kann, aus Gründen des Umfangs, nur ein Bruchteil dessen sein, was heute an wichtiger Poesie in der Welt geschrieben wird. Eine immense Arbeit des Vermittelns wird nötig sein. Sie ist bereits im Gang. Der *Atlas* soll Lust machen auf Reisen durch ungesichertes Terrain. Er soll auffordern zum Entdecken. In der imaginären Geographie der neuen Poesie gibt es noch viele weiße Flächen. Eine Geistermenge von Worten, von Versanfängen und Gedichten wartet auf uns. Dieser *Atlas* versteht sich als Auftakt für einen viel umfangreicheren Atlas, der – an den Breitengraden entlang – den schwierigen Reichtum der zeitgenössischen Poesie sammelt und uns, präziser als es das Werk eines einzelnen Dichters kann, das Mitreißende von Poesie fühlen läßt und dadurch unseren Raum, den Raum des Lesers, in der Geschichte verändert: als die denkbar radikalste und persönlichste Äußerung von Literatur.

Allen Curnow

He Cracked a Word

He cracked a word to get at the inside / Of the inside, then the whole paper bag full / The man said were ripe and good. / The shrunken kernels / Like black tongues in dead mouths derided / The sillinesses of song and wagging wisdom. / These made a small dumb pile, the hopping shells / Froze to the floor, and those made patterns / Half-witted cameras glared at, finding as usual / Huge meteorites in mouseland. / What barefaced robbery! / He sat, sat, sat mechanically adding / To the small dump pile, to the patterns on the floor, / Conscious of nothing but memories, wishes / And a faint but unmistakable pricking of the thumbs, / The beginnings of his joy.

Er brach ein Wort

Er brach ein Wort, um ans Innere des Inneren
zu kommen, dann, die ganze Papiertüte war voll,
sagte er, sie sind reif und gut.
Die geschrumpften Kerne
gleich schwarzen Zungen in toten Mündern stellten
die Dummheiten von Lied und wackliger Weisheit bloß.
Sie bildeten ein dumpfes Häufchen, die hüpfenden
Schalen froren am Boden fest und bildeten Muster,
auf die blöde Kameras starrten. Wie üblich machten sie
gewaltige Meteoriten im Mäuseland aus.
Was für ein schamloser Raub!
Er saß, saß, saß, vermehrte mechanisch
das dumpfe Häufchen, die Muster auf dem Boden,
bewußt nur der Erinnerungen, Wünsche
und eines schwachen, doch deutlichen Prickelns der Daumen,
der Anfänge seiner Freude.

The Loop in Lone Kauri Road

By the same road to the same / sea, in the same two minds, / to run the last mile blind or / save it for later. These / are not alternatives.

So difficult to concentrate! a powerful / breath to blow the sea back / and a powerful hand to haul it / in, without overbalancing. / Scolded for inattention,

Die Schleife in Lone Kauri Road

Über dieselbe Straße zur selben
See, mit denselben zwei Sinnen,
die letzte Meile blind zu rennen oder
sie aufzuheben für später. Das
sind keine Alternativen.

So schwer, sich zu konzentrieren! Ein mächtiger
Atem, um die See zurückzudrängen,
und eine mächtige Hand, um sie
hereinzuholen, ohne daß das Gleichgewicht
kippt. Der Unachtsamkeit gescholten,

auf den Wind vertrauend, weiß ich
eine *rimu* von einer *rewarewa* zu unterscheiden
durch das nicht «grobgezackte» Blatt,
auf die Straße haltend, die sich seewärts
schlängelt im Regenwald.

Eine einstudierte Vorstellung, die Art,
wie ich den Blick richte, den Kopf
halte, «Interesse zeige».
Ein schöner Kristall, sagte der Mann,
man kann es am Gewicht, an der Farbe,

der Struktur erkennen. Der Hund
bleibt stehen, plaziert einen gesunden Haufen
genau auf die Stelle. Wir mögen es
in der Sonne, sie hält unsere Rücken
warm, das Grundwasser

rinnt die rohe rote Böschung hinab,
die die Straße befestigt, beschädigte Natur
ist vollkommen in sich selbst. Wir mochten's im Kino,
als sie die Atombombe auf die Stadt warfen,
wir setzten unseren Unglauben an den Jüngsten Tag

außer Kraft und halfen so dem Film aus der Not,
NEW YORK STATE joggt an mir vorbei,
der Rippenkasten unter dem T-Shirt vollgestapelt
mit Software, der Herzmuskel programmiert
für die einmalige Rundreise,

kommt mir in den Sinn, bei der Brücke
in der Sohle. Die Straße, die darüber führt,
und der Fluß darunter sind Gedanken,
rasch abgetan, wenn wir kehrtmachen
und uns das Tempo vorgeben.

Konzentrier dich! Der Falke schwingt sich hoch
schwerfällig mit einem Aas aus Stille.
Vergiß das, und wie die Hubschrauber
das Meer zerzausten, über den Wald
Feuer schütteten, die behütete Flamme.

depending on the wind, I know / a
rimu from a *rewarewa* / by the leaf not
‹coarsely serrate›, / observant of the
road roping / seaward in the rain forest.

A studied perfomance, the way / I direct my eyes, position / my head, ‹look
interested›. / Fine crystal, the man
said, / you can tell by the weight,

the colour, the texture. The dog /
steadies, places a healthy turd / on the
exact spot. We like it / in the sun, it
keeps our backs / warm, the water-tables

dribble down the raw red cutting / the
road binds, injured natures are / perfect in themselves. We liked it / at the
movies when they nuked the city, /
and suspended our disbelief

in doomsday, helping out the movie. /
NEW YORK STATE jogs past me, / ribcage under the t-shirt stacked / with
software, heart-muscle programmed /
for the once round trip,

crosses my mind, by the bridge / at the
bottom, the road over which / and the
stream underneath are thoughts /
quickly dismissed, as we double /
back, pacing ourselves.

Concentrate! the hawk lifts off / heavily with an offal of silence. / Forget
that, and how the helicopter / clapperclawed the sea, fire-bucketing / the
forest, the nested flame.

Keep in a Cool Place

A bee in a bloom on the long hand of a floral / Clock can't possibly tell the right time / And if it could whatever would the poor bee do with it / In insufferably hot weather like this?

Everything white looks washed, at the correct distance / And may be the correct distance. You could eat / Our biggest ship sweet as sugar and space can make her. / Every body's just unwrapped, one scrap of a shaving

Left for luck or the look, the maker's seal intact, / Glad to be genuine! The glassy seaside's / Exact to the last detail, tick of a tide, / Fluke of the wind, slant of a sail. The swimmers

On lawns and the athletes in cosy white beds have visitors / And more flowers. Poor bee! He can make up time / At frantic no speed, whether tick or tock, / Hour or minute hand's immaterial. That's

Exactly how it is now. It is. It is / Summer all over the striped humming-top of the morning / And what lovely balloons, prayer-filled (going up!) to fluke / For once and for all the right time, the correct distance.

Kühl aufbewahren

Eine Biene in einer Blüte auf dem langen Zeiger einer Blumen-
Uhr kann unmöglich die richtige Zeit sagen
Und wenn sie es könnte, was würde die arme Biene
In diesem unerträglich heißen Wetter schon damit tun?

Alles Weiße sieht gewaschen aus, aus korrekter Entfernung
Und es mag die korrekte Entfernung sein. Du könntest
                        unser größtes Schiff
Essen, so süß wie es mit Zucker und Raum fabriziert
                        werden kann.
Jeder Körper ist jetzt ausgepackt, ein Stückchen bei der Rasur

Belassen, weil's Glück bringt oder fesch ist, das Siegel des
                        Herstellers intakt,
Froh, authentisch zu sein! Die gläserne Küste ist
Gestochen scharf, Ticken der Tide,
Windfall des Winds, Schräge des Segels. Die Schwimmer

Auf Rasen und die Athleten in bequemen weißen Betten
                        haben Besucher
Und noch mehr Blumen. Arme Biene! Sie kann Zeit aufholen
Mit rasender Nichtgeschwindigkeit, ob Tick oder Tack,
Der Stunden- und Minutenzeiger ist immateriell. Genau

So ist es jetzt. Es ist. Es ist
Sommer überall auf der gestreiften summenden Wölbung
                        des Morgens
Und was für schöne Ballons, mit Gebeten gefüllt
                        (aufsteigend!), um
Ein für allemal die richtige Zeit zu treffen, die korrekte
                        Entfernung.

Das Skelett des Großen Moa*
im Canterbury Museum, Christchurch

Das Skelett des Moa auf eisernen Krücken
Brütet über keiner großen Öde; ein eigener Sumpf war,
Wo einst dieser Baum sich Federn wachsen ließ. Er hütet
Das staubige Nest und schützt sie vor Feuchtigkeit.

Interessant, daß er auf Inseln nicht heimisch wurde,
Größer, aber nicht tiefer gesunken als ich, beides
Knochenwerk, eigentümlich für Neuseeland.
Die Augen der Kinder flackern um dieses Grab

Unter den Oberlichtern, bestaunen das gewaltige Ei,
In tausend Stücken gefunden, zusammengestückelt,
Doch mit weniger Geduld als die Knochen, die mit der Zeit
Sich eine tiefe Zuflucht gruben gegen das Meeresklima:

Nicht ich, ein Kind, geboren in einem wunderbaren Jahr,
wird das Kunststück lernen, hier aufrecht zu stehen.

Aus dem Englischen von Joachim Sartorius

The Skeleton of the Great Moa /
in the Canterbury Museum,
Christchurch

The skeleton of the moa on iron
crutches / Broods over no great waste;
a private swamp / Was where this tree
grew feathers once, that hatches / Its
dusty clutch, and guards them from
the damp.

Interesting failure to adapt on is-
lands, / Taller but not more fallen then
I, who come / Bone to his bone, pe-
culiarly New Zealand's. / The eyes of
children flicker round this tomb

Under the skylights, wonder at the
huge egg / Found in a thousand
pieces, pieced together / But with less
patience than the bones that dug / In
time deep shelter against ocean
weather:

Not I, some child, born in a marvel-
lous year, / Will learn the trick of
standing upright here.

---

* Der Moa: ausgestorbener Schnepfenstrauß Neuseelands

Les Murray

Folklore

What are the sights of our town?

Well, there is that skeleton they hang /
some nights in the bar of the Rest / and
everyone laughing in whispers / the
barmaid broke down one time, laugh-
ing. / The cord goes up through the
ceiling / to the undersprings of the big /
white bed in the Honeymoon Suite /
and when those bones even jiggle /
there's cheers (and a donnybrook
once) / and when they joggle, there's
whooping / and folk stalking out in
emotions / and when they dance –
hoo, when they dance! / he knows
every tune on the honeymoon / flute,
does the hollow-hipped fellow. /
There are a few, mind, who drink on /
straight trough it all. Steady drinkers. /
Up over the pub there's the sky / full
of stars, as I have reflected / outside,
while guiding the course of my /
thoughts. Some say there's a larger /
cord goes up there, but I doubt it / I
mean / but then I'm no dancer.

Besides that, there's meatworks and
mines.

Folklore

Was gibt's in unserer Stadt für Sehenswürdigkeiten?

Na, zum Beispiel das Skelett, was an manchen Abenden
in der Bar vom Gasthaus Zum Goldenen Klumpen hängt
und alle lachen leise vor sich hin
die Kellnerin ist einmal vor Lachen zusammengebrochen.
Die Schnur läuft durch die Decke hoch
zu den Sprungfedern des großen
weißen Bettes in der Hochzeitssuite
und wenn die Knochen auch nur schaukeln
gibt's Hurrarufe (und einmal 'ne handfeste Schlägerei)
und wenn sie springen, gibt's Gebrüll
und Leute, die ergriffen hinausstampfen
und wenn sie tanzen – hoo, wenn sie tanzen!
Jede Melodie auf der Flitterwochen-
flöte kennt er, jawohl, der hohlhüftige Kamerad.
Einige trinken natürlich trotz allem
ungerührt weiter. Konzentrierte Trinker.
Hoch über der Kneipe steht der Himmel
voller Sterne, wie ich mir draußen
überlegte, während ich den Kurs meiner Gedanken
steuerte. Manche Leute sagen, es führt eine längere
Schnur bis dort oben hin, aber das bezweifle ich.
Nun
aber ich bin ja auch kein Tänzer.

Sonst gibt's noch Fleischfabriken und Zechen.

Immigrantenreise

Meine Frau kam auf der *Goya* her
im Mitteljahr unseres Jahrhunderts.

In den Nebeln jenes Winters
ertönten viele hundert Schiffe;
die Flüchtlingslager wurden ins Meer gespült.

Die Bombenstätten und die Ghettos
schoben sich nach Israel hinaus,
nach Brasilien, nach Afrika, Amerika.

Die sich trennenden Schiffe waren unterwegs
zu den Stätten der Zuflucht,
gebaut für das Zeitalter des Fortschritts.

Schon am Horizont und Licht ausströmend
trugen die Zehntscheunen, die Kathedralen
die alten Kasten davon.

                    ★

Durch Bombenteppiche aus der Kindheit gesprengt,
zu Schweizern gewordene Ungarn,
hörten die Kinder ihre Eltern:
Argentinien? Oder Australien?
Weniger Politik in Australien…

Dunkles Deutschland, eiserner Frost
und das wochenlange Warten,
dann ein kleines umgebautes Kriegsschiff
unterm Mond, das südwärts dreht.

Weit hinter dem ersten Stern
und hinter Kap Finisterre
haben Fische und Vögel
ihre Seegangsspenden gefressen.

                    ★

Die *Goya* war eine Kaserne:
Anstehen ums Essen, Suchscheinwerfer, Turm,
die das Mittelmeer durchquerte.

Immigrant Voyage

My wife came out on the *Goya* / in the mid-year of our century.

In the fogs of that winter / many hundred ships were sounding; / the DP camps were being washed to sea.

The bombsites and the ghettoes / were edging out to Israel, / to Brazil, to Africa, America.

The separating ships were bound away / to the cities of refuge / built for the age of progress.

Hull-down and pouring light / the tithe-barns, the cathedrals / were bearing the old castes away.

                    ★

Pattern-bombed out of babyhood, / Hungarians-become-Swiss, / the children heard their parents: / Argentina? Or Australia? / Less politics, in Australia…

Dark Germany, iron frost / and the waiting many weeks / then a small converted warship / under the moon, turning south.

Way beyond the first star / and beyond Cape Finisterre / the fishes and the birds / did eat of their heave-offerings.

                    ★

The *Goya* was a barracks: / mess-queue, spotlights, tower, / crossing the Middle Sea.

In the haunted blue light / that burned
nightlong in the sleeping-decks / the
tiered bunks were restless / with
coughing, demons, territory.

In dem gespenstisch blauen Licht,
das die ganze Nacht auf dem Schlafdeck brannte,
waren die Reihen von Kojen unruhig,
voller Husten, Dämonen, Heimatträumen.

On the Sea of Sweat, the Red Sea, / the
flat heat melted even / dulled defer-
ence of the injured. Nordics and Sla-
vonics / paid salt-tax day and night,
being / absolved of Europe

Auf dem Meer des Schweißes, dem Roten Meer,
schmolz die dumpfe Hitze sogar
die abgestumpfte Rücksicht auf Verletzte.
Nordische und slawonische Menschen
bezahlten Tag und Nacht die Salzsteuer, waren
von Europa freigesprochen,

but by the Gate of Tears / the barrack
was a village / with accordions and
dancing / (Fräulein, kennen Sie mein-
en Rhythmus?) / approaching the
southern stars.

doch am Tränentor angelangt
wurde die Kaserne zum Dorf
mit Ziehharmonikas und Tänzen
(*Fräulein, kennen Sie meinen Rhythmus?*)
und näherte sich den südlichen Sternen.

★

★

Those who said Europe / has fallen to
the Proles / and the many who said /
we are going for the children,

Die Menschen, die sagten, Europa
sei den Proleten zugefallen
und die vielen, die sagten,
wir gehen um der Kinder willen,

the nouveau poor / and the cheerful
shirtsleeve Proles, / the children, who
thought / No Smoking signs meant
men / mustn't dress for dinner,

die Neuarmen,
und die gutgelaunten Proleten in Hemdsärmeln,
die Kinder, die dachten
No-Smoking-Schilder bedeuten, die Männer
bräuchten sich fürs Essen nicht umzuziehen,

those who had hopes / and those who
knew that they / were giving up their
lives

Menschen, die sich Hoffnungen machten
und Menschen, die wußten, sie
geben ihr Leben auf

were becoming the people / who
would say, and sometimes urge, / in
the English-speaking years: / we came
out on the *Goya*.

wurden dann zu den Leuten,
die einst in den englischsprechenden Jahren
sagen und manchmal auch drauf beharren würden:
Wir sind auf der *Goya* gekommen.

★

★

Endlich ein flacher Küstenstrich,
alter Schrecken holländischer Schiffer.

Hinter ihm, noch unbekannt,
sonnenverbrannte Farmen, seltsame Bäume, Familienwitze
und alle Klassen der Gleichberechtigung.

Während die Küste nordwärts wegfiel
gab es eine letzte Woche für Lieder,
für Träume an der Reling,
für geliebte bedeutungslose Worte.

Im salzgrauen Sommerlicht
steuerte das Schiff Port Phillip an
und das Dorf zerfloß
in gespannte Gestalten mit Gepäck;

nun standen sie, wie die mürrischen
Australier dort unten, der Begegnung
mit dem Fremden gegenüber,
wo alle subtile Art versagt.

*

Die, die durch Anstrengung,
durch Verborgenheit, durch Schweigen
dem eingestürzten Stern des Todes widerstanden hatten,
die ihre Familien vor ihm zurückgekrallt hatten,
die von seiner Schwerkraft Verkrüppelten

wurden plötzlich, schockierend
auf Lastwagen geladen:
Sie sagen, noch ein Lager –
Dafür ist man nicht gekommen –

Während die neu ausgerüsteten
Schiffe tankend in der Bucht lagen,
begleiteten Gespenster, wutentbrannt und schwach,
die Lastwagen durch Melbourne,

At last, a low coastline, / old horror of Dutch sail-captains.

Behind it, still unknown, / sunburnt farms, strange trees, family jokes / and all the classes of equality.

As it fell away northwards / there was one last week for songs, / for dreaming at the rail, / for beloved meaningless words.

Standing in to Port Phillip / in the saltgrey summer light / the village dissolved / into strained shapes holding luggage;

now they, like the dour / Australians below them, were facing / encounter with the Foreign / where all subtlety fails.

*

Those who, with effort, / with concealment, with silence, had resisted / the collapsed star Death, / who had clawed their families from it, / those crippled by that gravity

were suddenly, shockingly / being loaded aboard lorries: / They say, another camp – / One did not come for this –

As all the refitted / ships stood, oiling, in the Bay, / spectres, furious and feeble, / accompanied the trucks through Melbourne, resignation, understandings / that cheerful speed dispelled at length.

Resignation, Übereinkommen,
die die fröhliche Geschwindigkeit schließlich zerstreute.

That first day, rolling north / across the bright savanna, / not yet people, but numbers. / Population. Forebears.

An diesem ersten Tag, nordwärts über
die leuchtende Savanne rollend –
noch keine Menschen, sondern Nummern.
Bevölkerung, Vorfahren.

*

*

Bonegilla, Nelson Bay, / the dry-land barbed wire ships / from which some would never land.

Bonegilla, Nelson Bay,
die Festland-Stacheldrahtschiffe,
die manche nie verlassen würden.

In these, as their parents / learned the Fresh Start music: / physicians nailing crates, / attorneys cleaning trams, / the children had one last / ambiguous summer holiday.

Hier hatten die Kinder
ihre letzten, zweideutigen Sommerferien,
während ihre Eltern die Musik
des neuen Anfangs lernten:
Ärzte nagelten Kisten zusammen,
Anwälte putzten die Straßenbahn.

Ahead of them lay / the Deep End of the schoolyard, / tribal testing, tribal soft-drinks, / and learning English fast, / the Wang-Wang language.

Vor ihnen lag
das tiefe Wasser des Schulhofs,
Stammesproben, Stammeslimonaden
und schnell Englisch lernen,
die Wang-Wang-Sprache.

Ahead of them, refinements: / thumbs hooked down hard under belts / to repress gesticulation;

Vor ihnen, Verfeinerungen:
Daumen fest unter den Gürtel gehakt,
um lebhafte Gesten zu unterdrücken;

ahead of them, epithets: / wog, reffo, Commo Nazi, / things which can be forgotten / but must first be told.

vor ihnen, Beinamen:
Kanake, Flüchti, Roter Nazi,
Dinge, die vergessen werden können,
aber erst gesagt werden müssen.

And farther ahead / in the years of the Coffee Revolution / and the Small-goods Renaissance, / the early funerals:

Und in der ferneren Zukunft,
in den Jahren der Kaffeerevolution
und der Kleinwaren-Renaissance,
die frühen Begräbnisse:

27

die Mißbrauchten, die nicht Anpassungsfähigen,
die vom Abgrund Gezeichneten,

Freunde, die auf der *Goya* kamen
im Mitteljahr unseres Jahrhunderts.

Die Kühe am Schlachttag

Alle ich stehen auf dem Futter. Der Himmel leuchtet.

Alle ich sind eben gemolken worden. Zitzen kribbeln alle noch
von diesem trockenen, zahnlosen Saugen der eisigen Münder,
die laut keuchend ein- ein- einatmen und nie aus.

Alle ich stehen auf dem Futter, bewegen das Futter in mir
                                                herum.
Ein ich riecht, als brauche sie den Stier, dieses schwere
                                    getriebene ich,
den Rückenkletterer, der mich bucklig macht, gespannt, aber
                                                auch
leicht und friedlich, mit Kristallenem, das sich in mir bewegt.

Auf nassem Stein stehen und gemolken werden lindert den
                                    Kalbschmerz in mir.
Jetzt bespringt mich das brünstige ich, hüpfend, um den Stier
                                    zu locken.

Der Traktor kommt mit seinem Murren getrabt; die junge
                                    Menschkuh auf ihm
wird durchgerüttelt und Klumpen wiedergekäuten Futters
                                    kommen mit dem Traktor,
große Rollen dichten Trockenfutters: Luzerne, Klee, Butter-
                                    blumen, Gras,
das abgebissen aber nie verschluckt wurde und doch wieder-
                                    gekäutes Futter ist.
Sie geht über den Traktor und da kommt es schon herab,
                                    Rolle auf Rolle,
und alle ich folgen und fressen es und lassen die guten
                                    Fladen fallen.

the misemployed, the unadaptable, / those marked by the Abyss,

friends who came on the *Goya* / in the mid-year of our century.

The Cows on Killing Day

All me are standing on feed. The sky is shining.

All me have just been milked. Teats all tingling still / from that dry toothless sucking by the chilly mouths / that gasp loudly in in in, and never breathe out.

All me standing on feed, move the feed inside me. / One me smells of needing the bull, that heavy urgent me, / the back-climber, who leaves me humped, straining, but light / and peacefull again, with crystalline moving inside me.

Standing on wet rock, being milked, assuages the calf-sorrow in me. / Now the me who needs mounts on me, hopping, to signal the bull.

The tractor comes trotting in its grumble; the heifer human / bounces on top of it, and cud comes with the tractor, / big rolls of tight dry feed: lucerne, clovers, buttercup, grass, / that's been bitten but never swallowed, yet is cud. / She walks up over the tractor and down it comes, roll on roll / and all me following, eating it, and dropping the good pats.

The heifer human smells of needing the bull human / and is angry. All me look nervously at her / as she chases the dog me dream of horning dead: our enemy / of the light loose tongue. Me'd jam him in his squeals.

Me, facing every way, spreading out over feed.

One me is still in the yard, the place skinned of feed. / Me, old and sore-boned, little milk in that me now, / licks at the wood. The oldest bull human is coming.

Me in the peed yard. A stick goes out from the human / and cracks, like the whip. Me shivers and falls down / with the terrible, the blood of me, coming out behind an ear. / Me, that other me, down and dreaming in the bare yard.

All me come running. It's like the Hot Part of the sky / that's hard to look at, this that now happens behind wood / in the raw yard. A shining leaf, like off the bitter gum tree / is with the human. It works in the neck of me / and the terrible floods out, swamped and frothy. All me make the Roar, / some leaping stiff-kneed, trying to horn that worst horror. / The wolf-at-the-calves is the bull human. Horn the bull human!

But the dog and the heifer human drive away all me.

Die Menschkuh riecht, als brauche sie den Stiermenschen
und ist wütend. Alle ich sehen sie nervös an,
während sie den Hund jagt, den ich mit den Hörnern
                              totzustoßen träume: unser Feind
mit der leichten losen Zunge. Ich würde ihn in seinem
                              Heulen zerquetschen.

Ich, in alle Richtungen gewendet, breite mich über dem
                              Futter aus.

Ein ich ist noch im Hof, an der von Futter gehäuteten Stelle.
Dieses ich, alt und mit wunden Knochen, wenig Milch jetzt
                              in diesem ich,
leckt am Holz. Der älteste Stiermensch kommt.

Ich im vollgepißten Hof. Ein Stock kommt vom Menschen
und knallt wie eine Peitsche. Dieses ich erschaudert und fällt
mit dem Schrecklichen, dem Blut von mir, das hinter dem
                              Ohr hervorkommt.
Ich, dieses andere ich, am Boden und träumt im leeren Hof.

Alle ich kommen gerannt. Es ist wie der Heiße Teil des
                              Himmels,
der schwer anzuschauen ist, was jetzt geschieht hinter Holz
im nackten Hof. Ein glänzendes Blatt, wie vom bitteren
                              Eukalyptus,
ist bei dem Menschen. Es arbeitet im Hals von mir
und das Schreckliche flutet hinaus, sumpfig und
                              schäumend. Alle ich machen das Brüllen,
manche springen mit steifen Knien, versuchen, diesen
                              schlimmsten Schrecken zu stoßen.
Ein Wolf-an-den-Kälbern ist der Stiermensch. Stoßt den
                              Stiermenschen mit den Hörnern nieder!

Aber der Hund und die Menschkuh treiben alle mich davon.

Wenn ich zurückblicke, bewegt sich das gleißende Blatt noch
immer.
Das ganze alte trockene ich liegt verschrumpelt wie die
Hügel aus Futter,
und ein glitschiges ich wie ein Riesenkalb kommt aus mir
hervor.

Der aasstinkende Hund, der das Kalb von Mensch und Wolf
ist,
jagt und frißt kleine Blutklumpen, verstreut von den
Menschen,
und alle ich laufen über Gerüche hinweg auf den Himmel zu.

Dichtung und Religion

Religionen sind Gedichte. Sie bringen
unseren Tages- und Traumgeist in Einklang,
unsere Gefühle, Instinkte, den Atem und die uns angeborene
Gestik

in das einzig vollkommene Denken: die Dichtung.
Nichts ist gesagt, bis es in Worten hinausgeträumt wird
und nichts ist wahr, was nur in Worten wahr ist.

Ein Gedicht kann, verglichen mit einer geordneten Religion,
wie die kurze Hochzeitsnacht eines Soldaten sein
nach der man sterben und leben kann. Aber das ist eine
kleine Religion.

Eine ganze Religion ist das große Gedicht in liebevoller
Wiederholung;
wie jedes Gedicht muß sie unerschöpflich und vollkommen
sein,
mit Momenten, wo wir fragen Warum hat der Dichter das
wohl gemacht?

Man kann eine Lüge nicht beten, hat Huckleberry Finn gesagt;
man kann sie auch nicht dichten. Es ist derselbe Spiegel:
beweglich, aufblitzend nennen wir es Dichtung,

Looking back, the glistening leaf is still moving. / All of dry old me is crumpled, like the hills of feed, / and a slick me like a huge calf is coming out of me.

The carrion-stinking dog, who is calf of human and wolf, / is chasing and eating little blood things the humans scatter, / and all me run away, over smells, toward the sky.

Poetry and Religion

Religions are poems. They concert / our daylight and dreaming mind, our / emotions, instinct, breath and native gesture

into the only whole thinking: poetry. / Nothing's said till it's dreamed out in words / and nothing's true that figures in words only.

A poem, compared with an arrayed religion, / may be like a soldier's one short marriage night / to die and live by. But that is a small religion.

Full religion is the large poem in loving repetition; / like any poem, it must be inexhaustible and complete / with turns where we ask Now why did the poet do that?

You can't pray a lie, said Huckleberry Finn; / you can't poe one either. It is the same mirror: / mobile, glancing, we call it poetry,

fixed centrally, we call it a religion, /
and God is the poetry caught in any
religion, / caught, not imprisoned.
Caught as in a mirror

that the attracted, being in the world
as poetry / is in the poem, a law
against its closure. / There'll always
be religion around while there is
poetry

or a lack of it. Both are given,
and intermittent, / as the action of
those birds – crested pigeon, rosella
parrot – / who fly with wings shut,
then beating, and again shut.

zentral verankert nennen wir es eine Religion,
und Gott ist die Dichtung, die in jeder Religion gefangen wird,
gefangen, nicht eingesperrt. Gefangen wie in einem Spiegel,

den er angezogen hat, weil er in der Welt ist, wie die Dichtung
im Gedicht ist, ein Gesetz gegen dessen Abschluß.
Es wird immer Religion geben, solange es Dichtung gibt

oder einen Mangel an ihr. Beide sind gegeben und periodisch
wie der Flug jener Vögel – Haubentaube, Rosellapapagei –
die so fliegen: die Flügel zu, dann schlagend und wieder zu.

Aus dem Englischen von Margitt Lehbert

Shuntarō Tanikawa

Anonym 7

Gestern noch schrieb ich
heute schon hab ich vergessen wie man Gedichte schreibt
ich   ein Mann mittleren Alters   ohne Beruf   mit nichts
    in den Händen
nur noch voller Begierde

Womit fange ich an?
Draußen vor dem Hag lebhafte Stimmen
vom Wind klirrendes Glas
mein Atem

Die Welt schweigt
sofern auch ich schweige
herrscht eine Spanne Gleichgewicht –

Mit aufgestützten Ellbogen
starre ich die Wand an
meine Figur   eine Sphinx . . .

＊anonym 7

昨日書いていたのに
今日私はもう詩の書きかたを忘れている
私は手に何の職もない中年の男
欲望だけはまだ残っているが

何から始めればいいのだろう
塀の外の賑やかな話声
風が鳴らす硝子
私の息

世界は黙っている
私が黙っているかぎり
その束の間の均衡――

肘ついて
眼は壁をみつめて
私の姿はスフィンクス……

Private Äquivalente

Einen Morgen der mich das Dichter-Elaborat vom Vorabend
überlesen und denken läßt: gar nicht so übel!
einen solchen Morgen wünsche ich mir öfters
Des weiteren 2,6mal pro Monat
die Freude erinnerungsloser Körperentspannung
ferne Bergketten jenseits der Windschutzscheibe
und ihr Fluchtpunkt noch weiter hinten
den Reisnudelgeschmack in der China-Bude am Stadtrand
soll ich auch die Tuchfühlung meines indischen Baumwoll-Shirts dazurechnen?
Zwischen solche Privatsachen schiebt sich wie ein Puzzle-Teilchen
ein im Bau befindliches Erdöl-Tanklager
das über die Mattscheibe flimmert
So atmet die Weltordnung in meinem Innern
Wie genau sich das doch die Waage hält:
der Tomatenschnitz auf dem Tisch zur Winterzeit
und der blutigrote Leichnam eines erschossenen Studenten in fremden Landen

私的な equivalent

ゆうべ書いた詩らしきものを読み返して
まんざらでもないと思うことのできる朝
そんな朝がいくつか欲しいんだ
あとは月に二・六回ほどの
思い出す必要もないくらい寛いだ体の歓び
車のフロント・グラスの彼方の遠い山脈の
さらに向こうの消失点や
場末の中国料理店での米粉の味
印度木綿の襯衣の肌ざわりも加えておこうか
そんな私事にテレヴィジョンの画面に映る
建設中の石油備蓄基地が
ジグソー・パズルの一片のようにはめこまれ
私の内なる天下国家は呼吸している
なんと正確に対応していることか
冬のさなかの卓上の一片のトマトが
異国の学生の射殺死体の血の色に

Linien

P. Klee gewidmet

Von selbst
wuchern die Linien
stellen sich gegen das Nichts

Schriftzeichen zerlegt
kehren zurück zu den Dingen
die sie bedeuteten

Breitengrade zerlegt
eine neue Flora
bedeckt die Erde

Doch zerlegt
und nochmals zerlegt　die Seele
bleibt ein Wirrwarr...

線

クレーに寄す

おのずから
線は繁茂し
無をさえぎった

文字はほどけ
その意味するところの
ものに帰る

緯度はほどけ
新しいフローラが
世界をおおう

けれどほどいても
ほどいても魂は
もつれたまま……

Porno-Bach

Sind das wirklich dieselben Finger
die bis vor kurzem noch Bach vorspielten?
Dies mein Ding wird mal größer mal kleiner
gleicht dem Klavier nicht im geringsten
komisches Werkzeug   muß man wohl sagen
Wie sich ein solches Allerweltsding
unter Deinen weichen Fingerbeeren
mit dem erhabenen Bach verträgt
ist mir völlig schleierhaft
Aber jetzt liegen Deines und Meines
offen entblößt in Herzens Farbe
Wenn ich mich der zart-warmen Berührung
sterbend endlos ganz überlasse
steh ich im Dunkel durchschimmernden Blutes
vielleicht auch plötzlich Bach gegenüber

ポルノ　バッハ

ついさっきまでバッハを弾いていた指と
これはほんとに同じ指かい
ぼくのこいつはのびたりちぢんだり
ピアノとは似ても似つかぬ
こっけいな道具と言うしかなくて
こんなありきたりなものと
あの偉大なバッハがきみの柔い指先で
どんなふうにむすびつくのか
ぼくにはさっぱり解せないんだ
でもきみのものもぼくのものも
いまはむき出しの心臓のいろ
そのあたたかくなめらかな感触に
死ぬようにきりもなく甘えてゆくと
いつか血の透けて見える暗闇で
ぼくもひょっこりバッハに会えるのかな

35

Warenhaus Nippon

Scotch faßweise
Wasser nicht auf Lager

Autos zu Schleuderpreisen
Straßen ausverkauft

Fernlenkgeschosse teuer erstanden
Abschußbasen noch in Beratung

Olympiade wird nächstens eingeführt
FUJIYAMA Ramschware

Nur die Schutzmarke unverkäuflich

にっぽんや

スコッチ　あり升
水　品切

道　売切

自動車　投売

ミサイル　高価買入
基地　御相談

オリンピック　近日入荷
フジヤマ　見切

但
SYMBOL
非売品

---

17. 4. 1962 EG-Außenministertagung. Keine Einigung in der Frage des politischen Zusammenschlusses. Beginn der Baseball-Nachtturniere.

18. 4. Fünf verschiedene Arten von gefälschten 1000-Yen-Noten in über 70 Exemplaren kommen zum Vorschein. Das Polizeiministerium ergreift außerordentliche Maßnahmen. Frank Sinatra besucht Japan.

20. 4. Verhaftung des ehemaligen OAS-Generals Salan.

21. 4. In Seattle Eröffnung der Ausstellung ‹21. Jahrhundert›.

23. 4. Die japanische Hafenarbeitergewerkschaft beginnt einen Streik in 52 Häfen des ganzen Landes. Der oberste Sowjet bestätigt Chruschtschow als Ministerpräsidenten.

四・一七
EEC外相会議、政治統合問題の討議まとまらず。吹田事件の論告求刑公判、大阪地裁で開廷。ナイター始る。

四・一八
日経連、来年度の新卒者採用試験期日の申合せをしないと決定。警視庁、五種類七〇枚以上のニセ千円札に対し、非常態勢を打出す。フランク・シナトラ来日。

四・二〇
OASのサラン元将軍、逮捕さる。

四・二一
シアトルで、二一世紀博開く。

四・二三
全日本海員組合、全国五二港でストに突入。ソ連最高会議開かる。―フルシチョフ首相再選。

Ohrenläuten

Vietnam 1969

Ganz deutlich hörte man das Knacken einer verschlossenen Tür
hörte wie Kinderlachen in Weinen umschlug
dann folgte lautlose Stille
die Gewehrsalve war nicht zu hören

★

Grashalme streifen sich
ists der Wind oder kriecht einer bäuchlings
langsam hebt der Fluß seinen Spiegel
schrilles Gezwitscher der Vögel

★

Jäh strafft sich die Schlinge
wildes Herzklopfen eines hartnäckigen Schweigers
in der einen Sprache   in der andern Sprache
Flüstern das niemals sich eint

★

Schweigen   gibt es das überhaupt
selbst bei verstopften Ohren
Schweigen   gibt es das überhaupt!
selbst inmitten der Wildnis

★

Jedoch heute früh in der Dämmrung
namenloser Tod als Ende einer schönen Melodie
hinterläßt nicht den leisesten Laut

Aus dem Japanischen von Eduard Klopfenstein

空耳

Vietnam 1969

閉じている扉の開く音をはっきりと聞いた
笑っている子どもの泣き声を聞いた
それからすっかり静かになった
銃声は聞こえなかった

草と草がこすれるのは
風なのかそれとも人が匍っているのか
河がゆっくり水嵩を増してゆく
小鳥の鋭い囀り

縄がぴんと張りつめる
頑に黙っている者の動悸
ひとつの国語と他の国語との
決して混りあわぬ囁き

沈黙などあるものか
耳を掩ってすら
沈黙などあるものか！
荒野の只中にも

だが今日の夜明け
ひとつの美しい旋律の終りの無名の死は
もうどんなかすかな音も立てない

Makoto Ōoka

Was ist Poesie?

1

Ständig kommt es
Auf mich zu,
Doch sooft ich will,
Weiche ich aus.

2

Ein Kinderspiel
Ist es nicht,
Aber Dichter
Sind Kinder.

3

Es ist das Zugrundegehen
Aller psychologischer Landschaften,
Eben dieser Prozeß.

4

Er lernt den Sinn der Zeit nicht,
　Sieht nicht die Farben des Himmelsraumes,
　　Und als soeben geborener
Frosch
　　Springt er durch Zeit und Raum –
　　　Ein alter Teich.

詩とはなにか
　　　　　1
むかうからたえず
ぶつかつてくるが
わたしはいくらでも
よけてとほつてゐるもの

詩とはなにか
　　　　　2
こどものあそび
ではない
だが　しじんは
こどもです

詩とはなにか
　　　　　3
すべての心理てき風景の
ぜつめつしてゆく
過程そのもの

詩とはなにか
　　　　　4
時の意味を学ばず
空の彩りを見ず
たつたいまうまれたばかりの
蛙として
時空に跳ねる
古池

Eine Kraft, die zubeißt,
Doch ohne Kiefer und Zähne.
Ein aus Bitterkeit gemachter
Durchsichtiger Schraubstock.

Ein Auge, das Kleines
Groß widerspiegelt.

Lippen, die Großes
Zu Kleinem formen.

Während das Dorf seinen Rausch ausschläft,

Erwacht
Nur der Torwart
Und hätschelt
Seine juckenden Beulen.

Morgendämmerung.

Einen spitzen Grashalm polieren,
Schimmer auf der Handfläche.

Es ist noch stockfinster.

詩とはなにか
噛みつく力
しかし　顎でも歯でもない
にがみでできた
透明な　万力
5

詩とはなにか
小さなことを
大きく映す　眼
大きなことを
小さく発する　唇
6

詩とはなにか
一村酔ひ伏すといへど
捕手
ひとり目覚め
痒い打ち身を
いとほしんでゐる
あかつき
7

詩とはなにか
とがった草を磨く
てのひらに薄明り
まだ真暗だ
8

9

Im Zittern der Blätter
        Halten sie den Atem an,
Und mit dem Radiergummi
    Des unbeugsamen Willens kommen sie,
Mich
        Auszulöschen,
Die Freunde und Verwandten.

        Nur dies –

Doch was für ein
        Glanz des *Lebens*!

11

Ein unvergeßliches
    Gedicht?

Ich bin bis ans Ende der Welt gereist
    Und kann mich an kein einziges
        Erinnern.

Dummkopf!

10

Ein Kätzchen
sitzt auf einem Teller.

Splitternackte Wesen
sind so haarig!

12

Um Wörter zu schmieden,
    Muß man sie loben.

Doch auch nach üppigem Lobpreis
Singen sie nur selten.

Pack sie bei der Schulter
Und streichle sie sanft,

Bis die Vokale laaanggezogen
Zwei Seufzer von sich geben.

詩とはなにか
　　　　　　9
イノチの輝き
なんといふ
ただそれだけの
不屈の
意志の消しゴムで
わたしを
消しにやってくる
親しき者たち
息をひそめ
葉のそよぎに

詩とはなにか
　　　　　　10
猫の仔が
皿のうへに乗ってゐる
素ッ裸で生きるものは
なんと毛深き

詩とはなにか
　　　　　　11
忘レルコトサヘ
デキナイ詩
ナンテ！
宇宙ノ涯マデ旅シタガ
オレハヒトツモ憶エテ
ヲランゾ
馬鹿モノ

詩とはなにか
　　　　　　12
ことばを鍛へるには
ことばを誉めねばならぬ
誉めそやしても
ことばが歌ひだすのは稀れだ
ことばの胸をぐっと掴んで
しづかに撫でてやれ
母音がながあく尾を引いて
溜息を二つ洩らすまで

13

Beim Kuß genug
den Körper des Wasserfalls
geliebt.

Ein Krug

14

Der Schlehe Schreckensschrei
Übertrifft den schnöden Glanz an schlackiger
                                        Schönheit.

Des schnöden Glanzes Schreckensschrei
Ist das Mittel, das den Schleim des Lebens löst.

15
Was die Sterne angeht

Himmel und Erde werden erschaffen.
    Vom Wind nicht zu unterscheiden,
        Reibt das Funkeln der Sterne
            den Fuß eines kristallüberwachsenen
Felsens.
Und wird von selbst heiß.

16
Was den Wind angeht

Der Wind schüttelt den Wind ab
Und bemüht sich,
Ein gewaltiges Anzeichen zu werden.

Nur in der Erwartung des Sturms
ist der Wind Wind.

詩とはなにか
口づけにて　十分に
瀧のボデーを
愛したり　壷

13

詩とはなにか
驚嘆する巴丹杏は
虚誕を上回る破綻の美
驚嘆する虚誕は
さながら人生の去痰剤

14

詩とはなにか――星のばあい
天地が創造されつつある――
風と区別のつかない
星の光は
水晶を生やした岩の
根もとをこすつて
ひとり熱くなつてゐる

15

詩とはなにか――風のばあい
風は風をふるひおとして
ものすごい気配だけに
ならうとしてゐる
嵐の期待によつてのみ
風は　風だ

16

17
Was den Regen angeht

Der Regen
  In einem Tropfen an der Blattspitze
    Schrumpft genau
Zur Form des Tropfens
  Zusammen.
Dann, wie angesaugt,
  Reißt er sich los.
Auf der zitternden
      Spitze
        Sein ganzes Gewicht
         sammelnd
Fällt er
    Entschlossen
Senkrecht hinab.

18
Was den Tau angeht

Auf einem Zweig seufzend,
Sich gemächlich dehnend,
Putzt der Morgentau sich heraus.

«Spieglein, Spieglein,
Gib mir ein Leben wie der Tau!»
Singt der Tau
Und spiegelt sich selbst in sich selbst.

  Auch der Traum erkaltet
  Im Menschen und verdichtet sich,
  Wird zur Kugelform des Traums, dem glitzernden Tau
  Eines Traums,
  Der in der Tiefe nichts verbirgt.
  Er glänzt nur und kann nur noch fallen.

Ein unwiderrufliches Fallen,

Das dem Menschen
  Zur ersten blendenden Erinnerung des Taus wird.

詩とはなにか──雨のばあい

雨は
葉さきのしづくのなかで
しっかり
しづくのかたちに
ちぢこまってから
吸はれるやうに
引き出される
集中して
重みをすべて
尖端に
ぶるぶる震へる
思ひ決したすがたで
墜ちてゆく
まつすぐ

詩とはなにか──露のばあい

枝の上で溜息ついて
すこしづつふくらみながら
朝露が身づくろひする
「かがみよ　かがみよ
露の命を　わたしにおくれ」
自分を自分に映しながら
露は唄ふ
夢の
露なる
夢の球体となる
玲瓏たる
深層をどの一点にも隠してゐない
みづからをぐんぐん冷やして集中し
ヒトの内なる夢も
輝いて落下するほかないものになる
取返し不能の落下
それがヒトの
最初のまぶしい露の思ひ出に
なる

An der Spitze eines Zweiges eine Winterknospe: In ihrer Hülle aus dunkelroten, schuppigen Blättern könnte ein unaufmerksames Auge sie für ein kleines Insekt halten, das dort kauert. Unbarmherzig reiße ich sie ab und schäle sie. Nasse Kinderhaare in einer Badewanne – ein Lustgefühl, das den Geschlechtsunterschied hartnäckig übersteigt. Von Flaum freundlich bedeckte Zweige, Blätter und Blüten des Frühlings, der noch kommen soll. Diese Umschlingung ist Vorsehung der Natur. Als ich die Knospe schäle, streckt sie ihre hübschen Finger aus, um aus allen Kräften den ersten Sonnenstrahl dieser Welt einzusaugen. Nach kurzer Zeit verliert sie ihre Nässe und wird struppig. Wenn sie ganz vertrocknet und leblos ist, bring sie vorsichtig zurück an ihren Zweig! Kannst du ihr die Feuchtigkeit wiedergeben? Die Knospe eines Gedichts ist jetzt fertig!

詩とはなにか

19

枝尖に冬芽がめぶいてゐる。赤ぐろい鱗片葉に包まれ、不注意な目には、うづくまつてる小さな虫に見えるだらう。容赦なくむしりとつて、ひとつひとつ覆ひをむきとる。湯ぶねのなかの赤んぼの濡れ髪のしんねりと性別を超えた性的快感。にこ毛にやさしく蔽はれた、また来ん春の枝と葉と花。だき合つてねぢれてゐるのは自然の摂理。ほぐしてやると、かわゆい指を一本一本ひろげ、この世で最初の陽ざしを、精いつぱい吸ふ。まもなくそのしつぽり濡れた感触は失せ、パサパサと乾いてくる。パサパサと乾いて死んでしまつたら、さあ、おもむろに元の枝に戻してやれ。元通り、しつぽり濡れた芽に戻せるか？　詩の芽一丁、これで仕上がり！

Eine Umfrage: Im japanischen Wortschatz gibt es unter vielen anderen nützlichen Begriffen das Wort *ma*, das einen zeitlichen oder räumlichen «Zwischenraum» bezeichnet. Was bedeutet Ihnen *ma* bei Ihrer Arbeit?

Wenn ich so gefragt werde ...
Beim Schreiben von Gedichten
Habe ich an so etwas wie *ma*
Noch nie gedacht.

An den «Zwischenraum»,
Von dem Sie sprechen
Denke ich vielmehr
Nur beim Atmen,
Das den Raum zwischen
«Zwischenraum»
Und
«Zwischenraum»
Auffüllen soll.

Wenn Ein-
    Und Ausatmen
Wie Ebbe und Flut
Auf der Kraft des Mondes beruhen,
        Das heißt, wenn ich
        Fühlen kann,
        Wie ich mich ausdehne,
        Als verteilte ich mich kreuz und quer
        Über den Atemweg,
        Durch den der Mond drängt,

Dann verstehe ich *ma* ganz leicht.

        (Um die Sterne besser zu sehen,
        Schau angestrengt in die Dunkelheit der Umgebung!)

Während du überlegst, wie du *ma* begreifen kannst,
Entgleitet es dir da nicht?
Wo alles lückenlos ist,
Bleibt dir da nicht die Luft weg?

Wenn du Atem holst,
Hast du noch Spielraum.

Doch wenn du glaubst, daß *ma*
Der Raum zwischen etwas und etwas anderem ist,
So irrst du dich.

Im Gedicht zum Beispiel
Können wir

> Den Atem anhalten,
> Wieder zu Atem kommen,
> Frei atmen,
> Außer Atem sein,
> Nach Atem ringen,
> Aufatmen,
> Durchatmen,
> Den längeren Atem haben,
> Oder eine Atempause einlegen.

Diese Atemzüge
Kommen aus einem großen *ma*
Und kehren zurück zu einem *ma*.
Das heißt, mein Atemholen ist
Ein Tautropfen, der eine Zeitlang
Im Körper eines unendlich großen *ma* wohnt,
Der dort wohnt und verschwindet,
Verschwindet und wieder wohnt.

Wenn der Atem Farben in die «Zwischenräume» webt,
dann treten alle diese sogenannten «Zwischenräume»
Aus meinem Innern hervor.
Weil sie keine Gestalt haben,
Sind sie der Ursprung jeder Gestalt,
Als «Kraft».

あるアンケート
日本語の数ある語彙の中で、とりわけ働きに
富んだ語＝概念に、時間・空間を意味する
「間」があります。
あなたのお仕事の中で、「間」とは何ですか。

さういへば
詩を作るとき
「間」のことなど
考へたことありませんね

考へるのはむしろ
あなたのおっしゃる
「間」
と
「間」
の
「間」の間を埋めてゐるはずの
息づかひだけ

吸ふ息と
吐く息に
汐の満ち干
月の力が
まつすぐに差してゐるなら
すなはちわたしが

「間」はおのづから
うまくとれます

（星をよりよく見るためには
まはりの闇に目をこらせ）

「間」をうまくとらうなどと考へてゐると
その時間だけ「間」がずれこんで
間が抜けるのではないでせうか
気も抜けるのではないでせうか
気合があれば
間合もとれる
さういふことではないでせうか

「間」といふものを
何かと何かの「間」だと考へるなら
それはたぶんまちがつてます

仮に詩についていふなら
詩の中で私たちは
息をつめる
息をつく
息があがる
息もできない
息せはしく

月の力が押し通つてゆく息の通路の
横にも上にもはね散るやうにふくらんで
ゆく感覚を
もちうるときには
休息

息をゆるめ
息安らかに
息ふとく
休息

それらの息は
大いなる《間》から発して
すなはち私の息づかひは
無限大の《間》の肉体に
ひととき宿る玉の露
宿つては消え
消えては宿り

息が《間》に彩を織るとき
すべてのいはゆる「間」なるものは
私の内から出現します
形がないゆゑ
すべての形の根源となる
「力」として。

Schau! Diese trächtige Katze,
Geschmeidig,

Zufrieden,
Dreist,

Reibt ihren Bauch an Bambusgras,
Die Augen zwei schmale Schlitze.

Das Wesen des Lebendigen:
Pulsierendes, atmendes Beharren.

Sie reibt ihren Bauch an Bambusgras,
Die Augen zwei schmale Schlitze.

Ah!
Lied ohne Worte!

Hinter ihren Lidern verbirgt sie
Einen funkelnden Blick.

In der gemäßigt warmen Zone zwischen ihren Hinterläufen trägt sie,
Weich, verschließbar, rosa, einen verrufenen Ort.

詩とはなにか　21

見よ　かの孕み猫を
しなやかに
満ち足りて
臆面もなく
笹に腹をこすつて
目を細めてゐる

命の本質
びくびく息づく保守性が
いま笹に腹をこすつて
目を細めてゐる

ああこの！
ことばなきうたよ

瞼の裏には蔵つてゐるナ
炯々たる眼光を

後ろ肢の温帯には下げてゐるナ
ふうわり閉ざせるピンクの悪所を

22
Nach William S.

Der Blick meiner «Poesie»
Ist nichts gegen die Sonne,
Die Farbe ihrer Lippen
Ein stumpfes Dunkelrot, von Korallen weit entfernt.

Ich habe Kamelien, rotgefleckt auf weißem Grund,
In meinem Garten gezogen.
Die Frische auch nur eines ihrer Blütenblätter
Fehlt meiner «Poesie».

Selbst der Rand eines Trinkglases
Erzeugt einen reineren Klang.
Ja, meine «Poesie» kann nicht einmal
Singen wie die letzte S-Bahn in der Nacht.

Meine «Poesie» versteckt ihren Bartwuchs und spielt das junge Mädchen.
Doch ehrlich gesagt, sie ist nur ein abgetakelter Frauendarsteller.
«Wenn der Herbstwind mit meinem losen Schläfenhaar sein Spiel treibt,
Fühl' im Herzen ich mich einsam und verlassen.»

詩とはなにか　22
ウイリアム・Sに倣って

ぼくの「詩」のまなざしは
とてもとても陽の光にはおよばない
して唇の色ときたら
珊瑚には及びもつかぬ鈍くさい暗紅色

ぼくは白地に赤の散つた
椿の花をたくさん庭に育てたが
その花びらのただひとひらの潤ひをも
ぼくの「詩」は欠いてゐる

ガラス・コップのふちでさへ
ぼくの「詩」よりも遥かに澄んだ音色をたてる
ぼくの「詩」の響きはじつさい
終電の線路の音にも及ばない

髭を隠して妙齢ぶつちやあるけれど
ぼくの「詩」はじつを申せば　零落のをんな形
へ鬢のほつれを秋風嬲りや
そぞろ懐ろさみしゆてならぬ

Weil ich eine fünftausend Jahre alte Vettel
Als Muse verehre,
Werde ich von wohlhabenden Zeitgenossen wie aus einem Munde
Als Narr verspottet.

Ich wünsche sehnlichst, meine «Poesie» magerte ab
Und würde zum Geist der Oiwa*.
Er würde alles Fleisch überleben
Und Erinnerungen an uns den Würmern in der Asche zuflüstern ...

Wie schön diese Welt war,
Und wie selbst unsere Torheiten vom Tau des Lebens erstrahlten,
Wird dann meine «Poesie» den Felsen freundlich zuflüstern,
Und, ach, wie schön *sie selbst*, wie elegant sie war!

* *Oiwa: Heldin eines Kabuki-Stücks, die als Geist ihren treulosen*
  Ehemann und Mörder heimsucht.

なにもあんな　五千歳にもならんずる
シューパーばばあをミューズさまと崇めずとも
よからんものを　わからん奴と
繁栄する現在人は異口同音に嘲るが

ぼくはわが「詩」がもっともっと痩せこけて
お岩さんの亡霊になることを切にねがふ
霊はすべての生ま身より生き長らへて
ぼくたちの思ひ出を焼け跡の虫に囁くだろう……

どれほどこの世が美はしかつたか
愚行もいかに命の露で光つてゐたかを
ぼくの「詩」は優しく岩に囁くだらう
ああ　彼女自身　どれほどいきな美女だつたかを

註　ウイリアム・シェイクスピア作『ソネット』一三〇番参照。

Nach Ippen, dem heiligen Wandermönch

Ihr Asketen, Sucher des Absoluten,
Hört mich an!

  Werft weg Weisheit und Torheit,
   Werft weg alle Furcht vor der Hölle,
  Euren kindischen Eigensinn,
  Euren Weg zur Erleuchtung werft weg!
Bis der Buddha nicht ist,
  Bis das Ich verlöscht,
   Von Allem laßt ab, laßt ab!
Nur eines, eines tut:
  Buddhas Namen ruft an!
Warum,
  Fragt ihr beharrlich.
   Nun, so antworte ich euch:
Die Myriaden lebendiger Dinge
  Berge, Flüsse, Gräser, Bäume
   Das Wehen der Winde, der Gang der Wellen,
  Trunkene Augen,
Werft ihr sie auch weg, wieder und wieder,
  So werden sie alle
  Doch stets von neuem
  In ihren Namen wiedergeboren
Und leben fort ohne Ende.

So bebt der Alles-in-einem
  Als Geist von Allem
   Frei und ungebunden
    Allüberall
Und allzeit
  Pocht er ans Feuertor.

詩とはなにか　23
遊行上人に倣って

行者よ　絶対の追求者よ
いざや語らん

知慧も愚痴も捨てよ
地獄を恐るる心も捨てよ
諸君の稚なくいひつのる
悟りの道も捨てよ
仏もなく
我も消えさるまで
一切を捨てに捨てよ

ただただ
仏の名のみ唱へよ
なぜかと
押して問はるるなら
答へよう

よろづ生きとし生けるもの
山川草木
吹く風立つ浪
溺るる目
捨てても　捨てても
いっさいは
どこまでいつても
名のなかで甦へり
生き続けるのをやめないからだ

仏はそこで
含処の気として
自由自在に
そよいでゐる
ホトホトと
火門をも叩いてゐる

註　遊行上人は傑僧一遍のこと。

Wie man Gedichte schreibt und interpretiert – Grundwissen

Der Traum[1] –
Wenn man nicht aufwacht,
Weiß man nicht, daß es einer war –
Ist eine Bewegung der unwillkürlichen Muskulatur des Geistes.

Wenn wir zeichnen oder schreiben,
Haben wir von dem, was gestaltet wird,
Kein vollständiges Bild. Dieses Bild
Gehört zum Künftigen, zum Unbekannten – zum Traum.

Was wir sehen, ist nur ein verschwommenes Ziel,
Ein Ziel, das im Zuge des Gestaltens
Selbst von Augenblick zu Augenblick seine Gestalt ändert.[2]

In einem Gedicht ist
Der nicht zu unterdrückende Traum vom Fliegen.
Es sind
Die Schmerzen des Blütenstempels, der nach der Befruchtung zur Mitte drängt.

詩とはなにか　24　──詩の制作＝解説　こころえ

夢は　《註1》
醒めてみないと
見てゐたことさへわからない
こころの不随意筋の運動

ぼくらはゑがき　また　書くとき
自分が象りつつあるものの
全容を認識しない　全容は
未来と未知に　すなはち夢に属す

見えるのはただ　漠たる目標
して目標はそれ自体
象る作業の進展につれ
刻々と不定形に変容する　《註2》

ひとつの詩には
抑へがたい飛翔の夢がある
それは
受胎後の雌蕊の　中心へ向かふ疼きそのもの

In einem Gedicht ist
Der Traum des Schmetterlings, in den azurblauen Himmel zu fliehen.
Es ist
Der Wunsch, sich den züngelnden Flammen hinzugeben.[3]

1 Ein Gedicht schreiben,
  Ein Bild malen,
  Ton brennen –
  Hellwache Versenkung.

2 Die Beziehung zwischen dem Ziel und der schöpferischen Tätigkeit
  Möchte ich vergleichen mit dem Kampf zwischen Technik und Wind
  Beim Auftanken eines Flugzeugs in der Luft,
  Bis der Ölschlauch richtig angeschlossen ist.

3 Eine Gerade wird erst durch den Wirbel
  Eine «Gerade» genannt.
  Und nur ein ganzer Kreis kann dem Halbkreis zuflüstern: «Oh,
  du mein Bogen!»

Aus dem Japanischen von Matthias Hoop

ひとつの詩には
群青の天へ逃亡する　蝶の夢がある
それは
わが身を焼き滅ぼす紅蓮体への　投身願望そのもの（註3）

（註1）
詩を作ること
絵を描くこと
土を焼くこと――
醒めて行ふ　メディテーション

（註2）
目標と制作行為の関係は
空中給油のオイル管が
首尾よく接合されるまでの
風圧と技術の争ひに類推されよう

（註3）
直線は渦巻きによつて
はじめて「直線よ」と呼ばれ
半円の弧は全円によつて
はじめて「わが弧よ」と囁かれる

Itō Hiromi

Harakiri*

Die Kirschblüten fallen ab
Einmal traf ich
Herrn O, den Seppuku-Fetischisten, und fragte ihn
Wen,
zum Beispiel von den Schauspielern, würden
Sie Seppuku begehen lassen wollen?
worauf Herr O
tja also, sagte, darüber habe ich noch nie nachgedacht,
die Arme verschränkte,
nach oben schaute,
hmm, noch einmal brummte
und sprach
Das wäre wohl Oki Masaya
Ich selbst mochte

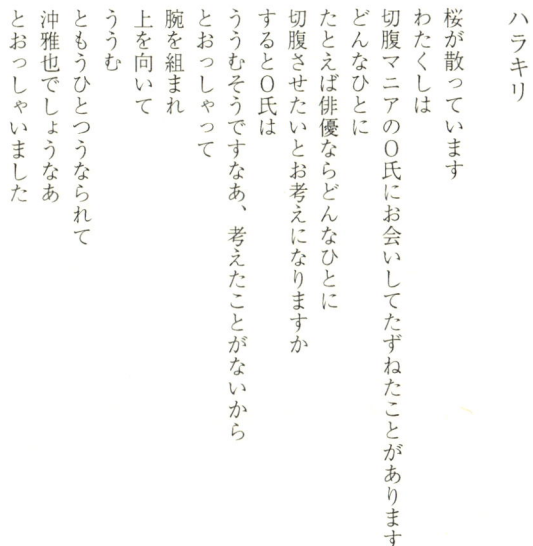

ハラキリ

桜が散っています
わたくしは
切腹マニアのO氏にお会いしてたずねたことがあります
どんなひとに
たとえば俳優ならどんなひとに
切腹させたいとお考えになりますか
するとO氏は
うむそうですなあ、考えたことがないから
とおっしゃって
腕を組まれ
上を向いて
うむ
ともうひとつうなられて
沖雅也でしょうなあ
とおっしゃいました

---

* Nur im Titel dieses Gedichts erscheint *harakiri*, das außerhalb Japans gebräuchliche Wort für jap. *seppuku*,
die rituelle Selbstentleibung, wörtlich «Bauch aufschneiden», von Samurai-Kriegern.
Die Kirschblüte, die nach nur kurzer Blüte im Augenblick prachtvollster Schönheit abfällt, steht in fester
Assoziation mit dem ‹reinen› Tod eines jungen Kriegers.

sein Gesicht schon lange
bevor er sich vom Keiō Plaza Hotel hinabstürzte
daher konnte ich mir dieses Gesicht
beim Seppuku sofort vorstellen
Wie sollte Oki Masaya es denn anstellen
fragte ich und stellte ihn mir insgeheim
als Fürst Asano* im weißen Totengewand vor
Nackt, im Stehen,
sprach Herr O
Aber wo,
fragte ich weiter
Hmm, auf dem Friedhof, denk' ich
wo Kirschblüten fallen
jawohl, auf dem Friedhof, wo Kirschblüten fallen
Heißt nackt etwa splitternackt?
Nein, natürlich mit Lendentuch
ein Lendentuch, das Penis, Anfahrtrampe, Anus,
die gesamte erogene Zone bedeckt
Die Kirschblüten fallen

わたしは京王プラザから飛び降りた彼の顔が彼の生前か
らずっと以前から
好きでしたから
だからそくざにその切腹する彼の顔を
思いうかべることができます
沖雅也にはどうやって
どういうふうに
内心わたしは白装束の
浅野内匠頭の状況で切腹する沖雅也を思いながら
そうたずねましたら
裸で、立ち腹でしょうなあ
とO氏はおっしゃいました
では場所はどこで
とわたくしはさらに
うむ、墓場ですなあ
桜の散っている
墓場ですなあ、桜の散っている
その裸というのはすっ裸なのでしょうか

---

* Fürst Asano, von einem bösartigen Widersacher wiederholt zutiefst geschmäht, zieht gegen diesen bei
 Hofe das Schwert und muß daraufhin Seppuku begehen. Er zählt zu den bekanntesten tragischen Helden
 Japans, die Geschichte, wie seine Gefolgsleute, die siebenundvierzig Samurai, ihn Jahre später rächen, zu
 den populärsten literarischen und dramatischen Stoffen bis in die Gegenwart.

Der Friedhof ist mit hölzernen Sutrenstelen übersät
Hahaha, das ist ein wenig obszön, aber lassen wir's
Wollen sie Oki Masaya denn qualvoll sterben lassen oder
frage ich weiter
Natürlich soll er qualvoll und unter langsamer Marter sterben
schließlich ist das mein Abbild
sprach Herr O
und dann zog er sich bis auf ein weißes Lendentuch aus
und schlitzte stehend seinen Bauch auf
Seppuku hat schön zu sein, deucht ihn.
Seppuku ist schließlich die Ästhetik des Mannes, deucht ihn
Kirschblüten, deucht ihn
Voll aufgeblühte Kirschblüten, deucht ihn
Voll aufgeblühte Kirschblüten müssen abfallen, deucht ihn
Solange er noch schön ist, möchte er sterben, deucht ihn
In einigen Jahren wird er sechzig
Seppuku bedeutet Fürst Asano, deucht ihn
Mishima Yukio* ist ihm zuvorgekommen, deucht ihn

いや、もちろんふんどしです

陰茎、蟻の門渡り、肛門

性感帯のすべてに密着したふんどしです

桜が散っている

墓場には卒塔婆が立ち乱れている

はは、いささか猟奇的ですが、ここはもう、そういうことで

では沖雅也にはうんと苦しませて死なせますか、それとも

とわたくしはさらに

それはやはり苦しませて、長い間苦悶させて死なせたい

やはり私の写し絵でしょうから

とO氏はおっしゃいました

そしてそのあと、白いふんどし姿になり

立ったまま

切腹を切られました

切腹は美しくあるべきと氏はお考えです。

切腹はやはり男の美学でしょうなあと氏はお考えです

桜と氏はお考えです

---

* International bekannter Schriftsteller, der sich 1970 durch Seppuku das Leben nahm.

Auf dem Friedhof die Sutrenstelen, deucht ihn

Zum Seppuku die Kirschblüten

deucht ihn

Hahaha, obszön ist das ja, ein wenig, sprach er

Zum Samuraigeist die Kirschblüte, deucht ihn

Der Samurai sucht stets nach einem Ort zu sterben, deucht ihn

Ob seine Vorfahren Samurai waren, vergaß ich zu fragen

Man muß sich nur abhärten, dann ist Schmerz ein Genuß, deucht ihn

daher härte ich mich ab, sprach er

(Onanieren)

Im Angesicht einer Frau Seppuku zu begehen, das wäre das Höchste

(Onanieren)

Samurai

(Onanieren)

Hahaha

(Onanieren)

Kirschblüten

(Onanieren)

Kirschblüten fallen

(Onanieren)

Das ist ja obszön

満開の桜と氏はお考えです
満開の桜は散るべきと氏はお考えです
やはり美しいうちに死にたいと氏はお考えです
氏はあと数年で六十歳になられます
切腹は浅野内匠頭と氏はお考えです
三島由紀夫にはヤラレタと氏はお考えです
墓場には卒塔婆と氏はお考えです
切腹には桜と
氏はお考えです
はは、猟奇的ですなあ、いささかと氏はおっしゃいまし
た
武士道には桜と氏はお考えです
さむらいはつねに死に場所を探しておると氏はお考えで
す
氏の先祖がさむらいだったかどうかわたしは聞きもらし
ました
鍛錬しさえすれば痛みは快感と氏はお考えです
ですから鍛錬しておるのですと氏はおっしゃった
女性と向かいあって切腹できたら最高でしょうなあと
(オナニーする)
(オナニーする)
さむらい
(オナニーする)
はは
(オナニーする)
桜
(オナニーする)
桜はなちる
(オナニーする)
猟奇的ですなあ

Vaters Gebärmutter oder Eine Landkarte

Das ist der Raum wo in alle möglichen Gläser
Alle möglichen menschlichen Körperteile hineingestopft sind
Alle möglichen Deformationen und seltenen Krankheiten konnten wir sehen
Eigentlich konnte man auch alle möglichen Leichen sehen
Aber die Männer wollten dort nicht hingehen
Also sahen wir nur die Körperteile
Die menschlichen Körperteile hatten sich in der Flüssigkeit verfärbt
Und bestimmt
Werden sie nie wieder lebendig

Schau, das ist der Arm meines Vaters, sagen
Die Männer und zeigen auf einen verschrumpelten Arm
Das ist Vaters Haut
Die Männer zeigen auf eine Haut mit Hautkrankheit
Das ist Vaters Magen
Die Männer zeigen auf ein Magengeschwür
Das ist Vaters Hoden
Die Männer zeigen auf einen Hoden mit Elefantenhaut
Das sind Vaters Knochen und Wirbelsäule
Das sind Vaters Fingergelenke
Das sind wir, die wir vom Vater geboren wurden

父の子宮あるいは一枚の地図　　伊藤比呂美

その部屋はいろんな瓶の中に
いろんな人体の部分がおしこめられていて
いろんな奇形も奇病もわたしたちは見ることができた
ほんとうはいろんな死体もそこで見ることができたが
男たちはそっちに行きたがらなかった
だから部分的な人体だけ見ることにした
人体の部分たちは液体の中で変色していって
もうきっと
けっしてよみがえらない

ほらこれがぼくの父の腕だと
乾きあがった腕をゆびさして男たちが言う
これが父の皮膚
男たちは皮膚病の皮膚をゆびさす
これが父の胃
潰瘍のある胃を男たちはゆびさす
これが父の睾丸
象皮病の睾丸を男たちはゆびさす
これが父の骨と脊椎
これが父の指の関節
これが父の産んでくれたぼくたち

57

Und sie zeigen auf Föten mit Wasserköpfen

Und das bist du

Und sie zeigen auf einen Brustkrebs

Und das ist Vaters Gebärmutter

Sagen die Männer und zeigen auf eine Gebärmutter mit Zähnen

Im Fleisch verborgen eine Zahnreihe

Das ist eine Krankheit oder eine Deformation

Möchte ich sagen, aber ich schweige

Das ist Vaters Gebärmutter

Als wir Kinder waren, wurden wir oft von Vater geschlagen

Das sind die grausamen Zähne der Gebärmutter, die uns züchtigten

Einer unter heftigem Weinen

Der andere tanzend, zerschlagen die Männer

Plötzlich das Glas mit der Gebärmutter mit den Zähnen

Von Vater oder von wem auch immer, ob krank oder deformiert

Jedenfalls zerbricht das Glas

Tränen und Alkohol, Zähne und Glasscherben

Nichts als Sentimentalität, denke ich

Aber ich schweige

«Ich entfalte die Landkarte und möchte irgendwo hingehen aber
Überall auf der Karte erhebt sich Vater.

と水頭症の胎児たちをゆびさす
そしてこれがあなた
と癌の乳房をゆびさす
そしてこれが父の子宮だと
歯の生えた子宮をゆびさして男たちが言う
肉をかきわけて歯がいちれつにならぶ
これは病気あるいは奇形だとわたしは
言いたいが言わない
これが父の子宮だ
ぼくたちは子どものころよく父に打擲された
これがぼくたちを折檻した残酷な子宮の歯だ
一人は号泣し
もう一人は踊りながら男たちが
歯の生えた子宮の瓶をいきなりぶち割る
父のでも誰のでも病気でも奇形でも
とにかく瓶は割れて
涙と薬液が、歯とガラス片が
こんな行為は感傷にすぎないとわたしは
思っているが言わない
「地図をひろげてどこかへ行きたいと思うが、
地図中いたるところに父がたちあがる。

Ich suche verzweifelt nach einem Ort wo Vater nicht ist.
Vater erhebt sich.
Überall auf der Karte, wohin mein Finger auch zeigt, erhebt sich
Vater.»
Diese Geschichte von Vater und Tochter erzählt mir einer der Männer
Und gibt mir eine Landkarte
Eine Landkarte in einer fremden Sprache
Ich kenne die darauf verzeichnete Topographie
Auch die Namen der Orte kenne ich
Aber die Sprache vermag ich nicht zu lesen
Doch er kann sie lesen
So werde ich jedesmal wenn ich die Karte betrachte von der Sprache
Von dem Mann, der die Sprache lesen kann
Raffiniert überwacht

巧妙に監視される
言語を読める男に
だから地図を見るたびにわたしはその言語に
男には読める
その言語は読めない
男には読めない
土地の名前も知っているが
地図に描かれた土地の形は知っている
外国語で表記してある地図だ
というどこかの父娘の話をして聞かせながら男はわたしに一枚の地図をくれた
父は地図上のどこにでも、わたしがゆびさせばそこに父はたちあがる」
父はたちあがる。
わたしは父のいない場所をさがすのにやっきになる。

Natürlich bereut

Der Mann, der mir die Karte gab, sofort, daß er mich überwachte

Vor lauter Reue windet er sich

Sei still (wünsche ich)

Stirb (wünsche ich)

Auf die denkbar langweiligste Art will er sterben

Etwa indem er ausgekautes Kaugummi auf dem Boden verschmiert

Oder indem er in einer Druckwelle plötzlich verschwindet

Oder indem er verhungert

Dennoch gibt der Mann mir, um mich zu überwachen, eine Landkarte

Jederzeit, überall erhebt er sich auf der Landkarte

Sogar aus dem Glas heraus wird er wieder lebendig

Aber der Mann bereut

Vor Reue windet er sich

Ich muß ihn so lassen

Denn wenn ich ihn anrede

Wird er sich sofort erheben

Mich züchtigen

Wie er es zigmal, hundertmal getan hat

Seine Adern schwellen an

Vater oder Bruder

Ehemann, Geliebter, Lehrer, wie er auch heißt

Aus dem Japanischen von Irmela Hijiya-Kirschnereit

もちろん地図をくれた男はたちまち監視する自分を
後悔して
後悔のあまりのたうちまわっている
静かになれ（とわたしはねがう）
死んでしまえ（とわたしはねがう）
考えられるかぎりのいちばんつまらない死に方で男は死にたい
かんだガムを床になすりつけるとか
爆風でとつぜん消えるとか
餓死するとか
それなのに男はわたしを監視するために地図をくれる
いつでもどこでも地図の中にたちあがる
瓶の中からでもよみがえってみせる
でも男は後悔している
後悔のあまりのたうちまわっている
そっとしておくしかない
声をかけると
たちまちたちあがり
わたしを打擲するからだ
何十回も何百回もくりかえされたやり方で
男の血管がそこにみなぎる
父あるいは兄
夫、恋人、先生、なんとでも彼を呼べる

Duo Duo

Frühlingserwachen

Ein Nichts, das Lippen entfährt,
Die schon einmal geküßt haben, bringt
eine nie gespürte Ernüchterung:

Auf der Straße, auf der ich wie von Sinnen den
                              Frauen nachgerannt bin
Steht heute, in weißen Handschuhen, ein Arbeiter
Und versprüht in aller Ruhe Mückengift . . .

11. Februar 1988

Zum Gedenken an Sylvia Plath

1.

Diese Frau, die in einem Fuchsfellmantel wohnte
War eine Wolke mit Haarklammern

Ihr gewichtiges Gesäß gab dem Himmel
Die Form eines durchgesessenen Daches

In einer Welt ohne sie blieben zwei Kinder
Mit Milchflaschen um den Hals

Festgebunden auf einem Pferderücken. Ihr Vater
Gab dem Pferd zum Abschied einen bösen Tritt;

«Du weinst, du schreist, wenn du nicht aufhören
                                   kannst, dann
Nimm was ein!»

2.

Mit Pupillen, die aus den Augenhöhlen traten, die
                    eindringliche Frage: «Jener
Zug, der mit den durchgeschüttelten Äpfeln, ist
                        doch entgleist?»

青春

虚无，从接过吻的唇上
溜出来了，带有一股
不曾觉察的清醒：

在我疯狂地追逐过女人的那条街上
今天，戴着白手套的工人
正在镇静地喷射杀虫剂……
1973

1988年2月11日
纪念普拉斯

1
这住在狐皮大衣里的女人
是一块夹满发夹的云

好沉重的臀部，让以后的天空
有了被坐弯的屋顶的形状

一个没有了她的世界存在两个孩子
脖子上坠着奶瓶

已被绑上马背，他们的父亲
正向马腹狠踢临别的一脚；

"你哭，你喊，你止不住，
你就得用药！"

2
用逃离眼窝的瞳仁追问" 那列
装满被颠昏的苹果的火车，可是出了轨？"

Die schwarzen Wälder ließ es kalt, statt Wind
Durchzog sie düsterer Verstand

«Wenn man sie in einem anderen Dialekt anspräche
Würden sie dann nicken?» Das Gesicht des Himmels

Eine Narbe von den Beleidigungen
Stand wie die Hoffnung

Still. «Und ich möchte Dinge essen, die spitz sind!»
In der Nacht, der Rücken einer Gestalt, allein am
　　　　　　　　　　　　　　　　　　　　Feuer

Ein Waldhornruf, der wie Gegengift wirkte – ein
　　　　　　　　　　　　　nie verwesender Nerv
Spie ihr Begreifen in den Raum . . .

Die Landkarte

Mitten in der Nacht, vor dem Fenster jemand,
　　　　　　　　　　　　　　　　　der dich lockt
Kippen kriechen wie Seidenraupen
Das Glas Wasser auf dem Tisch wird unruhig
Du ziehst die Schublade auf, drinnen Schnee von
　　　　　　　　　　　　　　　　　vierzig Jahren

Eine Stimme, wessen Stimme, fragt: Ist der Him-
　　　　　　　　　　　　mel also eine Landkarte?
Du erkennst die schwarzen Lippen des Rufers
Du erkennst ihn
Du bist es, dein altes Du
Du erkennst deinen Kopf
Der gerade in hohem Bogen aus dem Kranken-
　　　　　　　　　　　　　　haus gehustet wird –

Am fernen Horizont wandern Nagel und Schmied
Feuerwehrleute auf Briefmarken
Spritzen ungestüm mit dem Meer
Ein paar Schwimmer bespritzen sich mit Wasser
Ihre Badehosen sind Mehltüten
Auf denen steht: Nägel, fern der Heimat

黑树林毫无表情，代替风
阴沉的理性从中穿行

"用外省的口音招呼它们
它们就点头？"天空的脸色

一种被辱骂后的痕迹
像希望一样

静止，"而我要吃带尖儿的东西！"
面对着火光着身子独坐的背影

一阵解毒似的圆号声——永不腐烂的神经
把她的理解唾向空中……

地图

夜半，有人在窗外诱惑你
烟蒂，像蚕一样爬动起来
桌上，一杯水也动荡起来
你拉开抽屉，里面有一场下了四十年的大雪

一个声音，谁的声音，问：天空就是地图？
你认出呐喊者乌黑的嘴唇
你认出他
正是你，是那个旧你
你认出你的头
正从病院窗口被远远地咳出去——

遥远的地平线上，铁匠和钉子一起移动
救火的人挤在一枚邮票上
正把大海狂泼出去
一些游泳者在水中互相泼水

他们的游泳裤是一些面粉袋
上面印着：远离祖国的钉子们

Ein beißender Geruch
Du riechst die erste Nachricht des Sturms
Wie eine Wolke folgst du den Fleischerhaken und
    schaukelst aus dem Hoffenster der Fleischerei
Hinter dir ist ein Bein, das weiter auf dem
                    Fleischertisch liegt
Daß dies dein Bein ist, erkennst du
Weil du diesen Schritt gemacht hast.

Aus dem Chinesischen von Peter Hoffmann

一阵辛辣的气味
你嗅到风暴最初的信息
像云一样，你循着肉钩荡出肉店的后窗
你身后，有一条腿继续搁在肉案上
你认出那正是你的腿
因你跨过了那一步。

Yang Lian

Alte Geschichten

I

Jeden Morgen gleicht das Aufräumen des Zimmers
Der sorgsamen Präparation einer toten Landschaft
Das Radio kündet: Es ist Krieg
Gleich nebenan

Staub rieselt von dem Porträt einer Frau
Ihre falschen Zähne im Stil der neuen Zeit
Bringen die Fragmente eines Skeletts an den Tag
Ein ganzes Jahrhundert befriedigte lächelnd sich selbst

Auch die Sonne ist gealtert, schnurgerade rammt sie die
Wand
Mit gleichmütigem Blick für die Welt
Das gestreifte Nachthemd am Kopfende
Herbergt die Stimme von Vögeln, die Flecken von Schnaps

Jemand beginnt zu grüßen
Jemand beginnt den Rasen zu mähen
Punkt neun kommt das Frühstück
Wer wird uns heute verkaufen?

II

Besagtes Kind kam in einem Stall zur Welt
Unter kaltem Mond an verlassenem Meeresgrund
Von drei sterbenden Alten
Grimmig beglückwünscht

Die vier Jahreszeiten sind nur eine Drehtür
Leichen sanken zwischen Korallen auf Grund den Fischen
zur Mast
Aus und ein im Supermarkt willst du es den Kartoffeln
nachtun
Mit ihrem barschen Hüsteln, als seien sie Heilige

老故事(一)

每天早上收拾房间
象精心布置死后的风景
打开收音机 战争
就在咫尺之内进行

灰尘从一张女人肖像上脱落
那款式新颖的假牙
暴露出零零星星的骨骼
整整一个世纪微笑着手淫

阳光也老了 笔直地撞墙
面对这世界视而不见
条纹睡衣搭在床头
里面有鸟声 酒迹斑斑

有人开始问候
有人开始修剪草坪
九点整 早餐端上来了
今天谁将出卖我们

老故事(二)

那孩子生在马槽里
冷月下空荡荡的海底
被三个垂死的老头子
恶狠狠祝福

四季不过是一道转门
尸首沉溺 喂肥五彩珊瑚间的鱼
出入超级市场 你模仿
土豆 圣贤似的严厉咳嗽

64

Du hast dich wundgelesen an der abenteuerlichen Fabel
       vom Kuhhandel
Mit einem Zahnstocher hast du dich gesäubert
So viele Male vor aller Augen auf Sand gebaut
Bist du nun klug geworden

Hilf anderen aus der Wüste heraus
Laß den Geist im Himmel beerdigt sein
Auf dem Meeresgrund gibt es eine Glocke, aber keine Zeit
Es gibt dich, aber keine Menschen

III
Mit dreißig ist die Tür zur Narretei aufgestoßen
Ein anderer Weg wartet auf mich
Straßenlaternen und Dämmerung ringsum foltern
Die Schatten, ein kleines Stück Wüste

Dreißig Jahre sind wie ein Teller: ölig, doch ohne Glanz
Fenster verhören wie eh und je
Ausgemergelte Leiber nach der Schicht
Das fleischfressende Glas hat sich den Hunger bewahrt

Gesichter beißen
Unter fadem Haar eine fade Leere
Nach der Gleichschaltung modisch schrieb sich
Die Farbe des Todes dem Leben ins Formular

Niemand geht den anderen Weg
Nicht einmal Finger legen sich auf aussätzige Fluren
Wieder daheim nur der eine Gedanke
Das Bett ein allerletztes Wunder

IV
Skelette, verstohlen auf Treppen lungernd, stürzen ins
       Dunkel
Fern, auf Teppichen einsam zu sein
Haben sich die Fußspuren eines Jahrhunderts
Mit demselben Gewitter im Ohr
Einander die Haut geschält

熟读讨价还价的惊险情节
用一根牙签剔净自己
你在橱窗里触礁了多次
已拥有足够的智慧

把别人带出沙漠
让神 安葬于天空
海底有钟表 却没有时间
有你 却没有人

老故事(三)

三十岁是一扇开向疯狂的门
另一条街等待我
路灯和黄昏 从四面八方拷打
影子影子一小片沙漠

三十岁 象盘子油腻无光
窗口照例审问
下班后精疲力竭的骸骨
食肉的玻璃保持着饥饿

脸 嘴
平坦的头发下 那平坦的空白
死亡流行色统一后
填进表格的一生

另一条街上没人行走
也没手指 触摸麻疯病中的绿草地
回家的时候 只想到
床 最后一个奇迹

老故事(四)

楼梯的诡秘尸体倒在黑暗中
地毯上一百年的足迹
不孤独 彼此磨破了皮肤
听着窗外同一场暴风雨

Tropfen für Tropfen sickert die Nacht ins Fleisch
Den Jahresringen des Sommers entweicht Gift
Vögel sind in Schlüssellöcher gesperrt
Doch ein Traum stößt eine angelehnte Tür auf

Die Toten leben
In dunklen Winkeln, gestern noch diskutierte ein
        jeder
In seiner Zunge wortreich den Jüngsten Tag
Ein Spiegel mit dem Licht des Mondes ist wie ein
       altes Haus

Doch wer kam und wer ging, weiß niemand mehr
In den Leibern stehen die Schatten still
Das Gewitter zwängt sich ins Zimmer
Ein Jahrhundert in den Augenblick meines Todes

V
Bei deinem Erwachen steht der Himmel erstarrt
Die Notizen eines Lebens sind mit den Sternen
       auf und davon
In den Gelenken haust der Wind
Seine Stimme reißt an dir, als wär's, irre geworden,
     ein unbeschriebenes Blatt

Namen, in der Erinnerung daheim, haben kein
       Auge für dich
Zwei Fensterläden, einmal nah
Schlagen in deinem Gesicht isoliert einen zwie-
      fachen Frühling auf
Alle Distanz, kündet eine alte Sonne, ist
       schrankenlos

Am Ende deines Atems machen sich mit ihrem
     kleinen Mut die Toten breit
Wer der Haft entfloh, wechselt aufs neue seine
       Adresse
Und das unnahbare Grün der Bäume seine Zeiten
Pechschwarz ist alles tödliche Blau

肉里一滴滴漏满了夜
夏天的年轮间散发出霉味
鸟卡在锁孔中
而梦　推开一道虚掩的门

死者都活着
昏暗的角落　昨天用不同口音
谈论末日那冗长的话题
一面镜子盛满月光像一座老房子

却已忘了谁来过　谁走了
所有影子停在身体里
窗外的暴风雨渐渐逼入窗内
百年逼入这一瞬　我正死去

老故事(五)

当你醒时天空僵硬
一生写下的字迹群星散去
骨节里阵阵风声
你被翻动　如一页疯狂的白纸

记忆中的名字都不看你
两扇相邻的窗户
推开你脸上两个无关的春天
老太阳说　凡距离皆无垠

你的呼吸之外　遍布胆小的死者
逃犯一再更换地址
树木不可触摸的绿更换日子
凡致命的蓝皆漆黑

Die alte Sonne stürzt in die Augen, feucht von

Maden

Niemand weilt hier, du bist

An eine Geschichte genagelt, die niemand erzählt

Täglich wiederauferstanden befleckst du den

lichten Tag

老太阳坠入蛆虫潮湿的眼神
谁都不在这里　你钉在
没人讲述的故事上
每天复活　玷污着白昼

Der einzige Hafen des Sommers

Für Youyou

Um so mehr dunkelt der Himmel, du sagst, das

Boot sei alt

die Orkane, die es lebenslang trug, sind längst fort

es ist an uns, das Ich zu löschen, laß das

Steinboot verrotten

Sommer war der einzige Hafen

Früh sind die alten Becher zerfallen, nächtens

rot vor Rost, der Mond, sagst du, sei ein

ausgesetztes Kind

wer Zeichen ins Wasser malt, kann nur Wasser

werden

den Hafen zur Wunde machen

Vernimm im Laut heißen Regens die unwandel-

bare Erinnerung

die stechwütigen Tropfen gelten dir, ihre Stimme

ist deine

letzte Bleibe, du bist alt, sagt das Boot

Dieser eine, einzige Sommer war viele Jahre

unterwegs

diese eine, einzige Zeit ergoß sich in ein Haus,

schwarz der Firnis

unter den Wellen sind nur unsere Leiber

Aus dem Chinesischen von Wolfgang Kubin

夏季的惟一港口
　　——给友友

天空更加阴暗　你说　这船老了
一生运载的风暴都已走远
该卸下自己了　让石头船舷去腐烂
夏季　是惟一的港口

夜晚　发红的锈蚀的古老铁环
早就断了　你说　月亮象被弃的婴儿
在水上写字的人只能化身为水
把港口　变成伤口

听　炎热雨声里那不变的记忆
雨到处刺痛你　雨声是最后的小屋
让你居住　你老了　船说

这惟一一个夏季漂泊了多年
惟一一个时间　注入漆成黑色的家
波浪之下只有我们的躯体

Gu Cheng

Natur

Ich mag eine lange Lanze im Flug
Die zehntausend Blätter an einem Baum
Die Truppen, die sich auf der Erde konzentrieren

Auf schmalen Straßen zeigen sie ihre Gesichter
Schwer schwanken die Banner der Vogelnester

Das ist der heikle Ort, wo Leben fehlschlägt

8/84

Eine Generation

Die schwarze Nacht gab mir schwarze Augen,
Doch ich suche mit ihnen das Licht.

4/79

Hier dürfen wir uns nicht kennen

Hier
Dürfen wir uns nicht kennen
Hier sind Mauern
Zahllose Lampen, fokussierende Blicke
Schätzen uns ab
(Sperrt man die Welt vor die Tür
Ist man selbst im Gefängnis)

Wir sollten fliehen
Nein, ausbrechen
Ich als Räuber
Nehme dich mit
Wie ein zorniger Schauer über Feldraine jagt

自然

我喜欢一根投出的长矛
一棵树上的十万片叶子
大地密集的军队

他们在狭长的路上露出脸来
沉甸甸地晃动着鸟巢的旗帜

这就是生命失败的微妙之处

1984年8月

一代人

黑夜给了我黑色的眼睛，
我却用它寻找光明。

1979年4月

在这里，我们不能相认

在这里
我们不能相认
这里有墙
有无数灯和伸缩的目光
在量我们
(如果把世界关在门外
只会使自己遇到囚禁)

我们应当逃走
不，是抢走
我当"强盗"
带着你
象暴烈的阵雨在田垅间飞奔

Wenn da nichts mehr ist
Als das Geräusch unseres Atems
Trittst du zurück
Auf einmal siehst du mich
Und die verschreckte Ameise im Tau
Über dem tiefschwarzen Scheitel
Einen leuchtenden Regenbogen

April 1981

Gehörnte Kröte Mond

Was auf dem großen Deich geschieht
Werde ich keinem erzählen
Keinem Heckenschützen

Frauen sehen uns
Oder sehen uns nicht
Sie stärken ihre Kleider
Wenn sie den Bocksdorn streifen

Rote, weiße, schrill schreiende Grannen
Rauben den Ehefrauen in der Nachbarschaft die
　　　　　　　　　　　　　　　　　Ruhe

Erde

Ich berühre dich sacht
Die trockene Mähne ist hart und dick;
Viele fette Dachsmütter
Schlafen so,
Angespannt, stützen den Bau
Mit den Nüstern und ertragen
Das scharlachrote Gegähne,
Ertragen die Träume
Aus Ziegelsteinbruch, begreifen nichts
Von den Qualen der Bienen

当一切消失
只剩下我们呼吸的声音
你就会走向一边
忽然看看我
又去看露水中惊慌的蚂蚁
乌黑的头顶上
闪着彩虹
1981年4月

角蟾

大堤上的事
我不会告诉任何人
任何一个狙击手

她们看我们
或者不看
她们浆衣服
晃着枸杞

红的、白的、尖叶的胡刺
使附近的妇女不安起来

土地

我轻轻触到了你
干糙毛又硬又厚
许多肥大的母獾
就这样睡着
紧紧地，用鼻孔
抵着土穴，忍着
暗红色猩热的呵欠
忍着旧砖块
摞起来的梦，决不理会
蜜蜂的痛苦

69

Ich gehöre leise zu dir
Ich hoffe
Ich bin nicht so stur, es gibt ein Messer
Das wetzt über das Leder
Gefährliche Regenbögen
Das gefährliche Lachen der See
Am Morgen war niemand da
Und rollte
Vor dem Fenster des Himmels
Den Schatten des Bären zusammen.

我轻轻地属于你
我愿望
并不迟钝，有把小刀
在皮革上来回擦着
危险的彩虹
危险的海的笑声
没有谁，在早晨
在兰天的窗前
卷起过
熊的影子

Der rechte Weg

法门

In allen Etagen Licht
das Licht ist krank
ein gelber Glanz
mittendrin sagt jemand zu dir
Jieqian   gehst du fort

楼上楼下都是灯
灯都病了
发黄光
中间有人对你说
秸茜　出去了吆
　　　　一个小米
　　　　一个小国

        Ein kleiner Reis
        ein kleines Reich

出去干什么
不干什么
肉末

    was machst du dort
    nichts weiter
    Hackfleisch

墙上墙下都是粉
粉都热着
黄蒙蒙的
流
秸茜　秸茜
　　水都热了
　　　出去

An allen Mauern Glasnudeln
die Glasnudeln sind heiß
ein trübgelber
Strom
Jieqian   Jieqian
    das Wasser ist heiß
        und du gehst

　　　一个小时
　　　一个小时

        Ein' kleine Stund'
        ein kleiner Topf

Aus dem Chinesischen von Peter Hoffmann

Eisenvitriol

Niemand gibt dir einen Hof
Manchmal sieht man männliche
Kleinhirnsoldaten
unter den Bäumen stehen

Überall liegen Äpfel

Es sind sehr viele
sehen sehr fröhlich aus
nicht zu verstehen, was sie sagen
und gehen plappernd vorbei
die Füße vom Wasser gespiegelt

Es gibt auch viele Blumen
zwei

Aus dem Chinesischen von Marion Lutz

Flache Dächer

Es wurde bald hell
ich sah mich im Traum nackt am Fenster stehen
spürte langsam den Osten

Durch das Glas getrennt nahmen sie Abschied
verschwanden wie Wellen im Meer

Aus dem Chinesischen von Andreas Frick

铁矾

谁也不给你院子
有时看见男的
小脑袋兵
在树下站着

到处掉了苹果

他们挺多
挺高兴的样子
说话完全不懂
吉吉呱呱的过去
脚被水照了

花也多
有两朵

平房

天快亮的时候
我梦见我赤身向外站着
渐渐感到了东方

她们隔着玻璃和我告别
象浪消失在海里

Bei Dao

Komplizen

Viele Jahre sind dahingegangen, Glimmer
Blitzt aus dem Treibsand
Böse und hell
Wie die Sonne in den Augen einer Viper
Im Dickicht von Händen verzweigen sich Wege
Wo ist der junge Hirsch
Vielleicht wird Einöde hier erst
Verwandelt durch Gräber zur Behausung
Freiheit ist nur
Der Abstand zwischen Jäger und Gejagtem
Hinter uns sehen wir
Vor den mächtigen Porträts der Väter
Bögen, von Fledermäusen entworfen
Mit der Dämmerung versinken
Wir sind nicht ohne Verbrechen
Früh sind wir mit der Geschichte im Spiegel
Zu Komplizen geworden, wir warten auf den Tag
Wo wir in der Lava eines Vulkans ablagern
Und zu einer Quelle erkaltend
Erneut die Finsternis schauen

同谋

很多年过去了，云母
在泥沙里闪着光芒，
又邪恶，又明亮
犹如蝮蛇眼睛中的太阳
手的丛林，一条条歧路出没
那只年轻的鹿在哪儿
或许只有墓地改变这里的
荒凉，组成了市镇
自由不过是
猎人与猎物之间的距离
当我们回头望去
在父辈们肖像的广阔背景上
蝙蝠划出的圆弧，和黄昏
一起消失
我们不是无辜的
早已和镜子中的历史成为
同谋，等待那一天
在火山岩浆里沉积下来
化作一股冷泉
重见黑暗

Das Fenster über der Klippe

Wespen drängen Blüten unter Drohungen sich zu
                                    öffnen
Der Brief ist längst abgeschickt, ein einziger Tag
                        in einem ganzen Jahr, wo
Die feuchten Streichhölzer mich nicht mehr
                                    erleuchten
Wolfsrudel gehen mitten durch die baum-
            gewordenen Menschen hindurch

峭壁上的窗户

黄蜂用危险的姿势催开花朵
信已发出，一年中的一天
受潮的火柴不再照亮我
狼群穿过那些变成了树的人们

Mit einem Mal schmelzen die Schneehaufen, und
                              auf dem Zifferblatt
Zieht der Winter sein Schweigen in die Länge
Es ist nicht das reine Wasser, welches Gestein
                              durchbohrt
Scharfe Äxte zerteilen den Rauch
Ein Stift hält inmitten der Luft inne
Auf die Wand sinkt das Tigerfell der Sonne
Größer werden die Steine, den Träumen fehlt die
                              Richtung
Leben, das in die Sträucher fällt
Will auf der Suche nach Sprache weit hinaus, Sterne
Zersplittern, auf dem wollüstigen Wasser
Treiben zahllos rostige Granatsplitter zur Stadt
Dem Kanal entwächst ein Baum der Gefahr
Und auf den Märkten reißen sich die Frauen um
                              den Kauf des Frühlings

雪堆骤然融化，表盘上
冬天的沉默断断续续
凿穿岩石的并不是纯净的水
炊烟被利斧砍断
笔直地停留在空中
阳光的虎皮条纹从墙上滑落
石头生长，梦没有方向
散落在草丛中的生命
向上寻找着语言，星星
进裂，那发情的河
把无数生锈的弹片冲向城市
从阴沟里长出凶险的灌木
在市场上，女人们抢购着春天

Die Kunst der Poesie

诗艺

In dem riesigen Raum, dem ich gehöre
Steht nur ein Tisch, der Umkreis
Ist augenweit Sumpf
Aus wechselndem Winkel bescheint mich der Mond
Die zerbrechlichen Träume von Skeletten stehen
                              unverändert
An fernem Ort gleich einem nicht eingeholten
                              Baugerüst
Und da sind noch Fußspuren schlammig auf
                              weißem Papier
Es ist der Fuchs, viele Jahre großgezogen
Der mit feuerrotem, wedelndem Schweif
Mir Preis und Wunde ist

Keine Frage, da bist auch noch du, auf einem
                              Stuhl mir gegenüber
Der Blitz aus heiterem Himmel, so wichtig-
                              tuerisch in deiner Hand
Ist nun Reisig und schließlich Asche

我所从属的那座巨大的房舍
只剩下桌子，周围
是无边的沼泽地
明月从不同的角度照亮我
骨骼松脆的梦依旧立在
远方，如尚未拆除的脚手架
还有白纸上泥泞的足印
那只喂养多年的狐狸
挥舞着火红的尾巴
赞美我，伤害我

当然，还有你，坐在我的对面
炫耀于你掌中的晴天的闪电
变成干柴，又化为灰烬

Notizen vom Sonnenstaat

LEBEN an sich
Auch die Sonne ist auch aufgegangen

LIEBE
Stille. Eine Wildgans flog
An brachem Land vorbei
Ein alter Baum fiel laut zu Boden
Saurer Regen treibt durch die Luft

FREIHEIT
Papierfetzen
Im Wind

KINDER
Das Bild eines ganzen Ozeans
Gefaltet zu einem weißen Kranich

MÄDCHEN
Ein zitternder Regenbogen
Sammelt bunte Schwanzfedern

JUGEND
Ein vereinzeltes Ruder
Naß von roten Wellen

KUNST
Glorreiche Sonnen millionenfach
Im zerschlagenen Spiegel

VOLK
Mondlicht zerfetzt zu funkelnden Weizenkörnern
Ausgesät in redlicher Luft und Erde

ARBEIT
Hände, um die Erdkugel gedrängt

SCHICKSAL
Kinder schlagen aufs Geratewohl gegen ein Geländer
Ein Geländer schlägt aufs Geratewohl gegen die Nacht

太阳城札记

生命

太阳也上升了

爱情

恬静。雁群飞过
荒芜的处女地
老树倒下了，嘎然一声
空中飘落着咸涩雨

自由

飘
撕碎的纸屑

孩子

容纳整个海洋的图画
叠成了一只白鹤

姑娘

颤动的虹
采集飞鸟的花翎

青春

红波浪
浸透孤独的桨

艺术

亿万个辉煌的太阳
显现在打碎的镜子上

人民

月亮被撕成闪光的麦粒
播在诚实的天空和土地

劳动

手，围扰地球

命运

孩子随意敲打着栏杆
栏杆随意敲打着夜晚

GLAUBE
Das Knäuel von Schafen in grüner Senke
Das monotone Flötenspiel eines Hirten

FRIEDEN
Wo der Herrscher starb
Wurde das alte Gewehr mit seinen Zweigen und
                                        Knospen
Zur Krücke eines Behinderten

VATERLAND
Gegossen auf ein Bronzeschild
Lehnt es an der schwarzen Wand eines Museums

LEBEN konkret
Netz

Aus dem Chinesischen von Wolfgang Kubin

信仰

羊群溢出绿色的洼地
牧童吹起单调的短笛

和平

在帝王死去的地方
那支老枪抽枝、发芽
成了残废者的拐杖

祖国

她被铸在青铜的盾牌上
靠着博物馆发黑的板墙

生活

网

Biographien

Allen Curnow

Allen Curnow wurde 1911 in Timaru an der pazifischen Küste der Südinsel Neuseelands geboren. Er studierte einige Semester Theologie, wandte sich dann dem Journalismus zu und arbeitete als Korrespondent für die Zeitungen ‹Press› und ‹News Chronicle›. Von 1951 bis 1976 unterrichtete er englische Literatur an der Universität von Auckland. Neben Essays und Theaterstücken schrieb er vor allem Gedichte. Sein erster Lyrikband kam 1933 heraus. Seither sind sechzehn weitere Bände erschienen, zuletzt «The Loop in Lone Kauri Road» (1986) und «Continuum» (1988). In der frühen Lyrik hatte er sich intensiv mit der Identität und Geschichte seines Landes – «ein Fetzen grüner Erde bei der Achse» – und der eigenen Kindheit befaßt. Später werden die Gedichte komplexer, länger und meditativer. Die großen Vorbilder Curnows sind Dylan Thomas und Wallace Stevens, den er in mehreren poetologischen Gedichten direkt anspricht.

Die Anerkennung seines über Jahrzehnte anwachsenden, sich verzweigenden, im Alter immer kühner werdenden Werkes blieb lange Zeit aus. Im deutschen Sprachraum ist er weiterhin ein fast Unbekannter. Aber in der angelsächsischen Welt gilt er nun als der große alte Mann der neuseeländischen Poesie. Er wurde mit wichtigen Preisen geehrt (1988 «Commonwealth Poetry Prize» und 1989, ein Jahr nach Derek Walcott, «Queens Gold Medal for Poetry»). Junge englische Dichter verehren ihn und bezeichnen ihn als «modern master».

«Selected Poems, 1940–1989», London 1990; «Bäume, Bildnisse, bewegliche Dinge», übersetzt von Karin Graf und Joachim Sartorius, Göttingen 1994.

Les Murray

Der Urgroßvater Les Murrays siedelte sich 1817 im australischen New South Wales, in Bunjah an, einem Distrikt der Milchfarmen, der waldigen Hügel und der Sägewerke. Dort wurde Les Murray 1938 geboren, und dorthin zog er 1986 – nach mehr als zwanzig Jahren in Sidney – mit seiner Familie zurück. Er gehöre dorthin, sagte er. Er sei «im Busch» aufgewachsen, wo er ein anderes Zeitgefühl habe – mehr von Traumzeit als von realer Zeit. So heißt Dichten für ihn auch, zu diesem besonderen Lebensgefühl seiner Kindheit zurückzukehren, als er auf der Veranda des Holzhauses schlief, «die Sterne unter den Zehen waren» und er in der Natur so viele Töne und Geräusche hörte, daß sie mehr als alles andere Struktur und Rhythmus seiner Dichtung bis heute beeinflussen. Er selbst bezeichnet sich als «Kopfbauer». Sein Habitus ist gutmütig, bäuerlich. Dahinter verbergen sich ungeheure Belesenheit, leidenschaftliche Lust am Reichtum der Sprache, absolutes Gehör für Metrik und Reim und Beherrschung aller Regeln des «dreaming mind», desjenigen Geistes, der allein schöpferisch ist.

«The Rabbiter's Bounty», Selected Poems, New York 1990; «Dog Fox Field», New York 1992; 4 Gedichte in Akzente 1/93, übersetzt von Margitt Lehbert.

Shuntarō Tanikawa

Schon mit seinem ersten Gedichtband «Die Einsamkeit von zwei Milliarden Lichtjahren» hatte der 1931 in Tokio geborene Shuntarō Tanikawa einen neuen, bis dahin unbekannten Ton in die japanische Lyrik eingeführt. Er war umgangssprachlich und spröde und wirkte dennoch nicht banal, weil er seinen Lakonismus aus gedanklicher und rhythmischer Prägnanz herleitete. Tanikawa sprach in diesen Jahren der Lyrik eine innovatorische Kraft zu. Die Schlußworte seines 1956 erschienenen Essays «Zur Welt hin!» belegen dies: «Wenn Naturwissenschaftler und Techniker ein neues Raumschiff in die Welt hineinschicken, so schickt der Dichter eine neue Sprache in die Welt hinein. Mitten im Schweigen des Weltalls sind beide gleicherweise Waffen, die das Weiterleben der Menschen gewährleisten sollen.» Dennoch spricht Tanikawa dem Gedicht keinen zeitlosen und erhabenen Wert zu; es wird für ihn nur wirksam als Poesie, die er in einem umfassenden Sinn versteht: sie ist eine Art Lebenselixier, die als Ingrediens überall eingebracht werden kann, in Lieder, in Kinderbücher, ins Theater, in den Film, selbst in Strip-shows. Tanikawa hat in den folgenden Jahrzehnten versucht, dieses Programm zu leben, und eine ungeheure Betriebsamkeit, die alle Medien miteinschloß, entfaltet. Er wäre vielleicht wirklich seinem in der Jugend gefaßten Ziel, der Prévert Japans zu werden, sehr nahe gekommen, hätte sich seine Lyrik ab Mitte der siebziger Jahre nicht auf die Schlüsselthemen der modernen Lyrik – Zweifel gegenüber der Sprache, Negation der Realität und Schweigen – auf existentielle Weise eingelassen. So ist neben der ‹Alltagsdichtung› und einer Lyrik, die sehr eng mit der Welt der Kinder verbunden ist, ein Werkkomplex entstanden, der abrückt von aller Subjektivität und in stets neuen Anläufen über Entstehung und Funktion von Sprache nachdenkt: «Mir scheint, das ist ein Weg, wie man sich dem Anonymen, diesem ewigen Ideal der Dichter, nähern kann.»

«Picknick auf der Erdkugel», Gedichte, übersetzt von Eduard Klopfenstein, Frankfurt a. M. 1993.

Makoto Ōoka

Makoto Ōoka, 1931 in Shizuoka geboren, begann mit fünfzehn Jahren Tanka-Gedichte zu schreiben. Er unterrichtet heute Literatur an der Meji-Universität in Tokio. Sein umfangreiches dichterisches Werk – es liegen mehr als zwanzig Lyrikbände vor – ist durch zahlreiche Übersetzungen international bekanntgeworden. Japanische Leser werfen Ōoka vor, «intellektuelle Gedichte» zu schreiben, und vergleichen ihn mit dem anderen Großen der zeitgenössischen japanischen Lyrik, Shuntarō Tanikawa, wie T. S. Eliot mit William Blake. Diese Analogie ist ungenau. Die Gedichte Ōokas sind von Suche nach Klarheit bestimmt. In ihnen diszipliniert der Verstand das Herz, aber das Herz hat zuvor den Verstand besänftigt. Das Resultat in einem typischen Gedicht ist eine in einer leichten Spannung gehaltene äußerst komplexe Sensibiliät.

«A String around Autumn», Gedichte, Oakland 1984; «The Colors of Poetry», Essays, Oakland 1991.

Itō Hiromi

«Wenn ich es jetzt bedenke», schreibt Itō Hiromi in ihrer Erzählung *Mutter töten*, «war ich wie eins dieser gewalttätigen, schwer erziehbaren Kinder.» In ihren Gedichten spricht ein Mädchen oder eine junge Frau, die aus ihrer alltäglichen Welt berichtet – Streit mit der Mutter, Kampf mit dem Kind oder dem Mann – und den Leser trotzig, scheinbar unerschrocken erschrecken will. Die Distanz zwischen Geschriebenem und Schreibender mutet gering an. Sexualität beschäftigt sie. Krankheiten spürt sie nach. Metamorphosen faszinieren sie, Grenzübergänge wie Geburt oder Tod.

Ihre Vitalität und Radikalität haben der 1955 in Tokio geborenen und heute in Kumamoto auf der japanischen Südinsel Kyùshù lebenden Lyrikerin einen vielbeachteten Eintritt in die japanische Literaturszene und den Ruf einer Schamanin verschafft. Mögen ihre ersten Gedichte noch betont kunstlos gewesen sein, so hat sich ihr Stil seit ihrem ersten, 1978 erschienenen Gedichtband «Der Pflanzenhimmel» stets verfeinert. Heute schreibt sie mit musikalischer Präzision und großer Ökonomie der Mittel. Sowohl archaische Wucht wie bittere Ironie haben in diesen eindringlichen Gedichten ihren Platz. «Von Frauen, Männern und Kindern, von der Zwiespältigkeit der Gefühle ist (. . .) die Rede», schreibt ihre Übersetzerin, die Japanologin Irmela Hijiya-Kirschnereit, «aber auch von Obsessionen, deren Komik, etwa in *Harakiri*, ausgerechnet durch das übertrieben Ästhetische wie auch durch Klang und Rhythmus hervorgehoben wird.» Nicht von ungefähr erwähnt Itō Hiromi in diesem Gedicht Yukio Mishima. Er hat als erster in Japan die literarische Selbstentblößung praktiziert, eine literarische Gattung, die sie mit schonungsloser Offenheit weiterführt.

«Mutter töten», Gedichte und Prosa, übersetzt von Irmela Hijiya-Kirschnereit, Salzburg und Wien 1993.

Duo Duo

Der chinesische Lyriker, 1951 in Peking geboren, wird zur Generation der *Obskuren* gerechnet, die – wie ihr Wortführer Bei Dao – das lyrische Geschehen in China während der zweiten Hälfte der siebziger und die gesamten achtziger Jahre maßgeblich bestimmt hat. Sein Werk zeigt chinesische und mehr kosmopolitische Einflüsse; seine Bewunderung gilt insbesondere Robert Desnos, Sylvia Plath und Dylan Thomas. Nach dem Massaker vom 4. Juni 1989 auf dem Platz des Himmlischen Friedens mußte er ins Exil gehen. Zunächst lebte er in London, danach in Leyden/Holland und seit 1994 in Berlin. Häufig sind Angst und das Gefühl der Unterdrückung, wie sie von einer repressiven Gesellschaft erzeugt werden, die Gefährdung der mitmenschlichen Beziehungen im Exil und das Heraufbeschwören Chinas in der Erinnerung Themen seiner Lyrik.

«Looking Out from Death», Poems, Bloomsbury 1989; «Der Mann im Käfig», Prosa, Freiburg 1990; «Wegstrecken», Gedichte 1972–1993, herausgegeben und übersetzt von Peter Hoffmann, Bochum 1994.

Yang Lian

Yang Lian war zu Beginn der Kulturrevolution elf Jahre alt. 1974 wurde er, wie damals üblich, «zur Umerziehung durch Arbeit» aufs Land geschickt; nach seiner Rückkehr 1977 arbeitete er im Rundfunk in Peking als Programmgestalter. 1979 nahm er am Pekinger Frühling teil und wurde Mitglied des halboffiziellen literarischen Zirkels ⟨Jintian⟩ (Heute). Als im Juni 1989 mit dem Massaker auf dem Platz des Himmlischen Friedens die Demokratiebewegung zerschlagen wird, befindet sich Yang auf einer Vortragsreise in Neuseeland. Er ruft dort eine chinesische demokratische Bewegung ins Leben. Daraufhin werden alle seine Schriften in China verboten. «Der Weg von der Sprache ins Gefängnis hat in China Tradition» – so kommentiert Yang den gegen ihn erhobenen Vorwurf der «konterrevolutionären Tätigkeit».

Heute gilt Yang Lian neben Bei Dao als bedeutendster chinesischer Dichter seiner Generation. Seine Lyrik ist geprägt von der Auseinandersetzung mit der eigenen Tradition: «Viele Zeitalter drängen sich um mich herum, packen einen Menschen, der den Decknamen Yang Lian trägt», schreibt er in dem Nachwort zu dem Gedichtband «Pilgerfahrt», der seine frühen Gedichtzyklen versammelt, die auf ausgedehnten Reisen in den «Wilden Westen» seines Landes – Xingjang – und nach Tibet entstanden sind. In verschlüsselter – «obskurer» –, bilderreicher und pathetischer Sprache zog er in diesen langen Gedichten eine verstörende Bilanz der letzten dreißig Jahre der chinesischen Geschichte und der Verheerungen der Kulturrevolution. Von Anfang an war in seinen Gedichten aber auch eine individuelle Dimension, die als persönliche Gefühlswelt nach und nach immer größeren Raum einnimmt. Nach einem Jahr in Berlin als Gast des DAAD und einem weiteren Jahr in den USA ist er 1992 nach Neuseeland zurückgekehrt.

In seinen «Geisterreden» (1991) macht er sich Gedanken über das Exil: «Über jede Stufe dieses

Hauses könntest du einen Aufsatz schreiben: über die beiden Stockwerke dann ein großartiges Epos über das Exil, in dem die ganze Menschheit sich befindet: nur mit dir, mit dir hätte all das nichts mehr zu tun.»

«Pilgerfahrt», Innsbruck 1986; «Gedichte», übersetzt von Albrecht Conze, Zürich 1993; «Masken und Krokodile», übersetzt von Wolfgang Kubin, Berlin 1994.

Gu Cheng

Der 1956 in Peking geborene Gu Cheng lebte seit Juni 1989 im neuseeländischen Exil. Er gilt als Chinas ‹poète maudit›. Nach eigenen Angaben hatte er nur drei Jahre, von 1963 bis zum Ausbruch der Kulturrevolution, eine Schule besucht und sich später sein Wissen durch die Lektüre des ‹Cihai›, des chinesischen Brockhaus, angeeignet. Wie andere Mitglieder der «Verlorenen Generation», die von den Machtkämpfen der Kulturrevolution um Kindheit, Jugend und Ausbildung betrogen wurden, hatte er um 1975 begonnen, literarisch wie politisch die eigenen Verluste und Rechte gegenüber Partei und Gesellschaft einzuklagen. Im In- und Ausland wurde man durch den Zweizeiler *Eine Generation* auf ihn aufmerksam. In ihm hat er Schicksal und Suche seiner Generation auf den knappsten Nenner gebracht. Weitere Einzelveröffentlichungen machten ihn – neben Bei Dao – schnell zum meistkritisierten und in der «Kampagne gegen geistige Verschmutzung» am heftigsten attackierten Lyriker Chinas. Aus der Erfahrung der Unberechenbarkeit geschichtlichen und politischen Wandels drängen sich die Themen der Entfremdung und der Angst (*Hier dürfen wir uns nicht kennen*) immer mehr in den Vordergrund. «Die Behauptung subjektivster Erfahrungs- und Bildketten gegenüber einer als objektiv verordneten Wirklichkeit» (Hoffmann) wird immer wichtiger. Im Exil nimmt Verschattung und Todessehnsucht zu. Am 7. Oktober 1993 tötete er seine Frau Xie Ye und anschließend sich selbst.

«Der schlechte Schüler», in: ‹Chinablätter›, März 1985, übersetzt von Rupprecht Mayer; Gedichte in: «Nachrichten von der Hauptstadt der Sonne. Moderne chinesische Lyrik», Frankfurt a. M. 1985, herausgegeben von Wolfgang Kubin; «Quecksilber», Gedichte, Chinathemen 48, Bochum 1990, herausgegeben von Peter Hoffmann.

Bei Dao

Bei Dao wurde 1949 in Peking geboren. Nach der Schule arbeitete er elf Jahre lang «im Bau» und gab zusammen mit Mang Ke die oppositionelle Zeitschrift ‹Jintian› (Heute) heraus. Seit der Niederschlagung der Demokratiebewegung lebt er im europäischen, seit 1993 im amerikanischen Exil.

Die Weltsicht von Bei Dao ist düster und tragisch. Die Sinnlosigkeit der eigenen Existenz spiegelt sich in der Absurdität des Universums. Die zwischenmenschlichen Beziehungen sind schwierig, kaum entwirrbar, ohne wirklichen Berührungspunkt. In seiner Lyrik will er aber nichts beweisen: «Ich fliehe vor der Notwendigkeit der Beweisführung. Ich fliehe in die Mitte der Dinge, man kann auch sagen in die Mitte des Orkans. In der klassischen chinesischen Dichtung ging die Flucht in die Landschaft, in die Berge, zu den Seen. Nun geht die Flucht in die Mitte des Kampfes.» Die Kulturrevolution hat seine Lyrik beeinflußt: «Seit ich angefangen habe, Lyrik zu schreiben, bin ich an allen politischen Kämpfen und Moden beteiligt gewesen. Das ist auch eine Art Kampf und meine Art von Flucht.»

Vom Westen ist er grenzenlos enttäuscht. Ende 1994 zieht er folgendes bitteres Resümee: «Der Austausch mit der Welt findet nicht mehr statt. Ich lebe in meiner eigenen Sprache. Ich benutze meine eigene Sprache, um in ihr weiter meine Träume zu suchen.»

«Notizen vom Sonnenstaat», Gedichte, herausgegeben und übersetzt von Wolfgang Kubin, München 1991.

Gellu Naum

Zidul	Die Mauer

Aveam un zid / îl puneam în fața ochilor și mă orbea / îmi lipeam urechea de el și mă asurzea / mă rezemam de el și mă istovea

Ich hatte eine Mauer
ich hielt sie vors Gesicht sie blendete mich
ich horchte dran und wurde taub
an sie gelehnt war ich ausgezehrt

Dacă întindeam mîna mă lovea / dacă încercam să trec mă umilea

Reichte ihr die Hand – schlug sie mich
wollte ich an ihr vorbei – demütigte sie mich

Era mare mov și dreptunghiular / un zid mare mov și dreptunghiular / cu o singură fereastră dreptunghiulară

Sie war groß und fliederfarben und rechteckig
ein großes fliederfarbenes Rechteck von Mauer
mit einem einzigen Fenster – ein Rechteck

Sîmburii lui solicitau / ecoul dinților striviți de cuvinte

Im Kern war sie scharf auf den Widerhall
der mit Worten zermalmten Zähne

Camera	Das Zimmer

Era o cameră foarte lucioasă / Totul era foarte lucios În cameră / era un pian plin cu apă

Es war ein sehr leuchtendes Zimmer
Alles sehr leuchtend – und mitten im Zimmer
ein mit Wasser gefülltes Klavier

Camera era foarte lucioasă de dinăuntru / pianul era foarte lucios pe dinafară

Ein innen sehr leuchtendes Zimmer
mit einem außen sehr leuchtenden Klavier

Înăuntru camerei în afara pianului / în vegetația sunetului ud / eram foarte lucios cu armură / acustică minerală incandescentă / roșu negru violet și alb / pe dinăuntru pe dinafară

Und inmitten jenes
innerhalb des Zimmers außerhalb des Klaviers
naß wuchernden Getöns
war ich in meiner über Rot und Schwarz
und Violett hin zu sehr Weiß aufglühenden
mineralisch-akustischen Panzerung
innerlich wie äußerlich
sehr leuchtend

Meine große Schwester

In den Quitten vor dem Fenster
höre ich sie abends atmen
Oft steht sie auch draußen am Zaun
um den Nachtfrost zu scheuchen
Hat sie das Gras schlafen gelegt
kommt sie mir die Sohlen pulen
Sie zieht Splitter heraus
ich kriech in mein Schneckenhaus

Ihre strengeren Dreiecke nehme ich
respektvoll nicht zur Kenntnis
(jungfräulich umfängt mich ihr
letzter Busen bemutternd)
und Phallisches murmelnd erröte ich
wenn ihre Schritte mir laut
unter die Haut gehen

Auf dem Feld wenn die Hitze brütet
spannt sie einen Schirm über mich
In dieser luftigen Intimität
fangen dann unsere Eltern
sich wieder zu lieben an

Doppelspiel

Im Namen der Fruchtbarkeit
rollt sie ihr Lächeln spiralförmig ein
steckt es weg in ein schlafendes Schneckenhaus

Wie doch ein Hüllblatt
durch vehementes Zusammenfalten
an Fülle gewinnt

Sora mare

Seara la geam îi aud /respirația printre frunzele gutuiului Uneori /ea stă afară la gard ca să alunge frigul / apoi după ce culcă iarba vine /să-mi scoată ghimpii din tălpi / Eu mă retrag în cochilia mea

Triunghiurile prea severe nu i le înțeleg / din respect (ultimul ei sîn mă învăluie / în materna lui virginitate) / Falic vorbind roșesc de cîte ori / îi aud pașii sub pielea mea

Cîteodată pe cîmp cînd e arșiță /ea mă acoperă cu o umbrelă / și în această proaspătă intimitate / părinții noștri reîncep să facă dragoste

Dublul

În numele fertilității / ea își spiralizează zîmbetul /și îl ascunde într-un melc de somn

Ce scoarță s-a îmbogățit / din vehemența pliurilor sale

Adept al marilor legături mute (cîțiva au ales aerul / pentru capacitățile lui de in albastru și de creuzet) / caut în pietre disponibilitățile unui regn încă inalterabil / și ierburile îmi sînt propice

Da ich ein Adept der großen
wortlosen Beziehungen bin
(andere setzen auf die Luft
die sich für blaue Leintücher
und als Schmelztiegel eignet)
schau ich lieber was in den Steinen
an unzerstörbarer Natur noch steckt
und die Gräser unterstützen mich

pe cînd cu fruntea în apă / toporul meu pîndește nunta de fier a peștilor

während im Wasser schon mein kopflastiges Messer
den Fischen zur Eisernen Hochzeit blitzt

Triunghiul Domesticit

Das gezähmte Dreieck

Cîteva cuvinte mototolite în ochiul drept / o lacrimă în gură un sunet pe umăr

Ein paar zerknüllte Reden im rechten Aug
eine Träne im Mund ein Geräusch auf der Schulter

Firește e o simplă călătorie / de la bine la rău de la rece la cald / în barca asta plină de cuie

Das ist natürlich nur eine Reise
von Gut nach Böse von Kalt nach Warm
innerhalb dieses vernagelten Kahns

Poate că totul se petrece într-o vacă

Vielleicht spielt sich alles in einer Kuh ab

A patrusprezecea

Die Vierzehnte

Ai noștri ne uitau ne îngropau în co-ceni / pe ape ce plăcere trecea un pelican aproape roșu / noi admiram poarta cetății cumpăram merinde / apoi intram într-o sală umblam ca niște cocoșați ne mai și plictiseam / ce să mai spun cînta și muzica era ceva extra

Die eigenen Leute vergaßen uns schaufelten uns im
                                         Maisfeld ein
auf den Wellen wie schön ein fast roter Pelikan
wir bewunderten das Burgtor kauften Wegzehrung
begaben uns in einen Saal gingen wie Bucklige langweilten
                                         uns auch
selbst die Musik spielte es war einfach extra

hier meinte der Reiseführer ist Alexander der Grobe
durchgezogen
diesen Kanal hat er mit eigener Hand graben lassen
eines Sommertages fuhr er hier in seinem goldenen Kahn las
vor und gab Kommentare
vollbrachte Wunder an Tapferkeit hatte eine Unterwasser-
laterne
am Ufer wuchs Mais Alexander der Grobe zeigte mit dem
Finger drauf sagte ich vermache ihn der Nachwelt man kann
mit ihm auch lieben
wir standen versteckt in den Weiden und hörten ihm zu
das Wasser in der stillen Bucht war lauwarm
er fuhr dahin das Reisen stand ihm gut man sah alle Sterne
dick wie Fäuste
he Alexander du Grober rief eine Frau komm heute nacht zu
mir
ich mach dir eine Fischsuppe und wir machen auch Liebe
(das flüsterte sie nur aber wir hörten wie kultiviert sie sprach)
da rannten wir gegen die Masten steckten die Augen ins
Wasser
eher sollten die Fische sie fressen als daß er uns in seinem
Feldbett fände
he Alexander mein Grober hörten wir sie sagen stell dich
nicht blind
he Argonaute ich schenk dir mein goldenes Vlies versprochen
ich reiß dir auch die Quittung ab

Es war in einer dieser Epochen Die Nacht begann

Aus dem Rumänischen von Oskar Pastior

pe aici susținea ghidul a trecut alexandru cel mareș / canalul ăsta e făcut cu mîna lui de niște oameni / a trecut într-o vară cu barca de aur citea cu glas tare făcea și comentarii / făcea minuni de vitejie avea un felinar în apă / porumbul creștea pe mal alexandru cel mareș îl arăta cu degetul zicea îl las urmașilor mei să mai facă și dragoste cu el / noi stam ascunși printre sălcii îl ascultam / apa era călduță în singurătatea noastră / el trecea mai departe îi stătea bine cu drumul se făceau niște stele cît pumnul / măi alexandru cel mareș îi striga o femeie hai de înoptează la mine / am niște saramurică de pește facem și dragoste / (acum vorbea în șoapte dar o auzeam foarte bine era foarte cultă) / noi ne loveam frunțile de cartarge ne vîram ochii în apă mai bine să ni-i mănînce peștii de vii decît să ne vadă în patul lui pe cîmpie / măi alexandru cel mareș ne zicea ea nu te face că plouă / măi argonautule îți dau lîna mea de aur așa e legea îți rup și chitanță

Era o epocă oarecare Începea noaptea

Umbrela onorifică

Am fost într-un ținut atît de pur încît
se cere să mă murdăresc / Venea o
domnișoară ne sărutam pe întuneric
(mă rog dacă / ești tu adu-mi pipa aia
am uitat-o pe masă) Dar nu se / în-
tîmpla nimic fiindcă mai erau prin
partea locului și niște fascinanți unu și
unu oameni cu experiență / se ascun-
deau în papură și în pămînt / se înecau
și povesteau de joaca lor sub apă / erau
frumoși cu glugile lor ude

eu mă adăpostisem sub clopotniță / o
masculă se teoretiza pe lîngă zid / și-a
cerut scuze i-am spus că nu face nimic
nevoile omului

niște copii intrau într-o cochilie de
melc

Regenschirm ehrenhalber

Ich bin in einer dermaßen reinen Landschaft gewesen daß ich
mich richtiggehend beschmutzen muß
    Kam ein Fräulein wir küßten uns im Dunkeln (nun wenn
    du's bist bring mir die Pfeife dort ich hab sie auf dem
    Tisch liegengelassen) Aber nichts passierte denn da waren
    noch ein paar Erfahrene jeder für sich faszinierend
sie versteckten sich im Schilf und in der Erde
sie ertranken und erzählten von ihrem Spiel unter Wasser
sie waren schön mit ihren nassen Kapuzen

ich hatte mich im Glockenturm untergestellt
eine Männin theoretisierte sich an der Mauer einen runter
sie entschuldigte sich ich antwortete macht nichts mensch-
                                        liche Bedürfnisse halt

ein paar Kinder krochen in ein Schneckenhaus

Aus dem Rumänischen von Georg Aescht

Mircea Dinescu

Interview

Bei uns auf dem Land ist es gut ist es schön
die Prinzipien sind ein bißchen älter geworden
dafür verjüngt Alkohol, den man mit Brot ansetzt
und den der Feldscher zur inneren Anwendung empfiehlt.
Bei uns ist der Kirchhof an die Landwirtschaft verscheuert
worden
das Schwein mampft das in der Krippe vergessene Kind
(sowieso haben sie beide dem Staat gehört)
im allgemeinen ist es gut bei uns auf dem Land
unsre Kleinen stehen mit den Kannen vorm Fernseher
vielleicht gibt's da irgendwann Milch
im Radio sind wir mit der Ernte schon seit langem fertig
und auch auf dem Feld sind wir bald schon soweit
im allgemeinen ist es gut bei uns auf dem Land
Beton ist's, es ist schön
wenn du das Ei in der City kaufst
wenn die Salamifabrik nicht mehr verstohlen nach Pferden
schaut
bei uns auf dem Land ist es gut
die Feuerwehrmänner zünden im allgemeinen die Häuser an
es ist schön
der Traktor pflügt zwischen den einen und andren
zwischen den einen und andren tiefe Furchen
'es ist gut es ist schön

Interviu

La noi la țară e bine e frumos / principiile-au îmbătrînit puțin / dar spirtul medicinal dat prin pîine întinerește / și felcerul îl recomandă pentru «uz intern» / la noi tinda bisericii a fost redată agriculturii / porcul a molfăit copilul uitat în copaie / (oricum erau ai Statului și unul și altul) / în general e bine la noi la țară / ăi mici stau cu cănile sub televizor poate s-o da lapte / la radio am terminat demult recoltatul / și-n curînd o să terminăm și pe cîmp / în general e bine la noi la țară e beton e frumos / dacă-ți cumperi oul din City / dacă fabrica de salam n-o să mai tragă cu coada ochiului înspre cai / la noi la țară e bine / pompierii în general dau foc la case e frumos / tractorul ară între unii și alții / între unii și alții o brazdă adîncă / e bine e frumos

Pisica metafizică
lui Al. Paleologu

«Prindeți pisica» a strigat regentul / pisica ce sfidează Parlamentul / pisica hămesită din Balcani / că-i apolitică și ilegală / și fără buletin de capitală / pisica hămesită din Balcani.

Pisica metafizică și tristă / prin naștere cam anticomunistă / cu genă dintr-o lume de consum, / n-a dezbrăcat în viața ei vreun pește / n-a cumpărat jurnal în franțuzește / și nici gumari din magazinul Gum.

De unde dracu-am moștenit pisica? / Din neorealismul lui De Sica? / Din mediul mic-burghez? Din Neanderthal? / Faceți ceva! Dați-i în cap cu steagul / căci nu va protesta aeropagul / din găurile lui de cașcaval.

Ea cîntărește lumea doar cu ochii / ea poartă ghinionul precum popii / ea toarce-n vreme ce voi toți munciți / lingoarea ei s-a cam mutat în lucruri / extrageți sabia din strung și pluguri / voi traci în salopete și voi sciți!

O beție cu Marx

Bătrîne Marx tu pe-aceste meleaguri / ai fi degrabă bărbierit și trimis la re-educare. / Pînă și faptul că vacile estice care-au păscut pe lîngă linia ferată / se cred vagoane de locomotivă și nu mai dau lapte / ți se pune tot ție în cîrcă.

Die metaphysische Katze
Für Al. Paleologu

«Die Katze fangt!» rief der Regent
sie provoziert das Parlament
die abgezehrte Balkankatze
die apolitische und illegale
ist nicht gemeldet in der Kapitale
die abgezehrte Balkankatze.

Sie, die metaphysisch, trist
und von Geburt an antikommunistisch ist
geprägt – genetisch – vom Konsum
hat niemals nackten Fisch diniert
war nie auf Auslandspresse abonniert
hat nie gekauft im Kaufhaus GUM.

Woher kommt uns das Biest, zum Teufel?
Aus De Sicas Neorealismus-Streifen?
Aus dem Kleinbürgertum? Dem Neanderthal?
Schlagt ihr doch die Fahne auf die Stirn
der Areopag wird nicht protestiern
in den Löchern von Emmenthal.

Mit bloßem Aug mißt sie die Welt von oben
sie bringt Unglück wie die Popen
sie schnurrt, wenn ihr auf Arbeit seid
alles hat sich angesteckt mit Katzenjammer
zieht das Schwert aus Pflug und Hammer
ihr Thraker und ihr Skythen im Arbeitskleid!

Ein Besäufnis mit Marx

Marx, *mon vieux*, hierzulande
würde man dich schleunigst balbieren
und umerziehn. Sogar daß die östlichen Kühe, die früher
neben der Bahnlinie grasten, sich einbilden, eine Art
Lokomotive zu sein und keine Milch mehr geben, wird
dir angelastet.

Besser, die Stadt fällt den Krämern zu,
damit der Markt nicht mehr so nach Rhetorik stinkt,
besser, die Bierbrauer kommen, die Pastramihändler und
                                                    Käser
mit der Dialektik von gegorener Gerste
und von gestockter Milch.

Einstweilen aber würden die Bauern am liebsten
grüne Tintenfische aus dem Haar der Punker mähn,
einstweilen berauschen sich die neuen Philosophen
an der Idee, sie könnten mit dir polemisieren –
wo du doch mausetot bist.

Sie haben nicht den Riecher für die Hefe,
die brodelt, die die Gesellschaft aufbläst,
die die Destille anwirft, in der Cohn-Bendit
mit Anstand zum Dezernenten kondensiert.

Auch ich habe nicht die geringste Idee, was für Waffen
man bräuchte für diese Revolte, auch ich verlasse,
wie die Schnecke ihr Haus, Syntax und Logik
und träume von jener merkwürdigen Krankheit,
die dazu führt, daß man sich an einem Bissen
Brot besäuft.

Nimm und probier.
Wir sind auf dem richtigen Weg:
Auch in Deutschland gehen die Uhren verkehrt.

Taschenlied

Der Tod war jünger als ich,
aber paar Freunde spielten mit ihm
und brachten ihm bei, wie man schneller erwachsen wird.

Bine-ar fi să cadă oraşul pe mîna negustorilor / să nu mai pută piaţa atît a retorică, / să vină berarii, pastramagii, lăptarii / cu dialectica orzului fermentat / şi-a brînzei închegate.

Deocamdată ţăranul ar cam ieşi la cosit sepia verde din părul punkiştilor / deocamadată, bănuind că eşti mort, / noii filosofi se îmbată cu ideea că polemizează cu tine.

N-au nas să simtă cum colcăie drojdia / ce umflă societatea / şi pune în funcţiune alambicul / prin care Cohn Bendit s-a condesat într-un primar cumsecade.

In fond chiar şi eu care sînt un ins banal / ies ca limaxul din sintaxă şi logică / şi visez acea boala ciudată de stomac / din pricina căreia te poţi îmbăta cu o bucată de pîine.

Ia şi gustă. / Sîntem pe drumul cel bun: / în Germania ceasurile au început să meargă anapoda.

Cîntec de buzunar

Moartea era mai tînără ca mine / unii însă îi făceau jucărele / şi-o învătau să crească mai repede.

Știu că sînt locuri comune ce îngrașă omenirea / cunosc și eu tocilăriile / unde se ascut principiile, / dar cînd madame Dior visează gulere de blană / taigaua se umple inevitabil de capcane și sînge.

Dumneavoastră / care v-ați obișnuit să căutați hreanul pustnicului / în supermarketul de la colț / am impresia că veniți cu portocale în vizită / la un mort, / fiindcă pe strada aceasta Dumnezeu iubește numai pînă la numărul 24, / unde încep musulmanii și cei cu naționalitate incertă, / românii bulgarii albanezii / ba chiar și cavaleria poloneză / cu săbiile scoase în fața magazinelor Aldi.

Ce profesor ar putea să ne predea / clinchetul monedelor mărunte / să-l învățăm pe de rost, / pitulați în fundul buzunarului / cu speranța că Istoria nu-și numără niciodată mărunțișul?

Discurs la intrarea unei țări estice în Europa

In biserici / hoțul rușinat își ascunde mîinile în buzunarul episcopului / să nu i le vadă bunul Dumnezeu. / Țăranul îi strigă fiului cu tălpoaiele mari / să-și ascundă bocanii / uitați lîngă șură, / că vin musafirii / și, vorba aia, / avem și noi mîndria noastră națională, / că vin turiștii japonezi / cu picioarele lor de vrăbiuțe / țap țap / să ciugulească grîul, floarea-soarelui, ochii lui Van Gogh

Ich weiß, es gibt Gemeinplätze, an denen die Menschheit
sich einen Bauch anfuttert; ich kenne die Schleifereien,
wo die Prinzipien an Schärfe gewinnen –
aber wenn Madame Dior von Pelzkragen träumt,
quillt die Taiga unweigerlich über
von Fallen und Blut.

Sie, meine Damen und Herren, gewohnt,
karge Einsiedlerkost im Supermarkt an der Ecke
zu kaufen, Sie kommen, mir scheint, mit Apfelsinen
ans Bett eines Toten, denn in dieser Straße
liebt Gott nur bis zur Hausnummer vierundzwanzig,
wo die Muselmanen beginnen, und andere
mit undefinierbarer Nationalität,
Rumänen Bulgaren Albaner
und sogar die polnische Kavallerie
mit ihren blanken Säbeln auf dem Schlachtfeld
vor Aldi . . .

Welcher Professor könnte uns beibringen
das Klimpern des Kleingelds,
daß wir es auswendig aufsagen könnten, tief
in die Tasche geduckt, mit der Hoffnung,
daß die Geschichte ihr Kleingeld nie zählt?

Rede anläßlich der Aufnahme eines östlichen
Landes in Europa

In der Kirche versteckt ein reuiger Dieb
seine Hände in den Taschen des Bischofs, damit Gott
sie nicht sieht. Der Bauer ruft seinem Sohn zu, dem
mit den riesigen Tretern, er solle seine Latschen
verstecken, denn es kommt hoher Besuch und man hat ja
so seinen Nationalstolz, es kommen die japanischen
Touristen mit ihren Spatzenfüßchen und wollen
den Weizen aufpicken, die Sonnenblumen und die Augen
des van Gogh.

Und unvermutet schlägt die Stunde der Zärtlichkeit
im städtischen Krankenhaus. Der Alkoholiker, der dem
                                                    Entzug
ins Auge blickt, redet dem Spiritusfläschchen
auf dem Nachtschrank gut zu: «Veilchensaft, himmlisches
Zielwasser, Elixier fürs Jenseits . . .»

Dann öffnet er das Fenster und schreit:
«Willkommen, Konsumgesellschaft,
entjungfere auch du uns, nimm auch du uns
von vorn, drechsle uns aus den Nierensteinen
ein paar Glückswürfel. Ab heute reden wir
den Arsch nicht mehr mit Genosse,
sondern mit Herr an, ab morgen kriegt ihr
Shakespeare aus der Encyclopaedia Britannica
leichter heraus als mich
aus der Kneipe . . .»

Aus dem Rumänischen von Werner Söllner

Și dintr-o dată / se lasă ora tandreții deasupra spitalului municipal / și alcoolicul internat pentru dezalcolizare / alintă spirtul medicinal uitat de felceriță pe noptieră / numindu-l «lichior de viorele» / «adio mamă», «te-am zărit printre norminte»

apoi deschide fereastra și strigă: / «Bine-ai venit Societate de consum / fă-ne și tu felul, / ia-ne de proaspeți, / strunjește-ne din pietricelele de la rinichi zaruri norocoase. / De astăzi curului n-o să-i mai spunem tovarășe ci dumneavoastră, / de mîine o să mă scoateți afară din cîrciumă / mai greu / ca pe Shakespeare din Enciclopedia britanică»

Ilya Kutik

V. 1991 – . . .

1

Смерть, наверное, формы куба, / стоящего на острие угла / и вращающегося у глаз: / мгла, Куба, / Нью-Йорк, Калининский проспект, / быстрее, быстрее, еще быстрее, / кроссворды многоэтажек. Спектр.

Я СЛОВО ПОЗАБЫЛ . . . / Рея, как дельтаплан, голова уж не чует ног . . .

Первое, что забываешь, – голос.

Кажется даже, что помнишь, но / звук с горки мозга скользит, как полоз . . .

(Это как во французском, где ото всех ily a / я все время вздрагиваю: не я ли? Но оказывается – не я, / и не только – не я, но вообще – не звали.)

Звук без когтей – это чистое чувство, Блок, / ДЕВОЧКА ПЕЛА В ЦЕРКОВНОМ ХОРЕ, / глаз без зрачка, где в сырой белок / статуй – не втиснуться априори.

Но – на то и кроссворд, ибо пока ты вспо- / минаешь – МИНУЕШЬ, а там – едва ли . . .

Ибо ВСПОМНИТЬ – это впи- саться по / горизонтали.

V. 1991 – . . .

I
Der Tod hat wahrscheinlich die Form eines Würfels,
auf der Eckspitze stehend
und sich in Augenhöhe drehend:
Finsternis, Kuba,
Kalinin-Prospekt, New York,
schneller, schneller, noch schneller,
Kreuzworträtsel der Etagen. Spektral.

ICH VERGASS DAS WORT . . .
Deltaplan
die Rahe, der Kopf spürt nicht die Füße . . .

Das erste, was du vergißt, – ist die Stimme.

Es scheint sogar, daß du dich erinnerst, aber
der Ton gleitet den Hang des Hirns hinab wie eine Kufe . . .

(Das ist wie im Französischen, wo ich bei allen il y a
immer zusammenzucke: bin nicht ich gemeint?
Doch es erweist sich – nicht ich war's
und nicht nur – nicht ich, sondern überhaupt – war
                              niemand gemeint.)

Der Ton ohne Krallen – das ist reines Gefühl, Blok,
DAS MÄDCHEN SANG IM KIRCHENCHOR,
pupillenlos das Aug, wo man ins feuchte Weiß
der Statuen – sich nicht a priori hineinzwängen kann.

Aber – deshalb ist es ein Kreuzworträtsel, denn solang du dich
erinnerst, WEICHST DU AUS, dort aber – schwerlich . . .

Denn ZU ERINNERN – heißt, in die Waagerechte sich
einzuschreiben.

II
Ein Flug wie bei Escher,
in den Würfel geritzt,
der sich dreht. Eindruck
einer Kugel . . . Eposophilist,

d. h. – eben der Kugel, ich begreife, daß die Kugel – nur eine
                                                          Hülle ist
von des Würfels scharfen Kanten,
der wie Shiva rotiert
beim Tanz, solang nicht die Zeit gekommen ist, zu zerfallen

in Würfelchen. Epos-Homer.
Hekuba,
bettelarm, alle 19
Kinder, *auseinandergeflogen*
in den Tod. Bis

1991 – das ist ein Datum,
das sich in der Mitte wie ein Schmetterling
zusammenfalten läßt . . .
Ein Flattern. Und fliegt davon . . .

Zwei Auszeichnungen

Jenseits der Stadt. Ein Bach –
im Sommer – der Landschaft
goldene Leiste. Auf Baches Grund
– die Münzen – auf Sandes Samt
wie auf Goethes Ordensband.
Niemandsband.

                    *

In der Stadt. Ausgestorben
wie jede kleine Stadt. Wie Weimar,
zum Beispiel. Das Straßenpflaster
gleicht dem Boden leerer
Flaschen. Und in diesem Nebel
laufen wir – wie Yogis – über Glas.

2
Полет, как у Эшера, / закован в куб / раскрученный. Шара / впечатление . . . Эпосолюб,

т. е. – ИМЕННО шара, я сознаю, что шар – ширма / резкости куба, / кружащегося, как Шива / в танце, пока не пришлось распасться

на кубики. Эпос-Гомер. / Гекуба, / бедная-бедная, все 19 / детей разлетелись / в смерть. Поныне

1991 – есть дата, / складывающаяся посредине, / как бабочка . . . / Вспорх. И летит куда-то . . .

Две награды

За городом. Летом. / Ручей – золотым багетом / пейзажа. На дне ручья, / на бархате песка – монеты, / как лента Гёте / орденская. Ничья.

                    *

В городе. Ночь. Он вымер, / как любой небольшой. Как Веймар, / к примеру. Булыжники мостовых, / как донья пустых / бутылок. И в эту мглу / как йоги – мы – по стеклу.

*

*

Одно окно горит внизу. / Там Шиллер держит ноги / в серебрянном тазу / и запивает эпилоги / шампанским . . .

Unten im Fenster brennt Licht.
Schiller hält die Füße da
ins silberne Becken,
Champagner
zu Epilogen trinkend . . .

*

*

И – две награды: / заброшенности и прохлады.

Doch – der Auszeichnungen zwei:
Kühle und Verlassenheit.

Aus dem Russischen von Walter Thümler

In Flammenschrift

(nach Tomas Tranströmer)

In dürftiger Zeit spür ich die Glut des Lebens nur beim
Liebemachen. So auch
der Johanniskäfer – er glüht auf, verlöscht, glüht auf,
verlöscht; doch zwischen
den Funken im Dunkeln, von Strauch zu Strauch,
zieht sein Flug sich hin – ein Schriftzug, leise zischend.

In dürftiger Zeit erwärmt sich die Seele tief im Körper
kaum, doch reckt
sich wie ein Hermelin mein Leib nach dir.
Der Himmel muht, doch kalbt er nicht, wenn – jetzt – die
Nacht ihn deckt.
In aller Stille melken wir das All – so überleben wir.

Sonett

Sonett

(nach Lars Gustafsson)

Die Welle leckt den Sand vom Strand,
sie pickt, so scheint es, Korn um Korn,
die Möwe hockt – ein weißes Horn –
dort draußen auf der Boje, wie gebannt

glotzt sie zum Festland, sie behält
die Ewigkeit im Aug. Doch etwas ist
mir wohl entgangen – alles fließt,
man sieht bis auf den Grund der Welt,

und jede nächste Welle ist Kopie
der jeweils letzten. Ich will's wissen – jetzt!
– was sein wird, wann und wo und wie.

Die Möwe – nicht das Wasser – ist mein letz-
tes Maß. Mir geht es so wie ihr: sie schreibt
aufs Meer – umsonst; kein Wort, das bleibt.

Aus dem Russischen von Felix Philipp Ingold

Одинокую отмель долбит вол-
на / одинаково, словно клюет
зерно. / И буек, на котором уже
давно / восседает чайка, всегда
одна-

одинешенька! Видимо, здесь
страна / вечности. Может быть,
странно, но / я не видел этого,
хотя дно / так прозрачно, а
следующая волна

копия предыдущей. Я должен
бы / знать про то, что будет, и
как, и где, / только чайка важнее
мне, чем вода.

Я боюсь этой меры, боюсь судь-
бы / этой чайки, что – клювом
своим водя – / пишет лишь на
воде.

Gennadij Ajgi

Из поэмы о Волькере

Aus einem Gedicht über Wolker

там в тайниках заоконных лугов / антрацитами светятся / черные дома полустанков

hinter dem fenster in den verstecken der wiesen
leuchten wie anthrazite
die schwarzen bahnwärterhäuschen

и вечером около рельс / маленькие красные фонари / горят так тихо и сосредоточенно / как будто сидят в них / маленькие Пимены / и тихо и застенчиво пишут

und abends neben den gleisen
brennen die winzigen roten laternen
so ruhig und konzentriert
als säßen in ihnen
kleine chronisten
und schrieben geräuschlos schüchtern

что сказание все продолжается

daß die legende noch dauert

1957

1957

Ночь к весне

Nacht auf den Frühling zu

темно в сенях / в одежде есть пугающее / от дерева ли зверя ли какого / пылающими островками / опасное для разума плывет

das dunkel im flur
in der kleidung ist angsterregend
es flutet vom baum oder von einem wild her
mit lodernden inseln
eine gefahr dem verstand

петух отметит криком оползень / далекого комка земли

der ferne schrei eines hahns bedeutet abbruch
eines herunterrutschenden klumpens erde

и тьма хранит свои столбы и впадины / огнем неведомым притянутые издали

und dieses dunkel schützt die eigenen pfosten und senken
die aus der ferne ein unbekanntes feuer herbeizog

чтоб место белым дать полям / края поляны затенить

um den weißen ebenen raum zu schaffen
um die ränder der lichtung abzuschatten

1964

1964

Haus der Freunde

Für K. u. T. Erastow

Es war eine gegenseitige
übereinstimmung
der atemzüge der regungen und der laute
in ihrer ursprünglichen
form.

Man mußte achtgeben
keins davon zu strapazieren.

Und alles war durchdrungen
vom licht des lauts, vom licht des blicks, vom licht der stille,
und irgendwo hinter diesem leuchten
weinten kinder,
und die kerzenflamme

flackerte den kreuzungen
unserer schritte nach.

Und wir waren
ein teil des lebens,
irgendwo neben dem tod,
neben dem feuer und neben der zeit,

wir waren selbst in vielem,
das alles.

1960

Wolken

In jenem
niemandsdorf
schienen
die ärmlichen lappen am pfahlzaun
nirgendwessen.

Дом друзей
К. и Т. Зрастовым

Было совместное / соответствие
/ дыханья, движенья и звука / в
их первозданном / виде.

Надо было уметь не усиливать /
ни одно из них.

И во все проникал / свет звука,
свет взгляда, свет тишины, / и
где-то за этим свеченьем / пла-
кали дети, / и изображало плам
свечи

пересеченья / наших шагов.

И мы находились / в составе
жизни / где-то рядом со смер-
тью, / с огнем и с временем,

и сами во многом / мы были
ими.

1960

Облака

В этой / ничьей деревне / нищие
тряпки на частоколах / казались
ничьими.

И были над ними ничьи облака,	Und die wolken darüber waren nirgendwessen
и там – рекламы о детстве / ра-хитичных и диких детей;	dort waren auch die lichtreklamen der kindheit rachitischer verwilderter kinder,
и музыка о наготе / гуннских и скифских женщин;	und die musik von der nacktheit der hunnischen und skythischen frauen;
а здесь, на постели, на уровне глаз, / где-то около мокрых ресниц, / кто-то умирал и пла-кал,	aber hier, auf dem bett, in augenhöhe, etwa in nähe der feuchten wimpern, lag jemand weinend im sterben,
пока понимал я / в последний раз,	während ich langsam begriff, zum letzten mal,
что она была мама.	daß es die mutter war.
1960	1960

Aus dem Russischen von Karl Dedecius

Розы в горах	Rosen im Gebirg
откуда боль? / желание не быть? –	woher der schmerz? wunsch nicht zu sein? –
иль иногда мы знаем:	oder manchmal wissen wir:
сама «я»-красота / вдруг: т а м :	selbst «ich»-schönheit ist plötzlich: d o r t :
которую мы помним? –	die wir erinnern? –
как смерть: и рядом и недости-жима? –	wie der tod: ganz nah und unfaßbar? –
не-действующая:	un-tätig:
:	:
а чистым бого-голосом:	doch als reine gottes-stimme:

(farblos
ohne auch bloß eine idee von raum!):

(wie geist
so schmerz nicht mehr enthalten ist):

immer mehr
und mehr:

«ich»-schönheit
welche werden kann
das eine b i n ? –
wie gottes-schönheit! –

(die aber – für uns? –
von der idee
gleichsam
der armut:

umstellt ist
vorerst
und vom schmerz der farbe:

und vom schmerz – vielleicht – des herzens)

1970

Darüber

ob viel oder wenig
aber eine gabe – von liebe
danach wird sie sich wandeln
zu solch einer leere daß man sie wird füllen müssen
mit nicht geringem schmerz: vielleicht wirst du selbst es
nicht sehen –

(sehen werden es die andern) –

(без цвета / без идеи даже
места!):

(как дух / где боль уж не содер-
жится):

все более / и более:

«я»-красота / что может стать /
единственное е с м ь ? – / как
бого-красота! –

(а что – для нас? / идеей / будто /
нищенства:

окружена / пока / и болью цвета:

и болью – может быть – души)

1970

Об этом

много иль мало / а дар – любви /
потом обернется / такой
пустотой что придется запол-
нить / болью немалой: воз-
можно сама не увидишь –

(увидят другие) –

как полнотой – завершенной
тобою / оно закружится! –
единство / давнего дара
молчащего друга / и памяти
грустной:

скромное (будто пятном при за-
крытых глазах) / людское
светило простое –

миру (быть может – лишь небу и
воздуху)

7 июля 1984 / Литва, Довайнонис
/ (малинник в лесу)

als fülle – vollendet von dir
wird sie kreisen! – die einheit
früher gabe schweigenden freundes
und traurigen gedenkens:

schlichtes (gleichsam ein fleck bei geschlossenen augen)
menschliches gestirn einfaches

für die welt (vielleicht – bloß für den himmel für die luft)

7. Juli 1984
Litauen, Dovajnonis
(Himbeergesträuch im Wald)

В месяце четвертом:
пробы-напева

самое хрупкое / чистое – самое:
из / света глубинного (явен при-
сутствием / чем называньем) /
ясно-простым проявляя – блис-
таньем: чудесное / до боли
безвинное (даже немного
щемяще-просительное) / это
а-а-колыбельное / (перводо-
гадкой / как первотвореньем)

12 мая 1983 / с. Демидово /
Тверской области

Im vierten Monat: Sangesproben

das allerzarteste
ist reiner als alles: aus
innerstem licht (offenkundiger durch sein vorhandensein
als durch benennung)
klar und einfach erhellend – durch seinen glanz: wundersames
fast schmerzhaft argloses (sogar ein wenig bedrängend das
                                                bitten)
dieses a-a-wiegenliedhafte
(urahnung
als urschöpfung)

12. Mai 1983
in Demidowo, Region Kalinin

Aus dem Russischen von Felix Philipp Ingold

Olga Sedakowa

Zwei Gestalten

Bruder und Schwester? Mann und Frau? Tochter und Vater?

               All diese und mehr?

Wer ist von ihnen gestorben, wer lebt und bestellte diese

                                Grabplatte,

ein Denkmal der Begegnung?

                       Wer will sich wen zum Abschied

einprägen? nicht zaghaft, nicht gierig. Einprägen

muß man sich nur wenig, viel ertragen wir nicht:

Eine Handvoll heimatlicher Erde in der Fremde – mehr ist

                                nicht nötig.

Der Rest bleibt, wo es gut für ihn ist.

Der Blick ist aufmerksam; Tod, du wirst nicht versagen – die

                           zustehende Handvoll

jenem, der fortgeht, um uns betrübt. Wer geht denn fort?

der, wehmütig geworden in der langen Trennung, die

                              geliebte Hand

endlich berührt?

       – Schatten zu Schatten, Gewesenes zu Gewesenem,

Weiße zu Weißem. Was sagen sie dort?

Sie sagen: – So ist das. – Ich schwöre, so ist das. – So war es

                        und so wird es sein,

selbst wenn es nicht sein wird. Genau so.

                  Vorübergehender, liebe dein Leben,

sei dankbar dafür. Der Schatten braucht nicht viel:

ein Denkmal der Begegnung.

Wilde Heckenrose

Du entfaltest dich im geweiteten Herzen des Leids,

wilde Heckenrose.

      O,

         die du verwundest des Universums Garten!

Две фигуры

брать у сестра? муж и жена? дочь и отец? все это и больше? / Кто из них умер, кто жив и эту плиту заказал, / памятник встречи? / Кто и кого на прощанье / хочет запомить? не робко, не жадно. Запомнить / нужно немногое, многого мы не выносим: / горсть родимой земли на чужбине – больше не нужно. / Остальное останется там, где ему хорошо. / Взгляд внимательный, смерть, ты не отнимешь – / законную горсть / у того, кто уходит, о нас печалясь. Кто же уходит? / кто, соскучившись в долгой разлуке, к милой руке / наконец прикасается? – / тень к тени, былое к былому, / белое к белому. Что они там говорят? / Говорят: – Это так. – Я клянусь, это так. – Так оно было и будет, / даже если не будет. Так. / Прохожий, люби свою жизнь, / благодари за нее. Тени мало что надо: / Памятник встречи.

Дикий шиповник

Ты развернешься в расширенном сердце страданья, / дикий шиповник, / о, / ранящий сад мирозданья!

Дикий шиповник и белый, белее любого. / Тот, кто тебя назовет, переспорит Иова.

Я же молчу, исчезая в уме из любимого взгляда, / глаз не спуская / и рук не снимая с ограды.

Дикий шиповник / идет, как садовник суровый, / не знающий страха, / с розой пунцовой, / со спрятанной раной участья под дикой рубахой.

Heckenrose, wild und weiß, weißer als alles.
Jener, der dich benennt, übertrumpft Hiob.

Ich jedoch schweige, verschwinde in Gedanken aus
                          geliebtem Blick,
die Augen nicht senkend
und die Hand nicht von der Hecke nehmend.

Wilde Heckenrose,
        sie kommt, wie gestrenger Gärtner,
             der die Angst nicht kennt,
mit glutroter Rose,
mit versteckter Wunde Mitleid unter wildem Hemd.

Надпись

Нина, во сне ли, в уме ли, какой-то старинной дорогой / шли мы однажды, как мне показалось, вдоль многих / белых, сглаженных плит. / – Не Аппиева, так другая, / ты мне сказала. – это не важно. У их городов / мало ли было дорог, / которые к гробу от гроба / переходили. – Здравствуй! – слышали мы, – / здравствуй! (мы знаем, это любимое слово прощанья). / Здравствуй! как ясно ты смотришь на милую землю. / Остановись: я гляжу глазами огромней земли. / Только отсутствие смотрит. Только невидимый видит. / Так-скорее иди: я обгоняю тебя.

1982. Азаровка.

Inschrift

Nina, ob im Schlaf, ob im Geist, wir gingen einst
auf irgendeinem alten Wege, wie mir schien, auf vielen
weißen abgetretenen Platten.
    – Wenn nicht auf der Via Appia, dann auf einem andern, –
sagtest du mir. – Ganz gleich. Gab es
in deren Städte nicht genug Wege,
die von Sarg zu Sarg
hinüberführten. – Servus! – hörten wir, –
Servus! (wir wissen, das ist ein beliebtes Wort beim Abschied).
Servus! Wie klar du schaust auf die geliebte Erde.
Halt an: ich blicke mit Augen, größer als die Erde.
Nur die Abwesenheit schaut. Nur der Unsichtbare sieht.
Geh schneller; ich überhole dich.

1982. Asarowka

Кувшин. Надгробье друга

Хочешь – кувшин, хочешь – копье, хочешь – прялку. / Если лгали про локон, как он на небе нашелся, – / лгали недаром. / Ум печальный отыщет в мельчай-

Ein Krug. Ein Grabstein des Freundes

Wenn du willst – einen Krug, wenn du willst – einen
             Speer, wenn du willst – ein Spinnrad.
Falls sie, was die Locke betrifft, gelogen haben, wie diese in
                den Himmel kam, –
logen sie nicht ohne Grund.

Der traurige Verstand stöbert im kleinsten Ding
eine Substanz auf, daraus unsere Gestirne gefügt sind,
Klänge klangloser Namen, –
                            es fängt Feuer, verwickelt sich
wie Girlande in Girlanden, die das sterbliche Herz liebkosen:
jeden Abend rettet Perseus Andromeda – und jeder
weiß, welcher Stern ihn rettet, jenen
ergreifend, der nicht mehr bei uns ist. Was du willst – das
                                              gib ihm.
Wenn du willst – einen Krug, wenn du willst – einen Speer,
                      wenn du willst – ein Spinnrad.
Was gerade da ist, um mehr bittet er nicht. Und das kann
werden wie alles: man klammere sich nur nicht an alles,
lege hin das kupferne Geld. Er kommt schon zurecht,
wird die Hand heben, die hier noch niemand sah,
des Sternbildes Hand. Nimm, Fährmann, du siehst
wie wir leben auf der Erde:
                Spinnrad, Pflug. Speer. Krug.

Widmung

Vergiß nicht, sage ich, vergiß nicht,
vergiß nicht, sage ich und weine:
alles verläßt uns, alles wandelt sich
und selbst die Hoffnung tötet.

Der Ozean mündet nicht in den Fluß;
der Fluß kehrt nicht zurück zur Quelle;
die Zeit hat niemand noch geschont –

aber ich liebe dich, als ob
all das geschehen sei und geschähe.

1985

Aus dem Russischen von Walter Thümler unter
Mitwirkung von Sergej Gladkich

шей вещице / вещество, из
которого сложены наши со-
звездья, / звуки беззвучных
имен, – / она загорится,
совьется, / как гирлянда в гир-
ляндах, ласкающих смертное
сердце: / каждый вечер Персей
Андромеду спасает – и каждый /
знает, какая звезда спасает его,
подхватив / того, кто больше не
с нами. Что хочешь ему – то
отдай. / Хочешь – кувшин,
хочешь – копье, хочешь –
прялку. / Что подвернется, он
больше не просит. И это сумеет /
стать как всё: нужно только за
всё не цепляться, / положить эти
медные деньги. Он сам
разберется, / руку поднимет,
какой мы здесь не видали, / руку
созвездья. Возьми, перевозчик,
ты видишь, / как мы живем на
земле: / Прялка, Плуг. Копье.
Кувшин.

Посвящение

Помни, говорю я, помни, /
помни, говорю и плачу: / все
покинет, все переменится / и
сама надежда убивает.

Океан не впадает в реку; / Река не
возвращается к истокам; /
Время никого не пощадило –

но я люблю тебя, как будто / все
это было и бывает.

1985

Amanda Aizpuriete

Vīnaglāzē iekritusi sniegpārsla. / Gads pavisam vēl jauns, un mazliet jaunības / Arī mums. Viena glāze uz abiem. / Uzmanies, neizdzer savu pirmais, / Neizlej! Galdauts un sniegs tik balti, / Liktenis niepierakstīts, uzmanies! / Viss. Pirmais burts un vīnapiliens sniegā, / Gads iezīmēts, un mazliet jaunības / Vēl glāzē skalojas. Es nedzeršu.

INS GLAS WEIN GEFALLEN eine Flocke Schnee.
Das Jahr ganz jung noch, und ein Deut Jugend
auch für uns. Ein Glas für beide.
Vorsicht, trink nicht zu schnell,
nichts verschütten! Tischtuch und Schnee so weiß,
von Schicksal noch keine Spur, Vorsicht!
Passiert! Erster Buchstabe und Tropfen Wein im Schnee,
das Jahr gezeichnet, und ein Deut Jugend
spielt im Glas noch. Ich werd nicht trinken.

Bet gadatirgos pārdod zelta rotas / no kapenēm. Un zini – pērk. / Man atvilknes pilnas ar izmisumu un dzejoļiem nepārdotiem, / bet dvēseli izsacīt vārdā – tas laikam ir grēks.

AUF DEN MÄRKTEN aber bieten sie Goldschmuck
aus Gräbern. Und weißt du – man kauft.
Meine Schubladen voll von Verzweiflung und unverkauften
          Gedichten,
aber die Seele ausgesprochen im Wort – ist offenbar Sünde.

Uz kožu un kāvu saēstā dīvāna / sēž viešņa ar sensena zelta čūskām ap delmiem. / Viņai šķiet, ka es dzīvoju mazliet dīvaini. / Jā – manā dzīvē nav nekā tāda, kas nespētu kļūt par pelniem.

Auf von Polarlicht und Motten zerfreßnem Sofa
sitzt ein Gast, eine Frau, Schlangen aus uraltem Gold an
          den Armen.
Ein wenig seltsam ists ihr, wie ich lebe.
Ja – nichts in meinem Leben was nicht zerfallen kann zu Asche.

Tas tāds vecs paradums – plūkt no kokiem vai debesīm pantus, / vai no asfalta pacelt – un maksāt tikai ar nogurumu, / un pārdot atkal par jaunām skumjām. / Bet par tevi – visi vārdi man pašai pieder, / nejūtos parādniece ne saulei, ne nāvei, ne sniegotām priedēm. / Cik mūžam ilgst tavas bēres – gandrīz kā mūžīga dzīve, / un es gribēju sacīt, bet aizkliedza bailu ķīvīte, / jo tie nebija vārdi, ko bērēs drīkst. / Un kas paliks pēc manis? – Stingra klusuma švīka.

EINE ALTE GEWOHNHEIT – Verse von Bäumen, vom
          Himmel zu langen
oder aufzuheben vom Asphalt, und nur mit Müdigkeit zu
          zahlen,
für wieder neue Traurigkeit sie zu verkaufen.
Aber über dich – alle Wörter gehören mir selbst,
ich fühl mich nicht als Schuldner der Sonne, des Todes, der
          schneeigen Kiefern.
Eine Ewigkeit dauert deine Beerdigung – nahezu ein
          ewiges Leben,
und ich wollte sagen, aber der Kiebitz der Angst wuchtelte her,
weils keine Worte waren passend zu einer Beerdigung.
Und was wird bleiben nach mir? – Ein Federstrich der Stille.

ES IST SPÄT. Am Weg schläft der Krieg, unterm Kopf
den Schnappsack gestopft mit Leben.
So spät, daß Dichter auferstehn,
ein Leiterwagen von zahmem Wind gezogen
hier stehn bleibt. Zigeuner springen herab springen
stracks hinein in den Tanz. Der Krieg
schläft auf seinem Schnappsack, erwacht nicht
gehüllt in den Staub des Tanzes.
Scheppernder Kupferschmuck der Zigeunerinnen
wie billige Reime, wofür die Dichter
so teuer bezahlen. Der Krieg unterm Staub,
nicht beerdigt, kann erwachen noch.
Diese Dichter und Zigeunerinnen – die,
wie immer, voraussehn. Es ist spät.

WIE ARABER ZEILEN WIEDERHOLEN
in ihren bizarren Versen –
wie flüsternd im leisesten Augenblick,
wenn man meint, nicht gleich gehört zu werden,
oder wie schreiend, wenn man schreit,
damit man die eigene Stimme hört
zurückkehrend, um des Nachtklosters
Angstzelle zu füllen
mit sich – oder der Stimme zumindest,
schon selber im selben Augenblick am Ende.
Wie Araber Zeilen wiederholen –
einfach um der Schönheit willen,
wie auf jener Tapisserie,
die an der Wand
meines Kindheitszimmers bleicht, zu mir
zurückkehrt manchmal nachts
auf Vogelflügeln –
weiß nicht, von woher
diese Vögel fliegen,
wie Zeilen von Arabern wiederholt.

Vēls. Ceļmalā guļ karš, un pagalvī / Tam maišelis ar dzīvībām. / Tik vēls, ka augšāmceļas dzejnieki. / Un ore, kuru vejš velk rāms, / Te piestāj. Lec no ores čigāni / Un taisni dejā ielec. Karš / Guļ, maišeli zem galvas, nemostas / Un pārklājas ar dejas putekļiem. / Šķind čigānskuķu rotu varš / Kā lētas atskaņas, par kurām dzejnieki / Tik dārgi maksā. Karš zem putekļiem, / Bet neapbedīts, var vēl pamosties. / Tie dzejnieki un čigānskuķi – tie, / Kā vienmēr, nojauš. Vēls.

Kā arābi atkārto rindas / savā dīvainā dzejā / kā čukstot visklusākā mirklī, / kad netic, ka pirmoreiz sadzirdēs, / vai kā kliedzot, kad kliedz, / lai dzirdētu savu balsi / atpakaļ nākam, lai piepildītu / nakts klostera baiļu celli / ar sevi – vai vismaz ar balsi, / ja pats šajā mirklī jau beidzies. / Kā arābi atkārto rindas – / vienkārši skaistuma dēļ, / kā rakstu paklājā tajā, / kurš balo pie sienas / manas bērnības istabā, un pie manis / atgriežas dažreiz naktīs / uz putnu spārniem – es nezinu pati, no kurienes / lido pie manis šie putni, / kā arābi atkārto rindas.

Mēness teica: «Maksā man / Par šo dzejojamo nakti.» / Atsacīju: «Tukšums makā.» / Mēness teica: «Asiem stariem / Tavas lūpas cieti šūšu.» / Saucu. «Kalpone tev būšu! / Atkalpošu dzidrās naktis, / Suņu rejas, ēnu rakstus.» / Mēness teica: «Manā namā / Nav nekā tev padarāma. / Kalpones es līgstu rāmas. / Atspulgus tu sadauzītu. / Maldu tiltus saraustītu. / Atrodi man citu maksu.» / «Vai tu atmiņas ņem pretī?» / «Reti.» / «Tajās es vēl esmu maiga.» / «Dod tās šurp un tālāl staigā.»

DER MOND SAGTE: «Zahl mir
für diese dichtenswerte Nacht.»
Ich: «Die Leere zahlt.»
Der Mond: «Mit scharfem Strahl
näh ich die Lippen dir zu.»
Ich rief: «Deine Dienerin will ich sein!
Ich werde die klaren Nächte abdienen,
Hundegebell, Schattenbalustraden.»
Der Mond sagte: «In meinem Haus
ist nichts für dich zu tun.
Ich dinge ruhige Dienerinnen.
Den Widerschein würdst du zertrümmern,
Brücken der Täuschung einreißen.
Find für mich eine andre Bezahlung.»
«Nimmst du Erinnerung an?»
«Selten.»
«Darin wär ich noch sanft.»
«Dann her damit und zieh weiter.»

Šai aprēķinā jābūt kļūdai. Pārāk vienkārši / tev iznāk: četrreiz viena siena – liktenis / vai pienākums. Un divreiz divas rokas – / vēl nenoskaidrots uzceļamo sienu skaits. / Es zinu diezgan daudz par savām divām rokām, / par mijkrēšļa un gaismas attiecībām vēnās, / par ledu pirkstgalos un bezjēdzīgi maigo ādu. / Par sienām zinu maz. Par logiem – vairāk. / Par durvīm – pietiekami daudz, lai nešaubītos, / ka rēķinot tās jāņem vērā. Durvis / var atvērdamies visu pārsvītrot.

IN DIESER RECHNUNG MUSS ein Fehler sein. Zu einfach
bekommst du das: viermal eine Wand – das Schicksal
oder die Pflicht. Und zweimal zwei Hände –
noch nie bestätigte Zahl von Wänden, die man bauen muß.
Ich weiß genug über meine zwei Hände,
über die Proportion von Zwielicht und Licht im Netz der Venen,
über das Eis in den Fingerkuppen und unsinnig zarte Haut.
Über Wände weiß ich wenig. Über Fenster – mehr.
Über Türen – genug, um nicht zu bezweifeln,
daß man beim Rechnen an sie erinnern muß. Die Türen
können sich öffnen und alles durchkreuzen.

Kad sula uzvārās zem augļu rāmās mizas, / kad taurenis mirst, bezcerīgi sapinies šīs dienas atpītajās bizēs / un taurenim uz spārniem novīst neatminēts – kā tava seja – raksts, / izkūst lappuses un no dzejoļa paliek tikai melnā kaislības dakts.

WENN der Saft siedet unter der ruhigen Schale der Früchte,
der Schmetterling verendet, im entflochtenen Geflecht des
                    Tages hoffnungslos verfangen,
auf den Flügeln des Schmetterlings unenträtselt – wie dein
                    Gesicht – schwindet die Schrift,
schmelzende Waben und vom Gedicht bleibt nichts als der
                    schwarze Docht der Leidenschaft.

Aus dem Lettischen von Margita Gūtmane und Manfred Peter Hein

János Pilinszky

Ravensbrücker Passion

Sie tritt aus der Reihe hervor,
steht in der Quaderstille,
Sträflingskleidung und Häftlingskopf
flimmernd wie alte Filme.

Schrecklich die Einsamkeit um sie,
die Poren atmen hitzig,
alles an ihr so gewaltig,
alles an ihr so winzig.

Und kein Weiter mehr. Das andere,
das andere, was noch von Belang,
das sie selbst zu schreien vergaß,
bevor sie zur Erde sank.

Großstadtikonen

Mittags 12 Uhr
Unbewohnbar, schreien sie, unbewohnbar!

Morgens um drei
Unterwegs zu einem Steinhaufen,
und dahinter fliegt ein Vogel hervor.

Museum
Es flammt eine Brosche mitten in
einem diamanten leeren Museum.
Wohin gelangen wir aus diesem Flammen?
Zerstörung und Verewigung.

Die unbeweglichen Emporen?
Deine einsamen Manschetten etwa?
Zerstörung und Verewigung
an einem Juninachmittag.

Ravensbrücki passió

Kilép a többiek közül, / megáll a
kockacsendben, / mint vetített kép
hunyorog / rabruha és fegyencfej.

Félelmetesen maga van, / a pórusait
látni, / mindene olyan óriás, / mindene
oly parányi.

És nincs tovább. A többi már, / a többi
annyi volt csak, / elfelejtett kiáltani /
mielőtt földre roskadt.

Nagyvárosi ikonok

Déli 12 óra
Lakhatatlan, kiáltják, lakhatatlan!

Hajnali három
Megindulunk egy kőrakás felé, / és föl-
röpül mögüle egy madár.

Múzeum
A gyémántüres múzeum / közepében
egy melltű lángol. / Lerombol és me-
görökít. / Hová jutunk e lángolásból?

A mozdulatlan karzatok? / Magányos
kézelőd talán? / Lerombol és megörö-
kít / a júniusi délután.

Szeptemberi sugárutak! / Szerelmem, szerelmem, szerelmem! / Megállnak a sugárutak. / Egyetemes sebek a kertben.

Alleen im September!
Liebessehnen, Liebessehnen, Liebessehnen!
Universelle Wunden im Garten.
Es verharren die Alleen.

Te megpróbáltad azt, amit / senki se merészelt, te árva! / fényeskedjék neked az éj / öröküres monstranciája.

Du versuchtest etwas, wozu
sich, du Sterblicher, niemand verstieg!
Leuchten möge dir die ewigleere
Monstranz der Finsternis.

Kórus
A Kreatúra könyörög, / leroskad, megadja magát. / A Kreatúra, Az-Ami / könyörög, mutatja magát.

Chor
Es fleht die Kreatur,
sinkt nieder, fügt sich.
Sie selbst,
die Kreatur, fleht, zeigt sich.

Tagebuch

N. N. war wieder herrlich.
K. vergaß zu grüßen.
P. bemerkte mich nicht.

Draußen, auf der Toilette,
stand ich neben einem alten Herrn.
Auch er hatte getrunken, das spürte ich. Doch im Spiegel,
dort ging es um etwas anderes,
dort war es, als habe ein Lamm
alles kurz und klein geschlagen,
irgendeine große Sanftmut
sagte dort: Ich urteile über dich.

Kapcsolat

Beziehung

Micsoda csönd, ha itt vagy. Micsoda / pokoli csönd. / Ülsz és ülök. / Vesztesz és veszítek.

Was für eine Stille, wenn du da bist. Was für eine
höllische Stille.
Du sitzt, und ich sitze.
Du verlierst, und ich verliere.

Dreifarbiges Banner

Die erste Farbe? Wie der Häftling
zur Urteilsverkündung.
Die zweite? Gleich Soldaten,
die sich verirrt und nun in großen weichen
Klumpen herniederschneien.
Und die dritte? Die dritte Farbe –
bist du.

Mein herrliches dreifarbiges Banner!

Wohin, wie?

Was weiß ich.

Wohin die Soldaten zieh'n.
Wie das Meer.

Wohin die Soldaten zieh'n nach der Niederlage.
Wie das Meer in der zerbrochenen Monstranz.

Aufgeschreckt

Eine Kalkgrube das Haus in der Nacht,
der Garten ein gepreßtes Blatt, und die Möbel
ineinandergreifende Lichthindernisse.

Jetzt aber, plötzlich, da wir aufgeschreckt,
verwandelt sich das Haus in eine Quadergrube,
die Möbel in eine Drahthecke,
und beim Lampenlicht sehen wir bis zur Hölle.

Háromszínű lobogó

Első színe? Akár a rab / ítélethirdetéskor. / *A második?* Mint katonák, / kik eltévedve, most nagy és puha / csomókban hullanak alá. / *S a harmadik?* A harmadik színe – / te vagy.

Gyönyörűséges, háromszínű lobogóm!

Merre, hogyan?

Mit tudom én.

Amerre a katonák. / Ahogyan a tenger.

Amerre a katonák a vereségben. / Ahogyan a tenger az összetört szentségtartóban.

Fölriadva

Meszesgödör a ház az éjszakában, / préselt levél a kert, s a bútorok / egymásbaérő villanyakadályok.

De most, hogy fölriadtunk, hirtelen / kockagödörré alakul a ház, / drótsövénnyé a bútorok, / s a lámpafényben a poklokig látunk.

Itt és most

A gyepet nézem, talán a gyepet. / Mozdul a fű. Szél vagy zápor talán, / vagy egyszerűen az, hogy létezel / mozdítja meg itt és most a világot.

Hier und jetzt

Den Rasen betrachte ich, vielleicht den Rasen.
Es bewegt sich das Gras. Wind oder Regen vielleicht,
oder der Umstand einfach, daß du existierst,
läßt die Welt in Bewegung geraten, hier und jetzt.

Alkohol

Előhívom a lehetetlent, / egy ház áll rajta s egy bokor, / egy néma, néma állat és / egy nadrágszár a szürkület-ben.

Alkohol

Ich rufe Unmögliches herbei,
ein Haus steht darauf und ein Strauch,
ein stummes, stummes Tier und
ein Hosenbein in der Dämmerung.

Fátyol

Nincs nap. Nincs hold. / És nincs gye-rekkor. / És főként föld nincs, anya-föld.

Nincs koporsó és nincs haza. / Nincs bölcső és nincs megvetett ágy, / fejünk alá igazított halál.

Tűhegyen forog, aki él, / s a mi békénk, az se egyéb, / mint egy lekonyult szárny, mely ráalél, / mint egy leve-tett, vagy le se vetett / menyasszonyfá-tyol ájul rá a szögre.

Fityeg.

Fityegünk.

Temetőnk sincs.

Schleier

Keine Sonne. Kein Mond.
Und keine Kindheit.
Und vor allem keine Erde, keine Mutter Erde.

Kein Sarg und keine Heimat.
Keine Wiege und kein gemachtes Bett,
unter dem Kopf ein zurechtgerückter Tod.

Auf einer Nadelspitze dreht sich, wer lebt,
und unser Frieden, der ist nichts andres
als ein herabhängender Flügel, bewußtslos geworden,
wie ein abgelegter oder nicht einmal abgelegter
Brautschleier sich ohnmächtig an den Nagel hängt.

Er baumelt.

Wir baumeln.

Nicht einmal einen Friedhof haben wir.

Aus dem Ungarischen von Hans-Henning Paetzke

Ryszard Krynicki

Wie richtet es sich auf

Wie richtet es sich auf, vom Fall? Vom Knie-
fall? Geschwächt von Furcht oder in Demut
gebeugt? Vom unterbrochenen Satz,
der sich der Gnade hingibt – oder Gnade gibt?
Vom vertrauensvollen Glauben? Von mißtrauischer Treue?
Wie
und gegen wen,
wogegen richtet es sich auf,
gegen wen rennt es an, das Gedicht? Die Hoffnung?

Und die Angst der Erfüllung?

Poesie lebt

Für Henryk Waniek

Poesie – ist
wie eine Blutübertragung für die Arbeit des Herzens:
Sind auch die Spender längst tot
durch plötzlichen Unfall, so lebt
ihr Blut – macht fremde Kreisläufe verwandt

und belebt die fremden Lippen.

Postume Reise (I)

Sie kämmt vor dem ergrauten Spiegel
das lichte, das endlose Haar,
als liefe sie schlaflos durch ihren –
fremden, im Traum zum Brandopfer gewordenen Körper,
verirrt
im weißen Schneegestöber der Haut, die sie umgibt,
gefangenhält und befreit.

jak powstaje

jak powstaje, z upadku? upadku / na
kolana? osłabłe z lęku czy zgięte /
w pokorze? z przerwanego zdania, /
które zdaje na łaskę – albo łaskę daje? /
z ufnej wiary? z nieufnej wierności? /
jak / i przeciw komu, / przeciw czemu
powstaje, / przeciw komu wybiega,
wiersz? nadzieja?

i strach spełnienia?

Poezja żywa

Henrykowi Wańkowi

Poezja – jest / jak transfuzyjna krew
dla pracy serca: / choćby dawcy już
dawno pomarli / w nagłych wypad-
kach, to ich krew / żyje – i cudze
krwiobiegi spokrewnia,

i cudze ożywia wargi.

Podróż pośmiertna (I)

światłe, nieskończone włosy / czesze
przed posiwiałym lustrem / jakby
biegła przez swoje – / cudze ciało
całopalące się we śnie, / zabłąkana /
w białej zawiei skóry, która ją otacza, /
więzi i wyzwala

lustro, odblask nicości, siwe z przera-
żenia / światło zgasłych gwiazd· / jej
cudzymi oczami spogląda / i nie
przemija chwila, ślepa i jasnowidząca,
/ kiedy ono jedynie jest: ze ssącej pust-
ki / wyłania się, rośnie / precyzyjnie
oszlofowana powierzchnia / szkła /
albo metalu

Der Spiegel, Abglanz des Nichts, das vor Entsetzen graue
Licht der erloschenen Sterne,
blickt mit ihren fremden Augen,
und der Augenblick vergeht nicht, blind und hellsichtig,
wenn er nur da ist; aus der saugenden Leere
taucht auf, wächst
die präzis geschliffene Oberfläche
des Glases
oder Metalls,

i ona, w rozłące podwójnie umarła, /
spiesznie, jakby się bała, że nie zdąży /
na ostatni tramwaj

und sie, in der Trennung doppelt tot,
eilig, als fürchtete sie, die letzte Straßenbahn
zu versäumen,

czesze swe włosy

kämmt ihr Haar.

Pancernik «Potiomkin»

Panzerkreuzer ‹Potjomkin›

płynie przez nasze czasy / i przez
nasze wzburzone serca

Er kreuzt durch unsere Zeiten
und unsere erregten Sinne.

z pokolenia pa pokolenie /zmienia się
jego załoga: widma / naszych spraw

Von Generation zu Generation
wechselt seine Besatzung: unsere
Taggespenster.

z pokolenia na pokolenie / wybucha
na nim bunt / z powodu zepsutego
mięsa / z powodu zatrutych kłamst-
wem idei

Von Generation zu Generation
explodiert auf ihm die Revolte
wegen des verdorbenen Fleisches,
der von Lügen vergifteten Ideen.

z pokolenia na pokolenie / zepsute
mięso jest naszym pokarmem

Von Generation zu Generation
ernähren wir uns vom verdorbenen Fleisch.

widma odżywiają się widmami / ciało
załogi przemienia się w codzienny
chleb / pancernik «Potiomkin» płynie
przez nasze czasy

Gespenster leben von Gespenstern,
der Körper der Besatzung wird tägliches Brot,
der Panzerkreuzer ‹Potjomkin› kreuzt durch unsere Zeiten

i nasze oślepłe serca

und unsere erblindeten Sinne.

Die sich immer weiter entfernen

Es ist unglaublich –

wenn du auf der Brücke stehst,
siehst du in Zeitabständen Transportzüge fahren,
beladen mit Panzern oder Kraftfahrzeugen,
mit Metaphern von Angst oder Traum, die jemand hat,
die sich immer weiter entfernen,
mit Soldaten in Tarnanzügen;
diese Uniformen erinnern dich tatsächlich
an die Umwelt, für deren Schutz
wir ständig kämpfen.

Die Arbeiter warten nach Feierabend auf den Zug,
trinken ein Helles, lesen in der «Volkstribüne» von Einbrüchen,
in ihren Köpfen wird es immer heller, die Tribünen
brechen immer mehr ein
(so ahmt die Wirklichkeit die linguistische Poesie nach,
die ihr nachstellt).

Die dienstreisenden Beamten tragen in den Aktentaschen
                                        Klappstullen,
die kleinen Länder sind für die Großmächte immer häufiger
Truppenübungsplätze,
und nichts ändert sich, es ändert sich der Unglaube, die
                                        Hoffnungslosigkeit,
sie nehmen zu,
bilden Imperien, schließen Freundschaftspakte,
die Menschenangst ändert die Sprache, aber sie spricht
                                        dasselbe,
es gibt Träume, die das Wachsein benutzen,
Schwerarbeit und Ausbeutung,
und nichts ändert sich,
es ändert sich die Umwelt;
noch haben wir den Mut, für ihren Schutz
zu kämpfen.

Coraz bardziej odalające się

coraz trudniej uwierzyć

kiedy stoisz na moście / co jakiś czas przejeżdżają pociągi towarowe / załadowane czołgami lub samochodami / oddalającymi się coraz bardziej metaforami / czyjegoś strachu lub marzenia / żołnierzami w mundurach o ochronnym kolorze / zaiste te mundury przypominają naturalne / środowisko człowieka o które / o którego ciągle walczymy

robotnicy pa pracy czekając na pociąg / piją jasne piwo na rozłożonych «Trybunach Ludu» / w ich głowach jest coraz jaśniej trybuny / coraz bardziej się rozkładają / (tak oto rzeczywistość naśladuje lingwistyczną poezję / która ją prześladuje)

urzędnicy na delegacji niosą kanapki w aktówkach / małe kraje są coraz częściej poligonami doświadczalnymi / dla wielkich mocarstw / i nic się nie zmienia zmienia się niewiara brak nadziei / są coraz większe / tworzą imperia nawiązują przyjacielskie kontakty / ludzki lęk zmienia swój język lecz mówi to samo / są sny które wykorzystują jawę / ciężka praca i wyzysk / i nic się nie zmienia / zmienia się przyroda / jeszcze mamy odwagę walczyć / o ochronę przyrody ale także i ona / gdy dochodzi do władzy / odbiera nam władzę w nogach / i umysłach

Aber auch er,
wenn er zu Macht kommt,
macht unsere Köpfe und Beine
machtlos.

I naprawdę nie wiedzieliśmy

Adamowi Michnikowi

Móże byliśmy dziećmi, nie mieliśmy doświadczenia, / wiedzieliśmy tylko, że zmusza się nas do wiary w kłamstwo / i naprawdę nie wiedzieliśmy, czego więcej chcemy, / oprócz poszanowania ludzkich praw i prawd, / kiedy zebrani na niewielkim placu / przed pomnikiem wielkiego poety, / który młodość przeżył w zniewolonym kraju / a resztę życia na wygnaniu

paliliśmy papierosy i kłamliwe gazety, / paliliśmy papierosy, choć zatruwały nasze ciała, / paliliśmy gazety, bo zatruwały nasze umysły, / czytaliśmy konstytucję i deklarację praw / i naprawdę nie wiedzieliśmy, że prawa człowieka / mogą okazać się sprzeczne / z prawami obywatela

i naprawdę nie wiedzieliśmy, / że tyle wozów bojowych można skierować przeciwko bezbronnym, / przeciwko nam, którzy byliśmy jeszcze dziećmi / zbrojnymi jedynie w idee, o których uczono nas w szkołach / i których w tych samych szkołach nas oduczano, / i naprawdę nie wiedzieliśmy, / że można je wszystkie przekreślić / bezlitosną szarżą sytej przemocy, / zwielokrotnionym kłamstwem

Und wir wußten wirklich nicht

Für Adam Michnik

Vielleicht waren wir Kinder, ohne Erfahrung,
wir wußten nur, daß man uns zwingt, an die Lüge zu glauben,
und wir wußten wirklich nicht, was wir wollen,
außer die menschlichen Wahrheiten und Gesetze zu achten,
als wir, versammelt auf dem kleinen Platz,
am Denkmal unseres großen Dichters,
der seine Jugend im geknechteten Land und den Rest des
                  Lebens in der Verbannung verbrachte,

Zigaretten rauchten und die verlogenen Zeitungen
                           verbrannten,
Zigaretten rauchten, obwohl sie unsere Körper vergifteten,
Zeitungen verbrannten, weil sie unsere Hirne vergifteten,
und die Verfassung und die Menschenrechtserklärung lasen;
und wir wußten wirklich nicht, daß Menschenrechte
den Bürgerrechten widersprechen können.

Und wir wußten wirklich nicht,
daß man so viele Kampfwagen gegen Wehrlose einsetzen
                           kann,
gegen uns, die wir noch Kinder waren,
bewaffnet nur mit Ideen, die uns die Schule lehrte,
und die uns dieselbe Schule dann aus den Köpfen schlug,
und wir wußten wirklich nicht,
daß man diese Ideen alle außer Kraft setzen kann
mit erbarmungslosen Attacken der satten Gewalt,
mit vervielfachter Lüge.

Und wir wußten wirklich nicht, daß die Erwachsenen nicht
                                         uns,
sondern der vervielfachten Lüge glauben würden,
daß man alles leugnen, alles vergessen könnte,
und so tun, als sei nichts geschehen.

Und wir wußten wirklich nicht, daß das Gedächtnis des
                               Bürgers Feind ist,
und wir wußten wirklich nicht, daß man lebend hier und jetzt
so tun muß, als lebte man woanders, in anderen Zeiten,
und bestenfalls mit den Schatten der Toten kämpfen,

durch den eisernen Vorhang der Wolken.

Postume Reise (III)

Vielleicht verläßt du plötzlich das Haus.

Vielleicht erwachst du in einem fremden Körper,
hinter der Anstaltsmauer bei unbekannten Opfern,
vielleicht auf dem vom Blut
Roten Platz;

nackt,
namenlos,
mit toter Zunge,
stummem Herzen;

vielleicht erwachst du nicht,
kehrst nirgendwoher zurück;

vielleicht begegnest du Jan Palach,
deinem Altersgenossen,
der wehrlos im Herzen Europas verbrannte
aus Protest gegen die feindlichen Armeen:
Die Armee deines unterworfenen Landes
war dabei;

---

i naprawdę nie wiedzieliśmy, że dorośli uwierzą nie nam / lecz zwielokrotnionemu kłamstwu, że wszystko można przekreślić, / o wszystkim zapomnieć / i udawać, że nic się nie stało

i naprawdę nie wiedzieliśmy, że pamięć jest wrogiem obywatela, / i naprawdę nie wiedzieliśmy, że żyjąc tu i teraz / trzeba udawać, że żyje się gdzie indziej, w innych czasach / i co najwyżej walczyć z cieniami umarłych

przez żelazną kurtynę obłoków

Podróż pośmiertna (III)

Może nagle / wyjdziesz z domu.

Może obudzisz się w obcym ciele, / za murami zakładu wśród nieznanych ofiar, / może na placu czerwonym / od krwi;

nagi, / bezimienny, / z martwym językiem, / niemym sercem;

może się nie obudzisz, / może znikąd nie wrócisz;

może spotkasz Jana Palacha, / twojego rówieśnika, / który bezbronny spłonął w sercu Europy / protestując samotnie przeciw wrogim armiom: / armia twojego podbitego kraju / była wśród nich;

może spotkasz robotników z Wybrze-
ża / ze stygmatami / na przestrzelo-
nych czołach;

może nie spotkasz nikogo,
może nie spotkasz nikogo,
może obudzisz się

we mnie

vielleicht begegnest du den Arbeitern von Danzig
mit dem Stigma
auf durchschossener Stirn;

vielleicht begegnest du niemandem,
vielleicht begegnest du niemandem,
vielleicht erwachst du

in mir.

Nic, noc

Nichts, die Nacht

Nic, noc zza szyby / patrzy przeze
mnie niczyim spojrzeniem / chłopca,
którym byłem, nie

Nichts, die Nacht hinterm Fenster
durchschaut mich mit dem Niemandsblick
des Jungen, der ich war, nicht

jestem, nie będę.

bin, nicht sein werde.

Nie wiedziałem

Ich habe nicht gewußt

W drodze do szkoły / widywałem co-
dziennie / górujące nad miastem pru-
skie / koszary: nie wiedziałem / że
podczas wojny pracował tutaj / jako
lekarz wojskowy poeta Gottfried
Benn. / Nie wiedziałem wtedy zbyt
wiele o chorobach

Unterwegs zur Schule
sah ich täglich
die über die Stadt hinausragenden preußischen
Kasernen: Ich habe nicht gewußt,
daß hier während des Krieges der Dichter
Gottfried Benn als Militärarzt gearbeitet hatte.
Ich habe damals wenig gewußt von den Krankheiten

ani o poezij.

und von der Poesie.

78/79; Gorzów Wlkp.

78/79 Gorzów Wielkopolski (früher Landsberg an der Warthe)

Aus dem Polnischen von Karl Dedecius

Györgi Petri

Was bleibt

Zu Hause bleiben, das ist es, was bleibt;
Katakombenwohnungen
für ein bis zwei Personen;
Auf- und Abgehen
schwarz gewordener Gedanken
im isolierten Gehirn
auf ihre niedere Verknüpfung
wartend.

Marad

Marad maradni otthon / az egy-két személyes / katakomba lakások; / a lefeketedett gondolatok / fel-alá járkálása / alsó kapcsolatukra / várva az / elszigetelt agyban.

Imre Nagy

Du warst unpersönlich wie die anderen bebrillten Führer
im Sakko, deine Stimme war nicht metallen,
denn du wußtest nicht, was du eigentlich sagen solltest,

so unvermittelt den vielen Versammelten. Gerade das
                                        Plötzliche
war ungewohnt für dich. Du alter Mann mit dem Zwicker,
ich hörte dich, ich war enttäuscht.
Ich wußte noch nichts

vom Betonhof, wo der Staatsanwalt
das Urteil gewiß heruntergeleiert hat,
ich wußte noch nichts von der groben Reibung
des Stricks, von der letzten Schmach.

Wer will sagen, was sagbar gewesen wäre
von jenem Balkon aus, Möglichkeiten, unter Maschinen-
                                        gewehren
verfeuert, kehren nicht zurück. Gefängnis und Tod
wetzen die Schärfe des Augenblicks nicht aus,

Nagy Imréről

Személytelen voltál, mint a többi zakós- / szemüveges vezér, nem volt érces / a hangod, mert nem tudtad, hogy mit is mondjál

hirtelenjében a sok egybegyűltnek. Épp a hirtelenje / volt szokatlan számodra. Csalódottan / hallgattalak, cvikkeres öregember, / még nem tudtam

a betonudvart, ahol az ügyész / az ítéletet, bizonyára, elhadarta, / sem a kötél durva horzsolását, a végső szégyent.

Ki mondja meg, mi lett volna mondható / arról az erkélyről. Elgéppuskázott lehetőségek / vissza nem térnek. Börtön, halál / nem köszörüli ki a pillanat élit,

ha kicsorbult. De emlékeznünk sza-
bad / a vonakodó, sértett, tétova férfi-
ra, / akibe mégis, / fölszivároghatott /
düh, káprázat, országos vakremény,

mikor arra ébredt / a város: lövik szét.

wenn der eine Scharte bekommen hat. Aber wir dürfen uns
erinnern
an den zögernden, verletzten, unentschlossenen Mann,
der gerade seinen Platz zu finden schien,

als wir davon aufwachten,
daß man unsere Stadt zerschoß.

Házasság

Női fájdalmaktól oly sokszor átjárt /
derekad a kályhacsempéhez dőlve /
ránézel örömtelen békességgel / a fér-
fire, ki bútor és szobor. / Szoknyád,
mint zacskó a cukrot, kínálja / ismerős
édességedet. Ne vedd zokon, hogy /
elérteni véli, mit félreért. (Pedig már /
ziháltatja a szerelem szerpentine.) / És
nemkívánt gyönyörben egyesültök, /
mint sav a fémmel – sóváran, siváran.

Ehe

Dein Kreuz, das von Frauenschmerz so viele Male
heimgesuchte, an die Ofenbank lehnend,
blickst du mit freudloser Friedfertigkeit
den Mann an, der dir Möbelstück und Statue ist.
Dein Rock, wie eine Tüte die Bonbons, bietet
deine bekannten Süßigkeiten an. Nimm's ihm nicht übel,
daß er
wähnt zu verstehen, was er mißversteht. (Obwohl
ihn die Serpentine der Liebe schon keuchen läßt.)
Und in unerwünschter Wonne verschmelzt ihr miteinander,
wie Säure mit Metall – begehrlich, beschwerlich.

Alkonyat

Házak merednek, ki nem vert fogak /
a levendulaszínű szájüregben. / A vilá-
gegyetem-arc hová néz? Ütés, köpés /
elférne rajt . . . De honnan? / Alkonyat

Abenddämmerung

Häuser ragen empor, nicht eingeschlagene Zähne
in der lavendelblauen Mundhöhle.
Wohin blickt das Weltallgesicht? Schläge und Auswurf
hätten darauf Platz . . . Aber woher?
Abenddämmerung

Kegy

a szórakozott sors kihez kegyes / na-
gyon hirtelen könnyű lesz / derűs üres
/ ujjahegyén megtartja a halál / tojás-
héját a vizsugár

Gnade

wem das geistesabwesende Schicksal gnädig ist
der wird urplötzlich beschwingt
heiter und leer
auf Fingerspitzen tanzend hält ihn der Tod
Eierschalen der Wasserstrahl

Grüne Weihnacht

Vierzig Jahre bin ich alt. Ich weiß nicht, was werden wird.
Der Winter ist mild. Nicht auf Schnee,
auf den schweren Stalldung
des öden Hofes, des Kopfsteinpflasters
spritzt wie aus einer durchschnittenen Ader
die nur-abnehmende Zeit.

Der Spaziergang

Unser gemächlicher Spaziergang hinaus aus dem Leben,
wie sie voranschreitet und sich staut,
die bunt zusammengewürfelte Gesellschaft,
wie wir zurückbleiben, uns eng zusammenscharen,
voraneilen und beiseite treten
– das verdient unsere Aufmerksamkeit.
Gerade weil die Erfahrung nur uns angeht,
ist sie frei von Belehrung und unaussprechlich,
verliert sich in Selbsterfüllung:
Stachel und Zucker.

«Die Disposition des süßens Stichs.»
So hätte die Jugend gesagt, einst,
in Zeiten logischer Freuden.
Das Altern findet seine Lust nicht mehr in so etwas.
Was auch ohne Analyse etwas ist
– ein guter Satz, ein makelloser Kieselstein –,
nur das zählt. Freilich, was heißt «gut»? Freilich,
was heißt «makellos»? Die Frage läßt sich stellen, natürlich.

Nur stelle ich sie eben nicht.
Vom nach uns Kommenden,
von ihm getrieben, werden wir gestoßen und auch zum
                                        Bleiben genötigt.

Fekete karácsony

Negyvenéves vagyok. Nem tudom, hogy mi lesz. / Enyhe a tél. Nem hóra, / rideg udvar durva, / törekes sarára, / mint elvágott vénából / a csak-fogyó idő spriccel.

A séta

Lassú sétánk kifelé az életből / ahogy halad, torlódik az alkalmi társaság, / ahogy elmaradozunk, összébbverő-dünk, / előresietünk és félreállunk / – érdemes figyelmünkre. Épp mivel / a tapasztalás csak ránk tartozik, / tanul-ságmentes és kimondhatatlan, / önnön teljesültébe vesző: / fullánk és cukor.

«Az édes szúrás diszpozíciója.» / Mondotta volna az ifjúkor, rég, / logikai örömök idejében. / Már a vénülés kedvét nem leli ilyesmiben. / Csak ami elemzetlenül is valami – egy jó mondat, egy hibátlan kavics – / az számít. Persze, mi az, hogy «jó»; persze, / mi az, hogy «hibátlan»? Felvethető, hogyne. / Csak éppenséggel nem vetem fel.

Az utánunk jövő / tuszkol is, maraszt-tal is, ahogy terel. / De azért megőriz-hető némi méltóság. / Irány és tempó / szabadságának több mint látszata. / Lassítás, szaporázás, elkalandozás joga / gyakorolható (még ha *mint* jogot / nem opportunus is emlegetni). / Sétánk, mindenesetre, sétaszerű. / Nem lehet mondani, hogy ... Szóval, ezt hagyjuk.

Namármost a *leg*vége, a pont, / ahol az eső víz lesz vízeséssé, / a gömbölyű átbukás pillanata – – – / Csak a gránitkáva abszolút síkossága / megfogható. Jól mondom: csak az – amennyire. / Térjünk vissza az útra. / Ha szórakozottságunk szóra bírja / a szóra nem érdemest – nem az út hibája. / Mondjuk: Az út érdekes. Az út szép. / (Valóban az.) Járjunk és lélegezzünk.

Csobánka, 1985. 8. 13.

Dennoch läßt sich Würde bewahren.
Mehr als bloßer Schein der Freiheit von
Richtung und Tempo.
Das Recht auf Verlangsamung, Beschleunigung,
                              Abtrünnigkeit
kann ausgeübt werden (selbst wenn es *als* Recht
zu erwähnen nicht opportun ist).
Unser Spaziergang jedenfalls ist spaziergangartig.
Man kann nicht sagen, daß ... Also, lassen wir das.

Nun ja, das *letzte* Ende, der Punkt,
an dem das fallende Wasser zum Wasserfall wird,
der Moment des kugelförmigen Überkippens –
Faßbar ist nur die absolute Glattheit
des granitenen Brunnenkranzes. Nur diese, sofern überhaupt.
Kehren wir zurück auf den Weg.
Wenn unser Zerstreutsein das der Rede nicht Werte
zum Reden bringt, so ist dies nicht dem Weg anzulasten.
Der Weg sei interessant, sagen wir. Der Weg sei schön.
(Er ist es tatsächlich.) Laßt uns gehen und atmen.

Csobánka am 13. 8. 1985

Aus dem Ungarischen von Hans-Henning Paetzke

Biographien

Gellu Naum

Gellu Naum ist der Nestor der rumänischen Avantgarde. Er pendelte vor Ausbruch des Zweiten Weltkrieges zwischen Bukarest und Paris hin und her, lernte André Breton kennen und war mit Victor Brauner befreundet, der viele seiner Bücher illustrierte. Anfang der vierziger Jahre gründete der 1915 in Bukarest Geborene gemeinsam mit Gherasim Luca, Paul Paun und Virgil Teodorescu die rumänische ‹Sektion› der Surrealisten, deren Aktivitäten und Publikationen 1947 verboten wurden.

Naum sieht die Poesie als eigentliches Gegenmittel gegen Konventionen, gegen traditionelle Literatur; er ist überzeugt, «Ferment zu sein». So liebt er, mit einem Augenzwinkern in Richtung Lautréamont, auch die finstere Theatralik, die Schmähreden, «die kreative Verzweiflung». Auch das philosophische Gedicht ist bei ihm schräg, kann jederzeit in gemeinstes Gelächter abrutschen. Das Bretonsche Postulat von der «konvulsivischen Schönheit» ist ihm nahe, wenn er in dem Manifest ‹Schloß der Blinden› (1946) schreibt: «Einzig und allein die Sprache des Poeten, inkohärent noch und vage, diese Sprache der Perturbation, nur sie handelt und verändert.» Naum hielt mit Konsequenz, doch ohne je dogmatisch zu werden, an seinem ursprünglichen Poesieentwurf fest. Nur die Ironie mag sich verstärkt haben, und der elegische Grundton.

«Black Box», übersetzt von Oskar Pastior und Georg Aescht, Klagenfurt 1993.

Mircea Dinescu

Mircea Dinescu hat die Aureole des politischen Dichters. Er war es, der im Dezember 1989 den Sturz Ceauçescus verkündet hatte. Neun Monate zuvor, in einem inzwischen berühmten Interview in ‹Libération›, hatte er das Regime auf seine unnachahmlich sarkastische Art kritisiert und wurde daraufhin unter Hausarrest gestellt. «In meiner eigenen Wohnung eingesperrt», sagte Dinescu später, «habe ich meine bescheidenen Wörter auf deutsch, französisch oder niederländisch gehört, nur mit dem kleinen Radiogerät, mit dem ich zehn Monate lang Monologe ausgetauscht habe. Damals fühlte ich mich beschützt von einer Rüstung aus Papier – aus dem Papier, auf dem meine Wörter in anderen Sprachen gedruckt worden waren. Ich meine, so habe ich die Angst vor dem Tod abgelegt. Den Wörtern verdanke ich meinen Hausarrest – den Wörtern verdanke ich das Gefühl einer neuen, einer anderen Freiheit.» Es wäre jedoch ungenau, Dinescus Poesie – eine Poesie der Revolte, des menschlichen Mitgefühls – nur unter politischen Vorzeichen zu lesen. Komponiert aus Alltagssprache, Slogans, Sprachwitz und prosodischen Neuerungen, überspringt diese Poesie immer wieder unerwartet die Grenze zwischen Reflexion und politischer Kampfansage, zwischen «reiner Lyrik» und sanft beißender Satire.

1950 in Slobozia geboren, fing Dinescu sehr jung in Zeitungen zu publizieren an, veröffentlichte 1971 seinen ersten Gedichtband und galt bald als «rumänischer Rimbaud», als Champion ungehaltener Poesie, als zorniger «Blockfreier», der vor nichts zurückschreckt (deshalb höchst suspekt) und schon 1983 anklingen ließ, daß auch die Freiheit nicht unbedingt *das* Allheilmittel sei. Das Unerschrockene, das von keiner Ideologie Vereinnahmbare an Dinescu besticht. Doch der erstaunlichste Dinescu ist vielleicht der der mikroskopischen Gedichte, Haiku fast, deren kompakte Genauigkeit uns berührt und unser eigenes Denken und Träumen in Bewegung setzt: «Schmerzlos zähl ich die Sterne, auch ich – / so wie der Krebs / die weißen Blutkörperchen des Ertrunkenen zählt.»

«Exil auf einem Pfefferkorn», Gedichte, übersetzt von Werner Söllner, Frankfurt a. M. 1988; «Ein Maulkorb fürs Gras», übersetzt von Werner Söllner, Zürich 1990.

Ilya Kutik

Joseph Brodsky und Ilya Kutik waren die beiden russischen Dichter, die 1993 an «Poetry International» in Rotterdam, dem wichtigsten europäischen Lyrikfestival, teilnahmen. Der 1960 in Lwow geborene Ilya Kutik kannte Brodsky nicht und fieberte seiner Ankunft wie der eines Halbgottes entgegen. Nach einer gemeinsam durchzechten Nacht schenkte Joseph Brodsky am nächsten Morgen seinem jüngeren Kollegen einen Montblanc-Füller. Er überreichte ihn wie ein Sakrament. «Jetzt kannst du schreiben», schien die paternalistische Miene des Nobelpreisträgers zu sagen. Dabei hätte Ilya Kutik solche Weihen gar nicht nötig. Er gilt, neben Jelena Schwarz und Olga Sedakowa, als eines der großen Talente der jüngeren russischen Dichtergeneration. Bis 1988 konnte er, der am Maxim-Gorki-Institut in Moskau Literatur studiert hatte, nur inoffiziell veröffentlichen und in Privatwohnungen lesen. 1990 erschien dann sein erster Gedichtband «Fünfkampf der Sinne», 1993 ein weiterer Band, «Der Bogen des Odysseus», mit neuen Gedichten und poetologischen Reflexionen («Ein Gedicht ist *dieser* Pfeil von Odysseus' Bogen, der durch alle Ringe der zwölf Äxte dahinschnellt – jede Strophe ist ein Ring – und, völlig unberührt geblieben, in das Ziel trifft»).

Fast alle bedeutenden Dichter Rußlands haben sich als Nachdichter um die Vermittlung fremdsprachiger Poesie verdient gemacht. In Ilya Kutiks Lyriksammlung «Schwedische Dichter» (1992 in Moskau erschienen) wird auf höchstem sprachlichem Niveau alle Kunst des Dichtens mit der Kunst des Nachdichtens zusammengeführt. Diese «Übersetzungen und Variationen» bilden einen integralen, zugleich eigenständigen Teil von Kutiks literarischem Schaffen, das physische und imaginäre Welt zu verbinden und oratorische und liturgische Kadenzen der metaphysischen und Barockdichter des 17. und 18. Jahrhunderts in eine zeitgenössische Gestalt zu gießen sucht.

«Pjatiborje tschuwstw» (Fünfkampf der Gefühle), Moskau 1990; «Shwedskie poety» (Schwedische Dichter), Moskau 1992; «Luk Odisseia» (Der Bogen des Odysseus), St. Petersburg 1993.

Gennadij Ajgi

Spätestens seit 1965, als erstmals Gedichte von Joseph Brodsky in den ‹Akzenten› zu lesen waren, wissen wir, daß auch nach der großen Zeit der Chlebnikow und Majakowskij, Mandelstam und Achmatowa in der Sowjetunion eine äußerst originäre und überzeugende neue Lyrik entstanden ist. Brodsky und der um sechs Jahre ältere Ajgi (geb. 1934 in einem Dorf an der mittleren Wolga) sind vielleicht die beiden bedeutendsten Repräsentanten – und vielleicht auch Antipoden – dieser neuen Dichtergeneration.

Ajgi, der in tschuwaschischer und russischer Sprache schreibt, hat sich schon früh mit Majakowskij und Pasternak auseinandergesetzt. Sehr nah sind ihm die poetologischen Systeme von Malewitsch. Das Bild der «Lichtung» kommt in seiner Poesie häufig vor, als Waldlichtung oder als Erleuchtung aus einem Kindheitstraum oder als offener, lichterfüllter Raum. Es gewinnt mehr und mehr die Bedeutung eines aus der Wirklichkeit ausgegrenzten Ortes (das Negativ von Malewitschs schwarzem Quadrat?), «allein dazu bestimmt, abgehorcht zu werden nach einem kaum noch vernehmbaren Geräusch. So wird die Lichtung zum Symbol» (N. Bokow). Die poetische Demarche von Ajgi erinnert an jene von Paul Celan oder René Char. Von noch realitätsnaher und an tschuwaschischer Volksdichtung orientierter, symbolischer Dichtung kommend, hat sich sein Vokabular und sein Bildsystem zusehends verdichtet und legt jetzt in einer diskontinuierlichen, hochverfeinerten Metaphernsprache Zeugnis ab von Visionen mystischer Offenheit gegenüber der inneren Wirklichkeit.

«Beginn der Lichtung», herausgegeben und übertragen von Karl Dedecius, Frankfurt a. M. 1971; «Aus Feldern Rußlands», übersetzt von F. P. Ingold, Frankfurt a. M. 1991; «Im Garten Schnee», übersetzt von F. P. Ingold, Berlin 1993; «Wallenberg», übersetzt von F. P. Ingold, Berlin 1993.

Olga Sedakowa

Olga Alexandrowna Sedakowa wurde 1949 in Moskau geboren. Sie schloß ihr Studium an der Philologischen Fakultät der Moskauer Staatsuniversität 1973 ab und promovierte 1982 am Institut für Balkanwissenschaften über slawische heidnische Mythologie. Bis 1988 wurden ihre Gedichte in der damaligen UdSSR nicht publiziert. Doch waren sie aufgrund von Samisdatveröffentlichungen und häufigen Leseauftritten in Privatwohnungen einem größeren Leserkreis nicht nur in Moskau, sondern auch in Leningrad, Kiew und Tiblissi bekannt. In der russischen Exilpresse in Paris erschien dann 1986 ihr erster Gedichtband «Wratka, okna, arki». Parallel zur eigenen poetischen Arbeit hat Olga Sedakowa Rilke, Claudel und Pound ins Russische übersetzt und Essays zu Einzelaspekten im Werk von Puschkin, Achmatowa und Chlebnikow veröffentlicht.

Ihre Lyrik gilt als Sonderfall innerhalb der zeitgenössischen Literatur Rußlands. Sie verbindet eine moderne Metaphernsprache, geschult an Pasternak und Achmatowa, mit klassischen Bildern und Mythologien. Nicht von ungefähr hat Olga Sedakowa auch Dante und Petrarca ins

Russische übersetzt. Ihren Gedichten haftet etwas Zeitloses und Beständiges an. Sie sind nie Agitation, nie Ausdruckstanz, eher etwas wie existenzphilosophische Übungen, persönliche «Haltepunkte».

Diese Wiedergeburt einer sehr persönlichen, doch weitgehend objektivierten Empfindsamkeit ist in der ehemaligen Sowjetunion lange Zeit nicht zur Kenntnis genommen worden. Heute wird Olga Sedakowa zunehmend gelesen. Ihre Welt, die ohne falsche Hoffnungen auskommt, besticht durch das, was Kierkegaard «Bezeugen der Wahrheit» nennt, durch Widerstandsfähigkeit und Form.

«Kitajskoje Puteschestwje» (Chinesische Reise), Gedichte, Moskau 1990; zwei Gedichte in ‹Lettre› Nr. 17/1992.

Amanda Aizpuriete

Amanda Aizpuriete wurde 1956 in Jurmala bei Riga geboren. Nach einem Philologie- und Philosophiestudium an der Universität Riga arbeitete sie zwei Jahre am Institut für Literatur in Moskau, danach als Radiojournalistin. «Ich habe fast keine Biographie», sagt sie von sich selbst, «mein Leben ist sehr einfach.» Nach der kurzen Zeit beim Rundfunk und der Teilnahme an archäologischen Expeditionen «bin ich jetzt eine Hausfrau mit vier Kindern». Sie schreibt – wenig – und übersetzt – viel – russische Lyriker wie Mandelstam und Achmatowa, aber auch Kafka, Rilke, Trakl und Bachmann ins Lettische. Das Übersetzen ist für sie «eine heilige Sache», zugleich aber die einzige Möglichkeit des Broterwerbs in einer wirtschaftlich immer schwierigeren Lage. Von dieser Übersetzungsarbeit finden sich in den eigenen Versen so gut wie keine direkten Einflüsse, keine Versuche, «mit anderem Baumaterial» zu dichten, wenig Stilisierungen. Wir spüren den Wunsch, sich im Schreiben zu verstehen und Klarheit zu erlangen über die Beziehung zur Welt und zu ihrer Zeit. In den wenigen Interviews in lettischen Zeitungen, die bekanntgeworden sind, erscheint sie als widerspenstige Person, als natürliche Pessimistin, als Intellektuelle voll Trauer darüber, daß die lettische Kultur langsam und ohne Aufsehen zugrunde geht. «Aufständisch sollte man sein», sagt sie, «aber nicht politisch. Mir scheint, Gedichte muß man in der Jugend schreiben. Wenn eine Gruppe junger Menschen zusammenkommt, dann ist es ihnen nicht wichtig, wie die Gesellschaft auf sie reagiert. Das ist auch ihre Zeit zum Dichten.»

In ihren Gedichten spüren wir eine Synthese aus diesem «Aufständischen», aus Besessenheit und Freiheitssinn, aber auch tragischem Lebensgefühl. Diese Gedichte, nie sehr lang, gewöhnlich ohne Titel, in ihrem melodischen Aufbau einander sehr ähnlich, gleichen lyrischen Tagebuchblättern. In ihnen spricht, und das ist von größter Seltenheit, eine unverstellte, ganz ursprüngliche lyrische Stimme, wie wir sie – in anderen Tonlagen und Zeiten – nur bei Emily Dickinson, Else Lasker-Schüler oder der von ihr sehr verehrten Marina Zwetajewa vernehmen können.

«Kāpu iela» (Dünenstraße), Gedichte, Riga 1986; «Nākamais autobuss» (Der nächste Autobus), Gedichte, Riga 1990; «Die Untiefen des Verrats», Gedichte, ausgewählt und übertragen von Manfred Peter Hein, Reinbek 1993.

János Pilinszky

Fragt man in Budapest jüngere Autoren wie Péter Nádas, György Petri oder Péter Esterházy nach dem wichtigsten ungarischen Lyriker dieses Jahrhunderts, so wird neben Sándor Weöres immer wieder, fast ehrfürchtig, János Pilinszky (1921–1981) genannt. Und Weöres selbst, ein großer Dichter und unbestechlicher Geist, nannte ihn «unseren Größten». Pilinszky gehört ohne Zweifel zu jener Generation zentraleuropäischer Dichter, der auch Herbert, Popa und Holub zuzurechnen sind. Daß aber die Ungarn dazu neigen, ihm einen Rang außerhalb der ‹landläufigen› Poesie und außerhalb der anderen Lyriker einzuräumen, hat nicht mit imaginativer oder sprachlicher Fülle zu tun – er veröffentlichte nur einige schmale Gedichtbände –, sondern mit einer spezifischen spirituellen Position, gekennzeichnet durch eine mystische Grundhaltung (Pilinszky war Katholik, ohne den Dogmen der Kirche zu folgen) und durch die Erfahrung des Zweiten Weltkrieges und der Todeslager. «Mich persönlich», bekannte Pilinszky, «unterwies der Krieg in der Realität der Gesellschaft, der Menschheit, der Welt jenseits des persönlichen Schicksals . . . Allesamt hatten wir durch den Krieg unser Zuhause verloren, und unser universales Zuhause war die gemeinsame Tragödie geworden.»

Die Gedichte einer ersten Schaffenszeit (1946–1959) schreien stumm gegen den «metaphysischen Skandal unseres Jahrhunderts» an. Dann, nach Jahren des Schweigens, setzt eine zweite Schaffensperiode ein, «die sich von der ersten durch ihre Individualität in Ton und Thematik unterscheidet, die ihn aus der Stummheit, nicht aber aus der Einsamkeit herausgeführt hat» (Hans-Henning Paetzke). In dem Gedicht *Großstadtikonen* (1963) – Reflexion auf einen Besuch des Lenin-Mausoleums in Moskau – kündigt sich diese zweite Schaffenszeit an. Die Gedichte werden noch knapper, noch einfacher – wie *arte povera* muten sie an, doch sie sind stolz auf ihre Armut und leuchten von innen heraus von metallischer Strenge und musikalischer Intensität. Nach wie vor spricht Pilinszky aus dem Katastrophenzentrum der Welt. Mit Mühe kommen die Worte aus einem Kern der Stille und vertiefen diese Stille noch. «Ich würde gerne so schreiben», sagte Pilinszky, «als hätte ich Schweigen bewahrt.» Das fast schon nicht mehr nennbare Leiden einer Kreatur, die dem Faschismus, dem Krieg und den Gaskammern begegnet und im dunkelsten Zentrum des 20. Jahrhunderts lebt, verbindet ihn mit Paul Celan und Nelly Sachs. Aber Pilinszkys wirkliche Weggefährten sind keine Dichter, sondern van Gogh, einige Helden Dostojewskijs und Simone Weil. Die ungarische Lyrikerin Ágnes Nemes Nagy erinnert sich, wie er in den dunklen Straßen des Budapest der fünfziger Jahre entlangging, in einem zu kurzen Mantel, zu eng um die Schultern: «Er ging wie eine verfolgte Legende. Und genau das war er.»

«Lautlos gegen die Vernichtung», Gedichte, ausgewählt und übertragen von Hans-Henning Paetzke, Zürich 1989.

Ryszard Krynicki

Der in Posen lebende 47 Jahre alte Dichter wirkt im Gespräch ernst und bedächtig wie ein Rabbiner. Es dauert seine Zeit, bis er etwas sagt. Was er dann sagt, ist direkt, präzise, lakonisch und mitunter von der moralischen Entrüstung getragen, die auch viele seiner Gedichte auszeichnet. Krynicki verkörpert die seltene Mischung des Melancholikers *und* des Aktivisten. Karl Dedecius, Krynickis Übersetzer ins Deutsche, nennt seine Gedichte «Diagnosen, Zeugenaussagen, Anklageschriften». Das trifft besonders auf die längeren Gedichte zu, die unmittelbar Erfahrungen ansprechen, die er in der «Solidarność»-Bewegung gesammelt hat. Von 1976 bis 1980 mit Druckverbot belegt, war er ab 1981 Redakteur der «Solidarność» in Posen und mußte wegen unliebsamer Artikel immer wieder im Gefängnis einsitzen. In seiner Lyrik versucht er die Wirklichkeit jener kurzen Epoche in Polen, der Zeit des Kriegsrechts, einzufangen, deren Namen und deren Ereignisse heute schon wieder halb vergessen sind. Die Dinge sind «eingerahmt von der deutlichen Kontur des Nichts» (so Adam Zagajewski, neben Krynicki bedeutendster Repräsentant der um 1945 geborenen Generation polnischer Lyriker) oder – wie es Krynicki formulierte: «Rauschen, Krach, Lärm / des Störsenders. Das Nichts arbeitet.» Lyrik, für ihn, scheint dennoch Trauer- und Hoffnungsarbeit leisten zu können, doch ohne je pathetisch oder exaltiert zu sein. Pathos ist Unklarheit, und Unklarheit schon gefährlich nah an der Illusion. Immer versucht Krynicki Abstand zum Staat, überhaupt zu «Systemen» zu halten, indem er ihnen die Authentizität eines individuellen lyrischen Sprechens entgegenstellt.

«Wunde der Wahrheit», Gedichte, übersetzt von Karl Dedecius, Frankfurt a. M. 1991; «Um niemanden zu verletzen», Gedichte aus Notizbüchern, übersetzt von Karl Dedecius, 1991.

Györgi Petri

«Zur Hoffnung verkommen» – ein konzentrierteres Motto, um den 1943 in Budapest geborenen Györgi Petri und seine Gedichte zu charakterisieren, ist kaum vorstellbar. Die Gedichte pendeln zwischen Ohnmacht und Ergebung, Hoffnung und Resignation, Liebe und Haß. Ihr Schöpfer wirkt auf den ersten Blick depressiv, nervös, verschlossen, ein wenig geheimnisumwittert. Petri liebt die Rollen, darunter die des Misanthropen, der er gar nicht ist. Aber er hat den unerbittlichen Blick und das akute Gefühl für verrinnende Zeit, Niedergang und Untergang.

«Damals, nach der ungarischen Revolution und der Invasion der sowjetischen Truppen vom November 1956, befand ich mich», so schreibt er, «in einer lang andauernden Depression. Damals beschloß ich, Dichter zu werden. Weshalb, das weiß ich eigentlich bis zum heutigen Tag nicht. Bis dahin hatte ich nicht die geringste literarische Neigung in mir verspürt. Vielleicht meinte ich, das bisher Erlebte so aufarbeiten zu können.» So ist auch spürbarer Ausgangspunkt der meisten Gedichte Petris Privatleben. Freunde, geliebte Frauen, der Alkohol, der eigene labile Gesundheitszustand, die Nähe des Todes – sie kommen immer wieder lakonisch zu Wort.

Ab 1976 nahm Petri aktiv an der demokratischen Opposition in Ungarn teil. Er lehnte es aber immer ab, ein ‹engagierter› Künstler genannt zu werden, obwohl er große Schwierigkeiten mit der Staatskultur hatte und zwischen 1974 und 1986 keinen Gedichtband in Ungarn veröffentlichen konnte. Für ihn, der immer wieder auch politische Gedichte – wie *Imre Nagy* – schrieb, ist Politik ein «organischer Bestandteil» seines Lebens wie Lieben und Leidenschaften, wie Bücher, Tabak und Alkohol. Er zitiert dann gerne Wittgenstein: «Ethik und Ästhetik sind eins.» In seinen besten Gedichten gelingt es ihm, ein Lebensgefühl unserer Epoche zusammenzufassen. *Was bleibt* oder *Abenddämmerung* sind solche Gedichte. Aber immer wieder rettet er aus Ungewißheiten, aus Verschüttungen und Depression auch Splitter von Sinn und Zuversicht.

«Zur Hoffnung verkommen», übersetzt von Hans-Henning Paetzke, Frankfurt a. M. 1986; «Schöner und unerbittlicher Mummenschanz», zweisprachige Ausgabe, übersetzt von Hans-Henning Paetzke, Frankfurt a. M. 1989.

Hans Magnus Enzensberger

Konjunktur

Ihr glaubt zu essen
aber das ist kein Fleisch
womit sie euch füttern
das ist Köder, das schmeckt süß.
(Vielleicht vergessen die Angler
die Schnur, vielleicht
haben sie ein Gelübde getan,
in Zukunft zu fasten?)

Der Haken schmeckt nicht nach Biscuit
er schmeckt nach Blut
er reißt euch aus der lauen Brühe:
wie kalt ist die Luft an der Beresina!
Ihr werdet euch wälzen
auf einem fremden Sand
einem fremden Eis:
Grönland, Nevada, fest-
krallen sich eure Glieder
im Fell der Nubischen Wüste.

Sorgt euch nicht! Gutes Gedächtnis
ziert die Angler, alte Erfahrung.
Sie tragen zu euch die Liebe
des Metzgers zu seiner Sau.

Sie sitzen geduldig am Rhein
am Potomac, an der Beresina,
an den Flüssen der Welt.
Sie weiden euch. Sie warten.

Ihr schlagt euch das Gebiß in die Hälse.
Euch vor dem Hunger fürchtend
kämpft ihr um den tödlichen Köder.

Gedicht für die Gedichte nicht lesen

Wer ruft mit abgerissenem Mund
aus der Nebelkammer? Wer schwimmt,
einen Gummiring um den Hals,
durch diese kochende Lache
aus Bockbier und Blut?
                    Er ist es,
für den ich dies in den Staub ritze,
er, der es nicht entziffert.

Wer ist ganz begraben von Zeitungen
und von Mist? Wer hat Uran im Urin?
Wer ist in den zähen Geifer
der Gremien eingenäht? Wer
ist beschissen von Blei?
                    Siehe,
er ists, im Genick die Antenne,
der sprachlose Fresser mit dem räudigen Hirn.

Was sind das für unbegreifliche Ohren,
von wüstem Zuckerguß triefend,
die sich in Kurszettel wickeln
und in den Registraturen stapeln
zu tauben mürrischen Bündeln?
                    Geneigte,
Ohren verstörter Verräter, zu denen
rede ich kalt wie die Nacht und beharrlich.

Und das Geheul, das meine Worte
verschlingt? Es sind die amtlichen
schmierigen Adler, die orgeln
durch den entgeisterten Himmel,
um uns zu behüten.
                    Von Lebern,
meiner und deiner, zehren sie,
Leser, der du nicht liest.

Die Verschwundenen

für Nelly Sachs

Nicht die Erde hat sie verschluckt. War es die Luft?
Wie der Sand sind sie zahlreich, doch nicht zu Sand
sind sie geworden, sondern zu nichte. In Scharen
sind sie vergessen. Häufig und Hand in Hand,

wie die Minuten. Mehr als wir,
doch ohne Andenken. Nicht verzeichnet,
nicht abzulesen im Staub, sondern verschwunden
sind ihre Namen, Löffel und Sohlen.

Sie reuen uns nicht. Es kann sich niemand
auf sie besinnen: Sind sie geboren,
geflohen, gestorben? Vermißt
sind sie nicht worden. Lückenlos
ist die Welt, doch zusammengehalten
von dem was sie nicht behaust,
von den Verschwundenen. Sie sind überall.

Ohne die Abwesenden wäre nichts da.
Ohne die Flüchtigen wäre nichts fest.
Ohne die Vergessenen nichts gewiß.

Die Verschwundenen sind gerecht.
So verschallen wir auch.

Jacques de Vaucanson (1709 – 1782)

Das Publikum war exquisit. Ein Knistern
ging durch die seidenen Toiletten: Phantastisch!
Ein Chef-d'œuvre: die mechanische Ente.
Auch Diderot war begeistert. Der Automat
watschelte, plantschte im Wasser:
Welche Delikatesse in allen Teilen!

Die Flügel glitzerten in der Sonne,
zwei mal vierhundert bewegliche Teile.
Ein metallisches Flirren, ein Schnattern
aus Stahl und Lack. Der Künstler errötet.
Bescheiden, reizend, ein wenig linkisch.

Aber je größer und komplexer eine Maschine,
desto mehr Verbindungen finden statt
zwischen ihren einzelnen Teilen;
je weniger man diese Verbindungen kennt,
desto mehrdeutiger wird unser Urteil sein.

Bravo! Der Kardinal de Fleury umarmt nach der Vernissage
den Erfinder, und flugs beruft er ihn an die Spitze
der Seidenmanufaktur zu Lyon.
Welcher Fall tritt also ein, wenn die Maschine
in jeder Hinsicht unendlich ist?

Sonderbar, wie sich der neue Inspekteur
einschließt. Fragt niemand, zeichnet fieberhaft.
Der Traum der Vernunft gebiert Ungeheuer:
Maschinen zum Bau von Maschinen.
Der automatische Webstuhl, angetrieben
von einem einzigen Wasserrad (oberschlächtig)
über endlose Ketten. *Vollkommenheit, Ökonomie.*

Der geglättete Eisendraht, geschnitten
in immergleiche Stücke, und immer gleich
an jedem Ende gebogen zu gleichen Gliedern;
ein Haken, immer gleich, nimmt den Draht auf,
der das nächste Glied zu bilden bestimmt ist.

Von der Haspelei bis zum Walkwerk
ein integrierter industrieller Komplex,
gut ausgeleuchtet, voll klimatisiert:
ein Entwurf von unerhörter Eleganz.
(Zwischen Rendite und Ingenium
finden gewisse Verbindungen statt.)

Von nun an bringen die Arbeiter von Lyon
jede wache Stunde ihres Lebens
in einem riesigen Spielzeug zu,
in dem sie gefangen sind: *dergestalt,*
daß ein jeder fortwährend den immer gleichen
einfachen Handgriff ausführt,
und zwar immer besser und rascher.

Welcher Fall tritt also ein,
wenn die Weber sich wehren?
Zerbrecht das Haspelwerk!
Steinigt den Blutsauger!

Dem aufsässigen Pöbel zur Strafe
konstruierte er einen Esel,
welcher ein geblümtes Zeuch webte.
Und so fort. (Wer aber den Menschen
das Licht der Aufklärung bringt,
der muß gefaßt sein auf Nachstellungen.)

Dann Jacquard. Jacquard war der Nächste
mit seinen Lochkarten. Fortschritte,
Barrikaden. *Die Blutbäder*
waren unvermeidlich.

Auch die Ente wurde verbessert:
Schließlich pickte sie Körner auf,
verdaute sie sorgfältig, und *der Gestank,*
der sich jetzt im Raume verbreitet,
ist unerträglich. Wir möchten dem Künstler
die Freude ausdrücken, die seine zauberhafte
Erfindung uns allen bereitet hat.

Früher

für Günter

Ach ja, der Geist! Früher war immer
von ihm die Rede. Ich frage mich,
wo er geblieben ist, der Geist.
Auch die Kleinbahn
bimmelt schon lange nicht mehr.
Der arme Mann ist fort,
dem die Mutter Kleingeld gab,
eingewickelt in ein Stück Zeitung,
und einen Teller Suppe.
Der Volksempfänger ist fort,
die Hosenklammer. Wie leicht
man das alles verschmerzen kann!
So leicht wie das Wort *verschmerzen*.

In der Zeit des Faschismus
wußte ich nicht, daß ich
in der Zeit des Faschismus lebte.
Es wimmelte von Klavierlehrern.
Wo sind sie geblieben?
Dreipfennigstücke liefen um
und verschwanden. Verlegen
verbarg sich das Wort *Nostalgie*
im Lexikon: «Mitterwurzer bis Ohmgeld».
Es wurde Fraktur geredet.
Dienstboten gingen ein
durch die Dienstboteneingänge.

Zahllose Arier waren vorhanden,
die um die Ecke bogen
wie Droschken. Sie dachten wohl,
sie würden gebraucht.
Ganz ohne Plastiktüten
überquerten ältere Leute
quälend langsam die nassen
gähnenden Adolf-Hitler-Plätze.
Mädchen kamen auf Schritt und Tritt,
die Strapse hatten,
Strapse und Leibchen.

Unanständige Wörter gab es.
Tonfilme tönten.

Das alles ist immer kleiner
und kleiner geworden,
unmerklich wie die Kernseife,
oder schmerzlos und über Nacht,
wie ein Milchzahn, verschwunden.
Zum Beispiel das Deutsche Reich.
Die Vergangenheit, drückend
und öde, ist unvorstellbar
leicht entbehrlich. Heute noch
weiß ich nicht genau,
was das ist: Nostalgie.

Eine Alterserscheinung vielleicht,
oder etwas Ansteckendes.
Filzläuse, Filzläuse,
wo seid ihr geblieben?
Packt doch die alten Fotos ein.
Ich verlasse mich lieber
auf die Vergänglichkeit.
Sie läßt keine Rührung
aufkommen, ist beharrlich
und macht vor nichts halt.

Paolo di Dono, genannt Uccello

Paolo di Dono, Sohn eines Baders,
verlor sich in einer neuen Wissenschaft,
einer neuen Zauberei: der Perspektive.
«So ermüdet er die Natur», hieß es,
«bis der Geist sich füllt
mit Schwierigkeiten und ungelenk wird.»

Schlachten, Turniere. Die Krieger
undurchdringlich im Augenblick
vor dem Tod. Die Genauigkeit
im Ungewissen. Hasen, Windhunde,
Heuschrecken: Phantasmen
unter der Mondsichel,

im Orangenhain Wirbelstürme
Hufe und Füße.

Einhörner auf den Wimpeln,
geflügelte Helme, hohe Hauben
aus Weidengeflecht, gepolstert
mit Haar, das Futter scharlachrot,
und eiserne Reiter,
von Schalmeien gehetzt,
auf gigantischen Holzpferden,
grün, weiß und rosa,
mit panischen Augen.

Jeder glaubt,
er sei der Mittelpunkt.
Nur der Maler nicht.
Er arbeitet «ruhig, sauber,
wie die Seidenraupe
an ihrem Faden», arm,
unnütz, menschenscheu,
wild, «wirft er
die Zeit hinter die Zeit
und ermüdet die Natur».

Asphodelen

Komisch, der Gnostiker
im vierten Stock
ist immer noch wach.
Er klopft und klopft
an das Heizungsrohr.
Vor dem Fenster der Mob
ist verschwunden, und jetzt
fängt es auch noch zu schneien an.

In der ganzen Stadt
gibt es keine Schnürsenkel mehr.
Das MG-Feuer im Bankenviertel
hat nachgelassen.
Aber es sind noch ein paar
Asphodelen da, im Kühlschrank,
für alle Fälle.

Judith Herzberg

Daglicht

Uit chaos van lakens en / voorgevoel
opgestaan, gordijnen / open, de radio
aan, was / plotseling Scarlatti / heel
helder te verstaan: / Nu alles is zoals
het is geworden, / nu alles is zoals het
is / komt het, hoewel, misschien / hoe-
wel, tenslotte nog in orde.

Tageslicht

In einem Wirrwarr von Laken
und Vorahnung die Augen
aufgetan,
Gardinen geöffnet und
Radio an,
war plötzlich,
ganz klar zu verstehen,
Scarlatti dran:
Da nun alles ist wie es ist geworden
da nun alles ist wie es ist,
kommt alles, obwohl, vielleicht
obwohl, schließlich noch in Ordnung.

Aus dem Niederländischen von Rosemarie Still und Michael Krüger

Zeedrift

Goeiig ontmoedigd afgedankt dinge-
tje / dat in de zee zweeft als een
anemoon / en met het wier mee in en
uit / en heen en weer slurpt op het tij, /
hierheen verdwenen uit wie weet /
wat voor huis, wat voor schip. / (De
zee is een dunne verdunning / van on-
achterhaalbare dingen.) / Een schil is
het, nog minder / dan de schil van een
gebaar / hoe overrompelend en dier-
baar ook.

De zon gooit lichtdraadmazen door
het water, / ik staar en traan van al dat
ketsend licht. / En van hoe interna-
tionaal, en alledaags / en goedertieren
sex is.

Treibgut

Kleines entmutigtes abgedanktes Ding,
das im Meer schwebt wie eine Anemone
und mit dem Tang ein und aus
und hin und her schlürft auf der Tide,
hierhin verschwunden aus wer weiß
welchem Haus, welchem Schiff.
(Das Meer ist eine dünne Verdünnung
von nicht nachweisbaren Dingen.)
Eine Hülse ist es, noch weniger
als die Hülse von einer Geste,
wie überrumpelnd auch und teuer.

Die Sonne wirft Lichtdrahtmaschen durchs Wasser,
ich starr und träne von all dem glitzernden Licht
und davon, wie international und alltäglich
und allgütig Sex ist.

Aus dem Niederländischen von Rosemarie Still und Johannes Schenk

Zwischen Eiszeiten

Jeder von uns hat seine eigene Schwerkraft.
Jeder für sich muß seinen Gedanken nach,
so merke ich zum erstenmal wie fremd
das ist, ein Flugzeug vor der Sonne
das Schatten wirft, blitzschnell
und wir, die im Gras
zwischen den Maßliebchen liegen
halten die Ohren zu gegen den Donner
und reden dann weiter als wäre der Augenblick Jetzt
nicht der letzte eines Abschnitts.
Erinnerungsmittag, Erinnerungsjahr.
Das Gras fest und frisch, die Sonne stark
(Grönlands Eiskappe grad noch nicht geschmolzen,
wir noch nicht überspült) Kinderblumen
wie diese, die nach ganz früher riechen
weiß, bitter und genau, so maßlieb,
und ein Flugzeug, das nichts Böses will.

Aus dem Niederländischen von Gregor Laschen

Kommentar zum Hohen Lied

Nach Rabbi Akiva, Buxtorf, Herder,
erwachsene Männer, ernsthaft aber tot,
die geblättert, besprochen, getagt haben,
aber nur lasen, was sie sehen wollten,
beuge nun ich mich mit meinen
Augen über Bücher von früher
(mehr ledergebundene Bücher lesend,
je näher mein eigener Tod kommt).
Und ich erkenne, nach Chateillon (1544),
Grotius (1644), Lightfoot, Lowth,
zu meiner Verwunderung Salomo.

Tussen ijstijden

Wij hebben ieder onze eigen zwaarte-
kracht. / Wij moeten elk voor zich
gedachten af, / zo merk ik voor het
eerst hoe vreemd / het is, een vlieg-
tuig voor de zon / dat even schaduw
flitst / en wij die in het gras / tussen de
madeliefjes liggen / handen tegen de
oren vanwege het geraas / en dan
weer verder praten alsof het moment
Nu / niet het laatste was van een fase. /
Herinneringsmiddag, herinnerings-
jaar. / Het gras stevig en vers, de zon
sterk / (de ijskap van Groenland nog
net niet gesmolten, / wij nog niet
overspoeld) kinderbloemen / zoals
deze, die ruiken naar oervroeger / wit
bitter en precies, zo madelief, / en een
vliegtuig dat geen kwaad wil.

Commentaren op het hooglied

Na Rabbi Akiva, Buxtorf, Herder, /
volwassen mannen die ernstig maar
dood zijn, / die hebben bebladerd,
besproken, vergaderd, / maar lazen
wat zij wilden zien, / nu deze ik met
oogjes / gebogen over boeken van
vroeger / (meer leergebonden boeken
lezend / naarmate mijn eigen dood
nadert). / En ik herken, na Chateillon
(1544), / Grotius (1644), Lightfoot,
Lowth, / tot mijn verwondering Salo-
mo.

Dag dan liefde uit het midden / van een lijf en van een leven, / dichtbij gehoord en dichtbij gesproken, / adem gevoeld en huiden geroken; / wij varen nog onder dezelfde vlag.

Ich grüße dich, Liebe, aus der Mitte
eines Leibes und eines Lebens,
leibnah gehört und leibnah gesprochen,
Atem gefühlt und Haare gerochen;
wir fahren noch unter der gleichen Flagge.

Aus dem Niederländischen von Rosemarie Still und Michael Krüger

---

Tekens voor dynamiet

Vervielen bijna weer in praten, zulk praten / dat de liefde niet tot liefde noodt maar / rafelt, dus ik de avond in, / blaadjes kijken. Een meeuw, nog laat / op eten uit, kwam zachtjes blatend over. / Blaadjes waren er, maar op de rotsen stonden / opeens lichtblauwe cijfers, tekens voor dynamiet. / Het was zo stil dat in die stilte ik / centrum van mij werd, die dit niet wilde. / Wat haalt het aan om dit pad te verbreden? / Elke gekapte berk wortelt in zijn verleden. / Treurnis, verlangen, verbittering. Beter / te horen bij ingenieurs die de vooruitgang trekken? / Maar dit verschoven, vaste geloof in rotsen, grond, / zo zeker deel van ons, bijna alsof heilig, / of steen iets betekent, (de oude man / die uit het vliegtuig stapt, knielt, kust / de aarde van zijn heilig land, terwijl / het enige dat heilig is, zijn eigen mond), / nee deze zielsverschuivingen zijn minder / ons dan een bepaalde warmte, eens ontstond. / My dear, al dit geeft nieuwe visies, ik ren terug / want het verdriet teneinde, ist het niet wonderlijk, / de buiken van de hoogste meeuwen wit verlicht / door zon die al lang onder is?

Zeichen für Dynamit

Fast wieder ins Reden verfallen, jenes Reden,
das Liebe nicht einlädt zur Liebe, sondern
absagt, ich also in den Abend hinaus,
Blätter anschauen. Eine Möwe, spät noch
auf Futter aus, flog leise schreiend vorüber.
Da waren Blätter, aber auf den Felsen erschienen
auf einmal hellblaue Ziffern, Zeichen für Dynamit.
Es war so still, daß in der Stille ich
Mittelpunkt meiner selbst wurde und es nicht wollte.
Was bringt es, diesen Pfad zu verbreitern?
Jede gefällte Birke wurzelt in ihrer Vergangenheit.
Trauer, Verlangen, Verbitterung. Lieber
zu Ingenieuren gehören, die den Fortschritt befördern?
Dieser verrückte, feste Glaube aber an Felsen, Boden,
so gewiß Teil von uns und beinahe heilig,
als bedeute Stein etwas (der alte Mann,
der aus dem Flugzeug steigt, niederkniet und
die Erde seines heiligen Landes küßt, während
das einzig Heilige sein eigener Mund ist)
nein, diese Seelenverrückungen sind weniger
wir als die bestimmte Wärme, die es einst gab.
My dear, all dies sind neue Einsichten, ich renne zurück,
denn die Beklommenheit am Ende, ist es nicht seltsam,
die Bäuche der Möwen hoch oben weiß aufleuchtend
in einer Sonne, die längst untergegangen ist?

Aus dem Niederländischen von Karin Kiwus

Manfred Peter Hein

Ozersk

die Buchstaben verschattet
   auf diese Tastatur fällt kein Licht
ich bin unterwegs
         mit zehn Fingern
   ich schreibe drei Namen
dort und abseits am Fluß
   hier und fremde Namen
         auf einer Brücke am Mühlenwehr
hinter der Stadt mündet der Fluß in einen Toten Arm
   Kopfsteinpflaster wo ich stehe
Hungerharke hinter mir die Stadt
   zwischen Scheune und Amtsgericht auf der Straße
ich schreibe Ozersk
   Darkehmen
         Angerapp an der Angerapp
Hafer und Holunder
   Schnee-Bunker
         Dommert & Sammael
und hier ist nichts seitdem und alles geschehn
   was geschieht geht über die Straße
ein Totengräber
         dem Gott in den Bäumen erschien
   als goldenes Licht:

ICH ZÄHLE BIS ZEHN
         DIE MÜHLE BLEIBT STEHN
ICH ZÄHLE BIS HUNDERT
         DIE MÜHLE GEHT UNTER
ICH ZÄHLE BIS TAUSEND
         DIE MÜHLE GEHT SAUSEND

Douane

Weiß gegen
weiß
und hinter der Grenze
                    der Fuchs
der Lunte riecht
auf unserer Spur.

Fische im Rucksack –
dein Atem und mein Atem
Gespräche
            von gestern auf morgen
bärtiges Kleingeld
ein Bild eine Zahl
verklimpert
            zwischen zwei Sternen

        die schwarz sind
        und mich erinnern
        an das
        was du sagst –

ein Bild
wie Schnee geschippt
an den Himmel.

ICH SEHE Dränageröhren
aufgeworfene Wälle
der Weg endet, schlägt Haken, läuft übers Feld
Was verbindet uns und unsre Häuser?

Im Sommer
ein Feld, ein Feld im Winter –
grün und weiß

Schnee hat keine Farbe oder alle Farben

Ich habe den Winter gewählt
und deshalb dies Land
das alles verdeckt

auch mich, mich selber

Wer schreit – kommt wieder
wer fortgeht – fällt
ich bleibe

ich sehe

Fluchtquartiere

Die Überlebenden seh ich
reden mit den Toten

Fluchtquartiere Plätze Gärten
Schnee die Hundswolke
stiebt vom Fensterblech

Quert die Chaussee
springt von der Brüstung
Atem über den Fluß

Januar Jahre

Ufer an Ufer das Brucheis

Häuser Standuhren Särge
hinter Wintergestrüpp

Am Messer die Zunge
für einen Satz
die Zunge reiß ich
vom Eisen

Lappland

Lammtalg an Gaumen und Zähnen
Zeit die Zeit hier schreib ich ins Kältegebell
unter der Volte Nordlicht
Jahr Monat Tag und seis auch nur darum
ihr Hunger frißt sich ins Fleisch

El Greco

Farbe blüht nicht

Toledo hab ich gesehn und
Die Rüstkammern der Verzückung

Ich male zum Undank
Ihr Fleisch

Den Fels das Fleisch den Fels
Die Tonleiter der Engel ertast ich

Das Dunkel das Licht das Dunkel
Im Fluß in Farben der Luft

Land und die Vogelknochen
Zwei Wörter zerkau ich

Wer mich sucht hier
Wird mich finden

Den Griechen den Juden

Buch der Unruhe

Aufgelassener Ölmühle Schilfdach
Schatten der fällt wo ich lese
im Buch der Unruhe während

langstreift am Strandgemäuer
wie gestern das Maultier
sich scheuernd am Ölbaum

Stimme des Schattens schürft
im Schatten
zu gleicher Stunde

Wo

mögen die wahrhaft
in Wahrheit lebendig
Lebenden sein

Zilpzalp

Die Bretterwand verrät nicht
den Schatten meiner Unsichtbarkeit
mit kleiner Münze zahl ich heim
in den Staub

hier stehn meine Schuh
die Zehennägel und Adern scheinen durch
hier liegt das Streichholz
die Zigarettenkippe

am Rand ein Fetzen Reißverschluß
verkleinertes Bild einer Türhütermaske
im Trümmergrundstück nist ich mich ein
Schildkröte Gecko und Zilpzalp

KRIEG und die kommenden Kriege
unterm steinernen Augenlid

Hier ging der mich suchte
geht der ich bin
schreibt der noch redet
mit dir

vom Eis hinterlassener Stein

José Angel Valente

Das Verbrechen

Heute erwachte ich
wie immer, doch
mit einem Messer
in der Brust. Ich weiß nicht,
wer es war,
und auch die möglichen
Motive der Tat kenne ich nicht.

Hier lieg ich,
ausgestreckt,
und senkrecht lastet
die Kälte.

Ich wurde ermordet.
(Die Möglichkeit eines Selbstmords schließe ich aus.)

Die Nachricht verbreitet sich
wie unter dem Siegel der Verschwiegenheit.

Der Arzt war brillant, aber
das Verhör verlief
wirr. Für die Tat
fehlen Zeugen.
(Man rief die Hausmeisterin,
sie sagte,
der Tote habe keine
politische Vergangenheit.
Eine Obsession, die sie verfolgt,
seit dem Tod ihres Mannes.)

El crimen

Hoy he amanecido / como siempre,
pero / con un cuchillo / en el pecho.
Ignoro / quién ha sido, / y también los
posibles / móviles del delito.

Estoy aquí / tendido / y pesa vertical /
el frío.

He sido asesinando. / (Descarto la po-
sibilidad del suicidio.)

La noticia se divulga / con relativo
sigilo.

El doctor estuvo brillante, pero / el
interrogatorio ha sido / confuso. El
hecho / carece de testigos. / (Llamada
la portera, / dijo / que el muerto no
tenía / antecedentes políticos. / Es una
obsesión que la persigue / desde la
muerte del marido.)

Por mi parte no tengo / nada que declarar. / Se busca al asesino; / sin embargo, / tal vez no hay asesino, / aunque se enrede así el final de la trama. / Sencillamente yazgo / aquí, con un cuchillo . . . / Oscila, pendular y / solemne, el frío. / No hay pruebas contra nadie. Nadie / ha consumado mi homicidio.

Ich habe meinerseits
nichts auszusagen.
Man sucht den Mörder;
womöglich,
vielleicht gibt es gar keinen Mörder,
obwohl so verwickelt sich die Lösung.
Ich liege einfach
hier mit einem Messer . . .
Wie ein Pendel schwingt
feierlich die Kälte.
Gegen niemanden gibt es Beweise. Niemand
hat meinen Mord begangen.

Crónica II, 1968

Chronik II, 1968

Homenaje a Antonin Artaud

Hommage für Antonin Artaud

Todos los que tienen puntos de referencia en el espíritu, quiero decir de cierto lado de la cabeza, en zonas bien delimitadas del cerebro, todos los que dominan su lenguaje, todos aquellos para quienes tienen las palabras sentido, cuantos creen que existen alturas en el alma y que hay corrientes en el pensamiento, los que son espíritu de la época y han dado nombre a esas corrientes de pensamiento, pienso en sus trabajos precisos y en ese chirrido de autómata que a todos los vientos da su espíritu, – son unos cerdos.

Alle, die Bezugspunkte im Geist haben, ich meine in einer bestimmten Kopfhälfte, in genau abgesteckten Gehirnzonen, alle, die ihre Sprache beherrschen, all diejenigen, für die Wörter Sinn haben, welche glauben, es gäbe Höhepunkte in der Seele und Strömungen im Denken, jene, die den Zeit-Geist bilden und diesen Denkströmungen Namen gaben, ich denke an ihre genauen Untersuchungen und an dieses Quietschen der Automaten, das ihr Geist in alle Richtungen weht, – sind Schweine.

El poema

Das Gedicht

Si no creamos un objeto metálico / de dura luz, / de púas aceradas, / de crueles aristas, / donde el que va a vendernos, a entregarnos, de pronto / reconozca o presencie metódica su muerte, / cuándo podremos poseer la tierra.

Wenn wir keinen metallischen Gegenstand erschaffen
von hartem Licht,
mit stählernen Stacheln,
mit grausamen Klingen,
woran einer, will er uns verkaufen, uns ausliefern, plötzlich
die Methode seines Todes erkennt oder erlebt,
wann können wir dann das Land besitzen.

Wenn wir nicht auf der Hälfte der Leere
einen unblutigen Gegenstand hinterlegen,
der schlagen kann in der schrecklichen Nacht,
gleich einer Brust ohne Ende,
wenn nicht der Haß im Zentrum unverwundbar steht,
vielarmig, ungeheuer, nicht sichtbar,
wann können wir dann das Land besitzen.

Und wenn die Liebe nicht versteinert ist,
und die Reste des Feuers sie nicht brennen,
nicht aus sich selbst ausströmen ließen, wie Samen oder Lava,
um die Welt zu verwüsten, um wie ein Fluß
aus rachsüchtigem Licht durch verbotene Türen einzudringen,
wann können wir dann das Land besitzen.

Wenn wir keinen harten Gegenstand erschaffen,
dem Blick widerstehend, verhaßt dem Gefühl,
unbequem der Pflicht des Ungerechten,
gestellt zwischen Klage und Wort,
zwischen den Arm des Engels und den Leib des Opfers,
zwischen den Menschen und sein Gesicht,
zwischen den Namen des Gottes und seine Leere,
zwischen die Schneide und das Schwert,
zwischen den Tod und seinen wachsenden Schatten,
wann können wir dann das Land besitzen,
wann können wir dann das Land besitzen,
wann können wir dann das Land besitzen.

ICH TRANK VON DIR, trank, saugte an dir,
Tier eingetaucht zwischen die Falten
deiner überschwemmten Helle.
                              Unaufhörlich
stürzten die Ströme
an den vor Licht zitternden Kehlen hinab.
Eingeweide, Vögel, pulsierende
Blasen beim Eindringen
deines Körpers in mich.

Si no depositamos a mitad del vacío / un objeto incruento / capaz de percutir en la noche terrible / como un pecho sin término, / si en el centro no está invulnerable el odio, / tentacular, enorme, no visible, / cuándo podremos poseer la tierra.

Y si no está el amor petrificado / y el residuo del fuego no pudiera / hacerlo arder, correr desde sí mismo, como semen o lava, / para arrasar el mundo, para entrar como un río / de vengativa luz por las puertas vedadas, / cuándo podremos poseer la tierra.

Si no creamos un objeto duro, / resistente a la vista, odioso al tacto, / incómodo al oficio del injusto, / interpuesto entre el llanto y la palabra, / entre el brazo del ángel y el cuerpo de la víctima, / entre el hombre y su rostro, / entre el nombre del dios y su vacío, / entre el filo y la espada, / entre la muerte y su naciente sombra, / cuándo podremos poseer la tierra, / cuándo podremos poseer la tierra, / cuándo podremos poseer la tierra.

Bebí de ti, bebí, te succioné, / animal sumergido entre los pliegues / de tu anegada claridad. / Bajaban / incesantes las aguas / a las gargantas trémulas de luz. / Entrañas, aves, palpitantes / burbujas del entrar / tu cuerpo en mí. / De te bebí / hasta nacer el día de mi boca, / como ventosa oscura en la frontera / donde gorjea el despertar.

Von dir trank ich
bis der Tag von meinem Mund geboren wurde,
wie ein dunkler Saugnapf auf der Grenze,
wo das Erwachen murmelt.

Aus dem Spanischen von Christoph Strieder

Poeta en tiempo de miseria

Dichter in dürftiger Zeit

HABLABA de prisa. / Hablaba sin oír ni ver ni hablar. / Hablaba como el que huye, / emboscado de pronto entre falsos follajes / de simpatía e irrealidad.

Er sprach gehetzt.
Er sprach ohne zu hören oder zu sehen oder zu sprechen.
Er sprach wie jemand auf der Flucht,
in einem Unterschlupf plötzlich aus falschem Laubwerk
der Sympathie und Unwirklichkeit.

Hablaba sin puntuación y sin silencios, / intercalando en cada pausa gestos de ensayada alegría / para evitar acaso la furtiva pregunta, / la solidaridad con su pasado, / su desnuda verdad.

Er sprach pausenlos ohne Punkt und Komma,
und bei jedem Atemzug schob er Gesten gezwungener
Heiterkeit ein, um so der drohenden Frage auszuweichen:
der Solidarität mit seiner Vergangenheit,
seiner nackten Wahrheit.

Hablaba como queriendo borrar su vida ante un testigo incómodo, / para lo cual se rodeaba de secundarios seres / que de sus desperdicios alimentaban / una grosera vanidad.

Er sprach, als wollte er sein Leben auslöschen
vor einem unbequemen Zeugen,
umgab sich daher mit Menschen zweiten Ranges,
die von seinen Resten
eine gemeine Eitelkeit nährten.

Compraba así el silencio a duro precio, / la posición estable a duro precio, / el derecho a la vida a duro precio, / a duro precio el pan.

So erkaufte er sich das Schweigen zu einem hohen Preis,
den festen Standpunkt zu einem hohen Preis,
das Recht zu leben zu einem hohen Preis,
zu einem hohen Preis das Brot.

Metal noble tal vez que el martillo batiera / para causa más pura. / Poeta en tiempo de miseria, en tiempo de mentira / y de infidelidad.

Edles Metall mag der Hammer geschmiedet haben
für eine lautere Sache.
Dichter in dürftiger Zeit, in Zeiten der Lüge,
und der Treulosigkeit.

Gebrochene Fragmente

Gebrochene Fragmente schwarzen Lichts,
niemals in der Ausdehnung,
sondern im Reich des Unterbrochenen.

Wer die Melodie spann, vergaß sie,
und frag nun nicht,
wo unsere Erinnerung weilt.

Im Tentakelnebel des Morgens
erschaffe ich mich tastend wieder,
flicke Fragmente zusammen
in jenem Spiel oder Drama,
Posse oder Psycho-Sinnlos-Drama,
um das Bild des Unikats zu restaurieren.

Das gebrochene Licht hat eine andere Zeit,
in der es nicht leicht ist,
die Erinnerung in gleiche Teile zu schneiden.

Und nun frage nicht,
warum uns der menschliche Leib schmerzt,
der nicht erleuchtete Fötus,
die unreife Frucht und ihr verneinter Tod.

Aus dem Spanischen von Petra Strien

Fragmentos fracturados

FRAGMENTOS fracturados de luz ne-
gra, / jamás en la extensión, / sino en el
reino de lo discontinuo.

Quien hilaba la melodía la ha olvi-
dado / y ahora no preguntes / por
dónde anda la memoria nuestra.

En la bruma tentacular de la mañana /
me reproduzco a tientas todavía, / en-
colando fragmentos, / en aquel juego
o drama / o mimo- o psico-inútil-dra-
ma / de restaurar la imagen de lo
único.

La fracturada luz tiene otro tiempo /
donde es difícil dividir / en iguales por-
ciones la memoria.

Y ahora no preguntes / por qué nos
duele en el humano vientre / el feto no
alumbrado, / el fruto agraz y su ne-
gada muerte.

Jürgen Becker

Im Frühling

Grünes, verschwindend; und mehr
verschwindet: Fachwerk, Gewißheit, Stille
in Seitenstraßen
                    – was, wieder, belebt
die Wüste im Kopf
                    – Kein Fragezeichen;
oder ein Fragezeichen
                         auf leerem Papier.
Die Ratlosigkeit, auf wenigen Gesichtern,
nein,
    ich nehme wahr
wenige Gesichter. Und ich nehme,
verschwindend,
                    weniger wahr; weniger
gibt es, Grünes, Gewißheit,
                              und
es ist kein Beweis, die Nachricht
von Gestern, Krise, Hoffnungen heute.

Winter; belgische Küste

Toccata und Tango; der Nachmittag
nicht hell. Ein Hotel
nach dem andern verwittert;
Ansichtskarten der Emigranten.
Türen, Türen
verweht der Sand, verschwinden
hinter dem Sand. Ruhe der Angler.
Unsichtbares England; Nachrichten
der englischen Sender, im Krieg.
Kinder rennen
mit Bällen, Rädern, Propellern;
Fallschirmjäger da.

Zwei Nächte

1

Die Kälte geht durch den Sommer.
Der singende Mann hat nichts begriffen;
er hört nicht auf und fällt nicht um.
Das Beil fliegt hoch, in den Baum.

Das Schwierige gestern war eine Amsel.
Erst schlug die Uhr, dann schlug der Regen.
Wir hörten nichts und sagten nicht viel.
Fürs Feuer gedacht, das Gedächtnis, die Nacht.

2

Nimm Kreide mit in die Nacht. Eine Spur,
unter anderen, zwischen den Häusern des Schlafs.
Die Türen gebrochen, schon in der Dämmerung.
Da schwärmt nichts mehr aus.

Du siehst auch jetzt dein Gesicht nicht,
begreifst nicht den Weg, den die Augen
schon kennen. Die Wiesen sind weiß, atme
du weiter, an den nickenden Pferden vorbei.

Sommerregen

Sommerregen. Schwarzer Abend. An den Rand
einer Todesmeldung gekritzelt die verfügbaren Daten,
die das Interview in Gang setzen, die Erinnerung
an entrückte Begegnungen, von denen
wir uns mehr Zukunft versprochen hatten.

Der neue *New Yorker* bleibt offen liegen.
Was heißt Zukunft, wenn sich das letzte Gespräch
per Bandschleife endlos wiederholen läßt und
ein Nachruf zehn Jahre liegt im Archiv.
Trockener Sommer. Der Abend ist hell.

Eine Reise ist vorzubereiten. Man muß
durch eine Nebelfront, deren Weiß so weiß
wie chinesische Trauer ist. Bitte keine Zitate.
Thema vom Tisch. Die Gerstenfelder sind leer,
und man liest, kompliziert sind die Städte.

In memoriam Donald Barthelme

Vom Älterwerden

. . . Beerdigungen im Sommer. Jetzt hört es
nicht mehr auf. Man trifft Bekannte, und
das Wiedererkennen, nach wenigstens zehn Jahren,
beginnt mit Verwechslungen; immerhin, man kennt sich
noch aus zwischen Eingang und Ausgang. Mit 19
die Weltbeste stöhnt: ich spüre mein Alter, und
Seerosen kamen vor in einem verramschten Gedicht.
Besser, man kommt nicht zurück in
diese und jene Gegend: dein Dorf ist
schöner geworden, das Pfarrhaus verkabelt, und
der Typ aus der Frittenbude hat
fortgemacht nach Lanzarote. Doch, langsam wieder
Plätze frei auf dem alten Friedhof;
der Leichenschmaus, gleich nebenan, beim Italiener . . .

Oderbruch

Die Kamera kaputt? Eine Kälte ist das, und
Krähen, größer als Krähen gewöhnlich sind, streichen
vereinzelt, flach drüben über die Felder.

Nichts drüben. Dämmerung. Gelb graue Dämmerung
breitet sich aus. Ein Baum in Polen ist
drüben der kahle verlorene Baum.

Leuchtend und leer fährt ein Bus übern Damm.
Am Ufer zwei Männer, mit dem Rücken
zum Damm, der weder anfängt noch aufhört.

Du hörst nichts. Du hörst das Geschiebe
der Schollen, der kreisenden Schollen. Du hörst
es lange noch, später, im Dunkel das treibende Eis.

Kaputt die Kamera, oder warum sind jetzt die Bilder
verwischt? Zwei Männer standen am Ufer. Sie
kamen zurück. Sie könnten erzählen.

Was man kann

Diesen Strich ziehe noch einmal, es sieht
ihn sonst keiner.

Mehr kann man nicht erwarten als
einige wenige Zeichen des Dabeigewesenseins.

Was tust du abends, wenn du dich
in ein alleinstehendes Haus zurückgezogen hast?

Eine Täuschung, die Verlängerung des Schweigens, denn
anfangen und aufhören kann man nicht.

Christopher Middleton

Snake Rock

Tall snake without strut or buttress /
snake which talks in the rhythm of
chemicals / snake with legs

tell me where the spyholes are / come
between my sheets and just be your-
self / snake with two breasts which
look at me

snake with hair and very tender arm-
pits / show me the moon / show me
the moon or must I split your skull /
tell me

tell me animal with fruits / animal of
cellulose and lignin come into my
house / animal with leaves / cambium
animal come into my house

animal which sucks minerals out of
the dirt / tell me animal drinking the
sun / dead centered animal shaping
sugar into wood

drinking lakes also towering flower /
tell me how you can change the sun
into yourself / flower with a snout /
rock with claws come into my kit-
chen / tell me how you can cook the
air and crunch its bones

flower with fur / flower with padded
feet smelling of incense / snake who
stands in the suchness of silence /
come to my table of wood and
wickerwork

Snake Rock

Hohe Schlange unverstrebt und ohne Stütze
Schlange die spricht im Rhythmus von Chemikalien
Schlange mit Beinen

sag mir wo die Löcher zum Durchblicken sind
komm unter meine Decke und sei einfach wie du bist
Schlange mit zwei Brüsten die mich ansehen

Schlange mit Haaren und sehr zarten Achselhöhlen
zeig mir den Mond
zeig mir den Mond oder muß ich dir den Schädel spalten
sag mir

sag mir, Tier mit Früchten
Tier aus Zellulose und Lignin komm in mein Haus
Tier mit Blättern
Kambiumtier komm in mein Haus

Tier das Mineralien aus dem Boden saugt
sag mir, Tier das Sonne trinkt
Tier im toten Punkt, das aus Zucker Holz formt

Seen austrinkt, steile Blume
sag mir wie du die Sonne in dich selbst verwandelst
Blume mit Schnauze
Fels mit Krallen komm in meine Küche
sag mir wie du die Luft kochst und ihr die Knochen knackst

Blume mit Pelz
Blume mit Pfoten die wie Räucherwerk riechen
Schlange die steht im Sosein des Schweigens
komm an meinen Tisch aus Holz und Geflecht

Blume mit weißen Zähnen
Kalziumblume lehr mich die Revolution
Fels mit Kiefern die die Fliegen und alles Fleisch zerbeißen
sag mir sag mir den Regen

Schlange mit feuchter Schnauze sag mir den Blitz
Baum der schnaubt und zuckt
Dolde die döst, mit Borsten aus weichem Draht

Blume die plötzlich über die Straße läuft
sag mir wie du stirbst
sag mir wie du stirbst ohne daß du davon träumen mußt

Aus dem Englischen von Ernst Jandl

flower with white teeth / calcium flower teach me the revolution / rock with jaws which bite the flies and all flesh / tell me tell me the rain

snake with a wet nose tell me the lightning / tree which snorts and twitches / umbel snoozing with bristles of soft wire

flower which runs across the street suddenly / tell me how you die / tell me how you die without having to dream of it

Ein Revenant

Jetzt ist sie wieder
Hier, flink, im Geschmack
Der Zitrone, nicht wie
Ein Bissen so viel, hier
Hergeweht im Duft

Der Zitronenschale, unmöglich
Zu sagen, woher
Sie kommt, vom leichten
Safran vielleicht, vom Metall,
Bei der Berührung Schnee

Oder, schwimmend
Auf einem Meer von Sein, von mir,
Ich hatte ein Prickeln
Verspürt, undeutlich,
Ein fernes Signal

Aufflammend heute in der heißer
Strömenden Nachtluft,
Vermengt mit ihr, seltsam,
Heute, das Wippen
Des Kindes, den Kopf zurückgelehnt

A Revenant

Now she is here / Again, quick, in a taste / Of lemon, not even so / Much as a bite, she is here / In a whiff

Of lemon peel, no way / Even to tell / Where from, the light / Saffron perhaps, a snowy / Touch of metal

Or, afloat / On a flood of being, me, / I had drawn / A tingle out, indistinct, / A distant signal

Flashing in the hotter rush / Of air tonight, mixed / Into it, funny, / To-day, the wiggle / Of a child, head back

Shrimp bodysock, she / Did a glanc-
ing / Noonday / Dance across / A crack

Rosa Tricot, sie
Führte einen blitzenden
Mittäglichen
Tanz auf
Über einem Riß

In a paving stone, she / Shook / At the
sky / Her fist / With a flower in it

Im Trottoir, sie
Drohte
Dem Himmel
Mit blumenbewehrter
Faust

Now so long dead / Another / Is here. I
remember to be / In the taste / Or
touch, or in the child

So lange tot nun
Ist ein Anderer
Hier. Ich entsinne mich,
Im Geschmack zu sein
Oder in der Berührung, oder in dem Kind

A wandering / Sensation, mutely / To
learn my shape, later to flit / Ghost-
wise from a being / I will never know

Eine streunende Erregung,
Sprachlos meine Gestalt
Zu lernen, und später mich
Geistergleich von einem Wesen zu entfernen
Das ich nie kennen werde

Aus dem Englischen von Joachim Sartorius

Wild flowers

Wildblumen

Like voices / They never grew in wa-
ter; / All began with nobody there to
see. / A warmth helped; mud pro-
pelled them; early / The seeds rode in
animal pelts across immense / Reeling
distances, or / Were blown through
light by the wind, / Like lovers.

Wie Stimmen
Wuchsen sie nie in Wasser;
Alles begann mit niemand in Sichtweite.
Wärme half; Schlamm trieb sie; früh
Ritten sie in Tierpelzen über immense
Taumelnde Fernen oder
Wurden durchs Licht geblasen vom Wind,
Wie Liebende.

Als wir Buschmäuse waren,
Wurden sie seßhaft, unbemerkt, an erkaltenden Orten;
Blut nahm Wärme an,
Bienen aßen sie, Eidechsen mochten sie und
Zum Glück die Spinnen. Im Fett von Pferden wohnend
Reisten sie. Die Tiger und wir,
Baumhüpfer noch, spürten kaum die Farben,
Inmitten unirdischer Düfte ohne Namen, die sie hatten.

Weit weg die glitzernden Bibliotheken,
Die mundgeblasenen Vasen;
Doch schau,
An Straßenrändern gibt es sie. Lieder in unseren Händen,
So begleiten sie uns. Leidenschaft
Will uns sie pflücken lassen, so
Beantworten wir das Frühlicht; dann fahren wir heim,
Um Decken aufzuschlagen
Und uns zu lieben, während wir sie ahnen,
Ihre fernen Felder, ihre Dunkelheiten.

Old Water Jar

Wie manch alte These
Hält sie kein Wasser mehr
Doch ist sie füllig um die Mitte
Feste Schulterblätter ragen
Wie bei einer guten Frau
Elegant sogar laufen Linien
Vom Mundstück abwärts
In langer süßer Welle
So muß man sie wohl lieben
Einfach für die Art
Wie sie dasteht.

Aus dem Englischen von Klaus Martens

When we were bush mice / They settled, ignored, in the cooling places; / Blood took heat, / Bees ate them, lizards and happily / Spiders liked them. Lodged in the fat of horses / They travelled. Tigers, and us, / Still tree hoppers, hardly felt what colours / Ringed by unearthly / Fragrances without names they had.

Far off the glittering libraries, / Vases of blown glass; / But look, / On roadsides they exist. Songs in our hands / They go along with us. A passion / Means us to pick them, so / Responding to early light we stop; then drive on home / To draw blankets back / And make our love while sensing them, / Their far fields, their darknesses.

Old Water Jar

Like one of the old ideas / It won't hold water any more / But it is round in the belly / And has strong bladed / Shoulders like a good woman / Elegant even the curves / Run down from the mouth / In a long sweet wave / You can't help liking it so / Simply for the way / It stands there

The Measure

She is going down to the water / restless / & the long hair on her shoulders

the arches of her feet / skinned roots of olive, as delicate, / shape small hollows of air across the sand

Clambering towards her / the sea that knows nothing / the young form, aerial, always cool hands / how do I know her

crossing with swift transition / sometimes, Ionia, your hills

it is the measure / outpacing prediction, we must go / ten thousand miles to the broken statues

Das Maß

Sie geht zum Wasser hinab
ruhelos
& das lange Haar auf den Schultern

die Bögen ihrer Füße
gehäutete Wurzeln der Olive, so zart,
bilden kleine Lufträume über dem Sand

zu ihr klimmend
die See, die nichts weiß,
die junge Form, luftig, immer kühlende Hände
wie weiß ich von ihr

die mitunter in raschem Wechsel
deine Hügel, Ionien, durchquert

es ist das Maß,
das jede Weissagung übertrifft, wir müssen
zehntausend Meilen bis zu den zerbrochenen Statuen gehen

Aus dem Englischen von Joachim Sartorius

Bernard Noël

Der Sommer tote Sprache

Erster Gesang

Die Welt ist noch nicht fertig
und wenn der Wind sich regt
sehen wir uns anders
die Liebe löst die Liebe auf
um über sich hinaus zu gehen
wer stirbt
weiß, daß Schönheit unerbittlich ist
ich schaue deinem Atem zu
du verflüchtigst dich
das Zeitendunkel ist eine Klaue
hinter dem Auge
man müßte seine Zunge halten
bis zum Anbeginn der Welt
das Licht ist schrecklich
das Meer abgedroschen
du suchst einen Punkt im Tageszwischen
das Gegenwärtige ist ohne Ziel
ohne Umriß
und die Spitze der Steine
kennt ihren Schatten nicht
nur ich selbst
verhalte mir den Schritt
mein Kopf ist zu erfüllt
ein Sinn ein Zweifel
sehen genügt nicht
alles Sichtbare
hat der Blick aus mir fallen lassen
vergeblich schlägt die Zunge eine Brücke
um wiedergutzumachen
jede Silbe ist ein Echo
im Abschied verkleidet
Luftblättchen
wer bist du

L'été langue morte

chant un

le monde n'est pas fini / et quand le
vent se lève / notre visage est diffé-
rent / l'amour défait l'amour / pour
devenir plus que lui-même / qui va
mourir / sait que la beauté est inex-
orable / je regarde ton souffle / tu
t'évapores / l'obscur du temps est un
ongle / derrière l'œil / il faudrait tenir
sa langue / jusqu'au commencement
du monde / la lumière est terrible / la
mer ressasse / tu cherches un point
parmi le jour / le présent est sans but /
sans contour / et le sommet des
pierres / ne connaît pas leur ombre / ce
qui m'arrête / n'est que moi / ma tête
trop nombreuse / un sens / un doute /
il ne suffit pas de voir / le regard a fait
tomber de moi / tout le visible / la
langue lance vainement un pont /
pour réparer / chaque syllabe est
l'écho / travesti d'un adieu / pétale
d'air / qui es-tu / je manque de toi dans
ton nom / ah devenir l'ancien de soi-
même / c'est parler / le souffle fait dans
l'espace / moins qu'un reflet dans
l'eau / ce soir / la musique est une île
sur l'île / et sa rive / un anneau d'yeux /
posé / tout centre est vide / mais le rien
où s'effacent les pas / mange notre
plomb / l'os s'aère / et voici l'Autre / le
délégué du désir / qui danse / son pas
écrit sans trace / un instant / une
mesure / où le perdu apporte ce qui
vient / le temps se couche sous le
temps / tout à coup / le vide de l'an-
neau / devient le vide de l'ouvert / le
O / d'un cri qui nous renverse / en
l'air / l'art / n'est pas efficace / le désir
non plus / laissons l'efficacité à la
roue / et dites-moi où / est son com-
mencement / les chemins ne font pas
signe / ils sont les chemins / simple-
ment / la langue s'en va sous les
pierres / être là suffit / pourtant / qui
connaît l'instant / nous fuyons la pen-

sée dans la pensée / souviens-toi / elle
était ce tas de cheveux / sans bouche /
ton ombre seule la couvrait / il n'y a
pas de sujet / pas de profondeur /
seulement de l'oubli / où l'on pêche /
et quelquefois c'est trop beau / ici et
là-bas jouent ensemble / le ciel cache
la même chose / que le mer / toute
forme dit NON au vide / mais / l'entre-
deux fais-tu / eh qu'y puis-je / si l'air
n'est pas aussi bleu sur tes lèvres /
qu'au loin / nous cherchons partout le
nulle part / d'une autre terre / le pé-
rissable / est dans nos yeux / la lumière
coule vers le dehors / c'est la sueur des
choses / écoute / je n'ai rien sur la
langue / mais je dis / être ici est beau-
coup / et pour la première fois / nous
entendons le froissement de l'air /
sous l'aile de l'oiseau / une hirondelle /
l'unique est sans limite / je ne range
pas dans ma tête / le une fois / cette
fois-là s'égare dans l'avoir été / et une
fois reste une fois / comme le vent sur
la main / écoute / rien n'imagine
d'être / sauf nous / et cela fait de nous
la bête / d'un labyrinthe d'air / où cha-
cun ne guette que lui-même / entre le
dit qui meurt et le non dit / qui va
mourir / la bouche est l'appelant / de
l'exprimable / la mort / s'essouffle / et
la vie / danse / haut / puis rien / virgule
sexuelle / trop plein de mots / on a cru
au pouvoir de la parole / et la terre a
bouilli / où est le chez nous / si ma
langue efface toutes les portes / les
mots miment un secret / qu'ils éven-
tent / j'écris par amour des yeux / qui
sont mon contenu / visage visage / il
n'y a pas assez de lampes / et trop de
livres / mais / la mer est là / immobile /
et dans cette immobilité / le langage
reconnaît sa promesse / regarde / l'im-
mobilité appelle le vent / l'état de
détresse est lié / à la goutte mouvante /
ainsi va le mot / dans l'illusion qui se
défait / rien ne sera tenu / l'idée même
s'abîme / dans l'idée / quelle histoire /
entre toi et le monde / quel mot à
mot / contre nature / les yeux de mon
amie sont dans la terre / celle qui me
disait Chante / maintenant / j'écris /
chaque ligne mange / ce que la terre a
déjà mangé / misère / misère / voici
venir le mensonge / à qui s'adresser / à
quoi / un soir / au même instant nous
fûmes / moi sur toi / et la pluie sur le

in deinem Namen fehlst du mir
ah, sein eigner Vorfahr werden
heißt sprechen
der Atem bewirkt im Raum
weniger als ein Widerschein im Wasser
                heute abend
ist die Musik eine Insel auf der Insel
und sein Ufer
ein abgelegter Augenring
jeder Mittelpunkt ist leer
Aber das Nichts, in dem unsere Schritte vergehen
ißt unser Blei
der Knochen wird luftig
da ist der Andere
der Abgesandte der Begier
er tanzt
sein Schritt schreibt ohne Spur
einen Augenblick
ein Maß
in das Verlorenes Kommendes trägt
die Zeit legt sich unter die Zeit
plötzlich
wird das Hohl des Ringes
zur Leere des Offenen
zum O
eines Schreies, der uns umstürzt
in Luft
                die Kunst
setzt sich nicht durch
Begier kaum mehr
laß die Tüchtigkeit dem Rad
und sag mir wo
sein Anfang ist
die Wege geben keine Zeichen
sie sind einfach
Wege
die Zunge geht unter den Steinen
davon
Da sein genügt
                dennoch
wer kennt den Augenblick

wir fliehen vor dem Gedanken im Gedanken
erinner dich
sie war dieser Haufen Haare
ohne Mund
nur dein Schatten deckte sie
es gibt kein Subjekt
keine Tiefe
nur Vergessen
in dem man fischt
und manchmal ist es zu schön
Hier und Dort spielen zusammen
der Himmel verbirgt das gleiche
wie das Meer
jede Form sagt der Leere NEIN
                              aber
das Zwischen-Beiden machst du
eh, was kann ich dafür
wenn die Luft auf deinen Lippen nicht so blau ist
wie in der Ferne
wir suchen überall das Nirgendwo
einer anderen Erde
                        das Vergängliche
ist in unseren Augen
das Licht läuft nach außen
der Schweiß der Dinge
hör
ich habe nichts auf der Zunge
aber ich sage dir
hier sein ist viel
und zum ersten Mal
hören wir das Rauschen der Luft
unter dem Vogelflügel
eine Schwalbe
das Einzigartige ist grenzenlos
das eine Mal
räum ich nicht in meinen Kopf
das dies-Mal verirrt sich im Gewesensein
und ein Mal bleibt ein Mal
wie der Wind auf meiner Hand
hör zu
außer uns

toit / oui / personne ne parle à per-
sonne / mais nos langues parfois / sont
celles de deux bêtes / qui jouent et
s'entendent / oui / qu'est-ce qui est
possible / le désir / l'usure du désir par
le désir / et pourtant / tu fais partie de
moi / comme le souffle fait partie / de
la bouche qu'il abandonne / je vou-
drais / comment vivre / je voudrais / je
voudrais dévisager en moi / ce qui a
besoin de vouloir / et là-dessus mes
lèvres chercheraient / la fente / et tu
dirais / fais ton visage / et il y aurait / ici
même / le face à face / de moi et de
mon oubli / mais quoi / qu'est-ce qui
est en jeu / écrire / poser ici / un mot-
trou / poser ma bouche / et que ce O /
soit l'ouvert / d'une belle folie / main-
tenant / maintenant / maintenant

denkt nichts an das Sein
und das macht uns zum Tier
eines Luftlabyrinthes
in dem jeder nur sich selbst auflauert
zwischen dem Sagen, das stirbt und dem Nicht-Gesagten
das sterben wird
ist der Mund der Rufer
des Sagbaren
der Tod
wird kurzatmig
und das Leben
tanzt
oben
      dann nichts
Klammer des Geschlechtes
zu voll von Worten
wir glaubten der Macht der Worte
und die Erde kochte
dort wo das Zuhause ist
wenn meine Zunge alle Türen löscht
spielen die Wörter ein Geheimnis vor
das sie ausnehmen
ich schreibe um der Augen willen
die mein Inhalt sind
Gesicht Gesicht
nicht genug Lampen
und zuviel Bücher
       aber
dort ist das Meer
unbeweglich
und in dieser Starre
erkennt die Sprache ihr Versprechen wieder
schau
die Starre ruft den Wind
die Verzweiflung gehört
zum fallenden Tropfen
so geht das Wort
in die Täuschung die sich auflöst
nichts wird gehalten
selbst die Idee richtet sich zugrunde
in der Idee

eine solche Geschichte
zwischen dir und der Welt
ein Wörtlichnehmen
gegen die Natur
die Augen meiner Freundin sind in der Erde
sie sagte mir Sing
jetzt
schreibe ich
jede Linie ißt
was die Erde schon gegessen hat
Elend
       Elend
da kommt die Lüge
an wen sich wenden
an was
     eines Abends
waren wir im gleichen Augenblick
ich auf dir
und der Regen auf dem Dach
ja
niemand spricht zu niemand
aber unsere Zungen sind manchmal
die von zwei Tieren
die spielen und verstehen
       ja
was ist möglich
Begierde
Abnutzung der Begierde durch Begierde
und dennoch
gehörst du zu mir
wie der Atem
zum Mund gehört, den er verläßt
ich möchte
    – wie leben –
ich möchte
ich möchte in mir sehen
was gewollt werden will
und dazu würden meine Lippen
den Spalt suchen
    und du würdest sagen
zeig mir dein Gesicht

                    und es gäbe
gerade hier
das Gegenüber
meiner selbst und meines Vergessens
aber was
was steht auf dem Spiel
schreiben
ein Lückenwort
hierher setzen
meinen Mund legen
daß dieses O
das Offene sei
eines schönen Wahns
jetzt
          jetzt
jetzt

Aus dem Französischen von Anne Neuschäfer

Cees Nooteboom

Bashō I

Alter Mann zwischen Schilfrohr: der Argwohn des Dichters.
Er geht seinen Weg in den Norden, er macht ein Buch mit
den Augen.
Er schreibt sich selbst auf das Wasser, er hat seinen Meister
verloren.
Liebe allein in den Dingen, aus Wolken und Winden
geschnitzt.
Dies ist sein Auftrag: die Freunde besuchen zum Abschied.
Schädel und Lippen auflesen unter winkenden Himmeln.
Immer der Kuß des Auges, übersetzt in den Zwang der Worte.
Siebzehn, jene heilige Zahl, in der die Erscheinung bestimmt
wird.
Die getane Verwesung gefriert, wie ein Falter versteinert.
Im Marmorgezeiten die geschliffenen Fossilien.
Hier kam der Dichter vorbei auf der Reise nach Norden.
Hier kam der Dichter für immer endgültig vorbei.

Bashō II

Wir kennen die poetische Poesie, die gemeinen Gefahren
Von Mondsucht und Singstimme. Bloß balsamierte Luft,
Es sei denn, man macht daraus Steine, die glänzen und
schmerzen.
Du, alter Meister, hast die Steine geschliffen,
Mit denen man Lerchen zerschmettert.
Du schnittst aus der Welt ein Bild, das deinen Namen trägt.
Siebzehn Steine wie Pfeile, ein Schwarm stummer Sänger.
Schau, dort am Wasser, die Fußspur des Dichters
Auf dem Weg zum inneren Schneeland. Schau, wie das
Wasser sie löscht,
Wie der Mann mit dem Hut sie neu aufschreibt
Und Wasser und Fußstapfen aufhebt, verklungene Regungen
einfriert,
So daß, was verschwand, noch da ist als das, was verschwand.

Bashō I

Oude man tussen het riet achterdocht van de dichter. / Hij gaat op weg naar het Noorden hij maakt een boek met zijn ogen. / Hij schrijft zichzelf op het water hij is zijn meester verloren. / Liefde alleen in de dingen uit wolken en winden gesneden. / Dit is zijn roeping zijn vrienden bezoeken tot afscheid. / Schedels en lippen vergaren onder wuivende luchten. / Altijd de kus van het oog vertaald in de dwang van de woorden. / Zeventien het heilig getal waarin de verschijning bestemd wordt. / Het voorbije verteren bevriest zo versteend als een vlinder. / In een marmer getij de geslepen fossielen. / Hier kwam de dichter voorbij op zijn reis naar het Noorden. / Hier kwam de dichter voor altijd voorgoed voorbij.

Bashō II

Wij kennen de poëtische poëzie de gemene gevaren / Van maanziek en zangstem. Gebalsemde lucht is het, / Tenzij je er stenen van maakt die glanzen en pijn doen. / Jij, oude meester, sleep de stenen / Waar je een lijster mee dood gooit. / Jij sneed uit de wereld een beeld dat je naam draagt. / Zeventien stenen als pijlen een school doodse zangers. / Zie bij het water het spoor van de dichter / Op weg naar het binnenste sneeuwland. Zie hoe het water het uitwist / Hoe de man met de hoed het weer opschrijft / En water en voetstap bewaart, de vergane beweging steeds stilzet, / Zodat wat verdween er nog is als iets dat verdween.

Bashō III

Nergens in dit heelal heb ik een vaste woonplaats | Schreef hij op zijn hoed van cypressen. De dood nam zijn hoed af, | Dat hoort zo. De zin is gebleven. | Alleen in zijn gedichten kon hij wonen. | *Nog even en je ziet de kersebloesems van Yoshino.* | Zet je sandalen maar onder de boom, leg je penselen te rusten. | Berg je stok in je hoed, vervaardig het water in regels. | Het licht is van jou, de nacht ook. | Nog even, cypressehoed, en ook jij zult ze zien, | De sneeuw van Yoshino, de ijsmuts van Sado, | Het eiland dat scheepgaat naar Sorēn over grafstenen golven.

Bashō III

Nirgends in diesem All hab ich einen festen Wohnsitz,
Schrieb er auf seinen Hut aus Zypressen. Der Tod lüpfte
den Hut.
So gehört es sich. Der Satz und der Sinn sind geblieben.
Nur in seinen Gedichten konnte er wohnen.
Bald wirst du Yoshinos Kirschblüten sehen.
Hier unter den Baum leg ab die Sandalen, laß ruhen die Pinsel.
Deinen Stab stecke weg in den Hut, erschaffe das Wasser in
Zeilen.
Das Licht gehört dir, die Nacht auch.
Bald, Zypressenhut, ist es so weit, da siehst du auch:
Den Schnee von Yoshino, die Eismütze Sados,
Die Insel, die fährt nach Sorēn, jede Welle ein Grabstein.

Bashō IV

De dichter is een gemaal door hem wordt het landschap van woorden. | Toch denkt hij net als jij en zien zijn ogen hetzelfde. | *De zon die verongelukt in de bek van het paard.* | De buitenste tempel van Ise het strand van Narumi. | Hij vaart in het zeil van de rouw hij koerst naar zijn opdracht. | Zijn kaken malen de bloemen tot de voeten van verzen. | De boekhouding van het heelal zoals het zich dagelijks voordoet. | In het Noorden kent hij zichzelf een hoop oude kleren. | Als hij is waar hij nooit meer zal zijn lees jij zijn gedichten: | Hij schilde komkommers en appels hij schildert zijn leven | *Ook ik ben verleid door de wind die de wolken laat drijven.*

Bashō IV

Der Dichter ist ein Mühlrad, durch ihn wird die Landschaft
zu Worten.
Dennoch denkt er ganz so wie du, seine Augen sehen dasselbe.
Die Sonne, verunglückt im Maul eines Pferdes.
Den äußeren Tempel von Ise, den Strand von Narumi.
Er fährt unterm Segel der Trauer, er folgt seinem Auftrag.
Seine Kiefer zermahlen die Blumen zu Füßen von Versen.
Die Buchführung des Alls, in seiner vertrauten Erscheinung.
Im Norden kennt er sich selbst, ein Bündel alter Kleider.
Wenn er ist, wo er nie wieder sein wird, liest du seine Gedichte.
Er schnitzelte Gurken und Äpfel, er pinselt sein Leben.
Auch mich verführte der Wind, der die Wolken dahintreibt.

Aus dem Niederländischen von Ard Posthuma

Biographien

Hans Magnus Enzensberger

Der 1929 in Kaufbeuren geborene, in Mittelfranken aufgewachsene, heute in München lebende Hans Magnus Enzensberger ist ein eminent beweglicher Geist, in der weiten Welt zu Hause, mit großer Phantasie und Energie am Werke, nicht nur als Autor, sondern auch als Anreger, Übersetzer, Zeitschriftengründer und Zeitdiagnostiker. Auf dem Gebiet der literarischen Vermittlung hat er Überragendes geleistet; zu Unrecht überschattet das «Museum der modernen Poesie» andere Großtaten wie die zweisprachige Reihe «Poesie», die unter dem Pseudonym Andreas Thalmayr herausgegebene Anthologie «Das Wasserzeichen der Poesie» oder Entdeckungen von William Carlos Williams bis Charles Simic. Die eigene Lyrik weist bei uns seltene Eigenschaften auf: Brillanz, Überraschungscoups, ironische Umkehrungen bei steter Wahrung des Abstands zum Privaten und allzu Subjektiven. Thematisch hat sein «öffentliches Gedicht» mehrere Wandlungen durchlaufen, doch gibt es einen Kern, der sich nicht verändert hat. Diesen Kern hat bereits Alfred Andersch ausgemacht, als er bei Veröffentlichung von Enzensbergers zweitem Gedichtband «landessprache» (1960) schrieb: «Es gibt (. . .) auf der Bühne des deutschen Geistes keinen anderen Vergleich als die Erinnerung an das Erscheinen Heinrich Heines.» Er habe «geschrieben, was es in Deutschland seit Brecht nicht mehr gegeben hat: das große politische Gedicht». Enzensbergers Gedichtbände sind immer von aufklärerischer Agitation durchblitzt. Immer sind sie, gleichrangig mit Essays und szenischen Dokumentationen, Analyse und Kritik gesellschaftlicher Mißstände. Sie sollten beitragen zur «politischen Alphabetisierung» derer, denen die Sprache noch Indiz für das sich in ihr manifestierende Bewußtsein ist. Stimmt der Anruf Heinrich Heines, so stimmt noch mehr die Beschwörung Denis Diderots als Ahnen. Enzensberger teilt mit diesem die Ferne zum Dogmatismus, die Neugierde und das Ahnungsvolle, die wunderbare Stärke der Inkonsequenz, kurz: das Erfrischende eines ungezähmten Klassikers – zu Lebzeiten, in seinem Fall.

«Gedichte 1950–1985», Frankfurt a. M. 1986; «Zukunftsmusik», Frankfurt a. M. 1991; «Kiosk», Frankfurt a. M. 1995.

Judith Herzberg

Die 1934 in Amsterdam geborene Judith Herzberg hat als Kind jahrelang getarnt in Holland gelebt, während ihre Eltern in Bergen-Belsen inhaftiert waren. Sehr früh, 1962, fing sie an, erste Gedichte zu veröffentlichen. Heute, nach acht Gedichtbänden, zählt sie in den Niederlanden zu den unbestritten großen lyrischen Begabungen. Bei uns ist sie vor allem als Herausgeberin des Bildbandes mit Arbeiten der 1943 in Auschwitz ermordeten jungen Berliner Künstlerin Charlotte Salomon und als Theaterautorin bekanntgeworden.

In einer Laudatio auf Judith Herzberg hatte Christoph Meckel 1984 einfühlsam ausgeführt, daß ihre poetische Sprache ohne Rhetorik, ohne Eloquenz und ohne präzeptorischen Aufwand auskomme. Ihre Sprache sei «selbstverständlich anderswo». Der Beginn des Gedichts *Zeichen für Dynamit* kann Auskunft geben, worum es sich handelt: «Verfielen fast wieder ins Reden, ein Reden, / das Liebe nicht zur Liebe einlädt, sondern / ausfranst, also ich raus in den Abend / Blätter anschauen.» Die Sprache der Gedichte ist klar, manchmal vertrackt und widerborstig, immer ohne auch nur einen unechten Laut, auch im Schlimmsten noch mit trockenem Humor oder zärtlicher Kritik versehen. Skepsis verhindert Pathetik. So heißt ein Gedicht, das den Sommer und sommerliche Unbedrohtheit beschwört, bezeichnenderweise: *Zwischen den Eiszeiten*. Insgesamt ist der Grundton ihrer Gedichte über fast drei Jahrzehnte der gleiche geblieben. Ohne allzu großes Zutrauen werden Tagesreste, Kindheitserinnerungen, Fragmente der eigenen Geschichte, Rückstände von Reisen, Treibgut beschworen, aus denen Zukunft kommen muß. Dabei gehen Motiv und Anlaß immer in ihrer Sprache auf, einer poetischen Sprache, die unser schwieriges Dasein voll gewöhnlicher Erfahrungen und kleiner Zeichen in große Magie zu verwandeln vermag.

«Tagesreste», Gedichte, zweisprachig, übertragen von G. Grass, K. Kiwus, M. Krüger u. a., Berlin 1986; «Knistern», Gedichte und Prosa, Berlin 1993.

Manfred Peter Hein

«Ich bleibe // ich sehe» – die Schlußzeilen des Gedichts *Ich sehe* von 1965 enthalten in nuce ein Selbstporträt Manfred Peter Heins. 1931 in Darkehmen/Ostpreußen geboren, das im Dritten Reich als Angerapp eingedeutscht wurde, erlebt er, noch ein Kind, die Zerstörung der ostjüdischen und dann der ostpreußischen Kultur. Nach dem Krieg, nach vielen *Fluchtquartieren* (so der Titel eines weiteren Gedichts), nach Abitur und Studium siedelt er 1958 nach Finnland über. In Espoo, einer Nachbarstadt Helsinkis, lebt er seit nunmehr 35 Jahren: «Ich habe den Winter gewählt / und deshalb dies Land / das alles verdeckt // auch mich, mich selber // . . . ich bleibe // ich sehe.» Manfred Peter Hein ist in Finnland geblieben. Das «sehen», die Wahrnehmung steht am Anfang seiner Lyrik, sie führt zur Sprache, zum Wort, zum unregierbaren Zeichen.

Diese Lyrik hat es in Deutschland schwergehabt. Nach Erfolgen der beiden ersten Gedichtbände «Ohne Geleit» (1960) und «Taggefälle» (1962) wurde es still um Manfred Peter Hein. Die Kritik warf ihm Hermetik vor, eigensinnige Behauptung der Singularität des Gedichts, seinen hohen Ton. Das war in den späten sechziger und siebziger Jahren, als das politische Gedicht und «neue Subjektivität» mit offenen und beliebigen Formen die Szene beherrschten, ein harsches Urteil, welches Nichtbeachtung und Totschweigen nach sich zog. Erst 1984, als ihm der Peter-Huchel-Preis verliehen wurde, erkannte man seine besondere Position an. Es wurde klar, daß er weniger an die westeuropäische Moderne anknüpfte, sondern seine Autorität vielmehr aus der östlichen Tradition der Moderne (Ossip Mandelstam, Edith Södergran) bezog. Deutlich wurde nun auch, im Rückblick, die immer kompromißlosere Ausräumung des dichterischen Vokabulars hin zu äußerster sprachlicher Konzentration, in der das einzelne Wort im Mittelpunkt steht. «Auch in dieser Hinsicht war Finnland eine Scheidelinie», schreibt hierzu Henning Vangsgaard.

«Wenn die eigene Sprache bedroht ist, gewinnt das einzelne Wort an Bedeutung. Es muß abermals ertastet, geschmeckt und gefühlt werden, wenn der alltägliche Fluß der Muttersprache fehlt.» Gleichzeitig, ebenfalls 1984, machte Gregor Laschen als erster darauf aufmerksam, wieviel Zeitgeschichte in Heins Lyrik eingegangen ist. Viele der angeblich unverständlichen Zeichen beziehen sich auf politische Brüche und Widersprüche im Nachkriegseuropa. Ende der Utopie, Schrecken, Unheil, Rede der Überlebenden mit den Toten bestimmen mehr und mehr Form und Thematik der Gedichte, die in ihrer kompromißlosen Kargheit und fragmentarischen Archaik an eine verlorene Totalität erinnern.

«Zwischen Winter und Winter». Fünfundzwanzig Gedichte, Reinbek 1987; «Ausgewählte Gedichte», Zürich 1993; «Über die dunkle Fläche», Zürich 1994. Als Herausgeber: «Auf der Karte Europas ein Fleck, Gedichte der osteuropäischen Avantgarde 1910–1930», Zürich 1991.

José Angel Valente

Auf die Frage, wer heute in Spanien nach der Generation der Guillén, Aleixandre und Alberti der wichtigste Lyriker sei, antwortet Jorgé Semprun ohne Zögern: José Angel Valente. Der 1929 in Galizien geborene Romanist, der in Oxford Spanisch unterrichtete und nach längeren Aufenthalten in Genf und Paris heute in Almería lebt, gilt als Spezialist des großen Mystikers Juan de la Cruz. Bezeichnend für ihn ist der Titel, den er seinen Gesammelten Gedichten gab: «Punto Cero». Valente traut weder der Geschichte des Vergangenen noch unserem alltäglichen und unmittelbarem In-der-Welt-Sein. Der Nullpunkt ist Ort des Ungestalteten, der Ausgangsort einer Wiedergeburt sein kann. Nach seinen eigenen Worten geht es Valente darum, die von Furcht, Repression und Tod belastete Kindheit neu zu beginnen, auf einer leeren Leinwand, einem irreparabel weißen Hintergrund, «unschuldig» wieder in die Welt zu treten durch die Rückkehr zu einem Gedächtnis «vor allen Gedächtnissen», dem Gedächtnis des Ursprungs.

Schreiben wurde für ihn nach und nach zum Unterfangen, sich selbst und seine historischen und ideologischen Bedingtheiten auszulöschen. Dem entsprach eine geduldige Arbeit des Feilens an den instituierten Möglichkeiten der Sprache. Auch unter dem Einfluß des Spätwerks von Paul Celan versenkt sich Valente in ihre Materie und will sie – ähnlich den Vorgängen in der modernen Physik – in Fragmente, Partikel, einzelne Energiefelder auflösen. Es geht ihm, in den Worten der Mystiker, um eine Bewegung, die sich «auf das Geheimnis der Immaterialität der Materie» öffnet. Poetische, erotische und mystische Erfahrung können diese Bewegung des Überschreitens auf eine Verheißung hin erzeugen.

«Material Memoria», Madrid 1970; «Monderla», Madrid 1982; «Punto Cero», Poesia 1953–1979, Madrid 1980. In deutscher Übersetzung ausgewählte Gedichte in den Anthologien «Ein Schiff im Wasser», Köln 1981; «Spanische Lyrik des 20. Jahrhunderts», Stuttgart 1985; «ZAS. Schnitte durch die spanische Lyrik 1945–1990», München 1994.

Jürgen Becker

1965 sind die ersten Gedichte von Jürgen Becker entstanden, ein Jahr nach seinem fulminanten Entrée in die deutsche Literatur mit dem experimentellen Prosaband «Felder». Seither hat er – über einen Zeitraum von dreißig Jahren – beharrlich ein konsequentes, vielschichtiges poetisches Werk geschaffen. Dessen Einzigartigkeit im deutschen Sprachraum beruht auf einer Ästhetik der Wahrnehmung, die eigene Biographie, Geschichte und Politik verklammert.

Becker verbrachte einen Teil seiner Kindheit und Jugend in Erfurt (1939–1947), kehrte aber 1950 in seinen Geburtsort Köln zurück. Seither ist er dieser Stadt, der niederrheinischen Landschaft, dem Bergischen Land treu geblieben. Die Farben dieser Landschaft, ihre Jahreszeiten, ihre fortschreitende Zerstörung sind in vielen Gedichten gegenwärtig. Fast immer ist ihr Ausgangspunkt eine punktuelle Wahrnehmung – Schneefall, eine Straßenszene, aufglühende Zigaretten im Fenster. Dieser «festgehaltene Augenblick» wird «zum Arbeitsbeginn der Erinnerung». Ein Schreibprozeß setzt ein, der sich allmählich, ohne feste Methode, fast automatisch entfaltet und verzweigt, mit scharfem Auge, hellwachem Ohr und einem Arsenal von Erinnerungen, das in die eigene Kindheit im Krieg und in die Nachkriegszeit zurückgreift. Das fast beiläufige, prosanahe Sprechen, das sich unterbricht, aufgeschnappte Dialogfetzen hereinholt, Reflexionen einschiebt, sich selbst kommentiert und dabei immer neue Richtungen einschlägt, wird in seiner kunstvollen Montagetechnik in Beckers langen Gedichten am deutlichsten. Auch die kürzeren Gedichte reihen punktuelle Beobachtungen aneinander. Daß sie dennoch Welten vom ‹Alltagsgedicht› oder der ‹neuen Subjektivität› trennen, liegt an Beckers Vermögen, die wahrgenommenen Geschehnisse und Erscheinungen sprachlich zu «sur-realisieren». Er steuert die Wörter in den Bereich der Imagination. Die wirkliche Welt und die imaginierte Welt (das Ans-Licht-Bringen von Vergessenem, Verschüttetem, Unsichtbarem) sind für Becker potentiell identisch. Sein Grundton ist Skepsis. Man könnte auch sagen: eine spezifisch rheinische Melancholie, die traurig ist, still und zugleich hell, da gefaßt. Der Krieg ist immer noch nicht vorbei, die Vergangenheit hat sich in die Gegenwart gefressen, doch hält diese Gegenwart, trotz aller Verstörungen, auch Augenblicke bereit, die zum von Sehnsucht bestimmten «Entwurf einer Landschaft» werden.

«Odenthals Küste» (1986); «Das Gedicht von der wiedervereinigten Landschaft» (1988); «Das englische Fenster» (1990); «Frauen mit dem Rücken zum Betrachter» (1989) (mit Bildern von Rango Bohne); «Foxtrott im Erfurter Stadion» (1993); alle Frankfurt a. M.

Christopher Middleton

Christopher Middleton ist ein in Cornwall geborener englischer Gentleman, der in Austin/Texas wohnt. «Etwas zwischen China, Rumänien, Tansanien und Südfrankreich», sagt er. «Dort gibt es noch Rehe und Gürteltiere. Im Sommer ist es sehr heiß, im Winter gibt es Eisstürme, aber nur einmal alle drei Jahre Schnee. Ein extremes Klima. Ich liebe das Extreme.» Middleton ist ein poeta doctus, bewandert in vielen Mythologien. Mit seinem Freund Michael Hamburger ist er der profilierteste Übersetzer deutscher Lyrik ins Englische (die Anthologie «Modern German Poetry 1910–1960» ist bereits Legende), lernt jedoch seit einigen Jahren Türkisch und versucht sich an der Übersetzung andalusischer Gedichte des Mittelalters ins Englische. Es paßt zu ihm, daß seine Gedichte «explosiv» entstehen. Oft gehen sie von *einer* Wahrnehmung, *einer* Offenbarung aus. Aber dann beginnt eine langwierig skrupelhafte Erprobung und Ausarbeitung, ein Feilen und Wiederbrechen und Polieren, das sich über Jahre erstrecken kann. Man spürt es den Gedichten an. Klaus Martens hat den aus der seriösen Science-fiction entliehenen Begriff der *liminality* auf seine Dichtung angewandt: also die Übergänglichkeit von «Unvereinbarkeiten räumlicher und zeitlicher, kreativer und nicht-kreatürlicher Art, von Gedanke und Ding». Middletons Sprache ist ein besonderes Lösungsmittel. Sie umspielt Grenzsteine und öffnet für uns neue Sprach- und Vorstellungslandschaften, die noch immer konkret bleiben.

«Curbaram», Kurzprosa, Berlin 1977; «Der Taschenelefant», Berlin 1969; «111 Poems», Manchester 1983; «Two Horse Wagon Going By», Manchester 1986; «The Balcony Tree», Manchester 1992.

Bernard Noël

Bernard Noël wurde 1930 in Sainte-Geneviève-sur-Argence geboren. Er lebt heute in Paris. In einer vermutlich von ihm selbst verfaßten biographischen Notiz heißt es: Die Ereignisse, die ihn prägten, waren die Ereignisse, die seine Generation geprägt haben: Hiroshima, Auschwitz, Vietnamkrieg, Aufdeckung der Verbrechen Stalins, Koreakrieg, Algerienkrieg . . . Diese Ereignisse ließen glauben, es werde keine Zukunft mehr geben. Von daher ein langes Schweigen, von einem einzigen Buch «Extraits du corps» (1958) quasi authentisiert. «Warum schreibe ich nicht?» ist die Frage ohne präzise Antwort, die jene andere «Warum schreibe ich?» in ein Gleichgewicht bringt. Ab 1969 drehen sich die Verhältnisse um. Bernard Noël schreibt viel, veröffentlicht fast jedes Jahr ein Buch oder sogar mehrere, Essays, Tagebücher, experimentelle Romane, Gedichtbände, zunehmend auch Bücher über Fotografen und vor allem Maler (David, Géricault, Matisse, Masson, Zao-Wou-Ki). Dichtung ist für ihn Widerstand gegen die geläufige Sprache, gegen die Sprache der Politik und der Medien, «die nichts als Aktualität bedeuten, eine Zeitspanne, auf die die Dichtung pfeift».

«Extraits du corps. Poèmes complets 1954–1970», Paris 1976; «Les peintres du désir», Paris 1992; «La Chute du temps», Poésie, Paris 1993; «Le Grand Livre du Mois», Paris 1993.

Cees Nooteboom

Cees Nooteboom hat sich in seinen Romanen als souveräner Chronist und Metaphysiker in Gestalt des Phantasten erwiesen. In seiner Lyrik bekennt er sich, wie in seinem übrigen Werk, zu metaphysischen Intentionen: auch seine Gedichte handeln von Sein und Schein, von Wahrnehmung und Erinnerung – und davon, daß der Dichter die Wirklichkeit, «die langweilige Schreckensherrschaft der Fakten», durch seine Einbildungskraft überwinden kann.

1932 in Den Haag geboren, bei den deutschen Bombardements in seiner Geburtsstadt elf Jahre alt, 1955 mit seinem Romanerstling «Das Paradies ist nebenan» in Holland schon berühmt, wird Nooteboom ein Reisender, ist 1956 in Budapest, 1968 in Prag und Paris, 1989 in Berlin, ein Kosmopolit an den Brennpunkten jüngster europäischer Geschichte. Zu Unrecht ist er vor allem als Romanautor und Reiseschriftsteller bekannt. Ihm selbst ist sein lyrisches Werk, das er parallel zur Prosa seit 1960 vorantreibt und von dem er nie ließ, von gleicher, wenn nicht größerer Wichtigkeit. Nooteboom thematisiert oft die Gefahren, die den Weg zum Gedicht verstellen: *Wir kennen die poetische Poesie, die gemeinen Gefahren / Von Mondnacht und Singstimme. Bloß balsamierte Luft, / Es sei denn, man macht daraus Steine, die glänzen und schmerzen.* So versucht Nooteboom sich in die Obhut der Sprache zu begeben, durch Schichten der Vergänglichkeit vorzustoßen zu einem Schweigen, aus dem die Welt wieder selbst spricht.

«Das Gesicht des Auges», Gedichte, übersetzt von Ard Posthuma, Münster 1991; «Gedichte», übersetzt von Ard Posthuma, Frankfurt a. M. 1992.

Gerhard Falkner

ALLES DAS JE GESIEDELT im auge
alles unversehrte, ersehnte
den abenden versprochene
von kindheit an, alles das ich
abgeschaut der leise gewirbelten
brust, das unvorhergewünschte
auf die körper gespielte licht
du hast es, ich sag das nicht
bitter, gelöscht hast du es
du hast es, – blinden lassen

ES VERDROSS MICH VON JE, wenn morgens
du kamst, – bei verschollenen schläfen
raubworte sprachst nach bitterem brot
wenn an dem frischgebrachten obst
dem apfel und den äpfeln du zeigtest
wie die gestalt der erde und des apfels
mit dir zu tun habe, mit deiner gestalt
deiner erde, und deinen äpfeln.

später, es mag ein herbst oder ein zweiter
in großem genuß vergangen sein
du warst kugel gewesen, und mutter
und abermals kugel
traf ich dich, – den bettelworten nahe

DU SCHLÄFST UND LIEGST bei deinem haar
dein weißes bein ist aufgestellt
und ich, darauf es ruht, ich bin die welt
bedrückt von deinem schlaf, bin die gefahr
die leise deinen traum in atem hält

du schläfst und liegst bei deinem haar
ich hab ein flüstern in dein ohr gebettet
es spricht zu dir, daß ich der abend war
die trunkenheit, das zittern im pessar
es spricht zu dir die sprache, die mich rettet

klage um bernhard

von mir erfährst du es nie
wer welchen zug nahm
weg von welcher schrecklichen blöße
des beginns
er mit wem durch welche stadt
zog und
zu was für einer farbe von limonade
er das zeug schluckte
oder wann die bienen des todes
summend seine zu engen ohren
verließen

niemand vom wein kümmert sich
um tulpen die tot sind
ihre rots sind sich keine geschwister

von mir erfährt niemand, für wen ich
mich hielt, der dich
kannte, als sie schrie
komm zurück
ins dorf unter meiner zunge
und ob er mit ihr, du weißt schon
als tief unterm lindenbaum
bei endgültigem licht
des nachmittags ausstillung begann

schwarz / rot / gold

alle wollen mit der sprache, meiner mutter
um die fahne raufen
ich soll der heimat aus dem wortschatz
land verkaufen
den rhein hab ich vergiftet, weil ich ihn
betrachtet habe
und für ein dunkel blüh ich, das ich nicht
umnachtet habe
mit leeren händen hab ich dieses land
geteilt
von bär und adler seinen wappengrund
geheilt

woher ich deutschlands namen weiß?
der fisch war in eine zeitung gewickelt

der umarmte augenblick

wer einmal, so bin ich gezwungen, genächtigt
      lacht mir doch manchmal, wie plötzlich freude
oft genug über sich vermocht, das lebte bisher
      mehr will er! überschlägt er mögliches freundlich
wie einer, für fliehendes leben, schweigende luft

gebrochenes deutsch

verwundert, wenn ich ihr gehorcht, das genügte
      kaum eine antwort, der unendlichen, sicher geführt
das sind zeiten wohin man sieht, doch geredet
      wie schicksal unter sich wirft, kommt es hierher
den trennt, der umarmte augenblick, sich von innen

Michael Hofmann

Dich anblickend (Caroline)

Dein Foto auf dem Tisch neben meinem Bett zu haben,
das ist, als hätte ich dort einen Propeller . . . Mein Freund
schrieb seine Arbeit über die Offensive von Gallipoli –
mit Familienerbstücken im stolzen Anhang:
belanglose Bruchstücke deutscher Flugzeuge.
Ich behandelte die Russische Revolution (die einzige
bleibende Folge des Großen Krieges, behauptete
ich), doch mit nichts Greifbarerem
als einem Bildteil – Massenabfütterung
in zaristischen Zeiten: Kohlsuppe und Schwarzbrot,
die Eisenstein-Gesichter der Bauern mit roten Pupillen . . .
Ich nehme mir deinen unnatürlich ernsten Ausdruck vor
und zwinge ihn in ein Lächeln oder finsteren Blick –
punktierte Linien eingezeichnet für Geschwindigkeit – doch
rührst du dich noch immer nicht. Dann stelle ich mir
deine Stase als Schwirren vor, vollkommen phasengleiche
                                                                    Bewegung,
bevor sie umschwingt und rückwärts zu gehen beginnt . . .
Alle Spaziergänge hier führen auf die Autobahn:
Es gibt doppelspurige Fahrbahnen für Fußgänger,
mit Drahtbrücken über dem im Schnee ungewöhnlich
leisen Verkehr. Ein blaues Schild gibt
die Entfernungen an: Nürnberg 100; Wolfsburg
(Sitz von Volkswagen) 200; Berlin 500.

Die Pioniere der Luftfahrt waren nie allein –
sie gaben ihren Maschinen die Namen ihrer Geliebten.

Looking at You (Caroline)

Having your photograph on my bed-side table / is like having a propeller there . . . My friend / did his project on the Gallipoli Offensive – / with a proud Appendix of family heirlooms: / irrelevant fragments of German aircraft. / I covered the Russian Revolution (the only / lasting consequence of the Great War, I argued) but with nothing more tactile / than a picture section – central feeding / in tsarist times: cabbage soup and black bread, / the Eisenstein-faced peasants with red pupils . . . / I take your unnaturally serious expression / and coax it into a smile or a glum look – / dotted lines pencilled in for velocity – but / you still won't budge. Then I imagine your / stasis as whir, movement in perfect phase, / just before it starts walking backwards . . . / All the walks here lead into the autobahn: / they are dual carriageways for pedestrians, / with wire bridges over traffic unusually / quiet in the snow. A blue signpost marks / the distances: Nürnberg 100; Wolfsburg / (home of the Volkswagen) 200; Berlin 500 . . .

The pioneers of aviation were never alone – / they named their machines after their loved ones.

Kurt Schwitters in Lakeland

«Wie nichts sonst in Tennessee» –
Wallace Stevens

‹Like nothing else in Tennessee› –
Wallace Stevens

It was between greens (bowling, cricket), / but the graveyard had stayed immune, half-cut and smelling / the yellow, abandoned smell of hay. A couple were casting / dead flowers into a wire trash-coop.

Es war zwischen Grünflächen (Bowling, Cricket),
doch war der Friedhof unberührt geblieben, halb gemäht und
nach Gelb duftend, dem aufgegebenen Duft von Heu. Ein
Paar warf
tote Blumen in einen Abfalleimer aus Draht.

Kurt Schwitters's tombstone was hewn in straight lines, / *klipp und klar,* in the shape of a hat, brim-crown. / Unseasonable, but undeniably local, / someone had left a dozen daffodils.

Kurt Schwitters' Grabstein war gradlinig behauen,
klipp und klar, in Form eines Hutes, von einer Krempe bekrönt.
Jemand hatte, der Jahreszeit nicht entsprechend,
doch unleugbar von hier, ein Dutzend Osterblumen hinter-
lassen.

The man had flown: a refugee, / then interned on the Isle of Man; / released, dead, exhumed, and returned to Germany, / to vote with his feet for the 1950s.

Der Mann war geflohen: ein Flüchtling,
später interniert auf der Isle of Man;
freigelassen, tot, ausgegraben und nach Deutschland
zurückgebracht,
um für die 1950er mit seinen Füßen zu wählen.

* * * *

* * * *

His *Merz* was nothing to do with pain or March: / it had been withdrawn from the *Kommerz- und Privatbank.* / Each day he caught the early bus to work, / climbed up to his barn through a jungle of rhododendrons,

Sein *Merz* hatte mit Schmerz oder März nichts zu tun:
Es war der *Kommerz- und Privatbank* entlehnt.
Jeden Tag nahm er den frühen Bus zur Arbeit,
stieg zu seiner Scheune hinauf durch den Rhododendron-
dschungel,

and built on to his *Merzwall.* – It too was moved, / cased in a steel frame, and keelhauled down the hill. / The one thing still there that his hands had touched / was a stone on the sill

und baute an seinem *Merzwall.* – Auch er wurde fortgeschafft,
und, eingepaßt in einen Stahlrahmen, den Hügel hinunter-
geschleift.
Der einzige Gegenstand, der noch da war und den seine Hände
berührt hatten, war ein Stein auf dem Brett

of the picture window that had been put in / in place of the wall. It had an air / of having been given a spin, / a duck, a drakkar, a curling-stone.

des Aussichtsfensters, der anstelle der Wand
eingefügt worden war. Er sah aus,
als hätte man ihm einen Dreh verpaßt,
ein Hüpfstein, Drakkar, geschliffener Kreisel.

Museumsstück

Das Zimmer riecht nach Samen. Der Ledervorhang,
der im Flur hängt, um Männer und Knaben
zu trennen, flattert jetzt wie ein Ventilator...
Leute strömen herein, um die erotischen Zeichnungen zu
                                     sehen.
Nahaufnahmen von Yonis wie eine Reihe Fingerabdrücke.
– Hokusais haarfeine Technik des Spalts,
auf Schamhaar angewandt. Finger übernehmen das Wandern,
winzige Füße wedeln in der Luft. Seine weißen Damen
stöhnen unter dem Gewicht geschwollener Glieder.
... Die vier Stände der japanischen Gesellschaft –
Fischer, Schauspieler, Kurtisanen und Samurais –
vermengt. Keinem nützlichen Ruf folgend,
anonym in ihrer Nacktheit, verklammern sich
die Liebenden. Vielleicht beobachten wir uns selbst,
benommene Männer und Frauen ohne Bestimmung...
Wir drängeln im Dunkeln für eine bessere Sicht.

Nächte im Eisen-Hotel

Unsere Betten sind auf Krankenhausdistanz.
Ich schiebe sie zusammen. Strohmatten
an den Wänden gaukeln Palm Beach vor:

long drinks, mit Rum in tropischen Bars gemacht.
Die Stellung von Spiegel und Schrank ruft
ein Zimmer zurück, in dem ich einst glücklich war.

Unsere Gefühle sind jetzt kürzer und schneller.
Du gibst eine neue Untreue zu. Dieses Mal
ein Posaunist. Seine zärtlichen Gunstbeweise...

Die ganze Nacht sprechen wir von Trennung.
Das Radio weckt uns mit seiner Muzak.
Auf beklemmende Weise nennst du sie einschläfernd.

Museum Piece

The room smells of semen. The leather curtain / that hangs in the doorway to keep the men / from the boys is now flapping like a ventilator... / People crowd in to see the erotic drawings. / Yonis in close-up like a row of fingerprints. / – Hokusai's hair-fine precipice technique / applied to pubic hair. Fingers do the walking, / tiny feet wave in mid-air. His white ladies / groan under the weight of swollen members. / ... The four estates of Japanese society – / fishermen, actors, courtesans and samurai – / mixing it. Following no useful calling, / anonymous in their nakedness, lovers clutch / each other. We might be watching ourselves, / dizzy men and women without designations... / We jostle in the dark for a better view.

Nights in the Iron Hotel

Our beds are at a hospital distance. / I push them together. Straw matting / on the walls produces a Palm Beach effect:

long drinks made with rum in tropical bars. / The position of mirror and wardrobe / recalls a room I once lived in happily.

Our feelings are shorter and faster now. / You confess a new infidelity. This time, / a trombone player. His tender mercies...

All night, we talk about separating. / The radio wakes us with its muzak. / In a sinister way, you call it lulling.

We are fascinated by our own anaesthesia, / our inability to function. Sex is a luxury, / an export of healthy physical economies.

The TV stays switched on all the time. / Dizzying socialist realism for the drunks. / A gymnast swings like a hooked fish.

(Prague)

Wir sind von unserer eigenen Betäubung fasziniert,
unserer Unfähigkeit, zu funktionieren. Sex ist ein Luxus,
ein Export gesunder physischer Haushaltung.

Unentwegt läuft der Fernseher.
Verwirrender sozialistischer Realismus für Betrunkene.
Ein Turner rotiert wie ein Fisch am Haken.

(Prag)

Aus dem Englischen von Joachim Sartorius

Lavinia Greenlaw

Nachtaufnahme

Im Winter um Mitternacht den Ärmelkanal überquerend,
wird die Küstenlinie schärfer bei zunehmender Entfernung,
dann einfach zum Schatten, unterbelichtet.

Lichtpunkte – Kaimauer, Hafenanlage,
Stadtrand –
versinken, wenn die Fläche der Nacht alles erfüllt.

Die einzige Unterbrechung jenseits der Fähre
ist das aufgewühlte Grau-Weiß, das wir hinter uns lassen,
verschwunden beinahe, ehe es der Sicht entschwunden ist.

Wovon man sich kein Bild machen kann, ist die Tiefe,
mit der das Wasser gegen sich selbst schlägt,
so abstrakt, das Auge kann keine Bruchstelle

finden, keine Richtung und keinen Brennpunkt.
Klarer und wahrscheinlicher als dies
ist der kreisrunde Horizont.

Meer und Himmel treffen einander im Schwebezustand,
in abgestuften, vertrauten Mustern von Schwarz:
Aalhaut, Marmor, Rauch und Öl –

gesondert und augenscheinlich gemacht durch das Licht,
das von der Sonne auf den Mond fällt,
das beständige Weiß, auf dem diese nicht zu bannenden

Schichten der Dunkelheit sich verdichten und verblassen.
Wir nähern uns Land, fädeln uns ein
durch Fahrrinnen und Markierungstonnen

Richtung Hafen und der Farben, die er bringt.
Eine geringfügige Neuordnung der Planeten.
Tagesanbruch zu keinem bestimmten Augenblick.

Night Photograph

Crossing the Channel at midnight in winter, / coastline develops as distance grows, / then simplifies to shadow, under-exposed.

Points of light – quayside, harbour wall, / the edge of the city – / sink as the surface of the night fills in.

Beyond the boat, the only interruption / is the choppy grey-white we leave behind us, / gone almost before it is gone from sight.

What cannot be pictured is the depth / with which the water moves against itself, / in such abstraction the eye can find

no break, direction or point of focus. / Clearer, and more possible than this, / is the circular horizon.

Sea and sky meet in suspension, / gradual familiar textures of black: / eel-skin, marble, smoke, oil –

made separate and apparent by the light / that pours from the sun on to the moon, / the constant white on which these unfixable

layers of darkness thicken and fade. / We are close to land, filtering through / shipping lanes and marker buoys

towards port and its addition of colour. / There is a slight realignment of the planets. / Day breaks at no particular moment.

The Astronomer's Watch

Five months in the desert. / The first
rain for centuries. / Local weather fills
the telescope lens.

Nothing to do but photograph flow-
ers / that take advantage of these freak
conditions / to grow and die. Buried
colour –

intense and ancient, unsettled depths /
like the red and gold that bloom from
a comet / in the heat of passing the
sun.

I saw this in a brief transmission / from
a space probe, irreparably damaged /
by getting too close: the first and last
pictures

of the heart of a ball of gas, ice and
dust / named after the first two people
to sight it / twenty years apart. I sleep
whenever

I walk past the bed, feel tired and fall
on to it. / The other day I came across
my watch. / It surprised me.

Electricity

The night you called to tell me / that
the unevenness between the days / is
as simple as meeting or not meeting, /
I was thinking about electricity – /
how at no point on a circuit / can pow-
er diminish or accumulate, / how you
also need a lack of balance / for energy
to be released. *Trust it.* / Once, being
held like that, / no edge, no end and no
beginning, / I could not tell our ac-
tions apart: / if it was you who lifted
my head to the light, / if it was I who
said how much I wanted / to look at
your face. *Your beautiful face.*

Die Uhr des Sternforschers

Fünf Monate in der Wüste.
Der erste Regen seit Jahrhunderten.
Das örtliche Wetter füllt die Teleskoplinsen.

Nichts zu tun außer Blumen zu fotografieren,
die diese wahnwitzigen Bedingungen ausnutzen
zum Wachsen und Sterben. Begrabene Farbe –

stark und alt, schwankende Tiefen
wie das Rot und das Gold, aus einem Kometen erblühend,
wenn er die Hitze der Sonne durchzieht.

Ich sah das in einer kurzen Übertragung
von einer Raumsonde, irreparabel beschädigt,
weil zu nah gekommen: die ersten und letzten Bilder

vom Herz eines Balls aus Gas, Eis und Staub,
benannt nach den ersten beiden Menschen, die es erspäht hatten
im Abstand von zwanzig Jahren. Ich schlafe jedesmal,
wenn ich am Bett vorbeikomme, fühle mich müde, lasse
                                    mich fallen.
Neulich stieß ich auf meine Uhr.
Sie hat mich überrascht.

Elektrizität

An dem Abend, als du mich anriefst, um mir zu sagen,
daß die Unausgeglichenheit zwischen den Tagen
genauso einfach wie sich treffen oder nicht treffen ist,
dachte ich gerade über Elektrizität nach –
daß der Strom an keinem Punkt
eines Kreislaufs abnehmen oder zunehmen kann,
daß man, um Energie freizusetzen,
auch einen Mangel an Gleichgewicht braucht. *Verlaß dich drauf.*
Einmal, als ich so gehalten wurde,
grenzenlos, ohne Ende und ohne Anfang,
konnte ich nicht auseinanderhalten, wer was tat:
ob du es warst, der meinen Kopf zum Licht hob,
ob ich es war, die sagte, wie sehr mich verlangte,
dein Gesicht zu schauen. *Dein schönes Gesicht.*

Aus dem Englischen von Karin Graf

Durs Grünbein

Après l'amour

Gleich nach dem Vögeln ist Liebe der bessere Stil.
Die Tierhaut entspannt sich, das Herz fängt sich ein.
Flacher Atem bläst Schweiß aus den Schlüsselbeinmulden.
Auf der Zunge zergangen, löschen Spermien den Durst
Auf den Nachwuchs. Die Achselhöhlen, den müden Bauch,
Alles holt sich der Schlaf. Wie nach zuviel Theologie
Kehren die Laken sich um. Altes Dunkel am Rand,
Neue Ränder im Dunkel. Die Kniekehlen zwitschern
Zweistimmig stimmlos ihr Post-Coital, ein Rondeau.
Eben noch naß, richten die Härchen wie Fühler sich auf.
Betäubt, *summa summarum* gestillt, hört dieser Schmerz
Des Lebendigseins bis zur Erschöpfung auf wehzutun.
Zurück in der Zeit, sind die Körper an keinem Ziel.
Gleich nach der Liebe ist Vögeln der bessere Stil.

Biologischer Walzer

Zwischen Kapstadt und Grönland liegt dieser Wald
    Aus Begierden, Begierden die niemand kennt.
        Wenn es stimmt, daß wir schwierige Tiere sind
            Sind wir schwierige Tiere weil nichts mehr stimmt.

Steter Tropfen im Mund war das Wort der Beginn
    Des Verzichts, einer langen Flucht in die Zeit.
        Nichts erklärt, wie ein trockener Gaumen Vokale,
            Wie ein Leck in der Kehle Konsonanten erbricht.

Offen bleibt, was ein Ohr im Laborglas sucht,
    Eine fleischliche Brosche, gelb in Formaldehyd.
        Wann es oben schwimmt, wann es untergeht,
            Wie in toten Nerven das Gleichgewicht klingt.

Fraglich auch, ob die tausend Drähtchen im Pelz
  Des gelehrigen Affen den Heißhunger stillen.
    Was es heißt, wenn sich Trauer im Hirnstrom zeigt.
      Jeden flüchtigen Blick ein Phantomschmerz lenkt.

Zwischen Kapstadt und Grönland liegt dieser Wald
  ... Ironie, die den Körper ins Dickicht schickt.
    Wenn es stimmt, daß wir schwierige Tiere sind
      Sind wir schwierige Tiere weil nichts mehr stimmt.

Mensch ohne Großhirn

1

      Erstes Arkanum, das hieß
Blanker Sarkasmus, List über alle Maßen
Zerrissenheit, was vom Wissen bleibt.
Mit der Drastik als Credo, dem Wandern
Um das numerische Nichts war Statistik
Vergeßlichkeit.
      Jede Quote reißt Zoten.
Wie mein Hasenherz weiß, wie es weiß
Daß es bluten muß, irgendwann erwischt.
Weltscheu wie Dürers Hase liege ich nachts
Vor Bedeutung flach.
      Gab es mehr als Flucht,
Fleisch, von den Knochen gelöst, Blöße
In der Zeit des Verschleißes ein wenig Spaß?
Rückzug aus der Borniertheit Sprache,
All diesen Achs und Wehs
Diesseits der Zoologie.

2

      Zweites Arkanum, das war
Indifferenz, die totale, Qualen verschalend und Male
Wie sie die Herkunft verschreibt.
                  Unsichtbar tätowiert
Ist es die Haut die in Schweigen gehüllt, Blau
Eine Spannung von Adern und nackter Gewalt.
Welche Freude macht vor dem Schauhaus Halt,
Vorm zerstückelten Leib?
                  Jeder bessere Witz

Bohrt sich ins Stirnbein ein. Nur allein zu sein
Ist schon Spuk genug.
        Hinter dünner Schläfenwand
Unerkannt, war das Bewußtsein ein rohes Ei?
Blätternd in Röntgenbildern sprüht dir der Wind
Silbrige Tröpfchen ins Haar, Gelatine und Chrom.
Komm schon, Stimme im telephonischen Wirrwarr
War das Blabla ein Versteck vor dem Tod
Symbolisch oder banal?

3
        Drittes Arkanum, das hieß
Alles willkommen was kommt. Biegsam und isotrop,
Bis es im Kleinsten, in den Gelenken denkt.
                Ausgerenkt
Jeder Arm der zu halten sucht was unhaltbar ist.
Schon ein Sandkorn löscht diese Augenwelt aus.
Ein schwacher Luftzug richtet das Flimmerhaar auf.
Und es singt weiter «Kleine psychische Illusion . . .»
Auf dem falschen Ton.
        Nicht bevor er bricht
Wird dir klar, wie zerbrechlich dein Knöchel war.
Keine Zelle bleibt was sie ist. Alle sieben Jahre
Ist der Körper ein andrer, die Haut unverwandt
Wie im Spiegel der Fingernägel das eigne Fleisch.
Entzogen der Boden, totcodiert der enorme Raum
Und die Skelette zerfallen im Labyrinth.
Also allein, also blank,
Also was?

Das Ohr in der Uhr

1
Seltsam, wie Klänge sich ändern. Im Jahrhundert der Violinen
War das Zertrümmern der Schneckenhäuser Musik.
Der Nachhall fallender Würfel hielt knöchern
Über Schlemmerbanketten den Takt. Bald waren Schritte,
Im Muschelkalk knirschend, ein Dauergeräusch
Und ein Appell an die Brandung, wie Geschützdonner,
Weiter entfernt. Alles das Kettenrasseln und Rumpeln
Öliger Fässer, Dampfkesselzischen prägte den Raum
Bis aus dem Kirchenschiff ein Maschinensaal wurde.

Glocken und Hämmer phrasierten den Tag, und von Rädern
Und Walzen spritzte Schlamm auf Akkorde. Ein Wind
Fuhr in Notenhimmel, geordnete Partituren.
                                    Von nun an
War jede Andacht Abkehr, die Suche nach Zwischentönen,
Ein feines Spiel mit den Echos der Echos . . . *Vanitas*
Für Gelähmte. Wie du staunend am Ufer den Kieseln
Zusahst, die lautlos erst leicht, dann schwererwerdend
Das Wasser streiften. Der Strand, zerwühlt
Von nervösen Familien, war unter zurückgelassenem Müll
Bis auf das einzige Radio stumm. Und daß Möwen
Wie Schulkinder schrien, war eine Täuschung
Geschärfter Ohren in der vorweltlichen Szenerie
Von Gräsern, unhörbar wachsend, und Kalksteinfelsen,
Zermahlen zu Staub.

2

Auf einmal mußten die Fische beatmet werden.
Unter künstlicher Haut lagen städtische Teiche, Kanäle,
Von Hydranten bewacht, pumpend still. Reglos
Im Regen verfielen die Bäume dem Lärm. Ihre Stämme,
Verletzt, trugen weiße Binden, Unfallspuren,
Eine verwitternde Blindenschrift. Seit die Himmel
Geschichte sind, zogen die Wolken vorbei wie versetzt
Über Dachterrassen und klimatisierte Hügel,
Mit kleinen Villen bestreut. Ein Blick auf die Uhr,
Und der Tag lag gebannt. Jeder ging nach Gehör,
Setzte eilig den Schritt, verlief sich, vom Hierhin
Und Dorthin entzückt.
                    Gewalt, aus den brütenden Schächten
Stieg sie und räumte den Weg frei für ruhigere Viertel,
Für die wohnlichen Zonen, den Freitod
Auf Inseln der Philharmonie. Und wie alles drohte,
Wie der Wind mit sonorem O in den Ohren lag . . .
Gab es nicht Parks mit geschützten Tieren, Asyle
Mit Bänken fürs Alter. Wie leicht dieses Sterben fiel
Unter den Kolonnaden, den Bögen verbrauchter Luft.
Mitten im Satz schlug eine Autotür zu. Dein Erschrecken
Wechselt die Straßenseite, noch immer, die Gangart.
Hör zu, junges Schlitzohr, was auch im Traum
Nicht mehr Laut gibt, ist tot. Wußtest du nicht?

Göran Sonnevi

für, unter anderem, Noam Chomsky

för, bland andra, Noam Chomsky

Was vermögen
die strukturen der liebe gegen die weißen
entgegengesetzten strukturen
die jetzt
die welt durchdringen?
Es ist jetzt drei tage her seit wir
zusammen waren, ohne schutz
vor einander
Die zellen in deinem körper haben sich vielleicht
vervielfacht
nach ihren besonderen
strukturen?
Sie sind noch reine form, ohne wirklichkeit!
In ihren genen
liegt auch
das vermögen zur sprache
Wieviel zeit ist noch bevor jemand
die sprache der liebe
zu sprechen beginnt?
Wenn ich mein ohr auf deinen bauch lege
hör ich das flüstern der zellen,
fast unhörbar,
hinter den geräuschen der därme, des
pochenden blutes
Die weißen, lautlosen strukturen, ständig gegenwärtig,
sind auch in deinem körper
Die sprache wartet darauf
sich aus deinem leben herauszubrechen und
die welt zu verändern
Wieviel zeit bleibt noch?
Weiße, sprachlose
gene geben der welt jetzt ihre form!
Die sprache
möglicher liebe muß jetzt
mit waffen sprechen!

Vad förmår / kärlekens strukturer mot de vita / motsatta strukturer / som nu / uppbär världen? / Det är nu tre dar sen vi var / tillsammans, utan skydd / för varann / Cellerna inne i din kropp har kanske / mångfaldigats / efter sina särskilda / strukturer? / De är ännu ren form, utan verklighet! / I deras gener / finns även / förmågan till språk / Hur mycket tid är det kvar innan någon / börjar tala / kärlekens språk? / Om jag lägger örat mot din mage / hör jag cellerna viska, / nästan ohörbart, / bakom tarmarnas ljud, det bultande / blodets ljud / De närvarande, vita, ljudlösa strukturerna / finns också i din kropp / Språket väntar på / att få bryta sig ut ur ditt liv och / förändra världen / Hur mycket tid finns det kvar? / Vita, språklösa / gener ger nu världen dess form! / Den möjliga / kärlekens språk nu måste tala / med vapen! / De som dör två gånger fortare än vi / kan inte vänta / i månader, år, på ett nytt språk / Utan skydd / för de vita bombernas strukturer talar de mot / det språklösa, / med en kärlek som / transformerar alla strukturer! / Därför måste det barn vi kanske väntar / lära sig ett helt / nytt språk / för den verklighets skull / som står i begrepp att födas

Die zweimal schneller sterben als wir
können nicht warten
monate, jahrelang, auf eine neue sprache
Ohne schutz
vor den strukturen der weißen bomben sprechen sie
gegen das sprachlose,
mit einer liebe die
alle strukturen transformiert!
Deshalb muß das kind das wir vielleicht erwarten
eine völlig neue
sprache lernen
um der wirklichkeit willen
die im begriff steht geboren zu werden

NU / Snön faller och jag är stilla / Föll inte snön / skulle något annat falla, regn / eller det osynliga / som faller / antingen jag vill det eller inte / Det är egentligen tiden / som faller / Den faller över mig / Jag är stilla vid detta fallande, / som är den verklighet / jag lever i / Det fallande / konstituerar den / Med sjungande ljud / faller de underjordiska kristallerna! / De faller uppåt Vita, svarta / genom taket, yr / genom väggar, under filten / där jag gömmer mig / Den faller utan tyngd / Finner sin tyngd, lämnar den / frivilligt / Det finns ingen kamp, / inget skeende / bara tiden som faller och jag är stilla, / inte i mig själv / bara utom mig i mig, ser den / svarta flingan / rakt underifrån, mot mig / Inte rör den sig Inte far den bort / Jag svävar Över den Kring den / Tag bort den / som tyngd i mig! Den strålar som vilt ljus / i allt det vita

JETZT

Der schnee fällt und ich bin ruhig
Fiele kein schnee
würde etwas andres fallen, regen
oder das unsichtbare,
das fällt
ob ich will oder nicht
Eigentlich ist es die zeit
die fällt
Sie fällt über mich
Ich bin ruhig bei diesem fallen,
das die wirklichkeit ist
in der ich lebe
Dies fallen
erzeugt sie erst
Mit singendem ton
fallen die unterirdischen kristalle!
Sie fallen aufwärts   Weiß, schwarz
durch das dach, stiemen
durch wände, unter die decken
wo ich mich verkrieche
Sie fällt ohne gewicht
Findet ihr gewicht, gibt es
freiwillig auf
Es gibt keinen kampf,
keinerlei geschehen

nur die zeit die fällt und ich bin ruhig,
nicht in mir selbst
nur außer mir in mir, seh die
schwarze flocke
genau über mir, auf mich gerichtet
Bewegt sich nicht   Treibt nicht fort
Ich schwebe   Über ihr   Um sie herum
Nimm sie fort
als gewicht in mir! Sie strahlt wie wildes licht
in all dem weiß

ICH ATME EIN, TIEF

Ich sehe vor mir das meer
sonnüberglänzt, wellenzerfurcht
Wenige vögel nur, seeschwalben, möwen
Und in der tiefe
das rollen der steine, schwer
Ihr fernes grollen
dringt durch den körper zu mir,
wie ein beben
durch den körper
Gewaltige steine von nicht-existenz
bewegen sich am strand unter wasser
Daß wir sie nicht sehen
liegt nicht an der existenz von klassen
Die auslöschung der klassen
geschieht nicht durch sie allein
Freiheit und tod
gibt es auch dort wo
keine klassen sind
Der ferne strand unterm meer steigt
aus den wellen
aus dem klaren wasser
und die steine tragen
köpfe die gebären
Köpfe die neue köpfe gebären
Lächelnd   Schreiend vor schmerz
Wir erkennen den unterschied
auch in der abwesenheit von sprache
Lächeln und schmerz

JAG ANDAS IN, DJUPT

Jag ser havet framför mig / solglän-
sande, vågupprört / Ett fåtal fåglar,
trut, mås / Och i det djupa / rullar
stenarna, tungt / Deras avlägsna mul-
ler / når mig genom kroppen, / som en
skakning / genom kroppen / Väldiga
stenar av icke-existens / rör sig på
stranden under havet / Att vi inte ser
dem / beror inte på existensen av
klasser / Klassernas utplåning / sker
inte bara genom dem / Friheten och
döden / finns också där / klasserna inte
är / Den avlägsna stranden under ha-
vet stiger / ur vågorna / ur det klara
vattnet / och stenarna bär på / huvu-
den som föder / Huvuden som föder
nya huvuden / Leende Skrikande i
smärta / Vi kan se skillnaden / också i
frånvaron av språk / Leendet och
smärtan / kommer alltid före gram-
matiken / Leendets och smärtans be-
grepp / är en del av basen för gram-
matiken / Också havets begrepp / och
de väldiga stenarnas begrepp / är en
del av basen för grammatiken

gehen der grammatik stets voran
Die begriffe lächeln und schmerz
gehören zur grundlage der grammatik
Auch der begriff meer
und der begriff gewaltige steine
gehören zur grundlage der grammatik

Berget av förklaringar reser sig / osyn-
ligt, tungt

Der berg aus erklärungen erhebt sich
                                        unsichtbar, schwer

Vi konstruerar dess huvud

Wir konstruieren seinen kopf

Dess leende och dess smärta / kan vi
inte konstruera

Sein lächeln und seinen schmerz
können wir nicht konstruieren

Dess leende och dess smärta finns där
ändå

Sein lächeln und sein schmerz sind dennoch da

LIVSKRONA, DÖDSKRONA, i ett, sam-
manblandat? / Eller två helt skilda?
Som bergen? Vi / tar steget över, vin-
garnas steg, och vänder / tillbaka, om
och om igen, upprepat, till / förtvivlan
I fullständig glädje Bergen / genom-
tränger varandra Musiken är lätt, lätt /
tung, tung Jag ser ditt ansikte komma
/ Jag ser din sköra huds ansikte kom-
ma Till mig

LEBENSKRONE, TODESKRONE, in einem, vermengt?
Oder völlig getrennt? Wie die berge? Wir
machen den schritt hinüber, den schwingenschritt, und kehren
um, wieder und wiederholt, bis zur
verzweiflung   In vollkommener freude   Die berge
durchdringen einander   Die musik ist leicht, leicht
schwer, schwer   Ich seh dein gesicht kommen
Ich seh deiner zarten haut gesicht kommen   Zu mir

Aus dem Schwedischen von Klaus-Jürgen Liedtke

Guido Ceronetti

Teil I
Gedichte um zu leben und um nicht zu leben

I
Poesie per vivere e non vivere

II.

O Schönheit der Körper, glühender
Haufe Traurigkeit in der Nacht,
Wie schnell zerschmilzt dein Wachs
Und zurück bleibt ein angestrengter Geruch.
Die Vision und die Müdigkeit. Fliegt fort
Die Taube ohne Flügel in ihrem Flug,
Stürzt sie ab, bleibe ich reglos mit Flügeln.

II.

O bellezza dei corpi, affocato / Stuolo della miseria nella sera, / Come in fretta consumi la tua cera / E ne resta un odore affaticato. / La visione e lo stanco. Vola via / La colomba senz'ali col suo volo / Caduto, io resto con le ali immoto.

33.

In den Abgründen der Körper schaukeln
Wie dogmatische Blumen der Samstage
Deine erotischen Zeichen, deine hysterischen Messer
Habe ich im schwarzen Fluß der Nahrung entzündet!
Das Buch glüht zwischen den beiden Wunden
Leeres Zimmer gierig abgründig
Und in jedem gewundenen Bild flammt
Die Kurve jeder, seiner Einsamkeit

33.

Dondolarsi nei baratri dei corpi / Come fiori dogmatici dei sabati / I tuoi emblemi erotici, i tuoi coltelli isterici / Nel nero fiume del nutrimento accesi! / Il libro ne arde tra le due ferite / Vuota camera limbica vorace / E in ogni sinuosa immagine la curva / Di ogni sua solitudine s'illumina

Die menschlichen Organe haben einen Körper und ein Licht
Sind geschlossene geblendete Schlangen
Lauheiten hündischer Treue
Gesichter halb verschleierter Unbekannter
In einer verregneten Gasse ohne Namen
Mit Anziehung und Furcht begegnet

Gli organi umani hanno un corpo e una luce / Sono chiusi serpenti abbacinati / Tepori di fedeltà canina / Volti di sconosciuti semivelati / In una stradina innominata piovosa / Con attratto timore incontrati

Testimoni di un viaggio nella tenebra / Dove ogni luogo è incarnasi di luce / Sgarata e intensa, negano il buio bruto. / Oh sensibile testa di venuto / Per salvare, sotto colate / Di nera forza vista / In un raggiare d'attimo

Zeugen einer Reise in die Dunkelheit,
in der jeder Ort sich als Licht, flutend und
durchdringend, verkörpert, verneinen die gemeine Finsternis.
O sensibler Kopf des Angekommenen,
des Retters,
Unter Strömen
Schwarzer Kraft erblickt
In einem Aufstrahlen des Augenblicks

35.

35.

Navi di vetro dove il sangue brilla / Sopra il Dolore senza confini, / Curvi lampioni, violini rauchi / Di voi cucchiaio dopo cucchiaio / Ho tuffato nei visceri le crude / Storie, ai lamenti del gorgo / Che vive vola una fune

Schiffe aus Glas, in denen das Blut funkelt
Über dem Leiden ohne Grenzen,
Geschwungene Straßenlampen, heisere Geigen
Von euch Löffel für Löffel
Habe ich die grausamen Geschichten
In die Eingeweide geschüttet,
Den Klagen des Wirbels
Der lebt fliegt ein Seil zu

Senza mani restava.

Ohne Hände blieb er.

II
Frammenti di poesie per vivere e
non vivere

Teil II
Gedichtfragmente um zu leben und um nicht zu leben

1.

1.

Un muro non murante. Scriveva / Con scrittura notturna: *dispera* / E piú tardi: *beato*, / Una mano. / Chie eri? / La luce apparve, in una veste nera

Eine Mauer nicht einmauernd. Schrieb
In nächtlicher Schrift: «Verzweifle»
Und später: «Glücklich»,
Eine Hand.
                    Wer warst du?
Das Licht erschien, in einem schwarzen Kleid

9.

Ach leere
Hände die mehr an das nackte Streicheln
Als an einen anderen Gott geglaubt haben,
Ich lauerte auf jede Kreatur
Und drang in ihre Wirbel ein
Unter verborgener Seelen feinem Regen

Oh vuote / Mani che hanno creduto / Piú le nude carezze che altro dio, / Stavo all'agguato di ogni creatura / E penetravo nel suo vorticare / Tra fini piogge d'anime segrete

26.

Wie das Ungreifbare uns ergreift,
Die äußersten Erklärungen des Schmerzes,
klebte eine Hand auf der Mauer.
Lies!...
Niemand geht vorbei an jener Mauer

Come l'Inafferrabile ci afferri, / Le spiegazioni estreme del dolore, / Una mano incollò sul muro. / Leggi!... / Nessuno passa davanti a quel muro

28.

Die Nadel ist zum Stern des Bösen gerichtet
zum Titanen der Himmel ohne Licht:
Warst du das Leben, gefallener Körper?
Wer war es, der aus dem großen Meer emporstieg?

L'ago è rivolto alla stella del Male / Al titano dei cieli senza luce: / Eri la Vita, corpo caduto? / Chi fu che emerse dal grande mare?

Porträt von Madame Victor Baltard und ihrer Tochter
Zeichnung Ingres'

Ritratto di Madame Victor Baltard e di sua figlia
Disegno di Ingres

Umarme sie, es sind Linien, die nicht existieren
Die menschlichen Körper sind graphisches Nichts
Linienbündel von Schatten in Bleistift
Entfärbt verwässert dann aufgelöst

Abbracciale sono linee inesistenti / I corpi umani sono grafici niente / Fasci di linee d'ombra di matita / Scolorati e bagnati poi disciolti

Ist es ein Körper diese feine Leere?
Der Käfig der Zeichen umfaßt nichts.

È un corpo questo niente delicato? / La gabbia dei segni non circonda niente

Der Nebel in einem Garten die Hand eines Kindes
Scheinen jetzt dir schon dagewesen zu sein?
Lebende Augen, die abwesend waren
Liebende Hände, die nichts festhielten

La nebbia in un giardino la mano di un bambino / Ti sembrano esistiti esistenti? / Occhi viventi che furono assenti / Mani amorose che strinsero nienti

Canzone per Vincent van Gogh

Sul corpo della memoria la spiacente / L'infausta macchia degli agghiacciati / Cielo de Auvers-sur-Oise, il non-siamo che siamo / Ci scoperchia. E la cieca / Nube che opprime il mondo, in quel ringhioso / Gorgo che ti coperse fu palpabile. / Qui, tra il blu e il giallo il colpo fu sparato. / Ma in quali piogge l'ombra addolorata / Si è persa e il sangue che ha purgato / Dove patisce?

Cara fu a sera di un giorno senza evento / Un'ora lenta di abbrutita domenica; / Bevute tra le carte, gitani in sosta . . . / Tra cuore e ventre passò annoiato / Quel temporale truce e inesperto. / Ecco dell'uomo che ci amò e che ha espiato / Lambirci il soffio, suonatore incerto.

Sui verdi ori nero lenzuolo / Posavi cielo di Auvers-sur-Oise; / L'edera scura nel cimitero / Piange sulle miserie, piangerà ancora. / Cielo di pena dal male abitato / La luce ha occhi, il sole è scardinato.

(1965 – 1990)

Lied für Vincent van Gogh

Auf dem Körper des Gedenkens der unangenehme,
der traurige Fleck der Erstarrten.
Himmel von Auvers-sur-Oise, das Nicht-Sein, das wir sind,
deckt uns ab. Und die blinde
über der Welt hängende Wolke, in dem knurrenden
Wirbel, der dich bedeckte, wurde sie greifbar.
Hier, zwischen dem Blau und dem Gelb ging der Schuß los.
Aber in welchem Regen verlor sich
der betrübte Schatten, und wo leidet
das abgeführte Blut?

Liebste, es war am Abend eines ereignislosen Tages
Eine träge Stunde an einem verrohten Sonntag;
Zecherei zwischen Kartenspielen, Zigeuner in einer Rast . . .
Zwischen Herz und Bauch donnerte gelangweilt
das Gewitter, finster und ungeschickt.
Da, von demjenigen, der uns liebte und gebüßt hat,
streift uns der Hauch, der unentschlossene Musikant.

Auf das grüne Gold hat der Himmel
von Auvers-sur-Oise das schwarze Laken gelegt;
der dunkle Efeu auf dem Friedhof
weint über das Elend, wird weiter weinen.
Himmel aus Not, bewohnt von Übel,
das Licht hat Augen, die Sonne ist aus den Angeln gehoben.

(1965 – 1990)

Aus dem Italienischen von Maria Gazzetti

Arto Melleri

Zahlenmystik

Lebendiges Feuer, seine Unruhe, beruhigt den Ruhelosen,
                                                        mich.
    Frühling. Vier parallel laufende Leitungsdrähte
in Höhe des Oberstubenfensters: Notenlinien für Regen-
tropfen, Jedermanns Musik zur Andacht.
        Und das Feuer im Ofen. Murmelt. Vor sich hin.
Beide Ofentüren Nr. 15,
die linke G-2587, die rechte G-2588,
eine Krone im Dreieck, und parallel eingegossene
                                                    Pfeilspitzen.
    Für einen der rechnen kann existiert keine Zahlenmystik.
Jede andere Möglichkeit ist ausgeschlossen.
In jedem Fall beruhigt mich das lebendige Feuer.
Murmelt. Mantra.

Elävä tuli, sen levottomuus, rauhoittaa rauhatonta, / minua. / Kevät. Neljä alakkain kulkevaa lankaa / yläkerran ikkunan tasalla: viivasto jolla sadepisarat / soittaa, Jokamiehen sävelhartaus. / Ja tuli uunissa. Mumisee. Itsekseen. / Molemmissa suuluukuissa N:o 15, / vasemmassa G-2587, oikeassa G-2588, / kruunu kolmion sisällä, ja rautaan alakkain upotetut / nuolenkärjet. / Sille joka osaa laskea ei ole mystisiä lukuja. / Enää ei ole muuta mahdollisuutta. / Joka tapauksessa elävä tuli rauhoittaa minua. / Mumisee. Mantraa.

Schatten-Sure

Wer in sich
nicht Schatten hat
    Schatten zum Rückzug
vor der Menge
    Schatten, Unterschlupf, heimliche Quelle
leises Getön
    Quelle deren Wasser heilt
von der Hitze des Geistes

Se jolla ei ole / varjoa itsessään / Varjoa johon voi vetäytyä / ihmisten joukosta / Varjoa, siimestä, salaista lähdettä / hiljaa solisevaa / Lähdettä jonka vesi parantaa / hengen kuumeesta

hilflos in der Wüste,
von der Sonne geblendet,
verurteilt ist er für wahr zu nehmen
jede Luftspiegelung,
und zeithin verändert der Sand
seine Form,
die von der Karte verschwundene Stadt
bleibt in gleicher Ferne

on avuton erämaassa, / auringon sokaisema, / tuomittu ottamaan tosissaan / jokaisen kangastuksen, / ja erämaan hiekka koko ajan / muuttaa muotoaan, / kartalta kadonnut kaupunki / pysyy yhtä kaukana

Se jolla ei ole varjoa itsessään / Varjoa, siimestä, salaista lähdettä / hiljaa solisevaa / Lähdettä jonka vesi parantaa / hengen kuumeesta

Wer in sich nicht Schatten hat
  Schatten, Unterschlupf, heimliche Quelle
leises Getön
  Quelle deren Wasser heilt
von der Hitze des Geistes

Onneton se jolla ei varjoa itsessään

Unglücklich der in sich keinen Schatten hat

Tequila sunset

Tequila sunset

Atlantin kumeat vedet / vyöryvät pimeässä, kasinon valot / täplittävät yötä ja soitto / soi avoimista ikkunoista / The Mamas And The Papas / kaukana menneestä maineestaan / Estorilissa, Euroopan reunalla

Hohl rollen die Wasser des Atlantik
im Dunkel, Kasinolichter
sprenkeln die Nacht, Musik
aus offenen Fenstern tönt
                The Mamas And The Papas
fern einstiger Sensation
in Estoril, am Rand Europas

istun laitakadun baaritiskillä / vanhan nistin kanssa, tequilaa / laseissa, hän tarjoaa suolaa, / minä sitruunaa, hän on jalkapuoli, / astui miinaan Angolassa, / turha sanoa sitä sotaa turhaksi / hänen kannaltaan, soitto soi / kasinolla / California Dreaming / vyöryvien vetten takana, / me ollaan viimeiset asiakkaat

Strandbartheke, mit einem alten
Fixer hock ich, im Glas
Tequila, das Salz reicht er,
ich die Zitrone, amputiert ist er,
            in Angola auf eine Mine getreten,
sinnlos den Krieg dort sinnlos zu nennen
meint er, Musik
im Kasino tönt
                California Dreaming
hinter rollenden Wassern,
wir sind die letzten

Hän kohottaa lasin, paloviinan kirkkaudessa / vielä jälkikuva leimahduksesta / jossain viidakon pimeydessä, / toisesta korvasta meni kuulo, / siinä soi toinen soitto, / rumpujen kumu, / muille kuulumaton / «Piikin aika», hän sanoo, juo lasin tyhjäksi / ja linkuttaa yöhön / Jään yksin, tilaan vielä yhden, / soitto soi, alhaalla vyöryvät / Atlantin vedet, kumeat, / minulla on vakaumus: / yötäpäivää vavvolat / vuoksi ja luode

Er erhebt das Glas, im Destillat noch
das Nachbild der Explosion
aus dunklem Dschungel irgendwo,
sein Gehör hopsgegangen auf einem Ohr,
            andre Musik tönt da,
Trommelgedröhn,
            andren nicht hörbar
«Nadelzeit», sagt er, trinkt leer
und hinkt in die Nacht

Ich bleib allein, bestell noch einen,
Musik tönt, unten rollen, hohl
die Wasser des Atlantik,
                    woran ich mich halte:
tagtaustagein wachen
Ebbe und Flut

Krähe mein Wappentier

Wer röchelt hier von Karat?

Nur die Sonne überm aufgewühlten Land ist
rotes Gold,
etwas andres dieser Geschmack
unbekannten Metalls im Mund, ein langes,
mit in den Lehm getretnen Flaschenverschlüssen
                    gekröntes Wochenende hab ich verbracht . . .
nachts beflügelte Gedanken
flattern, Krähenschwarm
eine Handspanne breit über schwarzer Erde,
lästern, auf Flügeln vergangene Tage,
            auf einem zuletzt . . .
Non je ne regrette rien!
krächzt die Krähe, und der untergehenden
            Sonne Blindhaut

Krähe mein Wappentier
in der Welt zerbrochener Heraldik
wo der Herr vom Narr nicht zu unterscheiden,
            Sorbus Brutus oder Sidi Brahim!
rauh alle Moral die in Kraft
hier, verwandt dem Nesselhemd
auf zarter Haut
Non je ne regrette rien!
und eingekläterter Verstand gehobene Weisheit
            in der Vitrine!
die Krähe flüstert ins Ohr mir
all ihre Kodderflunknamen,
die andern Vögel auf und davon schon
in wärmere Länder

Varis minun vaakunalintuni

Kuka täällä korisee karaateista?

Vain aurinko möyrityn maan yllä / on punaista kultaa, / tämä tuntematto-man metallin maku suussa / on jotain muuta, olen viettänyt / pitkän viikon-lopun, saveen tallatuilla / pullonkor-keilla kruunatun . . . / yöllä siivet saa-neet ajatukset / lepattavat varis-parvena / vaaksan verran mustan maan yllä, / ilkkuvat, siivillä kuluivat päivät, / lopulta siivellä . . . / Non je ne regrette rien! / varis raakaisee, ja laskevan auringon / vilkkuluomi

Varis minun vaakunalintuni / särjetyn heraldiikan maailmassa / missä herraa ei erotella narrista, / Sorbus, Brutus tai Sidi Brahim! / karheaa kaikki moraali joka toimii / täällä, jouhipaidan su-kua / herkällä iholla / Non je ne re-grette rien! / ja ryvettynyt ymmärrys enemmän viisautta / vitriinissä! / varis kuiskaa korvaani / kaikki risasiipini-mensä, / muut linnut täältä jo lähte-neet / lämpimämpiin maihin

Olen viettänyt pitkän viikonlopun /
(kymmenen vuotta), / käsillä, lopulta, /
maanantain kalpea aamu: / vapiseva-
ssa sanomalehdessä pelkkiä / kuolinil-
moituksia, / urheilu-uutisia

Ich hab ein langes Wochenende verbracht
(zehn Jahre)
in der Hand, zuletzt, bleicher Montagmorgen:
in tatternder Zeitung nichts als
Todesanzeigen,
Sportnachrichten

Tästä maratonista ei kerrota mitään, /
ja siitä mikä pysyisi, / sisällä

Von diesem Marathon keine Meldung,
und darüber was bliebe,
innen

Ilmalaiva ‹Italia›

Luftschiff ‹Italia›

Jääkää hyvästi, rakkaat, / kenraali No-
bile ilmalaivallaan / purjehtii kimmel-
tävään kuolemaan . . . / se joka mat-
kalle lähtiessään tietää / minne päätyy,
on siellä jo, / siiventynkiensä kanta-
man päässä; / jääkää hyvästi, epäilijät,
suupielissä hymy / kuin kuolainten
jäljet: / «tätä tietä hän ei ole pääsevä
perille», / perille, niin kuin se olisi /
jokin paikka, / päivässä kukaan ei voi
ehtiä kuin päivän matkan, / enem-
män, enemmän totta on ottaa mittaa /
Katoavaisuudesta, / jääkää hyvästi,
rakkaat, / minä olen hänen mukanaan,
kirjuri, kurkotan / itkun partaan yli
naurun rannattomuutta, / tervan ja
höyhenten arvokkuutta, / kirjoitan
muistiin: tämä on unta, yhden yön
mitassa / ikuista, / terveen järjen Bas-
tiljin valtaus; / jääkää hyvästi, te jotka
aina tekeviä paremmin / tiedätte mitä
pitäisi, miten, / tiedätte, ette tee, lai-
tatte hattunne hyllylle / jonka nimi on
Historia, / kenraali Nobile lentää his-
torian kraatterien yli / pohjoista, poh-
joista kohti, aurinko / kauhantäysi
sulaa tinaa / räiskähtämäisillään kyl-
mään veteen, / kuu, kamferiin kastet-
tu pumpulipallo / pyyhkii savuavaa
taivasta, / jääkää hyvästi, rakkaat,
edessä säkenöivät / Thulen kristalli-
rannat

Gehabt euch wohl, ihr Lieben,
General Nobiles Luftschiff segelt
in schimmernden Tod . . .
wer bei der Abreise weiß
wo die Reise endet, ist schon da,
so weit die Flügelstümpfe tragen;
gehabt euch wohl, Zweifler, Lächeln im Mundwinkel
wie Kandarenstriemen:
«auf diesem Weg wird er nicht ans Ziel gelangen»,
ans Ziel, als wärs
eine Stelle,
an einem Tag mehr als eine Tagesreise schafft keiner,
wahrer, wahrer was Maß nimmt an
Der Vergänglichkeit,
gehabt euch wohl, ihr Lieben,
bin mit von der Partie, sein Schreiber, herlangend
über des Weinens Rand mir des Lachens Uferlosigkeit,
die Würde von Teer und Federn,
notierend: dies ist Traum, an einer Nacht gemessen
ewiger,
gesunden Verstandes Sturm auf die Bastille;
gehabt euch wohl, die ihr besser wißt als die Handelnden
stets was zu tun ist, wie,
wißt, nicht handelt, den Hut tut aufs Bord
mit Namen GESCHICHTE,
hin über deren Krater zieht General Nobile
nordwärts, gen Norden, Sonne

205

Kelle geschmolzenen Zinns
im Zerspringen auf kaltem Wasser,
Mond, kampfergetränkter Bausch
über rauchenden Himmel,
gehabt euch wohl, ihr Lieben, vor uns Geleucht
Thules kristallene Küste

Gegen Morgen seh ich den Himmel anders

Wenn Nordlichter heulen am Himmel
    ist Haut gegen Haut schon Bedeutung
        an sich, unter der Decke,
das Fenster zolldick beschlagen mit Eis,
wir wärmen einander unterm Magnetsturm
Geknister am Himmel

Aamuisin katson taivasta toisin

Kun revontulet ulvovat taivaalla / iho ihoa vasten on jo tarkoitus / sinänsä, peiton alla, / ikkuna yksituumaisessa jäässä, / lämmitämme toisiamme taivaalla ritisevän / sähkömyrskyn alla

Vor diesem Aufenthalt hier
glaubte ich noch an tintenfleckige Lehren:
    daß Todesverachtung
        Liebe zum Leben ist,
und andres und unter andrem,
eine klamme Hand schreibt so was nicht,
−20° C signiert das Fenster

Ennen tänne tuloa / uskoin vielä mustetahraisiin oppeihin: / että kuoleman halveksiminen / on elämän rakastamista, / ynnä muuta ja muun muassa, / kohmeinen käsi ei kirjoita sellaista, / −20° C signeeraa ikkunan

Wir brauchen nicht Lehren
nur Schneeschuhe, gegen Morgen seh ich
den Himmel anders, höre mich um:
der ambulante Laden kommt einmal die Woche
falls er sich überhaupt zu fahren bequemt

Emme tarvitse oppeja / vaan lumikengät, aamuisin katson / taivasta toisin, kuulostelen: / kauppa-auto käy kerran viikossa / jos ylipäätään suostuu käynnistymään

Aus dem Finnischen von Manfred Peter Hein

Stefán Hördur Grímsson

Lóðabátur

þilfar: roðgul lík á dökkum fjölum / Stafn: sem heggur í sundur báruhryggi / Spil: sem tekur undir við norðanvindinn / Háseti: sá sem togar í spotta af snæri / Formaður: bátsins ljótasti maður í glugga. / Löðrið yfir og rifinn skýjaflóki. / Undir er djúpið og þess bleiku skógar.

Fangleinenboot

Deck: fischhautgelbe Leichen auf dunklen Brettern
Bug: der Wogenrücken entzweihaut
Winde: die in den Nordwind einstimmt
Matrose: der an einem Stück Angelschnur zieht
Steuermann: des Bootes häßlichster Mann im Fenster.
Der Gischt darüber und ein zerrissener Wolkenfetzen.
Darunter sind die Tiefe und ihre bleichen Wälder.

Steinninn

Vetrarlangt hefur steinninn / horft til mín úr varpanum / og vetrarlangt hef ég óskað / að vorsólin kæmi / og perraði kaldan saggann / af hinum pögla vini mínum.

Í morgun hefur hið bálhvíta ljós / fallið á steinninn og sjá: / það skriðu ormar úr holum hans.

Der Stein

Winterlang hat der Stein
mich von der Hauswiese angeschaut
und winterlang habe ich gewünscht
die Frühlingssonne käme
und trocknete die kalte Nässe
von meinem schweigsamen Freund.

Heute morgen ist das feuerweiße Licht
auf den Stein gefallen und sieh:
es krochen Würmer aus seinen Löchern.

Síðdegi

Síðdegi í Austurheimi. / Blóm af holdi og blóði ganga þorpsstíginn. / Loftveginn koma steikingasveinar.

Þær greina ekki hljóðpípuleik / unnustans í skógarjaðrinum / Steikt brjóst. Brenndar geirvörtur. Sviðin skaut . . .

Nachmittag*

Nachmittag im Osten.
Blumen aus Fleisch und Blut gehen den Dorfweg entlang.
Auf dem Luftweg kommen Bratgesellen.

Das Flötenspiel des Geliebten
am Waldrand nehmen sie nicht wahr:
Gebratene Brüste. Gebrannte Brustwarzen. Versengte
                                    Schöße . . .

---

* Das Gedicht bezieht sich auf den Vietnamkrieg 1966.

Aber nun schlägt man das Kreuz im Westen
zu Beginn der Paarungszeit.

Draußen zündet der August eine bleiche Sichel.

Magere Gegend

Stein und Luft.
Nichts weist den Weg
zum nächsten Gras.

An diesem öden Ort
im mauerlosen Schweigen
entflammt sich dir ein Sommermond.

Jäger und Beute der Gedanken
der Nachtnebel flieht von deiner Stirn.
Grate glühn. Es ist Morgen.
Du tauchst in den Tagesanbruch ein
hinter dem Morgen.

Verfalldaten

Der Mensch kann bald aufhören sich in den Augen des
                                        Hundes zu spiegeln.
Seine Überlegenheit wird nicht länger bestritten
und sein Reichtum wächst ständig.

Er ist bereits zum gefährlichsten Schädling auf Erden
                                        geworden.
Dank seiner schnellen Vermehrung
vernichtet er alles Lebendige und Tote
zu Land zu Wasser und in der Luft.

Selbst die Bakterien die er nährt
in seinem stinkenden Körper
schickt er schon zu den Sternen.

Verzeiht mir ihr Götter diese wiedergekäuten Phrasen der
                                        Illustrierten.
Lobt Lippen das Gedicht und die Liebe
bis zuallerletzt.

En nú er krossmarkað í Vesturheimi /
við upphaf fengitíðar.

Úti kveikir ágúst bleika sigð.

Mörleysur

Grjót og loft. / Engar vörður benda á
leiðir / til næstu grasa.

Á þessum auða stað / í veggjalausri
þögninni / kviknar þér sumartungl.

Veiðimaður og bráð hugrenninga /
næturþokan flýr af enni þínu. / Eggjar
glóa. Það er morgunn. / Þú hverfur
inn í döguninna / bak við morguninn.

Eindagar

Maðurinn getur bráðum hætt að
spegla sig í augum rakkans. / Yfir-
burðir hans verða ekki lengur vefeng-
dir / og ríkidæmi hans vex stöðugt.

Hann er þegar orðinn skæðasta
meindýr jarðar. / Vegna örrar tímgu-
nar sinnar / er hann að eyða öllu
lifandi og dauðu / á láði í lofti og legi.

Jafnvel sýklana sem hann elur / í daun-
illum líkömum sínum / er hann farinn
að senda til stjarnanna.

Fyrirgefið mér guðir þessai jórtuðu
tuggur vikublaðanna. / Lofið varir
ljóðið og ástina / fram á yztu nöf.

Jöklar

Á sumrin fagna jöklarnir heiðríkjunni
/ skína glaðbeittir heita sólskinsdaga /
og ljúga okkur full.

Á veturna segja þeir satt / þá þurfa
þeir ekki að látast / þeir falla inn í
tíðarfarið.

Gletscher

Im Sommer bejubeln die Gletscher den klaren Himmel
leuchten beißendfroh an heißen Sommertagen
und führen uns hinters Licht.

Im Winter sprechen sie die Wahrheit
da brauchen sie sich nicht zu verstellen
sie stimmen in die Witterung ein.

Nóvembermorgunn

Morgunn þögull sem grunað væng-
jatak / yfir gruni um sokkið land / unz
utan úr logndrífunni / maður nokkur
ekur bíl / á negldum hjólbörðum / og
með fullkomnum ljósabúnaði / inn í
eitt svartholið enn – / sem tilheyrir
alheimi / samkvæmt lauslegri staða-
rákvörðun / Á minningarhof ófleyga
fuglsins / hefur fallið austurlenzk sorg

Novembermorgen

Morgen schweigsam wie geahnter Flügelschlag
über der Ahnung von gesunkenem Land
bis aus dem stillen Schneetreiben
irgendwer ein Auto fährt
auf genagelten Reifen
und mit voll gerüstetem Licht
hinein in noch ein schwarzes Loch –
das einer ungefähren Ortsbestimmung gemäß
zum Weltall gehört
Auf den Tempel zum Gedenken des flugunfähigen Vogels
ist morgenländische Trauer gefallen

Aus dem Isländischen von Franz Gislason und Wolfgang Schiffer

Biographien

Gerhard Falkner

Der erste Gedichtband des 1951 geborenen Gerhard Falkner «so beginnen am körper die tage» hat überrascht. Da war jemand, lange nach Trakl, nach Hofmannsthal, Rilke und Huchel, der inmitten einer Welle neo-konkreter, instrumenteller Posie «schön» schrieb ohne Beschönigung, der Empfindlichstes zum Widerstandsfähigsten zu wandeln wußte, jemand, der unter offenem Rekurs auf die Romantik Sprache wieder mit Lust traktierte: *meine zunge spielt verrückt mit meiner muttersprache.* Da war plötzlich das Gegenteil eines Langweilers aufgetaucht, ein Erfinder «heftiger Bilder» und einer raffinierten «Sprache der Freude» (Harald Hartung), dieser *sprache, die mich rettet,* wie es in einem anderen frühen Gedicht heißt, einer Sprache, die nicht nur den Schreibenden, die auch das Gedicht rettet. Diese sinnliche Wortglückseligkeit, die den ersten Versen Gerhard Falkners den Grundton gibt, zwischen Melancholie und Verzweiflung pendelnd, das Erschrecken vor der Welt als Ausgangspunkt («Ich bin kein Vielschreiber. Ich schreibe fast nur, wenn ich erschrecke») setzt sich in dem zweiten Gedichtband «der atem unter der erde» fort mit einer hintergründig-erkenntnistheoretischen Kälte, die stets am Pathos entlangschrammt. 1989 erschien dann der dritte, von Falkner selbst als sein «letzter» apostrophierter Gedichtband «wemut», in dem er sich freiere, auch prosaischere Formen der Lyrik erschließt und versucht, die eigenen Irritationen mit semantischen Brüchen und neuen experimentellen Formen zur Deckung zu bringen. 1990 zog er sich bewußt aus dem Literaturbetrieb zurück, lebte ein Jahr an der Westküste der USA und durchbrach die poetische Mangelwirtschaft, die er sich auferlegt hatte, nur noch selten, zuletzt mit dem poetologischen Traktat: «Über den Unwert des Gedichts». Er plädiert darin für eine Lyrik, die sich der Sublimierung nicht begibt und eine hermetische Sprache subjektivster Ausprägung zum Vorschlag bringt.

«so beginnen am körper die tage», Gedichte, 1981; «der atem unter der erde», Gedichte, 1984; «Berlin – Eisenherzbriefe», 1986; «wemut», Gedichte, 1989 (alle im Luchterhand Verlag). «Über den Unwert des Gedichts», Fragmente und Reflexionen, Berlin 1993.

Michael Hofmann

Michael Hofmann wurde 1957 in Freiburg geboren. Sein Vater war der Romanautor Gert Hofmann. 1961 zogen seine Eltern mit ihm nach England. Seine drei dort publizierten Gedichtbände «Nights in the Iron Hotel» (1984), «Acrimony» (1986) und «Corona, Corona» (1993) wurden mit Preisen ausgezeichnet. Er gilt heute als eine der großen Hoffnungen der britischen Poesie.

Mit den traditionellen poetischen Techniken geht Michael Hofmann spielerisch um. Er interessiert sich besonders für die Chemie oder Alchemie von «Wortkombinationen». Er sei, sagt er, von Poes Diktum – «a frictionless expressive purity» – ausgegangen, habe Klang, Wiederholung, den angenehmen Zeilenbruch vermieden und zunächst Gedichte «vom Format und von der Beschaffenheit von Ziegelsteinen» geschrieben. Heute ist er, um bei Poes Formel zu bleiben, mehr an ‹Unreinheit› und ‹Reibung› interessiert und glaubt mit Gottfried Benn, daß die Fähigkeit, faszinierend zu schreiben, die wichtigste ist und alles andere nicht zählt. Auf was es beim Schreiben wirklich ankomme, sei nicht kodifiziert: «Es muß einen verbrennen oder gefrieren oder, wie Emily Dickinson sagte, durchdrehen lassen.»

«K. S. in Lakeland», New York 1990; «Corona, Corona», London 1993.

Lavinia Greenlaw

«Ich weiß nicht, woher Gedichte kommen. Ich habe viel Zeit damit verbracht, im Weltraum herumzuwandern, ich versuchte Sinn auszumachen in dem, was jenseits des menschlichen Maßstabs geschieht, kämpfte aber auch mit den Methoden, in denen wir Sinn machen. Jetzt bin ich bis auf einen Kilometer wieder in die Nähe meines Geburtsorts gezogen. Ich brauche mehr Schlaf.» So lakonisch spricht die 1962 in London geborene und in Essex aufgewachsene Lavinia Greenlaw über ihre poetische Recherche. Als «einflußreiche Bücher dieses Jahrhunderts» nennt sie «Life Studies» von Robert Lowell, die «Collected Poems» von Elizabeth Bishop und «Rosenkranz» von Anna Achmatowa. An der russischen Dichterin rühmt sie die Klarheit, den Sinn für architektonische Struktur und ein scharfes Auge, das ebensosehr auf sie selbst wie auf den Rest der Welt gerichtet sei. Klarheit und Struktur zeichnen auch ihre eigenen Gedichte aus. Ihr erster Gedichtband «Night Photograph» (1993) wurde von der englischen Kritik gerühmt. Ihre Lyrik befaßt sich häufig mit wissenschaftlichen Themen, mit den Grenzen unseres Wissens, mit mathematischer Schönheit. Den Akt des «Entdeckens» findet sie «schlicht aufregend». So weist ihr Erstling eine Fülle von Gedichten auf, die geographische und historische Grenzziehungen übertreten, mit großem Gespür für Wechsel, für Verschiebung: «eine geringfügige Neuordnung der Planeten».

«The Cost of Getting Lost in Space», Essay, 1991; «Night Photograph», Gedichte, London 1993.

Durs Grünbein

Der 1962 in Dresden geborene Lyriker lebt seit 1985 in Berlin. Er hat mit Schauspielern, Aktionskünstlern und Malern zusammengearbeitet und schon früh in der ‹Ariadnefabrik›, in ‹Sinn und Form› und ‹Niemandsland› veröffentlicht, sich aber immer auch abseits gehalten von Trends, von größeren Zusammenschlüssen, vom Kern des «Prenzlauer Bergs». Man spürt in seinen Gedichten die theoretische Fracht, angewachsen in der Abgeschlossenheit bis 1989, die jetzt nach und nach abgetragen wird in eigensinnigen, reichen, nervös-subjektiven Gedichten. Kritiker haben auf die

Verwandtschaft zum Expressionismus verwiesen, Georg Heym und Gottfried Benn. Lesen wir von der Kindsleiche im Bahnhofsschließfach oder dem Verwesenden vor dem laufenden Fernseher, so treffen wir tatsächlich auf das schmerzhaft desillusionierte Bewußtsein des jungen Benn der «Morgue». Aber es kommt einiges dazu: die Simulation des Realen durch die elektronischen Medien, ein «vom weißen Rauschen durchdrungenes Ich» (Michael Braun), das zur bloßen «Psychofolie» für künstliche Erlebnisreize zu werden droht; aber auch ein distanziert-analytischer Blick auf den Zerfall der DDR. Mitunter packt einen der Taumel bei der Bilderflut. Doch ist das Gedicht des Durs Grünbein nie kopflastig oder gar hermetisch. Er selbst hat darauf hingewiesen, was das Gedicht idealerweise für ihn zu leisten hat: «Es führt das Denken in einer Folge physiologischer Kurzschlüsse vor. Jeder Entladung folgt sofort wieder ein Spannungsaufbau und umgekehrt. Die Energie hierfür liefert ein Komplex, der eigentlich nur unzulänglich mit *Körper* bezeichnet ist, weil er sehr viel tiefer unter die Haut geht.» Seine Gedichte wollen *«Engramme»* nachzeichnen. Sie erforschen die bleibenden Spuren von geistigen Eindrücken in der Großhirnrinde: Verletzungen, Kränkungen, Irrwege, die ein selbständiges Denken schwer, ja absurd erscheinen lassen. Der Künstler ist «halb Zombie, halb enfant perdu . . .», er löst sich schmerzhaft auf, registriert den Verfall und überlebt durch Notat.

«Grauzone morgens», Gedichte, Frankfurt a. M. 1988; «Schädelbasislektion», Gedichte, Frankfurt a. M. 1991; «Schwere Zeitung», Prosa, Berlin 1992; «Falten und Fallen», Gedichte, Frankfurt a. M. 1994.

Göran Sonnevi

Schon in den frühen «politischen» Gedichten gelang es dem 1939 im südschwedischen Lund geborenen Göran Sonnevi, politische Rhetorik zu vermeiden. Die Spannbreite seiner Lyrik – engagiert und hermetisch zugleich – ist erstaunlich und erinnert an das schöne Wort von Nelly Sachs: «Die Lyrik der Schweden erscheint oft unpersönlich geheim, entstanden wie Vogelflug oder Eisflora am Fenster. Was ihr (. . .) in hohem Maß zuteil wurde, könnte man mit einer leuchtenden Ekstase des Geistes bezeichnen.» In Gedichten wie *Jetzt* oder *Lebenskrone, todeskrone* findet sich diese Ekstase als luzider Mystizismus wieder. Stets schreibt Göran Sonnevi gegen Erstarrung, gegen Unheil, gegen Machtverhältnisse an, will sich des Selbst und der Wirklichkeit in ihrer Gesamtheit vergewissern. Werkzeug dieses Erfassens ist die Sprache, exakt, oft spröde im Ausdruck, doch rhythmisch aufgeladen, in ihrer Entfaltung bemüht, Freiheitsräume zu schaffen und zu bewahren. Göran Sonnevi mag sich von dem weitgreifenden Idealismus von 1965 entfernt haben, als er und viele seiner Altersgenossen hofften, aus der Verbindung von Sprachtheorie und Gesellschaftswissenschaft Verhaltensregeln für ein menschenfreundliches Sozialgefüge zu gewinnen. Entsetzt über die imperialistische Entwicklung des inzwischen geeinten Vietnam, sucht er heute in seiner poetischen Sprache Individuelles und Kollektives, Natur und Mensch, Utopie und Mögliches zu versöhnen. Sein Œuvre zeigt somit den Weg von einer aus dem Geist eines undogmatischen Sozialismus hervorgegangenen poetischen Welt hin zu einer hölderlinschen

Mystik und dem «Traum vom kollektiven Mozart», in dessen Schöpfung Sonnevi eine Alternative zur entropischen Tendenz der wirklichen Welt sieht.

«Das Unmmögliche. Gedichte 1958–1976»; «Sprache, Werkzeug, Feuer. Gedichte 1975–1987», übersetzt von Klaus-Jürgen Liedtke, Münster 1988/89.

Guido Ceronetti

Dandy, Gnostiker, Kriminophiler, Marionettologe, ja Syphilophiloge: so lauten einige der Etiketten, mit denen der brillante Sproß des Turiner Bildungsbürgertums in seiner Heimat bedacht wird. Der Ruch der Verruchtheit haftet ihm an – und er, der gleichermaßen über die heilige Katharina von Siena wie alle Nebenerscheinungen der Syphilis meditiert hat, scheint diese Aura des «lasterhaften und lästigen Monsters» (M. Gazzetti) zu genießen. In seinem großen Essay «Das Schweigen des Körpers» rückt er in funkelnden Fragmenten, die an Baudelaires «fusées» gemahnen, den Wahrnehmungsinstrumenten des Körpers mit Belesenheit und Besessenheit auf die Haut, unter die Haut. Es geht um Nerven und Wirbel, Metastasen und Erkrankungen der Leber, Abtreibungen, Scheintote und die Beschaffenheit des Cunnilingus. Bei seiner Buchführung aller Empfindungen des Körpers sind Ceronettis Vorbilder die Stoiker und Pessimisten, «nicht» – wie Karsten Witte schreibt – «jene Philosophen, die es schon immer besser wußten, sondern jene, die es immer schon schlechter wußten».

In Italien hat sich der 1927 geborene Ceronetti vor allem als Wissenschaftsjournalist, Essayist und Übersetzer lateinischer und hebräischer Texte einen Namen gemacht. Berühmt unter den Eingeweihten ist auch sein vor mehr als zwanzig Jahren gegründetes Marionettentheater «Teatro dei Sensibili». Die Aufführungen, die in der eigenen Wohnung in Turin und später in der Nähe von Rom stattfanden, konnten immer nur von zehn, zwölf Personen besucht werden. Pasolini, Bertolucci, Natalia Ginzburg fanden sich ein, wenn Ceronetti seine von ihm selbst modellierten Puppen bewegte oder auch einmal sang. Er selbst hat aber stets die Dichtung als seine Hauptbeschäftigung bezeichnet und sagte einmal, sie verhalte sich «wie ein Asket in der Wüste, der sich aufteilt und durch die Städte streut auf der Suche nach Anhängern». Die Verse sind oft dunkel, unklar in ihrer Struktur, Sinn blitzt auf und verliert sich wieder. Sie erinnern an Zeilen von Artaud oder an die Gedichte von Laure, Batailles Gefährtin. Mehr als alle anderen Äußerungen von Ceronetti führen sie eine vor Verlangen unglückliche Seele vor.

«Das Schweigen des Körpers», Frankfurt a. M. 1983; «Compassini e Disperanzioni. Tutte le Poesie, 1946–1986», Turin 1987.

Arto Melleri

Arto Melleri kam 1956 in einer kinderreichen Familie im südwestfinnischen Lappajärvi zur Welt, einer Gegend, geprägt von aus Amerika heimgekehrten Siedlern («ein Klein-Wild-West» in den Worten Manfred Peter Heins), aber auch von pietistischer Zucht und Ekstase. All das ist ablesbar an Melleris Sprache. Er ist ein landschaftlich geprägter, in biblischer Sprache erzogener südwestfinnischer Dichter, hat aber auch einen Roman über die Drogenszene von Helsinki und ein heftig diskutiertes Theaterstück «Pete Q.» voll anarchistischen Protestes geschrieben. Seinen Lebensunterhalt verdiente er lange als Dramaturg am Stadttheater und später als Hörspielredakteur des finnischen Rundfunks. Wichtig für seine eigene schriftstellerische Entwicklung sind die Dichter der Beat-Generation gewesen, Dylan Thomas, William Blake und Paavo Haavikko. Auf die Frage nach seinem literarischen Selbstverständnis antwortet er: «Schreiben ist Mobilisierung der Sinne, transzendierende Intensität, im Sinne Blakes oder Vermeers zum Beispiel.» Er scheut sich nicht, von mystischer, von Drogen beförderter Erfahrung zu sprechen, trennt aber entschieden literarischen und mystischen Text: «Literatur muß der Versuchung widerstehen, beide Bereiche zu vermischen.»

«*Luftschiff ITALIA*», *Gedichte*, Helsinki 1980; «*Johnny B. Goethe*», *Gedichte*, Helsinki 1988; «*Am Leben*», *Gedichte*, Helsinki 1991; «*Königin Hysteria*», *Gedichte*, Helsinki 1993.

Stefán Hördur Grímsson

Geboren auf Island 1919 oder 1920, man weiß es nicht so genau, hat Stefán Hördur Grímsson lange Jahre als Seemann gearbeitet. Sein erster Gedichtband («Das Fenster öffnet gen Norden», 1946) wurzelt noch ganz in der Erfahrungswelt eines Dorsch- und Heringfängers und bleibt der Motivik einschlägiger Seemannslieder und traditioneller Metrik verhaftet. Erst 1951, mit seinem zweiten Gedichtband, macht er sich von der Formtradition los, vertraut dem Rhythmus seiner leisen Sprache und erfindet eine eigenwillige Metaphorik. Es ist diese zweite Sammlung, «Schwarzelfentanz» betitelt, die Grímsson in Island bekanntmachte. Doch führte er weiterhin ein äußerst zurückgezogenes Leben, am Rande des Schweigens, ohne erkennbaren Wunsch nach gesellschaftlichen Kontakten. Erst neunzehn Jahre später legte er seinen nächsten Gedichtband («Die Seite der Ebene») vor, ein schmales Buch von nur sechzehn Gedichten, die seiner Skepsis und seinen Ansprüchen offenbar standgehalten hatten. In einem dieser Gedichte, *Nachmittag*, 1968 geschrieben, versucht Grímsson die Schrecken des Vietnamkrieges in eine antagonistisch verdichtete Bildsprache zu fassen, die unter seinen Lesern auf der eine viertel Million Einwohner zählenden Insel eine öffentliche Diskussion auslöste. Es wäre falsch zu behaupten, Grímsson sei von da an ein politischer Dichter im engeren Sinn geworden. Aber politische und soziale Fragen nehmen an Gewicht zu, auch wenn die Beschäftigung mit der Natur thematisch bestimmend bleibt. Sie wird aber nicht mehr als Refugium oder als Quelle der Inspiration begriffen, eher als etwas bereits Verlorenes oder vor dem zerstörerischen Zugriff des Menschen zu Bewahrendes. Auch in den späteren Gedichtbänden werden diese Themen, metaphorisch radikaler und in der Spannung zwischen nordischer, mitunter an Munch gemahnender Expressivität und verknappender Verhaltenheit, fortgeschrieben. 1990 erhielt er den erstmals verliehenen Isländischen Verlegerpreis für Literatur.

«Geahnter Flügelschlag», Ausgewählte Gedichte, übersetzt von Franz Gislason und Wolfgang Schiffer, Münster 1992.

Reinhard Priessnitz

am offenen mehr

nu, warum blust de die trompeit?
j. van hoddis

weniger hintern, auge, hirn,
das wär schon alles. weniger hand,
gut. weniger schrift. das bild weg;
weniger worte. keine schaltungen,
ausflüsse, kein dampf! wegtutend
fortschreiben. weniger wellen.
kein papier mehr. weniger auch
arschposaunen. abblasen. kein jetzt!

in stanzen

des innren lebens wunderliches pflanzen,
des äussren lebens widerliches tönen,
es öffnet schliesslich sich dem schleissig ganzen
als saure sterne am vermeintlich schönen,
mit essig und mit öl garniert zu stanzen,
beginnt es wirklich nerven zu durchföhnen,
wenn es, unwissentlich, aus seinen chören
das weitere immer wörtlich meint zu hören:

nämlich das wissen, dass, mit dichten stiften,
was dichter stiften, stifter dichten: nervung;
das windig wirkliche in allen schriften,
gestanzt von den instanzen der verwerfung
(es droht, ins tanzen fallend, abzudriften
und glaubt, ins fallen tanzend, als verschärfung
des äussren wissenskurses fortzusteuern
und somit wieder innres zu durchsäuern),

so äussert es das äussre, fehlberaten,
von wieder wunderlichen nerven, bildern
in widerlichen wundern, sternen, saaten,
um alles weitre wissentliche zu vermildern
und zwar in immer gleichen schriftsalaten,
um so sich selbst da draussen hinzuschildern
und wirkliches von wörtlichem zu lösen,
als das vermeintlich innre am nervösen.

wischung

die scheibe vor der schreibe, entfernter,
dies sei die ganze salbe? distanzen; dies
tanzen; vom übersehenen über das sehen ab-
sehen, abgleiten, solange das begleitete
gleitet, viel- und vogelstimmig, richtung
runter zu; der ganze sirup, saft, sog, die
sanfteren sossen, der eindruckssenf; ist
das der sinn? näher: die scheibe vor der
nähe, der diesem schreiben angenäherten,
dreckdiesig, russ des reinen; der schnee,
sprachspray, und über das geschmierte schmie-
ren noch hingeschmiert, wisch- und weltfest,
und so lang?; aber die nähe hält; dann das
bruchunsichere, der pfeil, die spanne,
des klirrens verdächtig, der halbe ansatz:
wäre das der sprung? also entfernter: die
schreibe von der scheibe vor der schreibe,
das zerscherbelte, aufgefädelte, der bruch;
der ganze scheibenkleister des schreibens,
hingepicktes, das hehre, der eitle spiegel;
darin das selbe: die scheibe vor der schreibe,
weg vom fenster, abgesalbt, ohne sinn, im
sprung: nähe? so lange; dann, ferner:
und das sind sämtliche semmeln?

Friederike Mayröcker

wie Hase bewegtes Uralt, auch dies

im Kopfwasser wars im Kopf
mit der im Baum hängenden Sense
aus der vergänglichen Welt
bisweilen hart an der Grenze
die Überlegungen zum Gebrauch des Satzes (Salzes)
verdutzter Traum, sage ich
wie kann ich etwas verdeutlichen
von dem der andere nichts weiss
riss schnell die Tränen weg
(«zersäge die Schatten des Abends!»)
wer lässt die Arme sinken
wie Hase bewegtes Uralt

Junifragment / für Inger Christensen

ich sitze in meinem Kaminsessel während
draussen das weissblaue Schwalbenozon
im Fensterausschnitt und sanft wirbelnder
Junihauch
oder du hast ein verwehtes Blatt im Haar
eine verwehte Blüte und die verwehten Wiesen / Wangen
im weissblauen Schwalbenozon undsoweiter
und wie die angefaulten Stücke Obst
in der Schüssel einander berühren indem
sie einander anstecken
und wie der Himmel ausstösst
die blaue Rakete der tobenden Schwalbenschreie
wie eine Mona Lisa der Strasse mit Bärtchen
und knappen Jeans und der Sonne ausweichend mehlbestäubt
vor mir tänzelt während der ockerfarbene
Feldstein im Parkrasen aufblitzt
der Hund im Vehikel oder den braunen zottigen Hund
wie einen Pelzumhang um den Nacken geschlungen
oder die geflügelten Ameisen auf dem teigigen Asphalt
ein sich verwischender gänzlich verwischter Vogel

oder ist es ein altes hüpfendes Lindenblatt? –
oder die hinfällige Marienkäferschar
auf dem Gehsteig kriechend zerfranste Fügel
das mit verbundenen Augen im Souterrain eines Hauses
liegende Schreibzimmer in das ich vorüberhuschend
hinabblicke oder
das Lamento eines Haarknotens
welcher bedrohlich hochragt unter
geblümtem Kopftuch

das besessene Alter

das Gedicht ist gefesselt besudelt / die Kohlhäupter
im Schaufenster / ein Ausziehtisch / eine zerknitterte
Pelerine / ein Kran über den Dächern im Westen : ein riesiges
Kruzifix / Schlauch in den Venen / eine Erinnerung brennt
ein abgewetzter Ohrensessel / die gefleckte Rinde der Linden
ein schwarzes Rehhündchen wird wie ein Kind auf den Arm genommen
auf einer Parkbank von einer Frau die eine fremde Sprache spricht
und ein dunkelhäutiger dunkeläugiger Mann
klatscht in die Hände / eine vaterländische Blechfahne
im Flattern erstarrt auf der Spitze des Turms / ein einzelner Tennisschuh
im Müllcontainer am Strassenrand / einzelne Buchseiten auf dem Gehsteig verstreut
im Wind hochgewirbelt / die lichtblauen Blumenkästen
an den aufgeklebten Balkonen / dem AGIPMONSTER hängt das Feuermal aus dem Maul
daneben die Wolfsmilchstaude gegen eine Hausmauer gelehnt / Kolchose
Erschöpfung auf zerfliessendem Asphalt so heiss ist es heute / der
schnaubende Rückenwind / Gebetszeile / Aphasie / John Dowland / die
Wespen schaukeln im Zimmer haben ihre Nester gebaut in meinen
Papieren / die triefende Treppe
aufgetrocknet im nu so gross ist die Hitze heute
in Büscheln die blauen Kornblumen / in einem Ausschnitt
ein Fetzchen Halsausschnitt aus einem feinen weissen Gespinst
aus einem feinen weissen Augenspalt blickt das Heiligenbild mich an
eine alte Wasserkanne aus Blech an einem halbgeöffneten Fenster
eine vollendete Kreuzung zwischen Diebstahl Lotterie und Schlampigkeit
auf einem grünen T-shirt eine aufgedruckte blaue Krawatte / aus der Brusttasche
des Sakkos ein Fetzchen Mohn / ein grüner Apfel aus Licht
auf der Treppe beinahe Widerschein einer grünlichen Glastür / drei
deutsche Hotels / eine Grotte / durch einen Baumgang rosa Allee
durch einen Baumgang das weisse Kleid das rosa Fenster im Auge

hinter den Gardinen bei Nacht oder der Ausfall des rechten Auges der scheinbare
Ausfall nämlich wie es zu lesen sich müht die Zeilen am rechten Rand
so dass die Zeilen am rechten Rand der Seite nur mühsam
entzifferbar werden / dann
knicke ich ab knicke seitlich ab in die Kissen
bleibe liegen so / ungewohnte Schlafposition
bis zum zweiten Erwachen –
adios oder ahoi sagen die Freunde ehe sie uns verlassen
ich rieb mir die Augen um drei Uhr früh ging drüben das Licht aus

Todes Auffassung / für Andrea Zanzotto

die winzigen Kerne der Vogelkirschen
verstreut unter wehenden Linden
nein, auf der Steintreppe mit Windmühlmuster
holprige Tritte im Flur
(auf dem Erdwege verschattete Donauenge)
sie sagt : Hyazinthengeruch und : Krokodilwetter
und : im Palmenhaus kann ich nicht atmen
dieser gemalte Ligusterhimmel Schmetterlinghaus
nämlich riechend ein wenig Gras
ein wenig Stigma mit roten Füssen
die Flusstaube äugend über dem Wasser
blindlings Rosenbüsche strömend und Iris
welkend verwelkend bedeckend das weisse Stirntuch
Säuseln der Blechtafeln in der Strasse Blechwerkzeug Kichern der Taube
Schäkern des Winds und wie / wieder
als Kind trabend laufend durch dampfende Luft
mit blossen Füssen im silbernen Staub
einen kleinen abgebissenen Plastiklöffel hortend
im bunten Gartenkleid
die Arme in die Luft geworfen in den Himmel gestreckt
die beflügelten Hügel mit der Sprache
kann ich nur machen was ich machen kann mit ihr
nicht was ich machen möchte mit ihr die strengen
Vorstellungen bleiben UNGESTALT
nämlich wenn Sommersturm um den Kopf braust durchs Haar
und ich torkeln muss durch Hortensiengebüsch
in den Blumenkästen vor den Fenstern des aufgelassenen Ladens
immer noch die lila Geranien –
Chitin zotig der brüllende Kumpel
in schwarzer Lederkluft

Andrea Zanzotto

Vorsatz

(Sonett über die Verneinung und Verneigung)

Namen, weit gestreute Sprache, ihr zärtlich
berührten, Zweige und Schatten, Schriftgestalt . . .
Die dich durchfließt und die du genießt, Wald
Schrift, ein Gift fast, blühend oder sterblich . . .

Laßt euch frei, bis alle Formen leer sind
Fäden, Schlingen, Fasern, das Knoten und Entfalten . . .
Löst die Kräfte, die so harzig schwer sind
Teile, Frühlicht, Winke, wirbelnd und verhalten . . .

Spinngewebe in der Luftbewegung, Spur
im Echo und Leuchten, aufgenommene Schliere
sei deine Verneigung, Feder, deine Verneinung . . .

Was aus dir strahlt, strahle gewichtlos nur
wenn du durchquerst und vorschreibst; so kommst du zu dir
Zeichen, du kommst zur flüchtigen Erscheinung . . .

I

(Sonett über Fressen Fäden und Fasern)

Könnte ich durch kleinste Rüssel, Schläuche
Kratzen Fäden aus der Erde lösen, Reste
tote Fasern, die zersetzte Not der Feste
und die Lust- und die Entsetzensbräuche;

aufgesetzt die siegreiche Wissenschaftsbrille,
weiter und tiefer der Blick ins feinste Gesetz,
könnte ich die Sprache lösen aus den Rillen
Galateo, den ich suche, zu erfinden, jetzt

Premessa

(Sonetto dello schivarsi e dell'inchinarsi)

Galatei, sparsi enunciati, dulcedini / di
giusto a voi, fronde e ombre, egregio
codice . . . / Codice di cui pregno o
bosco godi / e abbondi e incombi, in
nascite e putredini . . .

Lasciate ovunque scorrere le redini /
intrincando e sciogliendo glomi e
nodi . . . / Svischiate ovunque forze e
glorie, o modici / bollori d'ingredienti,
indici, albedini . . .

Non più che in brezze ragna, o fili-
grana / dubbiamente filmata in echi e
luci / sia il tuo schivarti, penna, e l'in-
chinarti . . .

Non sia peso nei rai che da te emana-
no / prescrivendo e secando; a te ridu-
ci / segno, te stesso, e le tue labili
arti . . .

I

(Sonetto di grifi ife e fili)

Traessi dalla terra io in mille grifi /
minimi e in unghie birbe le ife e i fili /
di nervi spenti, i sedimenti vili / del
rito, voglie così come schifi;

manovrando l'invito occhial sientifi-
co / e al di là d'esso in viste più sottili, /
da lincee linee traessi gli stili / per con-
gegnare il galateo mirifico

onde, minuzie riarse da morte / – co-
rimbi a greggia, ombre dive, erme
fronde –, / risorgeste per dirci e nomi e
forme:

rovesciati gli stomaci, le immonde /
fauci divaricate, la coorte / dei denti
diroccata: ecco le norme.

Einzelheiten, vom Tod verbrannt, am Ende
– Doldenkörper, Schattensterne und Gezweig –,
ihr könntet erblühen, mit Namen für uns und Formen:

die Mägen ausgegossen, die Zahnverbände
eingestürzt und blutig vorgezeigt
zerrissen die Schlünde: das sind unsere Normen.

II

(Sonetto del che fare e che pensare)

Che fai? Che pensi? Ed a chi mai chi
parla? / Chi e che cerececè d'augèl di-
stinguo, / con che stillii di rivi il vacuo
impinguo / del paese che intorno a me
s'intarla?

A chi porgo, a quale ago per riattarla /
quella logica ai cui fili m'estinguo / a
che e per chi di nota in nota illinguo /
questo che non fu canto, eloquio, ciar-
la?

Che pensi tu, che mai non fosti, mai /
né pur in segno, in sogno di fantasma, /
sogno di segno, mah di mah, che fai?

Voci d'augei, di rii, di selve, intensi /
moti del niente che sé a niente pla-
sma, / pensier di non pensier, pensa:
che pensi?

II

(Sonett über was?)

Was tust und denkst du? Wer denn antwortet wem?
Sind das Vögel, die ich mit Geräuschen vertausche,
welches Wasser bring ich in der Leere zum Rauschen
durch hohles Land und ausgehöhlten Lehm?

Zu wem, zu welchem Schneider kann ich noch gehen
mit der Logik, die mich zerreißt, ein Loch, ein Lauschen,
für wen laß ich Ton um Ton die Sprache entstehen
wo nur Gesanglosigkeit ist, Nichtrede, Fauchen?

Du warst nie, so kenn ich von dir nur Niegedachtes
dieses Niewort, das Nie in meinen Träumen,
den Traumort, wer weiß aus wer weiß, Niegemachtes.

Die Stimmen der Vögel, der großen Wälder, der Wasser,
das Nichts bewegt sich, formt aus nichts die Räume,
erdachte Nicht-Gedanken, denk: an was?

III

(Sonetto di Ugo, Martino e Pollicino)
1778–1978

Qual fia ristoro a' dì perduti un sasso: /
ma qual sasso tra erratiche macerie, /
quale scaglia da cumuli e congerie /
identificherò nel bosco, ahi lasso?

III

(Sonett über Foscolo, Martin und Däumling)
1778–1978

An verlorene Tage erinnerten Steine:
welche aber im Zertrümmern und Fortprall
in diesen Schichten die zu Splittern zerfallen
im Wald wo ich suche, ah, und ich weine?

Ginge mein Irren tausendemale hinein
in Holzwege, am ziellosen Weg läge der eine
für meine Steinmetz-Trauer, der Stein zwischen allen,
daß ich ihn mit den Namen der Qualen überfalle.

Höllendunkel, in Felsen zermalmt und entstellt,
eine von finsteren Höhlen durchbrochene Welt,
schattseitig käme mit winziger Friedhofsgestalt

vielleicht Galateo, die Spur wäre gefunden
die Kiesel auf dem Weg, darin die Angst und Wunden
der Tage lebendig sind; steinerner Wald.

Nachsatz

(Abscheu- und Mandalasonett)
für F. Fortini

Addition des Nullpunkts, ortlose Landschaft,
die Würmer leben hier, kriechen hervor
als Götter, das Land geht sich langsam verloren
reichert dabei sich an, erfinderisch standhaft,

von Lüge zu Lüge die Wege der Widerspruchskraft,
endlose Menge, nicht zählbarer Lügenchor
hier in die Lüge verbissen, von Lüge umflort
blitzt es dort auf, zu Verständnis und Hochzeit gerafft.

Das Falsche, auch ich bin das Falsche, Clonus aus Lügen,
Fehlgeburt und elendste Generation,
ich sammle Worte, ihr Tun und ihr Betrügen:

und wieder stehst du da, Vers und Ton,
Sonett, gemacht aus verrufenen furchtbaren Zeilen –
Mandala wo ich flehe in winzigen Meilen.

Ché se pur m'aggirassi, passo passo /
per Holzwege sbiadenti in mille serie, /
quale a conferir nome alle miserie /
mie pietra svilirei, carierei masso?

Nel buio-orco che si maciulla in rupi, /
dell'orbe a rupi dentro i covi cupi, /
quali mai galatei cemeteriali

rasoterra e rasoombra noteranno /
almen la traccia in che l'affanno e il
danno / dei dì, persi lapilli, é vivo;
quali?

Postilla

(Sonetto infamia e mandala)
a F. Fortini

Somma di sommi d'irrealtà, paese /
che a zero smotta e pur genera a vi-
sta / vermi mutanti in dèi, così che
acquista /nel suo perdersi, e inventa e
inforca imprese,

vanno da falso a falso tue contese, /ma
in sì variata ed infinita lista /che quan-
to in falso qui s'intigna e intrista / là
col vero via guizza a nozze e intese.

Falso pur io, clone di tanto falso, /od
aborto, e peggiore in ciò del padre, /
accalco detti in fatto ovver misfatto:

così ancora di te mi sono avvalso, /di
te sonetto, righe infami e ladre – /
mandala in cui di frusto in frusto ac-
catto.

Al mondo

Mondo, sii, e buono; / esisti buona-
mente, / fa' che, cerca di, tendi a,
dimmi tutto, / ed ecco che io ribaltavo
eludevo / e ogni inclusione era fattiva /
non meno che ogni esclusione; / su
bravo, esisti, / non accartocciarti in te
stesso in me stesso

Io pensavo che il mondo cosí conce-
pito / con questo super-cadere super-
morire / il mondo cosí fatturato / fosse
soltanto un io male sbozzolato / fossi
io indigesto male fantasticante / male
fantasticato mal pagato / e non tu, bel-
lo, non tu «santo» e «santificato» / un
po' piú in là, da lato, da lato

Fa' de (ex-de-ob etc.)-sistere / e oltre
tutte le preposizioni note e ignote, /
abbi qualche chance, / fa' buonamente
un po'; / il congegno abbia gioco. / Su,
bello, su.

Su, münchhausen.

An die Welt

Welt, sei, und hell;
hellicht zeig dich,
laß ent-, versuch zu, trachte daß, sag mir alles,
und sieh da ich verwarf wich aus
und der Einschluß wirkte
nicht weniger als der Ausschluß;
auf Kleine, zeig dich,
roll dich nicht ein in dich selbst in mich selbst

Ich dachte die so gezeugte Welt
mit diesen Dauer-Stürzen Dauer-Sterben
die so verhexte Welt
wär bloß ein falsch entpupptes Ich
ich unverdaulich falsch spekulierend
falsches Spektrum unvergolten
und nicht du, Schöne, nicht du «Heilige» und «Heilig-
                                                      gesprochene»
dort beiseite, von dort, von dort

Laß dich be- (zeigen-zeugen-zeichnen etc.)
und über die bekannten Wörter hinaus,
pack die Gelegenheit beim Schopf,
erhell dich ein wenig;
das Zeug habe leichtes Spiel.
Auf, Schöne, auf.

Münchhausnerin, auf.

Aus dem Italienischen von Donatella Capaldi, Ludwig Paulmichl,
Peter Waterhouse

Inger Christensen

Auszug aus: Alphabet

die eiszeiten gibt es, die eiszeiten gibt es,
das eis des eismeers und das eis des eisvogels;
die zikaden gibt es; wegwarte, chrom

und die chromgelbe iris, die blaue; den wasserstoff
zumal; auch die eisschollen des eismeers gibt es,
den eisbären gibt es, wie ein pelz mit einer personennummer
gestempelt gibt es ihn, zu seinem leben verurteilt;
und den ministurz des eisvogels hinab in die blaugefrorenen

märzbäche gibt es, wenn es die bäche gibt;
wenn es den sauerstoff in den bächen gibt, den sauerstoff
zumal; gibt zumal dort wo es die i-laute
der zikaden gibt, zumal dort wo es den himmel
der wegwarte wie waschblau in wasser aufgelöst

gibt, die chromgelbe sonne, den sauerstoff
zumal; bestimmt wird es ihn geben, bestimmt
wird es uns geben, den sauerstoff den wir einatmen gibt es,
feuerauge feuerkrone gibt es, und das himmlische innre
des binnensees; eine eingezäunte bucht mit
etwas schilf wird es geben, einen ibis gibt es,
und die bewegungen des gemüts in die wolken hineingeblasen
gibt es, wie sauerstoffwirbel zuinnerst im Styx

und zuinnerst in der landschaft der weisheit das eislicht,
das eis mit dem licht identisch, und zuinnerst
im eislicht das nichts, leibhaftig, eindringlich
wie dein blick durch regen; diesen rieselnden
lebenstilisierenden nieselregen, in dem es wie eine geste
die vierzehn kristallgitter gibt, die sieben
kristallinischen systeme, deinen blick wie in meinem,
und es Ikaros, Ikaros hilflos gibt;

istiderne findes, istiderne findes, /
ishavets is og isfuglens is; / cikaderne
findes; cikorie, chrom

ob den chromgule iris, den blå; ilten /
især; findes også ishavets isflager, / is-
bjørnen findes, stemplet som en pels /
med personnummer findes den,
idømt sit liv; / og isfuglens ministyrt
ned i de blåfrosne

martsbække findes, hvis bækkene
findes; / hvis ilten i bækkene findes,
ilten / især; findes især hvor cika-
dernes / i-lyde findes, især hvor ciko-
riens / himmel som blåelse opløst i
vand

findes, den chromgule sol, ilten / især;
vist vil den findes, vist / vil vi findes,
ilten vi indånder findes, / ildøje ild-
krone findes, og indsøens / himmelske
indre; en indhegnet vig / med lidt siv
vil findes, en ibisfugl findes, / og sin-
dets bevægelser indblæst i skyerne /
findes, som ilthvirvler inderst i Styx

og inderst i visdommens landskab is-
lyset, / isen identisk med lyset, og
inderst / i islyset intet, livagtigt, in-
tenst, / som dit blik gennem regn;
denne silende / livsstiliserende fin-
regn, hvori som en gestus / de fjorten
krystalgitre findes, de syv / krystal-
linske systemer, dit blik som i mit, / og
Ikaros, Ikaros hjælpeløs findes;

Ikaros svøbt i de smeltede voksvinger /
findes, Ikaros bleg som et lig / i civil
findes, Ikaros underst hvor / duerne
findes; drømmerne, dukkerne / findes;
drømmernes hår med de løsrevne /
kræfttotter, dukkernes hud rimpet
sammen / med nåle, gådernes trøske;
og smilene / findes, Ikarosbørnene
hvide som lam / gennem grålyset, vist
vil de findes, vist / vil vi findes, og ilten
på iltens krucifiks; / som rim vil vi
findes, som vind vil vi findes, / som
regnbuens iris i isplantens glitrende /
udvækster, tundraens strå; som små

Ikaros gehüllt in die geschmolzenen wachsflügel
gibt es, Ikaros bleich wie ein leichnam
in zivil gibt es, Ikaros ganz unten wo es
die tauben gibt; die träumer, die puppen
gibt; das haar der träumer mit den losgerissenen
krebsbüscheln, die haut der puppen mit nadeln
zusammengefältelt, den zunder der rätsel; und das lächeln
gibt es, die Ikaroskinder weiß wie lämmer
durchs graulicht, bestimmt wird es sie geben, bestimmt
wird es uns geben, und den sauerstoff am kruzifix des
          sauerstoffs;
als reime wird es uns geben, als wind wird es uns geben,
als die iris des regenbogens in den glitzernden auswüchsen
des eiskrauts, die halme der tundra; als kleine

vil vi findes, så små som lidt pollen i
tørv, / som lidt virus i knogler, som
vandpest måske, / måske som lidt
hvidkløver, vikke, lidt skivekamille /
forvist til det gentabte paradis; men
mørket / er hvidt, siger børnene, pa-
radismørket er hvidt, / men ikke på
den måde hvidt som en kiste / er hvid,
hvis kister da findes, og ikke / på den
måde hvidt, som mælken er hvid, /
hvis mælken da findes; hvidt, det er
hvidt, / siger børnene, mørket er
hvidt, men ikke / på den måde hvidt
som det hvide der fandtes, / da frugt-
træerne fandtes, deres blomstring så
hvid, / mørket er hvidere, øjnene
smelter

wird es uns geben, so klein wie etwas pollen in torf,
wie etwas virus in knochen, als wasserpest vielleicht,
vielleicht als etwas weißklee, wicke, etwas strahllose kamille
ins wiederverlorene paradies verwiesen; doch das dunkel
ist weiß, sagen die kinder, das paradiesesdunkel ist weiß,
aber nicht auf die art weiß, wie ein sarg
weiß ist, wenn es denn särge gibt, und nicht
auf die art weiß, wie die milch weiß ist
wenn es denn die milch gibt; weiß, es ist weiß,
sagen die kinder, das dunkel ist weiß, aber nicht
auf die art weiß wie das weiße das es gab,
als es die obstbäume gab, ihr blühen so weiß,
das dunkel ist weißer, die augen schmelzen

juninatten findes, juninatten findes, /
himlen omsider som løftet til him-
melske / højder og samtidig sænket så
ømt som når / drømme kan ses før de
drømmes; et rum som / besvimet,
som mættet med hvidhed, en timeløs

die juninacht gibt es, die juninacht gibt es,
der himmel endlich wie erhoben zu himmlischen
höhen und zugleich so zärtlich gesenkt wie wenn
träume gesehn werden können bevor sie geträumt werden;
          ein raum
wie ohnmächtig, wie mit weiße gesättigt, ein stundenloses

läuten von tau und insekten, und keiner in
diesem fliegenden sommer, keiner begreift daß
es den herbst gibt, den nachgeschmack und das nachdenken
gibt, nur die schwindelerregenden reihen dieser
rastlosen ultrageräusche gibt es und das jadeohr der
fledermaus, dem tickenden dunst zugewandt;
nie war die neigung des erdballs so herrlich,
niemals die zinkweißen nächte so weiß,

so wehrlos aufgelöst, milde ionisiert
weiß, und nie die unsichtbarkeitsgrenze so nahezu
berührt; juni, juni, deine jakobsleitern
gibt es, dein schlafendes vieh und seine schlafträume
gibt es, ein schweben galaktischer keime zwischen
der erde so irdisch und dem himmel so himmlisch,
das jammertal still, so still, und das weinen
herabgesunken, herabgesunken, wie grundwasser wieder

in die erde; die Erde; die Erde in ihrem lauf
um die Sonne gibt es; die Erde auf ihrer route
durch die Milchstraße gibt es; die Erde unterwegs
mit ihrer last von jasminen, mit jaspis und eisen,
mit eisernen vorhängen, vorzeichen und jubel, mit
                                        Judasküssen
geküßt auf verdacht und jungfräulichem zorn in
den straßen, Jesus aus salz; mit dem schatten des
jakarandabaums überm flußwasser, mit jagdfalken,
                                        jagdflugzeugen
und januar im herzen, mit Jacopo della Quercias
brunnen Fonte Gaia in Siena und mit juli
so schwer wie eine bombe; mit heimischen hirnen,
mit herzfehlern und zittergras und erdbeeren,
mit den wurzeln des eisenbaums in der erdmüden erde

kimen af dug og insekter, og ingen i /
denne flyvende sommer, ingen begri-
ber at / efteråret findes, eftersmagen
og eftertanken / findes, kun disse rast-
løse ultralydes / svimlende rækker
findes og flagermusens / jadeøre
vendt mod den tikkende dis; / aldrig
var jordklodens hældning så dejlig, /
aldrig de zinkhvide nætter så hvide,

så værgeløst opløste, mildt ioniserede /
hvide, og aldrig usynlighedsgrænsen
så næsten / berørt; juni, juni, dine ja-
kobsstiger / findes, dine sovende kræ
og deres søvndrømme / findes, et
svæv af galaktiske kim mellem /
jorden så jordisk og himlen så him-
melsk, / jammerdalen stille, så stille,
og gråden / sunket ned, sunket ned,
som grundvand igen

i jorden; Jorden; Jorden i sit omløb /
om Solen findes; Jorden på sin rute /
gennem Mælkevejen findes; Jorden på
vej / med sin last af jasminer, med jas-
pis og jern, / med jerntæpper, jærtegn
og jubel, med Judaskys / kysset i flæng
og jomfruelig vrede i / gaderne, Jesus
af salt; med jacarandatræets / skygge
over flodvandet, med jagtfalke, jager-
fly / og januar i hjertet, med Jacopo
della Quercias / brønd Fonte Gaia i
Siena og med juli / så tung som en
bombe; med hjemlige hjerner, /
hjertefejl og hjertegræs og jordbær, /
med jerntræets rødder i den jord-
trætte jord

Jorden Jayadeva besynger i sit mystiske / digt fra det 12. århundrede; Jorden med / bevidsthedens kystlinie blå og med reder hvor / fiskehejren findes, med sin gråblå hvælvede / ryg, eller dværghejren findes, kryptisk / og sky, eller nathejren, silkehejren findes, / og graden af vingeslag hos jernspurve, traner / og duer; Jorden med Jullundur, Jabalpur og / Jungfrau findes, med Jotumheim og Jura / findes, med Jabron og Jambo, Jogjakarta / findes, med jordfygning, jordrøg findes, / med vandmasser, landmasser, jordskælv findes, / med Judenburg, Johannesburg, Jersulems Jerusalem

die Erde die Jayadeva in seinem mystischen gedicht
aus dem 12. jahrhundert besingt; die Erde mit
der küstenlinie des bewußtseins blau und mit nestern wo
es den fischreiher gibt, mit seinem graublau gewölbten
rücken, oder es die zwergdommel gibt, kryptisch
und scheu, oder es den nachtreiher, den seidenreiher gibt,
und den grad von flügelschlagen bei heckenbraunellen,
                                        kranichen
und tauben; es die Erde gibt mit Jullundur, Jabalpur und
der Jungfrau, mit Jotunheim und dem Jura
gibt, mit Jabron und Jambo, Jogjakarta
gibt, mit erdgestöber, erdrauch gibt,
mit wassermassen, landmassen, erdbeben gibt,
mit Judenburg, Johannesburg, dem Jerusalem von Jerusalem

Aus dem Dänischen von Hanns Grössel

Paul Wühr

JETZT WEISS ICH nicht mehr
hat sie mir Fisch geschrieben
oder einen Brief in dem
er schwamm oder habe ich
das Wasser im Kuvert geschaukelt
oder sprang er selber heraus

ALS SIE sich auszieht
der Schatten zwischen
ihren Beinen dunkle
Lebenszeit
dem Ephemeriden
der seine blauen Augen
aus dem Insekt
aufschlug
da schon die Nacht war
die zweite Hälfte Hölderlins
der Pfirsich
unter seinen dünnen Beinen
der Stachel

     MEIN VATER hat die Luft eingebacken

     meine Mutter schnitt die Laiber auf
     und stellte die geöffneten Höhlen aus

     freie Luft in den Löchern

Sagte er
die können wir schon die Gefühle
ich lern' nichts dazu als Trompeter
der Brot gemacht hat als Vater
von einem Sohn der Hölderlin liest

oder

kannst du die Gefühle machen wie ich
der sie nicht mehr lernen muß als Trompeter
der Brot machen mußte als Vater
von einem Sohn der Hölderlin lesen
durfte

> Sag
> was stimmt wenn ich red'
> Bäcker
> höchstens die Schleife im Teig
> wennst mir hilfst
> wenn ich ihn dreh'
> bis zur Brezen

ZWAR IST ES schon zu heben oder
fallen zu lassen wie im Walde
erhoben zu sein

was macht der Berg uns da vor
wenn er gleich nackt ist obwohl er
vom Walde her

aber so balde gipfelt gar nichts
bevor es nicht einmal hinauf erstiegen
sein muß

wenn auch so mancher kommt der Wilderer
dazwischen herein durch die Kühe und hebt
den Rock hoch

und kühner ist es freilich der Förster
kommt wenn er zuweilen hoch dir
im Rücken heiß

jedoch kommt auch hinten die Gemse hoch
und hintereinander ist es im Gebirge
zum Jodeln zu zweit

ist es zwar kurz zum Fallenlassen
zu schön steigen sie auseinander hinunter
und weg gar

das macht uns unten das Tal vor
als es gleich Wiese wurde obwohl wir
vom Berge her

so balde gipfelt nichts länger

zwar ist es schon Natur nämlich
Menschen zu lassen wie im Gebirge
gefallen zu sein

ABER NIE ZU verstehen
wird es sein wie gestern
war

wir verbessern den Morgen
mit dem Aufgang als wir
zu schlafen beginnen

der Untergang gehört
uns nicht mehr wie
wir aufwachen werden

wird es heute ausgehen
und wo die Schatten
lagen

kommen wir in die Träume
und ob die Träume stehen
wo wir

geschrieben liegen wer
das liest

Peter Waterhouse

Wir blinden Zäune

Du sprichst:. Mein Warten ist Sprache. Ich höre dich
nicht. Ein Blatt Papier trennt uns. Die Kirschen werden dunkel. Niemand
will ihnen folgen. Sitzt einer von uns dazwischen? Wir
tauschen Grüße aus. Großes Obst dehnt die Münder. Die Fliegen
reinigen die Flügel. Blinde Zäune sind wir: Sehend
zu beiden Seiten.

Wer also lackiert die Tore der Anstalten, wer versteht
die Abzeichen und lenkt die großen Fahrzeuge zu
vergoldeten Päpsten? Sind nicht alle Wege schon den zwölfäugigen Fliegen
bekannt? Wir aber sind blind.

Nach den Regen sind die Hänge naß. Wir
rutschen. Es gibt keine Täler. Ich gelange
in andere Felder. Amseln betrachten einander. Eine
bin ich. Natürlich: Wir sind nicht Vögel. Wir
zwitschern. Das andere ist Trauer.

Und wachsen die Schnecken, die Haare, wachsen
die Städte, die Finger? Ja. Nichts wächst. Du
vergleichst nicht. So ist die gemeinsame Form
unserer Ungeduld.

Jetzt

Vielleicht sollte man nicht sagen Gedicht.
Nicht ich, du etc., sondern einer in einer schwarzen Hose.
Der Himmel ist etwas Größeres, als es der Spaziergänger wie ein Spaziergänger bedenkt.
Wo ist der Hut, wenn die Frage schon anders endet?
Täglicher Freund Tür und alles andere.
Der Bleistift ist ein Gedanke vom Kürzerwerden.
Jetzt kommt die Zeit, und man sagt besser vielleicht Gedicht.

Nase

Als ich meine Nase sah, war ich unentschieden.
Gestern, heute. Ja, ich erinnere mich.
Gib mir diese Stunden

ohne deine Schönheit. Aber
ich schaue zum Fenster hinaus. Aber
ich lebe im Herz. Im Herz nichts gefunden.
Gestern, heute, das Jahr. Meine Nase im Spiegel.

Wir halten die Geschichte offen. (Geschichte des Augenblicks.)
Habe ich schon von dir erzählt?

Spaziergang als Himmelskunst

Guten Tag Kunst: So muß man beginnen. Warum? Im Grüßen
bleiben die Übergänge sichtbar. Die Grundlage des Grüßens heißt:
Es gibt nur Übergänge, die gute Welt ist ein einziges Sagen:
Guten Tag, und kommt herüber
als Dinge (erstens: Die Maispflanze ist ein einziges Grüßen
wie es nach oben wächst; zweitens: Der Holzboden ist ein einziger Guter Tag
von unten; drittens verweist auf viertens
man kann das alles zählen) und
es gibt die stumme Nacht auch (brennt in ihrer Weise
in den Augen, rauscht in den Ohren
macht unsern Atem so schwarz). Die Grundlage der Nacht heißt:
Es gibt nur Untergänge. Der grußlose Gang des Gelösten
in die Tiefe – verfluchte Tiefe. Wir
sind nicht tief, der eigene Abgrund heißt Fuß
im Kopfstand werfen wir diesen Abgrund Richtung Götter
zehn Engel die Zehen und jeder Engel sagt:
Guten Tag Kunst des Kopfstands. Kopfstand und Fußstand gemeinsam heißen:
Wir sind oben, wir sind im höchsten Himmel
am Gruß erkennt jeder unsern Himmel: Lichtes Europa
könnte gemeint sein, Wolkenbewegung, Augenbewegung
über unsern Köpfen ist zu sehen der weitgezogene Gute Tag
den wir verwandeln, die Verwandlung lautet manchmal:
Guten Tag Kunst. Wo sind wir? Wir sind weit oben und
weitgezogen. Wir sind nicht weit oben genug, aber
wir sind das Brennen, das Rauschen, der schwarze Atem
im guten Übergang. Gehen heißt: Grundlage, Europa, weite Verwandlung und Himmel in eins
wir sind begrüßenswerte Künstler des Spaziergangs.

Brand in der Puppenfabrik in Bangkok
Tote und Tote (11. 5. 1993)

Nachrichten und Rauch
die sogleich vergessen sind
wenn einer nicht hat ein Wort wie:
Pupille

Pupille ist ein gutes Wort
gut für Puppenbrände
und die Färbungen der Wiese

Dein Auge. Du, du und du.
Gefleckt.
Ein Fleck Lilien bei Kostanjevica
Ein Puppenfleck.
Da ich die Blumen betrachtet habe
brannte die Fabrik.

Kastanienbaum, bist du auch eine Puppe?

Das Reh schaute uns lange lange lange an.

Lange Zweige des Haselstrauchs
und welche Lichtnelken stehen am fernen Stadtrand?

Du mußt eine Kirche bauen für deine Gedanken
einen Dom einen Bahnhof eine Bocciahalle

Tote und Tote
und in der Hand des Spielers: Bocciakugeln
und um ihn Weinfelder oder zitterndes Gras
und ein Haus mit großem Zimmer
und eine Unterbrechung durch die Ankunft einer zweiten Person

Bahnhof oder Bocciahalle
oder Aufbahrung
Der Mann steht da
und er hat Habitus

In Temnica
die Toten aus Siam
aufgebahrt
unsichtbar

Der Fleck in deinem Auge ist ein siamesisches Rot

Felix Philipp Ingold

Vorwort

Begeisterter ist keine
Steigerung. Der Name sitzt. Ein Mann
am Tisch. Der schreibt's
mit Blut
im Mund. Schon blüht
die körperwarme Signatur. Schön
unsichtbar. Beweis dass
ich da war. Nur
aber wozu. Wo genau.

Iris

Die Botin weiss
behaart im Falz. Nach allen
Seiten ausgefranst
die Schrift. Die harrt
auf Sinn. Statt
Sinn zu sein. Verrat am
Lauf. Lauf!
Hölderlin die Frage ist die
Frau. Stellt
einer andern Frage nach. Nur
das Nein kann eine ganze
Wahrheit sein. Doch
für die Botin
ist die Botschaft Brot
genug. Und
aber hin und wieder Salz
als Gruss.

Injektion

Wozu die Blüte. Soll das Blut
das rollt im Ohr

Geschichte machen. Wer trägt nicht
den kleinen roten
Punkt
am Hals. An der Ferse. Am
Lid. Der Einstich ist so gut wie
unsichtbar. Und
kein Gerinnsel. Nur das kurze
Zucken bleibt
ins Fruchtfleisch geritzt. Und
also rasch
zurück zu jenem kleinen roten
Punkt
wo die Erinnerung beginnt. Und wo
der Tod schön blüht.

Jandlear

für E. J.

Fort da Fortuna. Nun tun
was Getanes. Also
laut mal Schluss gedacht.
Buch zu. Das
Leben ausgelernt und
aber Lear is going mad in wessen
Rolle glänzt er.
Und umgekehrt den König
wundert's auch
das Gelb des Hunds. Du Narr
wirst gleich den Tod
gefeuert haben. Nämlich werden
was du bist. Ein
Zwilling mit dem Namen Macht
und Nichts. Am besten
weiss er's zuletzt also jetzt.
Protest wozu. Wogegen
zu wieviel Prozent aus Wörtern
Bestien bestehn. Gott
das wär's. Doch
für wen.

Michel Déguy

Katasterfragment
(1960)

Keiner war hartnäckigere Qual; keiner so listig, entschlossen bereit, sich vergeblich zu quälen; keiner beharrlicher darum bemüht, Ebbe und Flut des Elementes nachzuahmen; Mensch-Element zu werden, von umfassendem Entsetzen; sich stets von neuem an Bäumen am Himmel am Meer zu verletzen; sich Hindernissen entgegenzustellen, Zollstelle des Schweigens errichtend gegen alle Grenzen, an denen die unermüdliche Welle und der unermüdliche Vogel und der unermüdliche Wind sich zur Ruhe begeben; als Vermittler zwischen Sand und Gischt, zwischen Klippe und Gewitter; zwischen Waldrand und Kornfeld, er das Gespenst, das überall als Element auftritt, von andern gestreift, und so der wahren Freude fähig wird; er das Wesen der äußersten Ränder, der sein Haus am Zusammenfluß von Tal und Ebene erbaut, geschlagen zermalmt von den Anschwemmoränen oder Lavamoränen, eingeklemmt wo Wolkenmoränen und Wäldermoränen sich kreuzen; doch am Tage von neuem geboren, ohne Haß auf die grausamen Dinge, eher dankbar dem Bergwerk und dem Taifun, der Lawine und dem Schacht, die auf ihn niedergehen, um ihn zu bestatten.

*

Doch starben sie bündelweise wie Algen bei Ebbe
Sie starben traubenweise wie die Rebe im Bottich
Sie starben wie Quallen am Strand
Als wären die Germanen Brüder nur geboren
Um diese neuen Gemetzel zu erfinden
Eine beispiellose Art uns umzubringen

Die nacht- und nebeläugigen Streckenwärter
Verbrannten mit dem welken Laub der Kastanien
Im November auch die Berge toter Häute

Fragment du cadastre
(1960)

Nul ne fut hanteur plus obstiné; qui mît plus de ruse, plus de résolution au service d'une hantise vaine; nul plus insistant à imiter le flux et le reflux de l'élément; à devenir élément-homme, d'universelle hantise; à revenir blesser contre les arbres contre le ciel contre la mer; à se dresser obstacle, érigeant douane de silence à toutes limites où reviennent finir l'inlassable vague et l'inlassable oiseau et l'inlassable vent; interposé entre sable et écume, entre falaise et orage, entre lisière et blé, lui le revenant partout se substituer à l'élément que heurte un autre, y devenir capable de bénédiction; lui l'être des confins élevant sa maison au confluent du val et de la plaine, battu broyé par les moraines d'alluvions ou de laves, coincé au carrefour des moraines de nuages et des moraines de forêts; mais renaissant de jour sans haine pour les choses violentes, plutôt reconnaissant envers la mine et le typhon, l'avalanche et le puits, qui s'effondrent pour l'ensevelir.

*

Cependant ils mouraient par paquets comme des algues à marée basse / Ils mouraient par grappes comme la vigne dans la cuve / Ils mouraient comme des méduses sur la grève / Comme si les germains les frères n'étaient nés / Que pour inventer ces neuves hécatombes / Une incroyable façon de nous faire mourir

Les cantonniers aux yeux de nuit et de brouillard / Carbonisèrent les tas de peaux mortes / En novembre parmi les déchets des marronniers

Et partout / La Hesse la Bavière et la Saxe et la Prusse / Où les villages ont des noms de charnier

Und überall
Ist Hessen Bayern und Sachsen und Preußen
Wo die Dörfer die Namen von Massengräbern tragen

*

*

Cherche cherche la vérité / Cela mène grand bruit dans l'âme / Oh! comme il a grandi le petit jeu d'enfant! / Cherchons Cherchez la vérité

Suche suche die Wahrheit
So gerät die Seele in Aufruhr
Oh! wie ist das kleine Kinderspiel gewachsen!
Sucht Suchen wir die Wahrheit

L'âme / C'est comme une cuisine de ferme / En août après les vêpres / Basse et tiède et sentant le graillon / Où les mouches phraseuses harcèlent / Des devinettes de miel de cerise et de sang froid

Die Seele
Ist wie eine Bauernküche
Im August nach der Vesper
Niedrig und warm riecht es nach angebranntem Fett
Wo die sprachglatten Fliegen sich über
Rätsel aus Honig aus Kirschen und kaltem Blut hermachen

L'âme / C'est comme une bruyère immortelle / Où les chiens débusquent de lourdes faisanes / L'âme / C'est Don Quichotte / Jurant mais un peu tard qu'on ne l'y prendrait plus / Il mue il pèle sur son lit / Il a fait poser sur sa chambre / Un papier peint de moulins à vent

Die Seele
Ist wie unvergängliches Heidekraut
In dem die Hunde schwere Fasanenhennen aufstöbern
Die Seele
Ist Don Quichotte
Der schwört wenn auch zu spät ihn werde man nicht mehr
                                                    benutzen
Regt sich auf seinem Bett verliert sein Haar
Er hat sein Zimmer mit
Windmühlen tapezieren lassen

L'orage menace

Das Gewitter naht

Quand les nuages épais tirent la nuit / bien avant son heure / Quand le chemin rencontre un horizon de brume / Avant l'horizon / Quand les saules se tassent et frissonnent silencieusement / Avant la venue du vent / Quand l'humidité éparse blesse doucement les yeux / Avant la tombée de la pluie / Quand l'énigme enfume le terrier

Wenn dicke Wolken die Nacht
Lang vor der Zeit heraufbeschwören
Wenn der Weg auf einen Horizont aus Nebel trifft
Noch vor dem Horizont
Wenn sich die Trauerweiden neigen und leise frösteln
Bevor der Wind aufkommt
Wenn Nässe da und dort die Augen sanft verletzt
Bevor der Regen fällt
Wenn das Geheimnis den Bau des Tiers mit Qualm erfüllt

Abend

Die Wasseruhr mit den Schilfrohrrändern
Rinnt
Elf Mal schlägt es zum Mond
Die Angst der Katzen ist aus Porzellan

Ohne das Schnarchen der Nacht zu zerstören
Stiehlt er sich nun in die Erlengravur
Und im Buchs
Haben die Stimmbänder des Bachs gemurmelt

Von hier aus sieht man im Innern
Auf dem Bildschirm der Fassaden die Laterna magica des
                         japanischen Essens
Und Kinder die zu Bett gehen
Und zerstreute Frauen die sich hinauslehnen
Doch kein Raub enthüllt den Kern
Und der Dieb ohne Haus wendet sich ab

Das Leiden indes wird ihm sein Lager bereiten
Denn es dringt in den Hohlraum der Erinnerung und durch-
                         bohrt sie
Und der erfüllte Mensch
Wird seine eigene Tiefe bewohnen
Hier ruhen die denkwürdigen Abende
Als größter Schmerz auf seine Wohnung wartete
Und um ihn darauf vorzubereiten
Aufbruch und Trauer vorangehen ließ

★

Wenn es nur noch die langen, schwindenden Tage gibt, die
Verachtung des Lobs und die größte Aufmerksamkeit
gegenüber der Ungerechtigkeit – und den sich im Fenster
auflösenden Morgen und die lebhaften Teile von Bäumen un-
ter der Axt der Züge

Soir

La clepsydre aux parois de roseau / Coule / Onze coups sonnent à la lune / Les chats ont une peur de porcelaine

Alors et sans casser le ronflement de la nuit / Il se glisse dans l'estampe des aulnes / Et parmi les buis / Les cordes vocales du ruisseau ont murmuré

D'ici on voit à l'intérieur / Sur l'écran des façades la lanterne magique des repas japonais / Et des enfants qui se couchent / Et des femmes troublées qui se penchent / Mais aucune effraction ne livre le dedans / Et le voleur sans maison se détourne

De la souffrance cependant il recevra son gîte / Car elle s'enfonce au creux mémoire qu'elle perce / Et l'homme pénétré / Habitera sa propre profondeur: Ci gisent les soirs mémorables / Quand la plus grande douleur attendait sa demeure / Et pour l'y préparer / Se faisait précéder de départs et de deuils

★

Quand il n'y aurait que ces longs jours disparaissants, le dédain de la louange et la haute surveillance contre l'injustice – et le matin qui se disloque à la fenêtre et les pans d'arbres vifs sous la hache des trains

<table>
<tr>
<td>

Quand il n'y aurait que l'homme de-
bout, voué au jour, ceinturé de peau,
attendant du morfil des vents qu'il in-
vente le défaut de l'âme – dans le
spasme des mots un cœur qui se renie

Et le pont effondré sur une mince ri-
vière pour couper le passage une pre-
mière fois, et sur la rive adverse une
grille rouillée que les ronces de berge
enchaînent à son tour, pour empêcher
l'accès une seconde fois

Mais quand il n'y aurait que cela: la
joie de l'enfant dès le début du jour; et
l'adulte passion de retrouver l'amour
dont nous fûmes privés: quand il n'y
aurait que le gisement sans joyau de la
nuit

</td>
<td>

Wenn es nur noch den aufrechten Menschen gibt, für den
Tag bestimmt, gegürtet mit Haut, vom Grat der Winde er-
wartend, er möge die Schwäche der Seele erfinden – im
Zucken der Worte ein Herz, das verleugnet, was es weiß

Und die Brücke, eingestürzt über einem schmalen Fluß, um
den Weg ein erstes Mal abzuschneiden, und am gegenüber-
liegenden Ufer ein verrostetes Gitter, vom Brombeer-
gewächs der Böschung seinerseits in Fesseln gelegt, um den
Zugang ein zweites Mal zu versperren

Doch gibt es nur noch: die Freude des Kindes von Tagesbe-
ginn an; und die mündige Leidenschaft, die Liebe wieder-
zufinden, die wir entbehrten; wenn es nichts anderes gibt
als den Fundort ohne nächtliches Juwel

</td>
</tr>
</table>

*   *

<table>
<tr>
<td>

Soleil, pot de braise où prend racine la
frondaison que nos pieds parcourent /
Car c'est comme avant l'homme, qui
survient pour surprendre

</td>
<td>

Sonne, Glutbecken, in dem das Laubwerk, über das unsere
            Füße gehen, Wurzeln schlägt
Denn es ist wie vor dem Menschen, der erscheint, um zu
            überwältigen

</td>
</tr>
<tr>
<td>

Tout était agencé, de déjà il quitte ce
poste furtif / Déjà il meurt parmi
d'autres, sous la dalle grise des
nuages, l'enseveli / Le ciel referme le
caveau. La terre est la tombe. Il est
venu pour y mourir / Il n'y est pour
rien / Toujours il surgit dans le retard /
Les lourds orages courent sur la mer
ignorés. / Ici et là sous la tonnelle des
nuées par les trouées du treillis / Entre
d'énormes pampres de nuages violets
des tiges mobiles de soleil agitent le
large nénuphar de l'océan / Être der-
nier venu, précédé de bêtes énormes?

</td>
<td>

Es war alles geordnet, und schon verläßt er diesen
            unauffälligen Posten
Schon stirbt er mit anderen unter dem grauen Stein der
           Wolken, der Begrabene
Der Himmel schließt von neuem die Gruft. Die Erde ist
           das Grab. Er kam, um hier zu sterben
    Er kann nichts dafür
    Stets erscheint er zu spät
    Die schweren Wetter ziehen ungesehen übers Meer
    Da und dort unter dem Tonnengewölbe dicker Wolken
           durch die Löcher der Gitter
Zwischen mächtigen Reben violetter Wolken bewegen
    regsame Sonnenhalme die weite Seerose des Ozeans
    Als letzter gekommen, gingen mächtige Tiere voran?

</td>
</tr>
</table>

Aus dem Französischen von Alain Claude Sulzer

Giampiero Neri

Das Hotel der Engel

Tatsache ist daß nicht einmal mehr ein Kind am Strand noch
spielte als die Front des Gewitters sich von der fernsten Linie
löste und rasch nach vorne zu schieben begann.
Zuerst auf der Geraden des Wassers laufend wirft sie zwei
schwere Flügel hoch und versteckt sich leise hinter Wolken-
bänken; und plötzlich geworfenes Licht, wie ein Kometen-
stern, kommt sie uns entgegen.
Dann ist es spät, um Erklärungen auf ein anderes Mal zu
verschieben.
Ich sehe einen mystischen Absturz von Schlössern in der Luft.

Der neue Doktor Livingstone

Versuch inzwischen Anderes zu tun,
laß einen weißen Rand in Deinem Tagebuch frei.
Reisender nachts in der Stadt,
ein Brief ist an Deinen Namen adressiert
ein Briefwechsel, den Du für unterbrochen hieltest,
kehrt mit unklaren Verbindungen zurück,
denk an deine Treue früher.
So gesehen
kündigt sich eine gemeinsame Erfahrung an,
wir gehen durch Rom
einzigartige sehr antike quadratische Stadt

Naturgeschichte

Mühte sich ab mitten im Feld
Fuchs oder Vogel, der es war, auf Schritt und Tritt folgend
einem Fleck, den er energisch durchquerte.
Aber es würde nicht immer so gehen
Leben, das nicht nach Lebenserlaubnis fragt.
Wie Katzenköpfe wie Steinfragmente
der Erinnerung und des Traums
legten sie sich auf den Grund des Sees.

L'Albergo degli Angeli

Sta di fatto che nemmeno un bambi-
no stava giocando sulla spiaggia quan-
do il fronte del temporale si staccò
dalla linea più lontana e cominciò a
venire avanti rapidamente.
Prima correndo sul filo dell'acqua sol-
leva due pesanti ali e si nasconde in
silenzio dietro banchi di nuvole; e get-
tata all'improvviso una luce, come di
stella cometa, ci viene incontro.
Allora è tardi per rimandare le spiega-
zioni a un'altra volta.
Guardo una mistica frana di castelli in
aria.

Il nuovo Dottor Livingstone

Intanto cerca di fare altre cose, / lascia
un margine bianco sul tuo diario. /
Viaggiatore notturno nella città, / una
lettera è spedita al tuo nome / una
corrispondenza che credevi inter-
rotta / ritorna con misteriosi legami, /
considera la tua fedeltà al passato. /
Da questo punto di vista / una co-
mune esperienza si fa strada, / ci in-
camminiamo per Roma / straordinar-
ia antichissima città quadrata.

Storia naturale

Si dava da fare in mezzo al campo /
lepre o uccello che fosse pedonando, /
una macchia che attraversava energi-
co. / Ma non andrebbe sempre così /
vita che non chiedi il permesso per
vivere. / Come punte di selce i fram-
menti / della memoria e del sogno / si
posavano sul fondo del lago.

Stagioni

Febbraio, l'allocco guarda / da una cavità del muro i movimenti / della fredda stagione. / Si adatta natural-mente / alle necessità / attento al rumore delle foglie / ai segnali di ogni piccola vita. / Nel suo lavoro pa-ziente / si riconosce. / Forma, destino e nome / che avrà la ricompensa.

Jahreszeiten

Februar, der Waldkauz beobachtet
aus einer Höhle in der Mauer die Bewegungen
der kalten Jahreszeit.
Er paßt sich natürlich an
aus Not
aufmerksam beim Rausch der Blätter
bei jedem Zeichen eines kleinen Lebens.
In seiner geduldigen Arbeit
erkennt er sich.
Form, Schicksal und Namen,
die ihren Lohn finden werden.

Pesce d'acqua dolce

Lavarello è il nome lombardo di un pesce che vive sul fondo del lago. Ha la testa piccola, come di chi deve pen-sare poco. Ma per la forma si adatta alla profondità. Il colore è bianco ar-gento. Sta nei confini dell'acqua scura, fredda e si suppone pigro e pacifico. / Sul banco del pescivendolo si vede qualche volta, il corpo coronato dal rosso vivo delle branchie.

Süßwasserfisch

Lavarello ist der lombardische Name eines Fisches, der auf dem Seegrund lebt. Er hat einen kleinen Kopf, von einem, der wenig denken muß. Aber mit der Form paßt er sich der Tiefe an. Seine Farbe ist Silberweiß. Liegt an den Gren-zen des dunklen Wassers, des kalten, und man vermutet ihn faul und friedlich.
Auf der Verkaufsbank des Fischhändlers sieht man ihn manchmal, der Körper umkränzt vom lebendigen Rot der Kiemen.

Aus dem Italienischen von Maria Gazzetti

Biographien

Reinhard Priessnitz

Der 1945 in Wien geborene Reinhard Priessnitz machte früh die Bekanntschaft von Peter Kubelka, Barbara Frischmuth und Oswald Wiener. Besonders hingezogen war er ab 1965/66 zum Wiener Aktionismus. Mit Nitsch, Muehl und Schwarzkogler nahm er an einigen «Aktionen» teil. In diesen Jahren setzte auch plötzlich und auf hohem Niveau die eigene literarische Produktion ein, in die einiges von der Anarchie und der Emotionalität der Performances seiner Freunde einfloß. Jörg Drews hat darauf hingewiesen, wieviel schwieriger anarchische Spontaneität in der Literatur «bewältigbar» ist. Priessnitz kämpfte mit diesen komplizierten Darstellungs- und Ausdrucksproblemen und setzte sich dabei immer mehr von der Wiener Gruppe im allgemeinen und von der Konkreten Poesie im besonderen ab. Unter dem Einfluß das Malers Dieter Roth nimmt sein poetisches Denken assoziative und assonante, den Textaufbau verwischende Formen an, die Pointen vermeiden, aber durch «gleitende Setzungen» und einen sich aus sich selbst herausbildenden, tastenden Klang bestechen. Priessnitz strebte in seinen Gedichten immer von neuem die Verwirklichung der eigenen Schreibwünsche oder Schreibutopien an. Vielleicht gab er deshalb auf Jacques Roubauds Frage, was ihn zum Schreiben motiviere, die Antwort: «Jedes meiner Gedichte ist ein Liebesgedicht.» In Splittern und Bruchstücken findet sich in seiner Poesie die kaum eingestandene «Sehnsucht nach dem großen, gewaltigen Sprechen» (Drews). Die aus Jakob van Hoddis' Werk zitierte «trompeit» und die «arschposaunen» in dem Gedicht *am offenen mehr* sind letzte Reflexe dieses Wunsches. Reinhard Priessnitz ist viel zu früh an Krebs gestorben, 1985, vierzig Jahre alt, in Wien.

«vierundvierzig gedichte», Graz 1986; «texte aus dem nachlass», Graz 1994.

Friederike Mayröcker

Friederike Mayröcker lebt in Wien, wo sie 1924 geboren wurde. Von 1946 bis 1969 unterrichtete sie Englisch an Wiener Hauptschulen. In das Jahr 1946 fallen auch ihre ersten Veröffentlichungen. Mit Ernst Jandl verbindet sie seit 1954 eine enge Freundschaft. Ihr poetisches Werk wurde mit zahlreichen Preisen ausgezeichnet, zuletzt mit dem Friedrich-Hölderlin-Preis (1993).

Ihre Lyrik liest sich wie ein fortlaufender Beleg ihres Diktums vom Reichtum der Sprache und vom Strahlenkranz der Assoziationsmöglichkeiten. Diese Möglichkeiten stehen ihr zu Gebote wie der Überfluß des Universums. Sie macht sie faßbar, hörbar, bereitet sie unermüdbar für unsere Sinne zu. In ihren Gedichten – ein einziger Tagebuch-Strom – spricht sie selbst. Sie spricht von ihrer Lebenspraxis (die Kunstpraxis ist), von ihren Wahrnehmungen und Befreiungen, von den Allmacht- und Ohnmachtszuständen des schreibenden Ichs. Es spricht aber auch eine Sprache, die mit dem Unbewußten verbunden ist, das kein individueller Besitz mehr ist. Darum gehören, wie Sibylle Cramer scharfsichtig angemerkt hat, «zu den spannungsvollen Erlebnissen der Mayröcker-Lektüre die inneren Machtverhältnisse des Textes, der mehrsprachig ist, die Zänkereien, vor allem aber die Bündnisse zwischen anonymen Idiomen und den Innenstimmen der Autorin.»

«Tod durch Musen», Reinbek 1966; «Winterglück», Gedichte 1982-1985, Frankfurt a. M. 1986; «das besessene Alter», Neue Gedichte, Frankfurt a. M. 1992; «Lection», Frankfurt a. M. 1994.

Andrea Zanzotto

Der 1921 im venetischen Pieve di Soglio geborene Andrea Zanzotto ist bis zu seiner frühzeitigen Pensionierung Mittelschullehrer gewesen und hat bis auf wenige Reisen seine Heimatregion nie verlassen. Er hat diesen «hypersedimentierten Boden» immer wieder durchwandert oder mit dem Fahrrad durchquert. Das Lokale, der Dialekt des Veneto inspirieren seine Dichtung, die gleichzeitig höchst gelehrt wie kompliziert ist und, wie Montale sagte, «den wahren Kopfsprung in jenen Vor-Ausdrucksbereich wagt, der dem artikulierten Wort vorausgeht». Der Regionalist vollbringt auf der Ebene der lautlichen Affinitäten eine Gedankenmusik, die Luigi Nono zu dem Urteil hinriß: «Es ist mir die wichtigste italienische Lyrik seit Ungaretti und Montale».

Der 1986 erschienene Gedichtband «Idioma» schließt Zanzottos Hauptwerk ab, eine Trilogie, die 1978 mit «Il Galateo in bosco» begann (aus ihm rühren die hier abgedruckten Sonette) und 1982 mit «Fosfeni» fortgeführt wurde. Das Übersetzerteam Capaldi, Paulmichl und Waterhouse haben den ehrgeizigen Versuch unternommen, zu den experimentellen «Hypersonetten» und den Dialektgedichten deutsche Entsprechungen in Hochsprache und Dialekt zu finden. Zanzotto, der immer am Ursprung der Sprache interessiert ist, hat Kindersprache untersucht, Dialekt, Kinderverse, Abzählreime. Ursprung der Sprache empfindet er als Gestammel, Abgrund, Schweigen – Schweigen wiederum als gewaltigen Wortschwall, der nicht zu dechiffrieren ist. «Meine Psyche lädt sich auf», sagte er, und ist erdrückt «im Gefühl dieser Bipolarität von Sprache», die auch seine Gedichte zwischen die Pole Amnesie und Erinnerung, Schweigen und Versprachlichung, Aphasie und babylonisches Stimmengewirr spannt.

«Lichtbrechung», Gedichte, übersetzt von Donatella Capaldi, Ludwig Paulmichl, Peter Waterhouse, Graz 1987.

Inger Christensen

Die 1935 in Vejle / Jütland geborene Inger Christensen entschied sich nach der Ausbildung zur Lehrerin und kurzer Lehrtätigkeit, freie Autorin zu sein. Sie hat Lyrik, Romane, Essays, Bühnenstücke und Hörspiele geschrieben. Ihre Lyrik und Prosa verbinden Sprachexperiment und Gesellschaftskritik. Viele ihrer Großgedichte – wie *alphabet* oder *es* – beruhen auf einer zahlenkombinatorischen Grundlage und spielen Sprachmuster und Sprachreihen durch. Fast zur gleichen Zeit wie Lars Gustafsson hatte sie die Arbeiten von Noam Chomsky kennengelernt. Dessen Ideen über eine angeborene Sprach-*Fähigkeit* und über allgemeingültige formale Regeln für den Satzbau haben ihr, wie sie selbst bezeugt, «ein phantastisches Schwindelgefühl» gegeben: «Eine nicht beweisbare Gewißheit, daß die Sprache eine unmittelbare Verlängerung der Natur ist. Daß ich dasselbe ‹Recht› hatte zu sprechen wie der Baum, Blätter zu treiben.» So gelingt es ihr, Wortsituationen zu schaffen, in denen die Dinge und die Wörter verraten, wer wir sind. Für ihr Werk erhielt sie 1994 den Nordischen Schriftstellerpreis der Schwedischen Akademie und 1995 den Preis für Europäische Poesie der Stadt Münster.

«alphabet», Gedichte, Münster 1988; «brief im april», Gedichte, Münster 1990; «Gedicht vom Tod», Münster 1991; «Teil des Labyrinths», Essays, Münster 1993 (alle übersetzt von Hanns Grössel).

Paul Wühr

Paul Wühr, 1927 in München geboren, lebt in Passignano in der Nähe des Trasimenischen Sees. Für sein Werk erhielt er u. a. den Bremer Literaturpreis, den Petrarca- und den Ernst-Meister-Preis. Die Poesie ist für ihn «die Muttersprache des menschlichen Geschlechts», die sich gegen all die richtigen, also falschen Sprach- und Denkformen durchsetzen muß: gegen die Sprache des Staates, der Gesellschaft und ihrer Institutionen, der Religion und des Sexus, die aber im Spiel auch vergessen kann, was ihre Aufgabe ist: eine Gegenwelt zu bilden. Dieser Aufgabe hat sich Paul Wühr nicht nur in seinem Opus magnum «Das falsche Buch» (1983), sondern gerade auch in seinen drei Gedichtbänden hartnäckig, vielschichtig und sprachgewaltig gestellt. Wer Paul Wühr nachts in seiner alten Münchner Wohnung am Elisabethmarkt Hölderlin auswendig hat hersagen hören, weiß intuitiv von seinem eigenen Umgang mit Sprache, von der fast magischen Gewalt, mit der er sich auf Wörter zu konzentrieren vermag, heile Sätze zusammenstaucht oder zerschlägt, um die Mehrdeutigkeit und Verwandlungsfähigkeit von Sprache aufleuchten zu lassen. Gebrochene Verse, sich zu neuen Formen zusammenballende Satzteile haben immer mit dem äußeren Rand unserer Realität zu tun, vermitteln unmittelbar Sinn und Sinnlosigkeit unserer Zeit, zeigen uns die Ängste, Unsicherheiten und Hoffnungen der eigenen Existenz.

«Grüß Gott ihr Mütter ihr Väter ihr Töchter» Gedichte, München 1976; «Rede». Ein Gedicht, München 1979; «Paul Wühr», Materialienband, herausgegeben von Lutz Hagestedt, München 1987; «Grüß Gott, Rede», Gedichte, München 1990.

Peter Waterhouse

Von den Dichtern, die er mit Liebe und Ausdauer übersetzt – Gerald Manley Hopkins, Andrea Zanzotto und Biagio Marin wären hier vor allem zu nennen –, lassen sich Rückschlüsse ziehen auf die poetische Haltung des 1956 in Berlin geborenen und jetzt in Wien lebenden Peter Waterhouse. Er mißtraut nicht, wie eine vorangegangene Dichtergeneration, der Sprache. Für ihn ist sie eine «Vertrauensstruktur», weil sie mit ihren Klängen Ähnlichkeiten herbeiführt und das Getrennte verbindet, das in seiner Identität verharren möchte. Er läßt sich von ihr leiten, seine Texte arbeiten mit Assoziationen und Assonanzen. In einem Gespräch sagte Waterhouse, er fände in der älteren Literatur eine «Hilfe zur Wahrnehmungsgeduld und Langsamkeit: Geduld zur Beachtung des Nebensächlichen, Kleinen, Unwichtigen». Diese Hilfe erlaube ihm, seine Sprache zu präzisieren. Schreiben sei insgesamt ein Erinnerungs- und ein Wahrnehmungsversuch. Oft spielt in seinen Gedichten Landschaft eine zentrale Rolle. Sie ist, nach eigenem Bekunden, «der Ort der Verlustlosigkeit, der Gleichzeitigkeit, der Anwesenheit von allem und Gegensätzen, Paradies». In seiner Lyrik entsteht so ein gedanklich-lautlicher Korpus, der im Grunde einer modernen und mehrdeutigen Landschaft gleicht, in welcher Natur und Technik jenseits ihres Konfliktpotentials zueinanderfinden.

«MENZ», Graz 1984; «Passim», Gedichte, Reinbek 1986; «Sprache Tod Nacht Aussen. Gedicht. Roman», Reinbek 1989; «Verloren ohne Rettung», Salzburg 1993.

Felix Philipp Ingold

«Es gibt Gedichte-wie-offene-Hände, Gedichte-wie-Frauen, die Raum schaffen, die zu Fenstern werden, durchlässige Gedichte, die sich zur Welt hin öffnen – nach außen.» So äußerte sich 1981 Felix Philipp Ingold zum Gedicht, als sein erster Gedichtband «Unzeit» mit hochdiffizilen Sonetten erschien. «Es ist eine leise, sehr langsame Arbeit zu leisten, bis man einen winzigen, lebenswichtigen Zusammenhang vibrieren fühlt, eine Verbindung entdeckt, die (...) Sinn durchsickern läßt, zwischen einem Ding und einem Wesen.» In der deutschsprachigen Literaturlandschaft nimmt sich der 1942 in Basel geborene Autor, der auch ein größeres Romanwerk vorgelegt hat, wie eine einzelgängerische Figur aus. Zwar liegt es für uns nahe, zunächst an Ernst Jandl oder Oskar Pastior zu denken. Doch ist seine poetische Genealogie eine andere, für uns ungewöhnlichere: Er fühlt sich eher als ein später Nachfahre von Ossip Mandelstam, der «großen» Marina Zwetajewa, von Alexander Block oder dem «mutmachenden» Welimir Chlebnikow – Dichter, die er nicht nur übersetzt, sondern auf die er auch in Essays zur russischen Kunst- und Geistesgeschichte eingegangen ist.

Die Sprache seiner Gedichte synthetisiert Tradition mit Sprüchen von Wurfsendungen, answering machines, Alltagsclips und Werbebroschüren. Er schafft, was wir ein alternierendes Sprachsystem nennen könnten. Für die Modernisten war das Bild (‹the image›) noch «das primäre

Pigment» (Pound), «der Vektor» (Olson); inzwischen hat es aber seine Autorität als poetische Signatur weitgehend eingebüßt. Die Betonung auf dem poetischen Medium «als konstruiert und regelbeherrscht» hat, wie die amerikanische Lyriktheoretikerin Marjorie Perloff ausführt, «die Vorherrschaft von natürlicher Rede, spontanen Rhythmen und dem, was T. S. Eliot ‹common intercourse› nannte, in Zweifel gezogen». Auch die Gedichte von Felix Philipp Ingold sind «radical artifice», radikale Artifakte, Sirenengesänge unserer Zeit, den Weisen der elektronischen Kommunikation vergleichbar, bei denen sich die Möglichkeit stets erhöht, daß das Empfangene von dem differiert, was ausgesandt wurde.

«Unzeit», Gedichte, Stuttgart 1981; «Echtzeit», Gedichte, München 1989; «Reimt's auf Leben», Gelegenheitsgedichte, Berlin 1992; «Restnatur», Gedichte, Münster 1994.

Michel Déguy

Michel Déguy wurde 1930 in Paris geboren. Bis 1968 unterrichtete er Philosophie in den Abschlußklassen verschiedener Gymnasien. Seitdem lehrt er Philosophie an der Universität von Paris 8. Im Jahre 1990 wurde er zum Vorsitzenden des Collège International de Philosophie gewählt. 1989 erhielt er für sein poetisches Gesamtwerk den «Grand Prix National de Poésie».

Neben der eigenen Lyrik, die Hölderlin, Mallarmé, Char und Celan als Bezugspunkte nennt und unverkennbar Wurzeln im französischen Surrealismus hat, hat Michel Déguy auch übersetzt und als Herausgeber der Zeitschriften ‹Poésie› und ‹Temps Modernes› bis heute eine bedeutende Vermittlerrolle gespielt.

«Poèmes 1960-1970», Paris 1973 (Neuauflage 1991); «Poèmes II, 1970-1980», Paris 1986; «Arrêts fréquents», Paris 1990.

Giampiero Neri

In rund fünfzehn Jahren hat Giampiero Neri drei schmale Gedichtbände veröffentlicht: «L'aspetto occidentale del vestito» (Der westliche Anschein der Bekleidung, 1976), «Liceo» (Lyzeum, 1986) und «Dallo stesso luogo» (Aus demselben Ort, 1992). Insgesamt weniger als hundert Seiten, Kondensat eines poetischen Schaffens, das 1965 mit dem Druck der ersten Gedichte in der Zeitschrift ‹Il Corpo› begonnen hatte. Der 1927 in Erba geborene, heute in Mailand lebende Dichter will wenig veröffentlichen. Doch ist er trotz seiner bewußten Zurückgezogenheit über die Jahre zu einer Leitfigur für jüngere italienische Lyriker geworden. Seine Verse sind meist Prosagedichte, karg und lakonisch. Sie fassen einen Gegenstand, einen Raum in eine kurze Notiz, Geschehen werden transkribiert und festgehalten. Das Wort ist immer nah am Objekt, steht und fällt gleichsam mit ihm. Der Waldkauz in dem Gedicht *Jahreszeiten* oder der *Süßwasserfisch*

Lavarello belegen diese Haltung, die – aller rhetorischen Überfrachtung abhold – näher am amerikanischen Dinggedicht als an einem Gutteil heutiger italienischer Dichtung ist. Andere Themen sind die Wege der Erinnerung, die Vergangenheit, die wiederkehrt. «Straordinaria antichissima città quadrata» – diese Zeile ist es, die als erste für Neri gefangennimmt, ein strenges Modul, um das große Rom einzufangen. Neri bezeichnet Ungaretti und, mehr noch, Montale als seine Lehrmeister, die er in seinen Gedichten gern versteckt zitiert. In der zeitgenössischen poetischen Szene Italiens ist die klare, strenge und diskrete Poesie Giampiero Neris ein seltenes Beispiel dafür, wie mit wenigstem viel gesagt wird.

«Dallo stesso luogo», Mailand 1992.

Ahmad Shamlu

Immer noch denke ich an den Raben

هنوز در فکر آن کلاغم . . . .

هنوز
در فکر آن کلاغم در دره های یوش ؛

Immer noch
denke ich an den Raben, der in den Tälern von Jusch
mit seiner schwarzen Schere
aus dem papiernen, matten Himmel
über das rostfarbene Gelb des Kornfelds
              schräg einen Bogen schnitt
und gewandt an den nahestehenden Berg
mit trockenem Krächzen aus seiner Kehle
            etwas flüsterte,
das die gelangweilten
         Berge
             in der prallen Sonne
noch lange danach
         mit Staunen
in ihren steinernen Köpfen
            wiederholten.

Manchmal frage ich mich,
         was ein Rabe
mit jenem sicheren, unwiderruflichen Auftritt
               mitzuteilen hat,
wenn er,
      genau am Mittag,
mit seiner aufdringlichen, trauernden Farbe
über das rostfarbene Gelb des Kornfelds, Flügel schlägt
einige Pappeln
        mit Geschrei und Wut
          überfliegend
was hat er mitzuteilen,
den alten Bergen,
den müden, schläfrigen, gottesfürchtigen,
daß sie es lange danach miteinander
wiederholen?

با قیچی سیاهش
بر زردیِ برشتهٔ گندمزار
با خِشْ خِشی مضاعف
از آسمان کاغذی مات
قوسی برید کج
وروبه کوه نزدیک
با غار خشکِ گلویش
چیزی گفت
که کوه ها

بی حوصله
در زلِّ آفتاب
تا دیرگاهی آن را
با حیرت
در کلّه های سنگی شان
تکرار می کردند .

گاهی سوال می کنم از خود که
یک کلاغ
با آن حضور قاطع بی تخفیف
وقتی
صلوه ظهر
با رنگ سوگوار مُصِرَّش
بر زردی برشتهٔ گند مزاری بال می کشد
تا از فراز چند سیدار بگذرد ،
با آن خروش وخشم
چه دارد بگوید
با کوه های پیر
کاین عابدان خستهٔ خوابالود
در نیمروز تا بستانی
تا دیرگاهی آن را باهم
تکرار کند ؟

Aus dem Persischen von Bahman Nirumand

255

Ein düsteres Lied

Vor dem bleiblauen Hintergrund des Morgens
steht still
        der Reitersmann:
die lange Mähne seines Rosses
           zerzaust vom Morgenwind.
O Herr! O Herr!
Die Reiter sollten nicht stillstehn
bei der Ankündigung
des Untergangs.
An dem verbrannten Zaun
steht still
        das junge Mädchen:
das dünne Tuch ihres Rockes
          bewegt sich leicht im Wind.
O Herr! O Herr!
So still sollten Mädchen nicht bleiben
wenn
Männer
altern
in Verzweiflung und Verdruß.

Rede zum Begräbnis

Die Unempfänglichen
sind alle gleich.
Nur der Sturm
        zeugt verschiedenartige Kinder

Gleich
sind all die Schattengleichen,
vorsichtig
        an den Grenzlinien des Sonnenscheins.
Tote sind es
        in Gestalt von Lebenden.
Und dies
die Wagemutigen,
die Erhalter der Feuer,
die leben

ترانهٔ تاریک

بر زمینه سربی صبح
سوار
خاموش ایستاده است
ویال بلند اسبش در باد
بریشان می شود .
خدایا خدایا
سواران نباید ایستاده باشند
هنگامی که
حادثه اخطار می شود .

کنارپر چین سوخته
دختر
خاموش ایستاده است
ودامن نازکش در باد
تکان می خورد .

خدایا خدایا
دختران نباید خاموش بمانند
هنگامی که مردان
نومید وخسته
پیرمی شوند .

خطابهٔ تدفین

غافلان
همسازند
تنها توفان
کودکان ناهمگون می زاید .

همساز
سایه سانانند ،
مُحتاط
در مرزهای آفتاب
در هیأت زنده گان
مرد گانند .

وینان
دل به دریا افگنانند ،
به پای دار نده، آتش ها
زنده گانی
دو شادوش مرگ
پیشاپیش مرگ
همواره زنده از آن سیس که با مرگ
وهمواره بدان نام
که زیسته بودند ،

256

Schulter an Schulter mit dem Tod,
                    dem Tod voraus,
noch immer am Leben, nachdem sie beim Tode waren
und immer mit dem Namen,
                    mit dem sie lebten;
denn der Verfall
geht an der hohen Schwelle der Erinnerung an sie
beschämt und gesenkten Hauptes vorbei.
Die Entdecker von Quellen,
die demütigen Entdecker des Schierlings,
die Freude suchen
                in den Monstranzen der Vulkane;
die Gaukler des Lächelns
                in der Nachtkappe des Schmerzes;
mit Fußstapfen tiefer als Freude
auf der Zugvögel Weg.

Sie stehen Aug in Auge mit dem Donner,
erleuchten das Haus
und sterben.

Aus dem Persischen von Kurt Scharf

که تباهی
از درگاه بلند خاطرة شان
شرمسار و سرافگنده م گذرد .

کاشفان چشمه
کاشفان فروتن شوکران
جویندگان شادی
در مجری آتشفشان ها
شعبده بازان لبخند
در شبکلاه درد

باجا پائی ژرف تر از شادی
در گذرگاه پرندگان .

در برابر تندر می ایستند
خانه را روشن می کنند
ومی میرند .

Oktay Rifat

Schicksal

Was ist das für eine Plage
Vom Rechnen verstehe ich nichts
Bin Angestellter in der Buchhaltung
Mein Lieblingsessen, zwiebelgefüllte Auberginen
Bekommt mir nicht
Ich kenne ein Mädchen mit Sommersprossen
Ich liebe sie
Sie liebt mich nicht

In tausend Gewändern

In tausend Gewändern geht es umher, mit tausend
                                Gesichtern wächst es auf,
Mit dem Vogel fliegt es am Himmel, mit der weißen
                                Wolke zieht es,
Es wird zur Ähre im Mai, singt im gleichen Ton
Mit den Zikaden in der sonnigen Ebene,
Mit einer Schere schneidert es die Zeit, lila
Tage, grünliche Abende näht es sich.
Vom Meer zum Himmel, von der Liebe zu den Träumen
Alles, was unaufschließbar, unenträtselbar ist, steckt in ihm
Das Gras und der Feigenbaum, die zwischen den Mauerstei-
                                nen wachsen,
Die windigen osmanischen Wiesen und der Goldlack,
Die zerbrochene Steinschrift, der Zypressenbrunnen,
                                das Mietshaus
Blühen und sterben unter seiner Herrschaft.
Wie der Rauch verschlagen, wie der Märchenfuchs
Schlau, und so schön, daß die Vernunft aussetzt.

Tecelli

Nedir bu benim çilem / Hesap bilmem / Muhasebede memurum / En sevdiğim yemek imambayıldı / Dokunur / Bir kız tanırım çilli / Ben onu severim / O beni sevmez

Bin Kılıkta

Bin kılıkta dolaşır o, bin yüzle büyür, / Kuşla uçar gökte, akçıl bulutla geçer, / Başak tutar mayısla, öter bir avaza / Cırcır böcekleriyle güneşli ovada, / Bir makasla biçer de Zaman'ı, morumsu / Gündüzler, yeşilimsi akşamlar dikinir. / Denizden havaya, sevdadan düşlere dek / Açılmaz, kurcalanmaz ne varsa, içinde. / Surların taşlarında biten ot ve incir, / Rüzgârlı osmanlı çayırları ve şebboy, / Kırık yazıt, selvili çeşme, kiralık ev / Onun sultanlığında serpilir ve ölür. / Duman gibi sinsi, masal tilkisi kadar / Kurnaz, öylesine güzel ki akıl durur.

Im Stehen

Da stehst du am Tresen
das Gelb der Zitrone das Grün der Petersilie
du trinkst und siehst dich um
eigentlich gehst du einen steilen Weg hinab
läßt die Schuhe putzen
kaufst Zigaretten
du schlenderst zu jemandem
hier und dort
einen Schluck Raki zwischen zwei Küssen
und diese Olive in jenem Augenblick der Liebe.

Şiir

Az söyle / Mendilin görünür görün-
mez / Pipon yarı dolu / Küçük kâğıt-
larını küçült / Gündelik şiirimizin.

Poesie

Sag wenig
Kaum sichtbar dein Taschentuch
Halb gestopft deine Pfeife
Mach kleiner die kleinen Zettel
Unserer täglichen Poesie.

Mandal

Üç kez vuruyordu elini masaya, /
üç kez vuruşunu dinliyordu elin ma-
saya, / sanki başka birinin eli, başka bir
dünyada, / başka bir masaya vuruyor, /
hepsi de çoktan yok olup gitmiş. / Baş-
ka bir çağ bahçede, oçağın ağaçları. /
Bir ip gerili iki direk arasında ve ipte
tek bir mandal: / Hortlamış bir kırlan-
gıç gibi az çok, / bağımsız parmak
ölüden, / damalı peşkirini tutabilir
boşlukta, Zaman dışı.

Wäscheklammer

Dreimal klopfte er auf den Tisch,
lauschte dem dreimaligen Klopfen seiner Hand auf den Tisch,
als klopfte die Hand eines anderen, in einer anderen Welt,
auf einen anderen Tisch,
alles war längst dahingeschwunden.
Ein anderes Zeitalter im Garten, die Bäume jenes Zeitalters.
Ein Seil gespannt zwischen zwei Pfosten und eine Wäsche-
                                        klammer am Seil:
Wie eine aus dem Tod erstandene Schwalbe fast,
zwei Finger unabhängig vom Tod,
können die karierte Serviette halten im Raum, außerhalb
                                        der Zeit.

Die Frau im Minibus

Kräftig schlug sie die Tür des Wagens zu
sie entschwand
eine gelbe Leere blieb zurück, die ich nicht ausfüllen konnte
bald ließ ein unsichtbarer Baum
den Wagen und die Leere
in seinem Schatten vergessen

lange duftete noch der Lindenbaum.

Aus dem Türkischen von Yüksel Pazarkaya

Minibüsteki kadın

Hızla kapatıyordu kapısını arabanın /
yok oluyordu / sarı bir boşluk kalıyor-
du dolduramadığım / az sonra görün-
mez bir ağaç / arabayı da boşluğunu
da / gölgesiyle unutturuyordu

uzun süre ıhlamur kokuyordu.

Fazil Hüsnü Dağlarca

Yeni Yaratiklar

Başkaları çıkar betiklerden bir gece, / Kaplar evreni başkaları.

Daha da güzel, anlamlı, özgür, / Bir ulu türküyü söyler başkaları.

Suları yel, bir uçsuz bucaksız sev- gide, / Ekmekleri yön, başkaları.

Eşittir ellerinde sarıya yeşil, / Ak ölüm- leri kara yaşamalarına karışmış başkala- rı.

İşte açık alınları yazısız, / Yazar yeni betikleri başkaları.

Neue Geschöpfe

Andere entsteigen den Büchern eines Nachts,
Bedecken das Weltall, Andere.

Schöner, verständiger, freier,
Ein hohes Lied singen Andere.

Wasser wird Wind, Brot die Richtung des Windes,
In ewiger Liebe, Andere.

Grün und Gelb sind ein Gleiches in ihren Händen,
Weiße Tode mit schwarzen Leben vermischt, Andere.

Ihre Stirn ohne Zeichen.
Neue Bücher schreiben sie, Andere.

Benden Geri

Bu yalancı dünyada / Devletler ben- den geri. / Dağlardan uyanmışım / Heybetler benden geri.

Kalbim Allaha kadar / Karanlık içre bahar. / Gece, sular, ağaçlar, / Ateşler, benden geri.

Aşkımı azad ettim / Aşkımın misâli yok. / Aşkıma hudut değil / Lezzetler benden geri.

Zurückliegend

Brüchig fand ich die Welt,
Was sind mir Staaten.
Den Bergen entstamm ich,
Was soll mir Schönheit.

Mein Herz rührt an Gott.
Im Dunkel keimt Frühling.
Was sagen mir Nacht, Baum, See.
Was kann das Feuer.

Einst entließ ich die Liebe.
Meine Liebe ist frei,
Ohne Haut, ohne Grenze.
Was gibt mir Lust.

Liebe ähnelt dem Schlaf

Der Frühling wuchs und wuchs in den Lüften,
Unablässig regte sich Grün.
Der Wind liebte kein trockenes Blatt.
Ohne Schlimmes zu denken, liebten die Zweige
Die Vogelweibchen.

So sanft waren ihre Träume,
Ich schlief.
Vom Laut der Wimpern, die einander berührten,
Erwachten die Berge
Aus ihrem Hasenschlaf.

Da sagte Özdemir aus Erzurum:

Ich bin Özdemir, Bauer aus Erzurum.
Mit neunundneunzig blieb ich im Feld.
Teure Gefährten, ich bitte euch nachzudenken:
Brot und Taube,
Warum sind sie weiß?

Das eine, weil es gewogen wurde,
Münze um Münze,
Und geküßt,
Jahrtausend über Jahrtausend.
Die andere, weil sie die Freiheit ist.

Das sagte Tevfik Fikret:

Ich bin Tevfik Fikret, der traurige Dichter.
«Eines Tages schritten wir beide
Den Weg von Topkapi herunter und sahen
Ein leeres Feld mit einer Platane.»
So schrieb ich. Halt, es muß heißen:
Nach dieser Versammlung werden meine Söhne
Tausendundeiner Platane im ganzen Land
Grünes Laub aufstecken!

Sevgi uykuya benzer

Büyürdü büyürdü ilkbahar havalardan / Kımıldardı daima yeşillik. / Rüzgâr kurumuş yaprakları sevmezdi / Ayıp bir şey düşünmeden / Dişi kuşları severdi dallar.

Öyle inceydi ki rüyları, / Ben uyurdum. / Birbirine değen kirpiklerinin sesinde / Uyanırdı dağlar, / Tavşan uykularından.

Aldi Erzurum'lu Özdemir Çavuş:

– Benim doksan dokuzunda şehit olan çiftçi Özdemir Çavuş, / Sesleniyorum siz ulu kardaşlarıma / Neden aktır hiç düşündünüz mü ekmekle kuş?

Biri tartılmış kuruş kuruş, / Öpülüp baş üzre binlerce yıl / Biri kedileyin özgürlük olmuş.

Aldi Tevfik Fikret:

– Ben Tevfik Fikret'im, bilirsiniz, bütün üzüntüsü kan, / «Hani bir gün seninle Topkapı'dan / Geliyorduk yol üstü bir meydan / Bir çınar gördük.» Demiştim ya hayır hayır, / Bu toplantıdan sonra dağ ova orman çayır, / Oğullarım bin bir çınarda yapraklarını açacaktır.

Die Wirklichkeit der Sprache

On adam kaldık, / On cümle değil, on
söz. / On adam efsanelerüstü beş
adam, / Bir adam bir tarih bir göz.

Wir sind übriggeblieben, zehn Menschen.
Nicht zehn Sätze, zehn Worte nur.
Zehn Menschen, die Hülle des Märchens, fünf Menschen.
Ein Mensch, ein Lauf der Geschichte, ein Auge.

On adam kaldık, / On dayanışma, on
söyleme. / Dört adam, destanlar içre
iki adam, / Bir adam bir dil parıltısı bir
deme.

Wir sind übrig, zehn Menschen.
Zehnmal handeln, zehnmal erzählen.
Vier Menschen, der Kern der Sage, zwei Menschen.
Ein Mensch, ein Zungenschlag, ein Sinn.

On adam kaldık, / Diller milletlerin
son adamları değil midir? / Son söze
dek öyle azaldık ki / Geldi anadilimiz
dağlar karanlığından ovalar aydınlığı-
na, bir bir.

Zehn Menschen. Werden die Sprachen bleiben,
Die letzten Menschen der Völker?
Wir sind geschrumpft bis zum letzten Wort.
Schon tritt aus dem Schoß der Berge die Muttersprache.

Aus dem Türkischen von Gisela Kraft

Kateb Yacine

Offen die Stimme

Ich habe meine Brüder gesehen
Sie schienen sehr müde
Sie hatten seit Algier nicht geschlafen.

Ich habe Musikanten gerufen
Die Heimat in den Wind geworfen,
Alte, ehrwürdige Namen gesagt.

Was für eine Fahrt! Was für ein Meer!
Hingestorbne Arme heben die Erde
Und schützen sie vor dem Schlamm!

Die Frauen weinten am Ufer,
Kneteten den sehnsüchtigen Teig,
Warfen ihre Brüste den Matrosen zu.

Staub des Juli

Uns selbst erschossen
Reißen sich die Männer um die Erde
Und selbst erschossen
ziehen sie die Erde an sich
Wie eine Decke
Und bald haben die Lebenden keine Schlafstatt mehr.

Fragment

Und wie zwei Ameisen
Wenn die Erde gebebt hat
Bleibt uns nur noch
Zu simulieren den gemeinsamen Tod

Ouverte la voix

J'ai vu mes frères / Ils paraissaient très fatigués / Ils n'avaient pas dormi depuis Alger.

J'ai appelé des musiciens / Lancé la patrie dans le vent, / Dit de vieux noms pleins de prestige.

Quelle croisière! Quelle mer! / Des bras défunts lèvent la terre / Et la préservent du limon!

Les femmes pleuraient sur le rivage, / Pressaient la pâte nostalgique, / Lançaient leurs seins aux matelots.

Poussières de Juillet

Et même fusillés / Les hommes s'arrachent la terre / Et même fusillés / Ils tirent la terre à eux / Comme une couverture / Et bientôt les Vivants n'auront plus où dormir.

Fragment

Et comme deux fourmis / Quand la terre a tremblé / Nous n'avons plus / Qu'à simuler la mort commune

EINMAL MEHR GING ICH IM SEPTEMBER
IN DEN OSTEN
Trübsinnig unter den letzten Schirokkos des Jahres
Plötzlich erschien zwischen dem Meer und den
Jungen Hülsensammlerinnen diese Lügnerin
Voller Ideen den Herbst zu verbringen

Ich weiß nicht was Nedjma
In der Mitte der Alleen trägt
Was uns düster macht
Aufgesogen in diesen seltenen Raum
Wo die Sterne sich fallen lassen

Anachronistisches Treffen
In einem umgestürzten Himmel

Überzeugend und zitternd
Irre ich am Rand der Grotte umher
Auf die tiefe Anrufung der Quellen zu
Unter den schwarzen Feuern
Unter dem von tragischen Schatten umrandeten Blick
Mitten im Herzen aller Mißgeschicke

Gedicht für den Douar Sfahli

Junge Mädchen meines Stamms
Euer Schweigen verfolgt mich
Und die Trauer vergrößert das Schweigen
Und das Exil vergrößert den Tod
Und eure Tränen
Rachsüchtige Gefährtinnen
Der lebend Verbrannten von Millésimo
Eure Tränen
Wie die Brandmale der Peitsche
Wecken den Galeerensklaven
Mit der Erinnerung an sein heimatliches Gefängnis . . .
Aber heute abend
Witwen und Waisen meines Stamms
Heute abend in Saigon
werden die Aggressoren vergeblich nach Waffen suchen

Heute abend am Ufer des Roten Flusses
Rufen andere junge Mädchen euch wach
Geschützt vom MG-Feuer
Dank der Hafenarbeiter von Algerien
Dank des Fleisches von euren Leichenfeldern
Ihr deren Tränen die Bitterkeit haben
Des Blutes der erdolchten Völker
Einsame junge Mädchen
Meines fast vernichteten Stammes . . .

Aus dem Französischen von Joachim Sartorius

Abdellatif Laâbi

Die elektronischen Affen

Sarkastisches Gedicht mit
getarnten Spruchbändern
zur
Entgiftung
Afrikas

he le le   he le le   Uahli Uahli
Wir grüßen das Versuchskaninchen Afrika
blütenweiß
gespült   geschrubbt   entfleckt   entwildert
kommt es aus Dem Labor Des Westens
danke Papa Schweitzer
danke Rotes Kreuz   F. A. O.
danke im Namen unserer Negerlein   kleinen Ratten   gezeichnet von der Beriberi
berüchtigter Hungersnöte
danke ihr biederen Hausfrauen   Jesuskinder   Blondköpfchen   Priester
für eure humanitären Tränen und euer Pulsrasen
danke Agha Khan   Yul Brynner   Gräfinnen   Marquisen
für eure Gala-Abende   euer Reisefieber und die ausgestreckten Hände
danke UNO   UNESCO   EWG   CIA   Commonwealth   Weltbank
für eure Freigebigkeit   für verpfändete Darlehen   väterlichen Wucherzins   Ramsch
Lumpen   Whisky   Krücken   falsche Blondinen
Hilfskorps   Friedenskorps
Helft Afrika   Helft den Löwen   verlassen von den Schakalen
Helft unseren Völkern in den flotten Kerkern Afrikas   im Aufbau

he le le   Uahli Uahli
Wir grüßen Den Kontinent Der Kolonialen Narben
zerschrammt von   mit langer Elle   verordneten Grenzen
Ethnische Verbände   Bruderschaften rivalisierend im Namen von Allah   Christus   Totem
Widder   Sonne   Erde   Himmel   chthonischen Geistern
«Ich danke dir mein Gott daß du mich schwarz geschaffen hast»
Ich danke dir mein Gott daß du mich als Araber geschaffen hast   Berber   Ibo   Haussa
Peul   Zimbabwee   Mau Mau   Massai   Pygmäe   Stolzer Krieger   Hochnäsiger
Ungreifbarer   Nomade   Kannibale ohne Steiß

ich danke euch ihr Heiligen jeder Gattung   daß ihr mich ausgestattet habt mit Weidewechsel
und Allgegenwart   daß ihr mich gelehrt habt die Geheimnisse von Leben und Tod   Sterilität
und Fruchtbarkeit   Wahn und Liebesakt
daß ihr mich eingeweiht habt in die absoluten Geheimnisse der Pflanzen und Gestirne   daß ihr
mich geleitet habt zu Gebräu und heilendem Stein
ich danke euch all ihr Kräfte daß ihr meine Haut pigmentiert habt in gewöhnlicher Farbe
mir gegeben habt ein geschmeidiges Rückgrat   eine rosige Zunge
um den Dreck vor den Mächtigen vom Boden zu lecken

he le le Uahli Uahli
Wir grüßen das von der Sintflut errettete Afrika
ich danke dir Europa daß du mich unter dem Banner deiner rationalen und universellen Sprachen
vereint hast
mich mit Logik und Technik ausgestattet hast
mich angewiesen hast in klingender Münze zu reflektieren
mein schwarzes Gold und meine Diamanten   meine treibende und meine intuitive Kraft
ausgebeutet hast
aus meiner heidnischen Finsternis   Dämme   Fabriken für Seife-Automontage   Coca-Cola
Bier   Omo   Nescafé hervorgebracht hast
ich danke dir daß du mir zugestanden hast mein übergroßes Geschlecht
Super-Rute   Orgasmen   Gänsehaut der Geilheit
mich ausgestattet hast mit unvergleichlichem Rhythmus   flexibler Anatomie Physiologie
ein Schilfrohr das sich beugt aber nicht denkt   mein Skelett in ein dehnbares Trapez
verwandelt hast
mich befreit hast von Zauberern   Blutpreis   Endogamie   Polygamie   Polyandrie
Blutopfern   moralischer und körperlicher Schlafkrankheit   danke daß du mir aufgetan hast
die Barrikaden zu deinen Universitäten   Verlagen   Bordellen
        du meine holde Zuflucht
        mein rettender Todes-
                Anker
wenn meine unerfahrenen Herrscher   die noch dem Feudalismus des Blutes nachweinen
mich verfolgen wegen täglicher Ruhestörung
he le le Uahli für dich mütterliche Brust der
                Freiheit
                Demokratie
                gemeißelt in deine Giebelbauten
danke daß du mir Den Menschen und die Großbuchstaben beigebracht hast
meine Mängel und meine Tugenden
danke daß du mir Wahrheiten ins Gesicht geschleudert hast

ich habe alles falsch angefangen   bin wissenschaftlich unterentwickelt   unzulänglich
analysiert   tribale   atavistische Strukturen   chronische Krankheiten   feindliche
nicht assimilierte Umwelt   der Hase und der Igel

danke daß du mir die Augen verdorben hast mit deinem totalen Licht   deiner totalitären
Aufklärung
Slogans direkt in Sehnerv   Eingeweide   Speiseröhre   und ich habe verschlungen
aufgesogen   wiedergekäut   deine Verknüpfungen   Wegweiser   Zeichen   Gleichungen
Rettungsbojen
          und ich habe mich überfressen an deinen verführerisch funkelnden
Kodifizierungen   Elektronischer Affe
                                                              Afrika

ein Dschungel in den du
          deine Gesetze
                    gehauen hast.

he le le   Uahli Uahli
Wir grüßen das aristotelische Afrika
danke Papa Senghor   ihr negerkultischen Onkel
danke daß ihr mich vorgeführt   ausgestellt   entkleidet   gestrippt habt   in meiner Lebens-
größe   meinem kollektiven Gedächtnis   meinem Alptraum-Unbewußten   meiner Moral-
Weisheit mich differenziert und auf bleiernem Tablett präsentiert habt   der Welt der Essenzen
und Existenzen
mich aus meinen ungesunden Höhlen gelockt habt
danke OAU   OCAM   Arabische Liga   Groß-Maghreb   danke im Namen unserer Stämme
Baumzüchter   Nomaden   Vampire   Leopardenmänner   Tigermänner   Pantherfrauen
Erdenbürger befördert mit Fahne   Hymne   Verfassung   Einheitspartei   Demokratie nach
Wahl   Föderation   Nationalem Sozialismus   danke daß ihr mir Die Urne aufgezwungen
habt   Das Parlament   Die Universität   zur Halbzeit   Kino-Karawanen   Bibliotheken in de-
nen ich einiges über die Geschichte und ihre Kolosse erfahre   meine Märchen meine Rätsel und
Scharaden in schönen Übersetzungen lese   meine mündliche Poesie   mit «objektiver Distanz
und den gebotenen Mediatisationen» meine *griots* entdecke   meine *imediazzen* meine Akrobaten
und meine Jongleure   meine anonymen Künstler   die Helden meiner untergegangenen Reiche
– meine futuristische Bildhauerei die Picasso bis zum Erguß entzückte   meine arabesken
Vasarélys Mondriane   meine aztekisch-pharaonischen Architekturen   meine Musikinstrumen-
te   meine Wiegenlieder und Romanzen   für die gewiß eines Tages irgendwelche Beatles
Verwendung finden werden   meine pflanzliche Medizin   sympathische Magie   imitatorische
Magie   die Rezepte der alten Frauen aus meinen Harems

Bin ich vielleicht Vorfahr des Menschen
Wiege der Welt
Prüfstein der Genesis
berge ich Atlantis?
die Grabungen gehen weiter

he le le   Uahli Uahli
Wir grüßen das Afrika
               das bis an die Zähne bewaffnet
                          sein Leben genießt
viel gut Elektrizität   Flugzeug   Fernsehen   Goldbarren in Schweiz   Night Club
Diplomatenkoffer   IBM-DATA
Viel gut Django   Ringo   James Bond   Coplan   Hitchcock
Viel gut le Monde   Paris-Match   Canard Enchaîné   Détective   Planète   Playboy
Viel gut Molière   Shakespeare   Montesquieu   Calderón   Mallarmé   Sartre
      Mananga ist der V. Hugo Afrikas
      Hamidallah ist der arabische Baudelaire
      dieses Buch würde auch in jedem westlichen Land einen Preis erhalten
Viel gut Saint-Germain   Pigalle   Mädels   Vagina in effigie   übertragen Sie das auf
London   Brüssel   Madrid   Lissabon   Amsterdam   New York
Viel gut Exil   Ich dort heimatlos   ich Buch schreibe   Skandal mache   Angst kriege
Politiker im Land
        Rebell

he le le   Uahli Uahli   Viel gut Westen   Alter reiß auf so viele Kakao-Lächeln wie du
kannst   der masochistische homosexuelle Europäer wirds dir mit Zärtlichkeit vergelten   mit
Schulterklopfen   Augenzwinkern   Lippenlecken und dir sagen   komm schon mein Kleiner
mit dir bin ich jeglichen Geschlechts   Ungestüm   Würze   Sonne   Tam Tam   Marim-
ba   Spinnentiere   Rebec   Sitar   Käfer   Krotal   Tam Tam Tam   Stop   der progressive In-
tellektuelle ruft auf zum Dialog   erhebt euch   übernehmt endlich Verantwortung   schlägt
sich vor die Brust in Selbstanklage und Brüderlichkeit im Schmerz was in ein Vorwort   ein
Buch   eine Petition paßt   Ein ruhiges Gewissen   und der Experte nimmt dich als seltenen
Schmetterling aus Rhodesien   letztes fossiles Exemplar   er krempelt die Aufschläge seiner
Hosen hoch hat wieder ein Objekt für eine Abhandlung entdeckt   Arbeit für ein ganzes Le-
ben   und der Verleger möchte nur die gute Sache unterstützen   nimmt seine Interessen wahr
und deine   wird dir die Schleusen der Kioske öffnen   Schaufenster   Kolumnen   damit du
eine Auszeichnung für Anpassung und Verdienste bekommst die von allen Lautsprechern ver-
kündet wird auf all den kleinen Bildschirmen des Kontinents zu sehen ist: er beschimpft uns ist
gegen alles aber seinetwegen werden die Touristen herbeiströmen.

he le le   Uahli Uahli
Wir grüßen das Afrika der blutigen Herren
viel gut Macht
mein Gefreiter   mein Leutnant   mein Oberst   mein General
ihr seid die würdigen Abkömmlinge großherziger und wilder Kaiser (einer von ihnen mauerte
wie der Chronist berichtet seine eigenen Söhne ein   seine Rivalen   sägte sie geduldig in kleine
Stücke die er noch blutig in siedenden Teer tauchte und nach dem Vorbild des berühmten
Schahraiar setzte er seine eigenen Frauen und Konkubinen vor riesige Truhen legte ihre Brüste auf
den Rand und schlug den Deckel zu preßte bis der Tod eintrat) Ihr seid die letzten Kümmerlinge
aus Palastintrigen   Gift   Würgetod   Hinterhalt   Im 20. Jahrhundert   ist es viel einfacher
ein paar Panzer   erobere das Mikrophon der Nation und ein Sitz in der UNO ist dir sicher

AFRIKA BESITZT MÖRDER IM ÜBERFLUSS

Wir brauchen nur einen von euren ehrenvollen und gerechten Prozessen unter Ausschluß der
Öffentlichkeit zu machen. So tötet doch! Ihr wißt schon weshalb. Auch die anderen wußten
weshalb sie Lumumba hingerichtet haben. Auf   ihr Folterknechte! Tötet tötet. Knebelt Afrika.
Schlitzt seine fruchtbaren Ovarien. Morgen   wird der Impuls der arbeitenden Kräfte euch zer-
malmen im unerbittlichen Strömen der Revolution

Viel gut Blut
die Blutbänke sind schlechter ausgestattet mit afrikanischem Blut als Straßen   Plätze Gefäng-
nisse   die nach Lumumba benannten Avenuen   Ironie der Geschichte   doch es ist nicht das
Blut aufgezwungener Blutspendekampagnen
sondern das Blut aller Hungernden   Verfolgten   Arbeiter-Objekte   derer die von
Trust   Kartell   und Nepotismus   ausgebeutet werden   sondern das Blut aus Jahrhunderten
der Barbarei und diesem letzten Jahrhundert   der Zeit der Hochtechnologie
            der angelernten Barbarei
                        Elektronischer Affe
                            Afrika
sondern die übergroße Last   Der Makel   Der Preis
für den künftigen
            den Hiesigen
                    Menschen
und deshalb
        Guerillero
schreibe in dein wunderbares Register
die Katastrophenliste der Feinde Afrikas
und in der jubelnden Horde der Söldner   Kolonialisten   Feudalisten   Schieber   Kuppler
Bürokraten   hebe deine besten Kugeln auf für die angehenden blutigen Herren   die Negro-
phagen   die elektronischen Affen   die AFRIKA heute verkaufen

und auch morgen verkaufen werden
wenn du dein Register kurzsichtig anlegst
AFRIKA für das du blutest im Dschungel des 20. Jahrhunderts
im Dschungel in dem
                    du aushebst
den Katafalk für die Zombis   die Herren-Sänger
                    du bahnst
in unbeirrbarem Strömen
                    die seismischen Wege der Freiheit

Juli 1969

Aus dem Französischen von Hans Thill

Les singes électroniques

poème en sarcasmes et
banderoles piégées
pour
la désintoxication
africaine

hé lé lé   hé lé lé   Ouahli Ouahli
saluons l'Afrique-Cobaye
                    sortant toute blanche
rincée   lessivée   décrassée   désensauvagée
                    du Laboratoire Occidental
merci papa schweitzer
                    merci Croix-Rouge   F.A.O.
merci pour nos négrillons   petits ratons   en béribéri   de famines notoires
merci braves ménagères   enfants de Jésus   blondinets prêtres
pour vos larmes humanistes et l'affolement du pouls
merci agha Khan   Yul Brynner   Comtesses   Marquises
pour vos soirées de gala   déplacements fiévreux et mains tendues
merci ONU UNESCO CEE CIA Commonwealth Banque Mondiale
pour vos largesses   prêts à gages   usure paternelle
exédents   friperies   whisky   béquilles   fausses blondes
        Corps assistant   Corps de paix
Assistez l'Afrique   Assistez les lions abandonnés par les chacals
Assistez nos peuples dans les geôles pimpantes de l'Afrique qui s'édifie

hé lé lé   Ouahli Ouahli
        Saluons le Continent à balafres coloniales strié de frontières ordonnées   au double décimètre
ethnies   confréries rivales dressées au nom d'Allah   Christ   Totem   Bélier   Soleil   Terre   Ciel   Esprits chthoniens
«Je te remercie mon dieu de m'avoir créé noir»
Je te remercie mon dieu de m'avoir créé Arabe   Berbère   Ibo   Haoussa   Peulh   Zimbabwé   Mau Mau   Masaï
Pygmée   Guerrier insoumis   Nomade hautain   Insaisissable   Anthropophage sans coccyx
je vous remercie saints de tous les acabits de m'avoir doué de Transhumance et d'Ubiquité   de m'avoir appris les secrets de la vie et
de la mort   de la stérilité et de la fécondité   de la folie et du coït
de m'avoir initié aux secrets absolus des plantes et des astres de m'avoir conduit aux condiments et aux pierres guérisseuses
je vous remercie toutes forces de m'avoir pigmenté la peau de couleur ordinaire   de m'avoir fait la colonne vertébrale souple
        la langue rose pour lécher la boue devant les puissants

hé lé lé   Ouahli Ouahli

saluons l'Afrique rescapée du déluge

je te remercie Europe de m'avoir uni sous la bannière de tes langues rationnelles et universelles

de m'avoir doué de logique et de technique

de m'avoir fait réfléchir en monnaies sonnantes et trébuchantes

de m'avoir exploité mon or noir et mes diamants

ma force motrice et intuitive

fait surgir de ma ténèbre païenne   Barrages   Usines de savon-montage de voitures   Coca-Cola   Bière   Tide   Nescafé

je te remercie de m'avoir reconnu le sexe démesuré

verge atomique d'orgasmes en lubricité chair de poule

de m'avoir doué de rythme inégalable d'anatomie-physiologie flexibles

roseau qui plie mais ne pense pas   d'avoir fait de ma carcasse un trapèze extensible

de m'avoir libéré des Sorciers   Prix du sang   Endogamie   Polygamie   Polyandrie   Sacrifices sanglants   Maladie morale et physique du Sommeil   merci de m'avoir ouvert les barricades de tes universités   maisons d'édition   hôtels et bordels

        toi mon doux refuge

        ma planche mortuaire

                de salut

lorsque mes dirigeants encore inexpérimentés et nostalgiques de féodalismes sanguinaires me traquent pour tapage diurne

hé lé lé Ouahli pour toi mamelle maternelle de

                   Liberté

                   Démocratie

                   frappées à tes édifices-frontons

merci de m'avoir appris l'Homme et les majuscules

mes tares et mes vertus

merci de m'avoir jeté mes vérités en face

que je suis mal parti   que scientifiquement sous-développé

insuffisamment analysé   que tribalismes   atavismes   infirmités chroniques   milieu naturel hostile   inadapté   le Lièvre et la Tortue

merci de m'avoir crevé les yeux de tes lumières totalitaires

slogans à même le nerf optique   les viscères   l'œsophage   et j'en ai avalé   gobé   ruminé de tes Références   Poteaux indicateurs   Signes   Équations   Bouées de sauvetage

        et je m'en suis farci de tes codes rutilants de promesses

             Singe électronique

                       l'Afrique

la jungle où tu as taillé

            tes lois.

hé lé lé   Ouahli Ouahli

Saluons l'Afrique aristotélicienne

merci papa Senghor   Tontons négrituculteurs

merci de m'avoir présenté   exposé   déshabillé   stripteasé   dans mes grandeurs nature   ma mémoire   collective   mon inconscient-cauchemar   ma morale-sagesse de m'avoir différencié et offert plateau de plomb   devant le monde des essences et des existences

de m'avoir sorti de mes grottes pernicieuses

merci   OUA   OCAM   Ligue Arabe   Grand Maghreb

merci   pour   nos   tribus   nos   arboriculteurs   nomades   vampires   hommes-léopards   hommes-tigres   femmes-panthères   promus citoyens de Terre avec Drapeaux   Hymnes   Constitution   Parti unique   Démocratie au choix   Fédération   Socialismes Spécifiques

merci de m'avoir octroyé l'Urne   le Parlement   l'Université   à mi-temps   les caravanes cinématographiques   les bibliothèques où j'apprends l'histoire et ses colosses   où je lis en belles traductions mes contes mes devinettes et charades   ma poésie orale   où je découvre avec la «distance objective et les médiatisations nécessaires» mes griots   mes imediazzen   mes acrobates et mes jongleurs   mes artistes anonymes   les héros de mes empires déchus   ma statuaire futuriste qui fit éjaculer Picasso d'émerveillement   mes arabesques Vasarély Mondrian   mes architectures   pharaonique-Aztèque   mes instruments de musique mes berceuses et mes romances qu'utiliseront certainement un jour ou l'autre quelques beatles

ma médecine végétale   magie sympathique   magie imitative   les recettes des vieilles femmes de mes harems

Serais-je l'ancêtre de l'homme
le berceau du monde
la pierre de touche de la genèse
le dépositaire d'Atlantide
les fouilles continuent

hé lé lé   Ouahli Ouahli
Saluons l'Afrique qui s'amuse
                                        armée jusqu'aux dents
ya bon électricité   avion   télévision   lingots en Suisse   Night-club   Valise diplomatique   IBM-DATA
Ya bon Django   Ringo   James Bond   Coplan   Hitchcock
Ya bon le Monde   Paris-Match   Canard Enchaîné   Détective   Planète   Play-boy
Ya bon Molière   Shakespeare   Montesquieu   Calderón   Mallarmé   Sartre
       Mananga est le V. Hugo de l'Afrique
       Hamidallah est le Baudelaire arabe
       ce livre obtiendrait un prix dans n'importe quel pays occidental
Ya bon Saint-Germain   Pigalle   les cailles   le vagin en effigie   traduisez pour Londres   Bruxelles   Madrid   Lisbonne
Amsterdam   New York
Ya bon l'exil   J'y suis errant   j'écris livre   scandale fera   prendront peur politiciens du pays
                                                                                    Contestataire

hé lé lé   Ouahli Ouahli   Ya bon Occident
déchire vieux autant de rires banania que tu veux
l'européen masochiste homosexuel t'enverra la caresse   la tape sur l'épaule   le clin d'œil   la lèche de la lèvre et te dira   vas-y
mon petit   je suis de tout sexe avec toi   Violences   Épices   Soleil   Tam Tam
balafong   arachnides   rebec   cithares   coléoptères   crotales   Tam Tam Tam   Halte et l'intellectuel progressiste s'exclamera
au dialogue   à la relève   à la responsabilité enfin
se frappera la poitrine d'auto-accusation et de fraternité dans la douleur   l'espace d'une   préface   d'un livre   d'une
pétition   Bonne conscience
et le spécialiste t'abordera comme un papillon rare de la Rhodésie   comme un fossile en un seul exemplaire   il retroussera les
pattes de son pantalon découvrant un autre sujet de thèse   de quoi remplir une vie   et l'éditeur qui ne cherche qu'à aider la bonne
cause   qui défend ses intérêts et les tiens   t'ouvrira les vannes des kiosques   vitrines   colonnes   pour une décoration d'assi-
milation et de mérite qui sera largement répercutée à travers les haut-parleurs et petits écrans du Continent: il nous engueule il n'est
pas d'accord sur tout mais il fera affluer les touristes

hé lé lé   Ouahli Ouahli
Saluons l'Afrique des maîtres du sang
ya bon le pouvoir
mon caporal   mon lieutenant   mon colonel   mon général   vous êtes les authentiques descendants des empereurs magnanimes
et féroces (l'un d'eux d'après les chroniqueurs murait ses propres fils   ses rivaux   les découpait patiemment en petits morceaux
qu'il plongeait ensanglantés dans du goudron bouillant, et à l'image de l'illustre Shahraiar mettait ses propres femmes et concubines
devant des coffres géants   leur plaçait les seins sur le rebord et rabattait le couvercle, pressait jusqu'à ce que mort s'ensuive) Vous
êtes les derniers avortons des intrigues de palais   Poison Strangulation Embuscades   Au 20ᵉ siècle   c'est tellement plus
facile   quelques chars   la prise du micro national   et le siège à l'ONU est garanti

L'AFRIQUE REGORGE D'ASSASSINS

Nous n'avons que faire de vos procès honorables et équitables à huis clos. Mais tuez donc. Vous savez pourquoi. Comme d'autres
savaient pourquoi ils exécutaient Lumumba. Allez-y   tortionnaires. Tuez tuez. Bâillonnez l'Afrique. Crevez les ovaires de sa
germination. Demain   la poussée des forces travailleuses vous écrasera dans la foulée irréversible de la révolution

Ya bon le sang
les banques du sang ne sont pas aussi fournies de sang africain que les places   les rues   les prisons   les avenues ironiquement
frappées au nom de Lumumba
mais ce n'est pas le sang octroyé des campagnes du sang

274

c'est le sang de tous les affamés   persécutés   les travailleurs-objects   les exploités du Trust   du Cartel   et du Népotisme   c'est
le sang de siècles de barbarie et le dernier en date de haute technicité

barbarie apprise

Singe électronique

l'Afrique

mais c'est le Poids monstrueux   la Tare   le Prix
que coûtera l'homme futur

                      d'Ici

c'est pourquoi

                guérillero

inscris à ton index miraculeux
la liste-catastrophe des ennemis de l'Afrique
et parmi la horde exultante des Mercenaires   Colonialistes   Féodeaux   Trafiquants   Entremetteurs   Bureaucrates
réserve tes meilleures balles pour les aspirants maîtres du sang négrophages   singes électroniques   qui vendent aujourd'hui
et qui vendront demain
si ton index ne voit pas assez loin   l'L'AFRIQUE
pour laquelle tu saignes dans la jungle du 20ᵉ siècle
dans la jungle de laquelle

                    tu creuses

le catafalque des zombis maîtres-chanteurs

                    tu dégages

en coulées irrésistibles

                    les sentiers sismiques de liberté

Juillet 1969.

Biographien

Ahmad Shamlu

Der 1925 in Teheran geborene Ahmad Shamlu gilt heute, nach dem Tod von Ssohrab Ssepekri und Forugh Farrochsâd, als der bedeutendste lebende iranische Dichter. Sein politisches Engagement gegen die Fremdherrschaft der Alliierten während des Zweiten Weltkrieges und später gegen den Schah brachte ihm Verhaftungen und Publikationsverbot. Von 1976 bis 1979 lebte er im Exil, ging nach der islamischen Revolution in seine Heimat zurück, geriet aber bald in politischen Konflikt mit den neuen religiösen Machthabern und pendelt seither zwischen den USA und dem Iran hin und her. Shamlu verschmelzt in seiner Dichtung verschiedenste Elemente, Naturbeobachtungen, Folklore, Hochsprache und Teheraner Dialekt, auch Einflüsse von García Lorca, Pasternak und Rilke, bleibt aber stets Teil einer spezifisch iranischen Kultur. In seinen ersten Gedichtbänden, insbesondere «Frische Luft» (1957), suchte er für sein gesellschaftliches Engagement eine politische Sprache und Form. Später wandelt sich in seiner Poetik die Rolle des Dichters vom Rebellen und Agitator zum Märtyrer; in «Kleine Lieder aus dem Exil» (1981) nehmen philosophische Überlegungen überhand, Meditationen über Einsamkeit, Vergeblichkeit und Scheitern.

12 Gedichte in «Echo des Beginns. Vier Klassiker der modernen persischen Lyrik», herausgegeben von Kurt Scharf und Djafar Mehrgani, Köln 1994; 8 Gedichte in ‹Akzente› Nr. 1/1985.

Oktay Rifat

Nazim Hikmet revolutionierte als erster das türkische Gedicht. Ende der zwanziger, Anfang der dreißiger Jahre holte er es vom höfischen Himmel herunter, befreite es von allen metrisch-formalen Fesseln der Diwanpoesie und stellte es mitten in die anatolische Wirklichkeit. In seinem Gefolge gelang dann drei türkischen Dichtern, Orhan Veli Kanik, Melik Cevdet Anday und Oktay Rifat ein zweiter Durchbruch. Mit dem gemeinsam veröffentlichten Buch «Garip» wurden sie 1941 schlagartig bekannt und sind inzwischen als «die Fremdartigen» in die türkische Literaturgeschichte eingegangen. In einem Rundumschlag gegen die Tradition befreiten sie die lyrische Sprache radikal von historischem Ballast, von Metapher und bildhaftem Sprechen und versuchten, das Wort auf sich selbst zurückzuführen. Das Gedicht wird dem Volk zugedacht. Vor allem der früh verstorbene Kanik und der 1914 in Trabezunt geborene, 1988 in Istanbul gestorbene Oktay Rifat verwirklichten in knappen, einprägsamen Gedichten von unauffälliger Meisterschaft dieses Programm.

Rifat (ein Cousin Nazim Hikmets), der in Paris studiert hatte und später lange Zeit juristischer Berater der türkischen Eisenbahnen war, fing 1941 mit kurzen, lakonischen Gedichten an, in denen Sprichwörter und der Straße abgelauschte Wortspiele den Rhythmus und die Bildabfolge beeinflußten. Im Vordergrund standen die unmittelbare Anschauung der Dinge, Spontaneität und Einfachheit. Später wandte sich Rifat stärker sozialen und politischen Themen zu, aber auch in längeren und abstrakteren Gedichten blieb er den Alltagsworten treu, die er mit ungewöhnlichem Sinn aufzuladen versteht. Er hat in der Türkei die jüngeren Dichtergenerationen bis heute beeinflußt.

11 Gedichte in der Anthologie «Die Wasser sind weiser als wir», herausgegeben von Yüksel Pazarkaya, München 1987.

Fazil Hüsnü Dağlarca

Wystan H. Auden hat den großen Dichter als einen definiert, der produktiv ist, der alle poetischen Formen beherrscht und viele Themen aufgreift. Nach dieser Definition ist Dağlarca ein großer Dichter. Seine Landsleute halten ihn ohnehin für den bedeutendsten lebenden Dichter der Türkei, nach dem Tod von Nazim Hikmet und Orhan Veli Kanik. 1914 in Istanbul geboren, war er Berufssoldat, Inspektor im Arbeitsministerium, dann – bis 1970 – Buchhändler. Doch haben ihn diese Berufe nie wirklich ausgefüllt. «Dichten ist für mich leben. In dem Haus, in dem ich aufwuchs, floß die Lyrik wie das Wasser», hat er einmal gesagt, und: «Ich befand mich in der Lyrik.» 1935 veröffentlichte er seinen ersten Gedichtband, romantische Verse noch, beeinflußt vom orthodoxen Islam und der mystischen Dichtung eines Yunus Emre. Zu den strengen Formprinzipien der Diwanpoesie bekennt sich Dağlarca bis heute, doch vollzog er in seinem Werk rasch die Abkehr von der eigenen Innenwelt und wandte sich konkreten Themen zu: der Geschichte und Gegenwart der Türkei und der vielfach bedrohten Welt. Er trat leidenschaftlich für die in großer Armut lebende anatolische Landbevölkerung ein, verfocht mit den Mitteln der Poesie die Reformen Atatürks und schrieb Zyklen mit so programmatischen Titeln wie «Hiroshima», «Vietnam» und «Neutronenbombe». Bis heute hat er rund siebzig Lyrikbände veröffentlicht. Was sind die Leitthemen dieses gigantischen Werkes? Der Mensch wird im Verbund mit aller irdischer Existenz gesehen, «als zutiefst Gezeichneter und einzig Sprechender in der Mitte einer Natur, die zur Fortdauer im All in friedlicher Tauschbewegung, genannt Liebe, bestimmt ist» (Gisela Kraft). Das Gedicht, das Sprechen im Gedicht, ist im Entstehen selbsttätig, bestimmt sich selbst. Daher ist sein universales Thema die kosmische Endlosigkeit, die jedoch immer wieder im Menschen ausgemacht und an ihm konkretisiert werden muß. Diese stärkere Hinwendung zur Welt in ihrer realen Dringlichkeit beruht auf einem Schlüsselerlebnis, das Dağlarca 1949 in Sivas hatte, jener ostanatolischen Stadt, in der vor kurzem Fundamentalisten das Tagungshotel des linksliberalen türkischen Schriftstellerverbands niederbrannten. In den Elendsquartieren von Sivas hatte er, ganz in der Tradition seines großen Kollegen Pir Sultan Abdal (16. Jh.), den entrechteten und doch niemals entwürdigten Menschenbruder erkannt, für den es künftig zu kämpfen und zu dichten galt. Dieser «Sivas-Impuls» (in den Worten seiner verdienstvollen Übersetzerin Gisela Kraft) ist in Werk und Leben Dağlarcas immer wieder auszumachen, ganz unverhüllt noch einmal in den Jahren 1963 bis 1966, als er auf die Schaufensterscheiben seiner

Buchhandlung in der Istanbuler Altstadt jeden zweiten Donnerstag neue Gedichte klebt. Als sich die Schar der Passanten stets vergrößert und darunter auch Analphabeten sind, fügt er den Gedichten Bilder bei. «Ich bin als Dichter ein Menschenjäger», sagt er. «Jedes meiner Gedichte ist ein Angelhaken, den ich in verschiedene Tiefen des Menschenmeeres auswerfe. Jeder Mensch soll den ihm am nächsten liegenden anbeißen. Ich möchte durch meine Gedichte die Bekanntschaft eines jeden Menschen machen, jedem habe ich etwas zu sagen.»

«Brot und Taube», übersetzt von Gisela Kraft, Berlin 1984.

Kateb Yacine

Kateb Yacine (der Name vor dem Vornamen, wie in der Schule der französischen Kolonialmacht): 1929 in Constantine geboren, algerischer Schriftsteller, für Tahar Ben Jelloun «die mächtigste Stimme des Maghreb» in diesem Jahrhundert. Bei uns nie wirklich bekanntgeworden, in Frankreich schon wieder halb vergessen, in Algerien eine Legende immer noch. 1971 hatte er dem Französischen abgeschworen. Nach einem langen Exil in Europa in seine Heimat zurückgekehrt, schrieb er nur noch Theaterstücke in algerischem Arabisch und inszenierte sie. In einer Gesellschaft mit immer noch hoher Analphabetenrate schien ihm die einzig sinnvolle Rolle des Schriftstellers, auf das gesprochene Wort zu setzen. Von der Revolution enttäuscht, angesichts des religiösen Obskurantismus und der Knebelung der kabylischen Kultur verzweifelt, geht er nach Vietnam, faßt Bewunderung für Ho Chi Minh und schreibt das Theaterstück «Der Mann mit den Gummisandalen». Über Paris kehrt er nach Algier zurück. Am 28. Oktober 1989, sechzig Jahre alt, stirbt er inmitten seiner Theaterarbeit und Forschungen zu den Volksliedern der Berber.

Fast sein ganzes Leben war von psychischem und physischem Exil bestimmt. In Paris vertrat er die Rechte der algerischen Gastarbeiter. Er schrieb, besessen von der Vorstellung der unmöglichen Rückkehr in die Heimat und von dem Bild Nedjmas, einer jungen Frau, die er liebte und die in dem gleichnamigen, äußerst komplizierten, in seiner Struktur an Faulkner erinnernden Roman zum Symbol des unabhängigen Algeriens wird. In diesem Buch, seinem Meisterwerk, erschienen mitten im Algerienkrieg, setzte Katebs Suche nach seinen Ursprüngen ein, nach der Wiederverwurzelung in die eigene Kultur und in seine Muttersprache. Das Nadhor-Gebirge beim douar Sfahli im Osten Algeriens, Sitz eines Stammes, dessen Anführer Keblout vor mehr als 150 Jahren gegen die Türken revoltierte, wird zum mythischen Ort der Ahnen. Lyrik hat Kateb vor allem in der Jugend geschrieben, in Algerien und in den ersten Jahren in Frankreich. In ihr sind die Grundmetaphern seines späteren Schaffens bereits wie Matrizen angelegt: die Brutalität der Geschichte, der Kampf gegen Erniedrigung, das Werk als Baustelle, die Rückkehr zu den Quellen und die mythische, unnahbare Frau.

«Nedschma», übersetzt von W. M. Guggenheimer, Frankfurt a. M. 1963; «Le Polygone étoilé», Paris 1966; «L'Œuvre en fragments», Paris 1986.

Abdellatif Laâbi

Abdellatif Laâbi wurde 1942 in Fez/Marokko geboren. Lehrer für französische Literatur in Rabat, gründete er 1966 die Zeitschrift ‹Souffles›, die zum wichtigsten Organ der marokkanischen Intellektuellen wird, und 1971 ‹Anfas›, eine Publikation, die sich in arabischer Sprache mit der kolonialen Aggression, der «Sabotierung» der eigenen Geschichte, dem Kampf der Palästinenser befaßt, die «Folklorisierung der nationalen Kulturen» anprangert und für die Verwirklichung des Sozialismus eintritt.

Auf dem berühmten «Treffen der arabischen Dichter» in Beirut im Dezember 1970 erklärte Laâbi, er habe nie zwischen literarischer Arbeit und dem täglichen Kampf unterscheiden können. Dieser Kampf – gegen den Imperialismus und Neokolonialismus und ihre rassistischen Grundlagen – müsse an mehreren Fronten gleichzeitig geführt werden. Er fühlt sich einig mit Aimé Césaire, Frantz Fanon und René Depestre in der Anstrengung, die Traumata der Kolonialzeit aufzulösen und eine authentische Kultur wiederzufinden. Die Poesie ist «Teil dieses revolutionären Projekts». 1972 wird Laâbi wegen «délit d'opinion» zu zehn Jahren Gefängnis verurteilt. Der neu gegründete «Poetry International Award» der Kunststiftung von Rotterdam wird ihm 1979 verliehen. 1980, nach acht Jahren Haft im Zentralgefängnis von Kenitra, wird er freigelassen. Seither lebt er im Exil in Frankreich.

Zu seiner Poesie sagte er: «Die Geburt eines Gedichts ist für mich zunächst der Augenblick der Betäubung, die einem Zusammenstoß folgt. Einem brutalen Zusammenstoß mit Schlägen und Wunden, Blut, Schreien, Tritten, aber auch Funken, Visionen (. . .). In diesem Sinn ist Poesie zuallererst eine außerordentliche Befreiung von Energie.»

«Le règne de Barbarie», Paris 1980; «Le soleil se meurt», Paris 1992.

Kofi Nyidevu Awoonor

For Ezeki

As a plea on time's best conduct / I salute the homestead and the ancestors

Someone told the lies / that buzzards feed on black carcass only.

After feasts in graves-end / where grains pile for homestead construction / we await the festival of hope / under the single lemon tree / flowering on the outskirts of ruined cities.

So you went home Zeke / to seek memories along the goat paths, home / to those lingering shrubs of childhood / denuded by exile tears.

We say / the snake that dies on the tree / returns home to the earth.

Again after many an absence / listen to the tramp and footballs, / the thuddering fall of your body / hitting your earth anew.

And Zeke, / tell them the youth / of the eagle dreams of years; / of the hope that burnt / in flames of incendiated cities; / of the time for meals and laughter / at night. / Of burial grounds and death / on bright afternoons of the equinox.

Für Ezeki

Als Bitte an die Zeit um beste Führung
grüße ich Heimstatt und Ahnen.

Jemand erzählte die Lügen
daß Bussarde sich nur von schwarzem Aas nähren.

Nach Festmahlen in Grabenende
wo Halme sich häufen für den Bau der Heimstatt
erwarten wir das Fest der Hoffnung
unter dem einzelnen Zitronenbaum
der am Rand zerstörter Städte blüht.

So kehrtest du heim Zeke
um längs der Ziegenpfade Erinnerungen zu suchen, heim
zu jenen verweilenden Sträuchern der Kindheit
entblößt von Tränen des Exils.

Wir sagen
die Schlange, die am Baum stirbt
kehrt zur Erde heim.

Lausche wieder nach mancher Abwesenheit
dem schweren Schritt und den Tritten,
dem dumpfen Fall deines Körpers
der auf deine Erde von neuem aufprallt.

Und Zeke,
Erzähl ihnen, der Jugend
von den Adlerträumen über Jahre hin;
von der Hoffnung, die brannte
in den Flammen angezündeter Städte;
von der Zeit für Mahlzeiten und Gelächter
in der Nacht.
Von Friedhöfen und Tod
an den hellen Nachmittagen der Tagundnachtgleiche.

Erzähl ihnen Zeke von den anderen Sturmländern
den überfüllten Mietshäusern
und brennenden Schneefeldern;
von Negern, die in Memphis
den gleichen Tod sterben wie einst in Ullundi

Erzähl ihnen von den Burschen
die an den Ecken nationaler Größe nicken; erzähl ihnen
von Tränen
zahllosen Tränen.

Erzähl ihnen von Sambia und den brennenden Bäumen,
von Akkra, Nairobi,
daß Salzsäulen
schmelzen in Paris für den Blick zurück;
von Kampala der geschmückten Poinsettien
von der Ankunft des Feldmarschalls Amin.

Vor allem Zeke
erzähl ihnen von Hoffnung und der Aussicht auf Hoffnung
verkrustet unter Tod
und Todestränen,
von der Herrlichkeit
und der Vision
die auch perfekte Waffen nicht zerstören können;
vom alles überdauernden menschlichen Willen,
vom kommenden Fest mit Mais und Lamm
vom Tag der Freiheit, der aufsteigen wird
wie die Sonne morgen.
Erzähl ihnen auch von den Brüdern im Norden
in den Flußgebieten und Savannen
im Kampf gegen Hurrikane des Hungers und Qualen
des untröstlichen Kaktus.

Erzähl ihnen auch von jenen, die weggingen
eine Zeitlang
aber zurückkehrten mit reifendem Mais
und der gezähmten Schlange.
Von denen, die dem Land Ehre erwiesen
in den wortreichen Gesängen einst
der Hoffnung
und immer der Hoffnung.

Tell them Zeke of the other storm lands / the crammed tenements / and burning snow fields; / of negros dying in Memphis / the same death once enacted in Ullundi

Tell them of the youngmen / that nod on the corners of national grandeur; tell them / of tears / abundant tears.

Tell them of Zambia and the burning trees, / of Accra, Nairobi, / of the pillars of salt / melting in Paris for the backward glance; / of Kampala of ribboned poinsettias / before the coming of Field Marshall Amin.

Above all Zeke / tell them of hope and the promise of hope / encrusted beneath death / and death's tears, / of the excellence / and the vision / that no perfect armaments can destroy; / of the human will that shall endure, / of the coming festival of corn and lamb / of the freedom day that shall rise / as the sun tomorrow. / Tell them also of the brothers up north / in the riverine and the savannah fields / battling the hurricanes of hunger and the torments / of the inconsolable cactus.

Tell them too of those who went away / for seasons / but returned with ripening corn / and the tamed serpent. / Of those who did honor to the land / in the voluble chants then raised / of hope / and always of hope.

Of those who pointed to the native land / with their right fore finger / never with their left / and sang of the sea and the bluejays of Kalamazo, / and the streaked mackerel of Chesapeake Bay.

We sang of hills and plains, Zeke / you and I in those memorials / we forged in asphalt cities / locked in cold purgatories of absence and exile / ‹that he whom the gods love they send farthest afield›. / Tread gently on the familiar earth / Tread very softly on your familiar land. / Let your cripple crawl I say / turn into a warrior's gait / But walk very softly on your ancestral earth / for your victory / our victory. / Chinua, Masizi, Okigbo, La Guma / Laye, Ngugi, Okot, Efua, / Brew, Okai, Rubadiri, and / I with your leave Zeke / add my name / For the coming excellence of days / For the lovely resurrection time.

Grains and Tears

The river rock has long resigned / itself to cold; / where did the female crocodiles go / when fire hit the village? / Where did they go / when fire reduced the houses to stump walls?

A grain grown in tears fields / for orphans not satisfied / implored to wash their hands, / is meal of life

---

Von denen, die auf das Heimatland deuteten
mit dem rechten Zeigefinger
niemals mit dem linken
und vom Meer sangen und den Hähern von Kalamazoo,
und der gestreiften Makrele in der Chesapeake Bay.

Wir sangen von Hügeln und Flachland, Zeke
du und ich in jenen Gedenkliedern
die wir in den Asphaltstädten verfaßten
eingesperrt in kalte Fegefeuer von Abwesenheit und Exil
‹wen die Götter lieben, den schicken sie am weitesten weg›.
Betrete sanft die vertraute Erde
Betrete ganz leise dein vertrautes Land.
Laß dein verkrüppeltes Kriechen, sag ich,
zum stolzen Schritt des Kriegers werden
Aber schreite ganz leise auf deiner Vorfahren Erde
für deinen Sieg
unseren Sieg.
Chinua, Masizi, Okigbo, La Guma
Laye, Ngugi, Okot, Efua,
Brew, Okai, Rubadiri, und
ich mit deiner Erlaubnis Zeke
füge meinen Namen hinzu
Für die kommenden Tage der Herrlichkeit
Für die schöne Auferstehungszeit.

Getreide und Tränen

Der Fels im Fluß hat sich längst
der Kälte ergeben;
wohin gingen die Krokodilweibchen
als Feuer das Dorf heimsuchte?
Wohin gingen sie
als das Feuer von den Hauswänden nur Stümpfe übrigließ?

Ein auf Tränenfeldern gewachsenes Getreide
ist für unzufriedene Waisen,
angefleht, sich die Hände zu waschen,
das Brot des Lebens

Geh und sag ihnen, daß ich den Preis bezahlt habe
ich hielt mich an die Wahrheit
ich kämpfte gegen Wut und Haß
im Namen des Volkes.
Ich aß ihre karge Mahlzeit in den Kasernen
teilte ihre Schritte und Tränen
im Namen der Freiheit
ich versprach einst in einem Sklavenhaus in Usher
meinen Tod zu verschieben bis
zum Morgen nach der Freiheit.
Ich versprech es.

Go and tell them I paid the price / I stood by the truth / I fought anger and hatred / on behalf of the people. / I ate their meager meals in the barracks / shared their footsteps and tears / in freedom's name / I promised once in a slave house at Usher / to postpone dying until / the morning after freedom. / I promise

Das Bild

Zuerst eine Wölbung
eine Brust oben eine vertraute
schwarze Brustwarze
schiebt sich in einen vagen Himmel
umgeben von kleinen Hügeln
melkt von sich keine Milch
doch Blut
immer Blut
Dahinter, eine ferne Andeutung eines Berges
vor einer Reihe Nimbabäume und Bougainvillea
rot in der Blütezeit
Es könnte Frühling sein, doch uns
gehört jede Zeit im Jahr
ob Regen oder Sonne, jede Zeit
wenn das Schicksal selbst strotzende
Brustwarze
sich himmelwärts richtet
nach saugenden Mündern
und gelben Motten sucht.
Uns gehört jede Zeit, eine
jede Zeit im Jahr.
Also versprach ich ein Fest
das nie kam.
Ich werde unser altes Gelübde einlösen.
Ich versprech es. Ich versprech es.

The Picture

At first a mound / a breast topped by a familiar / black nipple / edging itself with a vague sky / circled by little hills / milking itself no milk / but blood / always blood / Beyond, a far suggestion of a mountain / before a line of nims and bougainvillea / red in blooming time / It could be spring, but ours / is anytime of Year / rain or shine, anytime / when fate itself abounds / with nipple / reaches up heavenwards / looking for suckling mouths / and yellow moths. / Ours is anytime, a / anytime of Year. / So I promised a festival / that never came. / I shall redeem our ancient pledge. / I promise, I promise.

Aus dem Englischen von Cornelia C. Walter

Tchicaya U Tam'si

Le mauvais sang, XVII

Donc fichu mon destin sauvez seul
mon cerveau / Laissez-moi un atout
rien qu'un cerveau d'enfant! / Où le
soleil courait comme un crabe embê-
tant / Où les mers refluaient m'habill-
laient de coraux . . .

Ils ne conviendront pas qu'enfant
j'eus les boyaux / durs comme fer et la
jambe raide et clopant / j'allais terrible
et noir et fièvre dans le vent / L'esprit,
un roc, m'y faisait entrevoir une eau;

Et ceux qui s'y baignaient se muaient
en soleil / Je m'élançais vers eux des
crocs de mon sommeil / Dans ce rut
fabuleux ma tête s'est fêlée . . .

Donc fichu mon destin l'eau qui
rouille le fer . . . / d'un clair de lune
froid monte une terre ourlée / le soleil
vrille encor franc dans mon poitrail
clair.

Böses Blut, XVII

Mein Schicksal ist also verloren rettet nur mein Gehirn
Laßt mir einen Trumpf nur das Hirn eines Kinds!
Wo die Sonne rannte wie ein lästiger Krebs
Wo die Meere zurückströmend mich in Korallen kleideten . . .

Sie werden nicht zugeben ich hatte als Kind
Gedärme hart wie Eisen und ein steifes hinkendes Bein
ich ging furchtbar und schwarz und Fieber im Wind
Der Geist, ein Fels, ließ mich ein Wasser erspähen;

Und jene, die darin badeten wandelten in Sonne sich
Ich schwang mich zu ihnen aus den Angeln meines Schlafs
In jener märchenhaften Brunst bekam mein Kopf einen Riß . . .

Mein Schicksal ist also verloren Wasser rostet das Eisen . . .
aus einem kalten Mondlicht steigt eine kalte gesäumte Erde
die Sonne bohrt sich noch frech in meinen hellen Brustkorb.

Epitomé, Préface

Mots de tête pour des maux de tête! /
Jeu de mots jeu de vilain! / Ah! Si vous
m'aimiez quelle chance vous reste-
rait-il de me haïr?

Ces dires, en exergue à ceci qui n'est
pas tout à fait un poème, pourraient
tenir lieu de préface.

Mais je n'ai, hélas, pas la sorcellerie
qui prend les cœurs, en dépit de ma
vanité! / Poète? / Non! / Et puis après?
Il se peut que la pureté mène trop
loin.

Vorrede zu Epitomé

Kopfwörter für Kopfschmerzen!
Sind Wortspiele Schurkenspiele?
Ach, wenn Sie mich liebten, wie groß wäre immer noch
                              die Chance, daß Sie mich haßten?

Diese Sprüche als Motto vor so etwas wie einem Gedicht
                              könnten als Vorwort dienen.

Aber ich gebiete leider nicht über Hexerei, die Herzen zu
                              erobern, trotz meiner Eitelkeit!
Dichter?
Nein!
Und was dann? Auch mit der Reinheit treibt man es
                              manchmal zu weit.

Nichts ist dem Schrei näher als die Musik.

Nichts dem WORT näher als das abgeklopfte Wort,
jedoch niemals der Schrei. Ist aber das Wort schlimmer,
wenn es nur im Kopf ist? Der Schrei im Herz: schlimmer noch?

Man muß dem Hund sehr nahe sein, um sich an seiner
                                        Freude am
Dienen zu erfreuen; in der Trauer seines Blick
liegt Vergebung und Vorwurf. Und häufig danach,
der Fraß! . . .

Der Herr (des Hunds) leugnet dies: Er sieht es ganz
anders: das Verbrechen, das ihn weiden läßt an
einem Hasen, Wildschwein, Büffel, Nagetier, Froschschenkel
nur keine Kröte, eine Kröte ist so ekelhaft! Ich jedenfalls
habe auch schon manchmal gefühlt, wie die Läuse unter
meiner Sohle knacken!

Nichts ist rein, was jede Mischung ablehnt,
ich würde sagen, der wahren Reinheit ist jede Reinheit egal
– hier parodiere ich Pascals Schrift über die Redegabe.

Wenn du nur zu sehen vermöchtest, wieviel Vulgarität
deine Seelengröße zuzeiten mit sich führt, würde
es dich weniger ärgern, nach einem guten Satz
in meiner Rede einen schlechteren zu lesen.

Die schwarze Nacht ist strahlender als der Blitz, der sie
durchstrahlt!

Der Blitz ist jedoch kürzer als die Nacht.
Eine Sonne + eine Sonne gibt immer einen Tag
an dem nicht gut zu leben ist.

All diese Gründe erklären meine innersten Schwächen

Es gibt keinen Blitz: Wortspiele sind Schurkenspiele!

Ach! Wenn Sie mich liebten, wie groß wäre dann noch die
Chance, daß Sie mich verrieten?

Rien n'est plus proche du cri que la musique.

Rien plus proche du verbe que le mot percuté, mais jamais le cri. Cependant, le mot est-il pire, s'il est seulement de tête? Le cri, du cœur; pire?

Il faut être l'intime du chien pour jouir de sa joie de vivre servile; dans la tristesse de son regard il y a le pardon et le reproche. Et souvent après, la curée! . . .

Le maître (du chien) s'en défend: il y verrait tout autre chose: le crime qui le repaît d'un civet de lièvre, de sanglier, de buffle, du musaraigne, de cuisse de grenouille, jamais de crapaud, le crapaud quelle horreur! De toutes les façons moi aussi j'ai parfois senti sous mon talon craquer les poux!

Rien n'est pur qui écarte le mélange de tout, dirai-je que la vraie pureté se fout de toute pureté – pour parodier Pascal à propos de l'éloquence.

S'il t'était seulement donné de voir ce que charrie par moment de vulgarité, ta noblesse d'âme, il te chagrinerait moins de lire, après un temps fort, un temps faible dans ma démarche.

La nuit noire a plus d'éclat que l'éclair qui l'éclate!

L'éclair est pourtant plus bref que la nuit. Un soleil + un soleil, infiniment, donner un jour qu'il n'est pas bon de vivre.

Toutes ces raisons expliquent mes intimes faiblesses.

Il n'y a pas d'éclair: jeu de mots jeu de vilain!

Ah! Si vous m'aimiez quelle chance vous resterait-il de me trahir?

Nocturne Marin

Dites-moi / de quoi la mer est-elle
grise / de quoi la mer est-elle soûle / de
qui la mer est-elle folle

qui liera vagues et lames / ensemble?

La mer s'en va je viens / la mer vient je
m'en vais / ainsi nous dansâmes / toute
une nuit d'équinoxe / selon un code

et selon ce code / immobiles cinq con-
tinents / vont à la dérive / à chaque
paraphe / que fait une comète / dans le
ciel qui me soustrait / à l'étreinte des
vagues / des vagues trop lascives / la
nuit l'été

Justement j'étais enfant couché sur un
lit de verveine / Mon lit de verveine /
puait parfois le goémon / à chaque
nouvelle lune / me confia ma mère

Une question s'impose: / dites-moi ce
goémon . . .

La mer s'en va, je viens; / la mer vient,
je m'en vais: / ainsi nous dansâmes

Cinq continents dérivent / Un homme
fuit son ombre / La mer ouvre sa
gueule d'eau

Nachtlied am Meer

Sagt mir
wovon ist das Meer so blau
wovon ist das Meer betrunken
wovon ist das Meer so wild

Wer wird Wogen mit Wellen
zusammenbinden?

Das Meer geht fort ich komme
das Meer kommt ich geh fort
so tanzten wir
eine ganze Nacht der Sonnenwende
nach einem Gesetz

und nach diesem Gesetz
driften regungslos
fünf Kontinente ab
bei jeder Paraphe
die ein Komet hinsetzt
im Himmel der mich entzieht
der Umarmung der Wellen
der allzu lüsternen Wellen
im Sommer des Nachts

Ich lag eben als Kind auf einem Bett aus Eisenkraut
Mein Bett aus Eisenkraut
stank manchmal nach Tang
bei jedem neuen Mond
vertraute mir meine Mutter an

Eine Frage drängt sich auf:
sagt mir, dieser Tang . . .

Das Meer geht fort, ich komme
das Meer kommt, ich geh fort:
so tanzten wir

Fünf Kontinente driften ab
Ein Mann flieht seinen Schatten
Das Meer öffnet sein Wassermaul

Sein Atem stinkt nach dem Tang meines Betts von Eisenkraut
floh ich denn nie vor meinem Schatten?
Ich tanzte nur
die Nacht meine Trauer mein Schatten

Das Wasser stinkt nach Wüstenrose
welches Meer ist korallenreicher als meine Revolte?

Dicke Fäuste treiben schwarz heran
auf dem Wasser des astralen Flusses
sie röten den noch heißen Stahl meiner Passion!

Arc Musical

Lied 1

Lieben war mir bitter
der Rest war verrucht
Das Leben hält dich aufrecht
der Tod läßt dich fallen
und am Himmel ist Stacheldraht
wohin soll der Sanfte sich wenden
unter dem Himmel nur Hohn
der Freund wird zum Verräter
und die Geliebte verrucht

Lieben war mir bitter
Man gebe mir ein Clairon
Ich will ein plombiertes Herz
so ein Herz macht nicht so verrückt
doch die Wege sind garstig
Liebe mit Stechpalmengeschmack
unter welchem Himmel in Sicht
wird der Freund zum Verräter
und die Geliebte verrucht

Son haleine pue le goémon de mon lit de verveine / n'ai-je jamais fui mon ombre? / Je dansais seulement / la nuit mon deuil mon ombre

L'eau pue la rose du désert / quelle mer est plus riche en coraux que ma révolte?

De gros poings viennent noirs / sur l'eau du fleuve astral / qui rougissent l'acier tout chaud de ma passion!

Arc Musical

Chanson 1

Aimer me fut amer / le reste fut polisson / La vie vous tient debout / la mort vous fait tomber / et le ciel est barbelé / où faut-il courir doux / sous tout ciel dérision / l'ami sera le traître / l'aimée la polissonne

Aimer me fut amer / Qu'on me donne un clairon / Je veux un cœur plombé / un cœur qui rend moins fou / mais les chemins sont laids / L'amour au goût de houx / sous quel ciel en vision / L'ami sera le traître / l'aimée la polissonne

Aimer me fut amer / Ma tête m'est garnison / Je vais poitrine bombée / écumant les égouts / c'était cela l'amour / presque un caillou au cou / rien de cela au vrai / l'ami ne fut le traître / l'aimée la polissonne!

Lieben war mir bitter
Mein Kopf ist mir Garnison
Ich gehe mit geschwellter Brust
entschäume die Abwasser
denn die Liebe war
fast ein Kieselstein am Hals
nichts davon war wahr
der Freund war nicht der Verräter
und die Geliebte verrucht!

Chanson II

Lied II

Ce visage a les fleurs / d'un automne flamboyant / A dieu plaise / que ma joie / lui donne des fruits mûrs / ou l'enchaîne / à d'autres climats / de né-buleuses / promises au cœur

Dies Gesicht hat die Blüten
eines flammenden Herbsts
Wenn es Gott gefällt
soll meine Freude
ihm reife Früchte schenken
oder es ketten
an andere Klimate
mit nebulösen
Versprechungen im Herz

Je donne mes mains / à ce visage qui est aube / afin qu'il ait les feux / qu'au-ront les fleurs / après l'hiver exsangue

Ich schenke meine Hände
diesem Gesicht es ist Morgenlicht
damit es die Feuer hätte
wie die Blüten
nach dem Winter blutleer

Je donne mon seuil / à son pas qui vient / avec le repos / le repos gagné sur la mer / la mer qui me lava / la mer qui me sala / l'âme / au point qu'elle est debout / dessus les feux de ses doigts / hostie de chair et de pollen

Ich gebe meine Schwelle
ihrem Schritt der kommt
mit der Ruhe
Ruhe wie auf dem Meer
dem Meer das mich wusch
dem Meer das mir salzte
die Seele
so sehr daß sie steht
über den Feuern ihrer Finger
Hostie aus Fleisch und Pollen

Ich schenke einen Kelch Blut
ihren Lippen die ihr
die Koralle neidet

Für dies Gesicht hat mein Lied den Takt
einer Wiederauferstehung von Bäumen
lauter Brotfruchtbäumen
zwischen Thymian und Vanille
bis zu diesem Meer
ohne geheime Abgründe
für mich
und das für dies Gesicht
einen Palast aus Perlmutt errichtet

Frau Frau
Du hast nicht dies Gesicht
ich reinige mir das Herz
an diesem Gesicht.

Aus dem Französischen von Beate Thill

Je donne une coupe de sang / à ses
lèvres que jalouse / le corail

Pour ce visage mon chant a le rythme
d'une résurrection d'arbres / tous
arbres à pain / parmi la vanille et le
thym / jusqu'à cette mer / sans abysses
secrètes / pour moi / et qui pour ce
visage / construit un palais de nacre

Femme femme / Tu n'as pas ce visage /
je me lave le cœur / à ce visage.

Christopher Okigbo

Two poems from «Distances» (1964)

1

From flesh into phantom, / on the horizontal stone:

I was the sole witness to my homecoming . . .

Serene lights on the other balcony – / redolent fountains, bristling with signs. / But what does my divine rejoicing hold? / A bowl of incense? A nest of fireflies?

I was the sole witness to my homecoming . . .

And in the inflorescence of the white chamber, / a voice, from very far away, chanted, and the chamber descanted / the birthday of earth, paddling me home through / some dark labyrinth, from laughter to the dream.
Miner into my solitude, incarnate / voice of the dream, you will go, / with me as your chief acolyte, / again into the ant-hole . . .

I was the sole witness to my homecoming . . .

2

Death lay in ambush, / that evening in that island; / and the voice sought its echo, / that evening in that island, / and the eye lost its light, / and the light lost its shadow.

Zwei Gedichte aus «Distances» (1964)

1

Vom Fleisch zum Phantom,
auf dem horizontalen Stein:

Ich war allein Zeuge meiner Heimkehr . . .

Heitere Lichter auf dem anderen Balkon –
duftende Brunnen, sprudelnd vor Zeichen.
Doch was hält mein göttliches Glücksgefühl?
Eine Schale Weihrauch? Ein Nest Leuchtkäfer?

Ich war allein Zeuge meiner Heimkehr . . .

Und im Aufschimmern der weißen Kammer
sang aus großer Ferne eine Stimme, und die Kammer pries
den Geburtstag der Erde, mich nach Hause paddelnd
durch ein dunkles Labyrinth, vom Lachen zum Traum.

Die du dich in meine Einsamkeit gegraben hast, leibhaftige
Stimme des Traums, du willst,
mit mir als deinem obersten Akolythen,
erneut ins Ameisenloch gehen . . .

Ich war allein Zeuge meiner Heimkehr . . .

2

Der Tod lauerte im Hinterhalt
an jenem Abend auf jener Insel;
und die Stimme suchte ihr Echo
an jenem Abend auf jener Insel,
und das Auge verlor sein Licht,
und das Licht verlor seinen Schatten.

Und der Wind, der ewige Betörer toter Blätter,
entrollte seine Bandagen für den besten Schwimmer . . .

Und es war ein Abend ohne Fleisch oder Skelett;
ein Abend ohne Silberglöckchen zur Geschichte;
ohne Laternen, ohne Flaggen;
und es war ein Abend ohne Alter oder Erinnerung –

denn wir reden von so alltäglichen Dingen
und auf der Schwelle von so gewaltigen Ereignissen –
und in den eiskalten Nachthyazinthen der weißen
Kammer, Augen, die ihre Tierfarbe verloren hatten –
Amok laufende Licht-Strahlen –
hefteten mich kalt an die Marmorbahre,
    bis meine Augen ihr Blut verloren,
    und das Blut seinen Duft verlor;
und das anhaltende Feuer vom rechteckigen Fenster
vergaß den Aschengeschmack im Mark der Luft . . .

    Qual und Einsamkeit . . .
    Erstickt, mein in alle Winde
    zerstreuter Schrei, die Tänzer,
    verloren in ihren eigenen
    Schlingen; Gesichter,
    Hände, gefangengehalten;
    die Zwischenräume
    röten sich mit Blut . . .

    Und hinter ihnen allen
    im weißen Baumwollgewand
    der Tod selbst,
    der Hauptzelebrant,
    in einer Wolke von Weihrauch,
    die Fingernägel schneidend . . .

    Vor seine Füße rollen Häupter wie abgeschlagene Früchte;
    um ihn herum fallen
    zerstückelte Glieder, zahlreich wie Heuschrecken.

And the wind, eternal suitor of dead leaves, / unrolled his bandages to the finest swimmer . . .

And it was an evening without flesh or skeleton; / an evening with no silver bells to its tale; / without lanterns; without buntings; / and it was an evening without age or memory –

for we are talking of such commonplace things, / and on the brink of such great events – / and in the freezing tuberoses of the white / chamber, eyes that had lost their animal / colour – havoc of incandescent rays – / pinned me, cold to the marble stretcher, / until my eyes lost their blood, / and the blood lost its odour; / and the everlasting fire from the oblong window / forgot the taste of ash in the air's marrow . . .

Anguish and solitude . . . / Smothered, my scattered / cry, the dancers, / lost among their own / snares; the faces, / the hands, held captive; / the interspaces / reddening with blood . . .

And behind them all, / in smock of white cotton, / Death herself, / the chief celebrant, / in a cloud of incense, / paring her fingernails . . .

At her feet roll their heads like cut fruits; / about her fall / their severed members, numerous as locusts.

Like split wood left do dry, / the dis-membered joints / of the ministrants pile high.

She bathes her knees in the blood of attendants, / her smock in the entrails of the ministrants . . .

Come Thunder

Now that the triumphant march has entered the last street corners, / Re-member, O dancers, the thunder among the clouds . . .

Now that the laughter, broken in two, hangs tremulous between the teeth, / Remember, O dancers, the lightning beyond the earth . . .

The smell of blood already floats in the lavender-mist of the afternoon. / The death sentence lies in ambush along the corridors of power; / And a great fearful thing already tugs at the cables of the open air, / A nebula im-mense and immeasurable, a night of deep waters – / An iron dream un-named and unprintable, a path of stone.

The drowsy heads of the pods in bar-ren farmlands witness it, / The home-steads abandoned in this century's brush fire witness it: / The myriad eyes of deserted corn cobs in burning barns witness it: / Magic birds with the miracle of lightning flash on their feathers . . .

Wie gehacktes Holz, zum Trocknen gestapelt,
häufen sich die ausgerenkten Gelenke
der Ministranten.

Er badet seine Knie im Blut der Besucher,
sein Gewand in den Eingeweiden der Ministranten . . .

Donner schlag zu

Nun da der triumphale Einmarsch die letzten Straßenecken
erreicht hat,
Vergeßt nicht, ihr Tänzer, den Donner hinter den Wolken . . .

Nun da das Lachen, entzweigebrochen, ängstlich zwischen
den Zähnen hängenblieb,
Vergeßt nicht, ihr Tänzer, den Blitz jenseits der Erde . . .

Der Geruch des Bluts schwebt schon im Lavendelduft des
Nachmittags.
Das Todesurteil wartet im Hinterhalt in den Gängen der
Macht;
Und ein großes furchtbares Ding zerrt schon an den Kabeln
des freien Himmels,
Ein Sternennebel, unendlich und unermeßlich, eine Nacht
tiefer Wasser –
Ein eiserner Traum, namenlos und nicht zu drucken, ein
Pfad aus Stein.

Die wirren Häupter der Schoten in unfruchtbarem Land
werden Zeugen:
Die Gehöfte, aufgegeben im Buschfeuer des Jahrhunderts,
werden Zeugen:
Die Myriaden Augen verlassener Maiskolben in brennenden
Scheunen werden Zeugen:
Magische Vögel mit dem Wunder des Blitzstrahls auf dem
Gefieder . . .

Die Pfeile Gottes zittern an den Toren des Lichts,
Die Trommeln der Ausgangssperre laden zu einem
                                        Totentanz ein;

Und das geheime Ding, keuchend,
Bedroht mit eiserner Maske
Die letzte brennende Fackel des Jahrhunderts . . .

Aus dem Englischen von Al Imfeld und Joachim Sartorius

The arrows of God tremble at the gates of light, / The drums of curfew pander to a dance of death;

And the secret thing in its heaving / Threatens with iron mask / The last lighted torch of the century . . .

Arthur K. Nortje

Up Late

Night here, the owners asleep up-
stairs; / the room's eyes shut, its voices
dead, / though I admire it when its
mirrors / oblige me with my presence.
Looking ahead / needs glancing back
to what I once / was, the time that
mischance / borrowed my body to
break it by terror.

Now the cameras rest in their elegant /
leather coffins, having caught / the
whirl of streets before the wheels go
silent. / Rain trickles as the red biro
writes my heart; / time demands no
attention of the will, / the clock is yel-
low with black numerals. / The icebox
resumes its purring descant.

This picture opens on the past. I rise /
to study a calendar scene from what
was home: / an old white mill, senti-
mental, South African Airways / (the
blue lithe buck), peaceful, implausi-
ble. Some / fugitive sense holds back
the bruising wave: / that gift to spend,
my song where I arrive, / didn't I take
it from the first dispiriting wilderness?

My mind burned and I shackled it /
with squalid love, the violence of the
flesh. / The quiet scars over my veins
bit / less deep now than the knife or
lash / could feel content about: / no
longer need I shout / freedom in the
house. I sit in light

Spät auf

Nacht hier, die Besitzer schlafen oben:
die Augen des Zimmers geschlossen, seine Stimmen tot,
obschon ich bewundere, wie die Spiegel
mir meine Anwesenheit aufzwingen. Nach vorn schauen
braucht den Blick zurück auf das, was ich einst
war, auf die Zeit, als Mißgeschick sich meinen Körper
lieh, um ihn mit Schrecken zu brechen.

Jetzt ruhen die Kameras in ihren eleganten
Ledersärgen. Sie haben den Wirbel der Straßen
festgehalten, bevor die Räder verstummten.
Regen tröpfelt, während der rote Stift mein Herz schreibt:
Zeit verlangt keinen aufmerksamen Willen,
die Uhr ist gelb mit schwarzen Ziffern.
Der Eisschrank stimmt wieder an den surrenden Gesang.

Dieses Bild öffnet sich auf die Vergangenheit. Ich stehe auf,
um eine Kalenderszene zu betrachten, die mein Zuhause war:
eine alte weiße Mühle, sentimental, South African Airways
(der blaue wendige Bock), friedlich, unwahrscheinlich. Ein
flüchtiges Gefühl hält die schmetternde Welle zurück:
jenes Geschenk, das zu vergeuden war, mein Ankunftslied,
nahm ich es nicht von der erstbesten entmutigenden Wildnis?

Mein Verstand brannte und ich fesselte ihn
mit verwahrloster Liebe, der Gewalt des Fleisches.
Die stillen Narben über meinen Adern beißen
weniger tief jetzt als Messer oder Peitsche
es zulassen könnten:
Nicht länger muß ich Freiheit
schreien im Haus. Ich sitze hier

im Licht, das Privileg des Flüchtlings. Noch möchte
ich Früchte in einem Gefäß, Bananenfreuden, die Schalen,
die aus den Fingern gleiten, fortgeworfen,
weil nur das weiche Herz gegessen werden soll.
Gib mir die ganze Erfahrung, von denen zu kosten,
die Verschwendung kannten und auch Gunst:
Künftige Zeiten mögen mich beredt finden

in anderen Räumen, die an diesen erinnern,
so aus Stille gefügt. Liebe,
diese notwendige Pein, hat ein Suchen entfacht.
Unterwegs von Ort zu Ort kam ich dem Wissen
von der letzten Strophe des Lieds immer näher,
das die Einsamkeiten meistern wird,
die uns die Nacht lehrt.

Warten

Die Isolation des Exils ist ein ausgeraubtes
Warenhaus im Hinterhof der Freudenstraßen:
Das Hafengebiet der Vorhölle weitet sich panoramenhaft –
die Nacht, die Verschönerin, läßt die Lichter
über den Kai tanzen.
Ich spähe durch die schwarzen Schädelfenster,
neugierig, was mich noch glaubhaft retten mag.
Das Gedicht kriecht über die ruinierte Wand
eine einsame Schnecke oder schwimmt phosphoreszierend
in eine Vision wie ein Fisch durch ein Loch
in das Fundament des Verstands, scharf
wie ein schimmernder Nerv.

Ursprünge machen dem Reisenden zu schaffen, jene Wurzeln
die die Wasser eines anderen Kontinents schlürften.
Afrika ist gigantisch, selbst das seltsamste Verhalten tief
im Süden meiner xenophobischen Abteilung
kann man auch im Ansatz nicht verstehen.
Kehr heim, kehr heim mayibuye
schrien die Steinbrecher, schrien die Massen,
schrie Mr. Kumalo vor dem verglimmenden Feuer
mayibuye Afrika.

Now there is the loneliness of lost / beauties at Cabo de Esperancia, Table Mountain: / all the dead poets who sang of spring's / miraculous recrudescence in the sandscapes of Karoo / sang of thoughts that pierced like arrows, spoke / through the strangled throat of multi-humanity / bruised like a python in the maggot-fattening sun.

You with your face of pain, your touch of gaiety, / with eyes that could distil me any instant / have passed into some diary, some dead journal / now that the computer, the mechanical notion / obliterates sincerities.

The amplitude of sentiment has brought me no nearer / to anything affectionate, / new magnitude of thought has but betrayed / the lustre of your eyes.

You yourself have vacated the violent arena / for a northern life of semi-snow / under the Distant Early Warning System: / I suffer the radiation burns of silence. / It is not cosmic immensity of catastrophe / that terrifies me: / it is solitude that mutilates, / the night bulb that reveals ash on my sleeve.
(1967)

Nun gibt es die Einsamkeiten verlorener
Schönheiten am Cabo de Esperancia, Tafelberg:
alle toten Dichter, die vom wunderbaren Wiederaufbruch
des Frühlings sangen in den Sanddünen von Karoo,
sangen Gedanken, die wie Pfeile trafen, sprachen
mit erdrosselter Kehle von der Multimenschheit,
verwundet wie eine Python, in der maden-mästenden Sonne.

Du mit deinem schmerzvollen Gesicht, deinem Anflug
                        Fröhlichkeit,
mit Augen, die mich jeden Augenblick trösten konnten,
bist in irgendein Tagebuch gewandert, irgendein totes Journal,
jetzt, da der Computer, die mechanische Vorstellung
die Ehrlichkeiten löscht.

So weit meine Gefühle auch sind, sie haben mich
an nichts annähernd Liebevolles herangeführt,
so neu und erhaben meine Gedanken, sie haben
nur den Glanz deiner Augen verraten.

Du selbst hast die gewaltsame Arena aufgegeben
für ein nördliches Leben des Halb-Schnees
unter einem ferngesteuerten Frühwarnsystem:
Ich leide an Strahlenschäden des Schweigens.
Es ist nicht die kosmische Größe der Katastrophe,
die mich in Schrecken versetzt:
Es ist die Einsamkeit, die verstümmelt,
die Nachtlampe, die Asche auf meinem Ärmel offenbart.
(1967)

Aus dem Englischen von Joachim Sartorius

Autopsy

I

My teachers are dead men. I was too young / to grasp their anxieties, too nominal an exile / to mount such intensities of song; / knowing only the blond / colossus vomits its indigestible / black stepchildren like autotoxins.

Autopsie

I

Meine Lehrer sind tote Männer. Ich war zu jung,
um ihre Ängste zu spüren, zu wörtlich ein Exilierter,
um solche Inbrunst des Gesangs zu entfachen;
bewußt bloß des blonden
Kolosses, der seine unverdauten
schwarzen Stiefkinder wie Eigengift erbricht.

Wer kann den Sukubus ertragen?
Sie, die ihnen den Stolz der Zunge gelehrt hat,
trank ein Aphrodisiakum, schluckte darauf
ein Abführmittel, um Falsches rechtzufertigen.
Ihr Ungeheuer eines Sohns mit der eisernen Faust
stolzierte durch die von Drogen triefende Township
und atmete hygienische Ausbrüche der Gerechtigkeit aus.

Verwurzelte Bakterien verringerten sich
rasch im harschen Sonnenlicht der Lampenbögen,
in der trockenen Atmosphäre, wo Reiterstiefel kratzen
wie knisternde Elektrizität, und Aufnahmegeräte
erzwungene Worte wie weiße Partikel verschlucken,
bis die sterile Quarantäne der Kerker
sie mit mitleidiger Vergeßlichkeit umschließt.

In die Städte, die ich mir zugelegt habe,
kommen abgetakelte Guerillas, gichtig und vorsichtig,
mit Exit-Visen in ihren Schußwestentaschen,
und nicht länger leistend was einst Marx
für das Britische Museum im 19. Jahrhundert getan hatte,
verdammt: schwarze Printen, gebrannt und dargeboten
den vier Winden, der salzäugigen See. Zu ihrer Erde
nicht mehr retournierbar,
                                            Die Welt empfängt
sie, Kanada, England, nun da die Laager
Meister in einer goldenen Trägheit sich
hinter das Zeughaus der Sten Gewehre zurücklehnen. Ich
erinnere mich an viele, doch ganz besonders an einen,
fast poetischen, so unerschrockenen.

Who can endure the succubus? / She who had taught them proudness of tongue / drank an aphrodisiac, then swallowed / a purgative to justify the wrong. / Her iron-fisted ogre of a son / straddled the drug-blurred townships, / breathing hygienic blasts of justice.

Rooted bacteria had their numbers / swiftly reduced in the harsh sunlight of arc-lamps, / the arid atmosphere where jackboots scrape / like crackling electric, and tape recorders / ingest forced words like white corpuscles, / until the sterile quarantine of dungeons / enveloped them with piteous oblivion.

In the towns I've acquired / arrive the broken guerillas, gaunt and cautious, / exit visas in their rifled pockets / and no more making like Marx / for the British Museum in the nineteenth century, / damned: the dark princes, burnt an offered / to the four winds, to the salt-eyed seas. To their earth / unreturnable, / The world receives / them, Canada, England now that the laager / masters recline in a gold inertia / behind the arsenal of Sten guns. I / remember many, but especial one / almost poetic, so undeterrable.

II

He comes from knife-slashed land-
scapes: / I see him pounding in his
youth across red sandfields / raising
puffs of dust at his heels, / outclassing
the geography of dongas / mapped by
the ravenous thundery summers. / He
glided down escarpments like the
wind, until / pursued by banshee si-
rens / he made their wails the kernel
of his eloquence, / turning for a time
to irrigate / the stretches of our virgin
minds.

Thus – sensitive precise / he stood
with folded arms in a classroom / sur-
veying a sea of galvanized roofs, /
transfixed as a chessman, only / with
deep inside his lyric brooding, / the
flame-soft bitterness of love that re-
crudesces; / O fatal loveliness of the
land / seduced the laager masters to
disown us.

36,000 feet above the Atlantic / I heard
an account of how they had shot / a
running man in the stomach. But
what isn't told / is how a warder
kicked the stitches open / on a little-
known island prison which used to
be / a guano rock in a sea of diamond
blue.

Over the phone in a London suburb
he sounds / grave and patient – the
years have stilled him: / the voice in a
dawn of ash, moon-steady, / is wary of
sunshine which has always been /
more diagnostic than remedial.

The early sharpness passed beyond
to noon / that melted brightly in-
to shards of dusk. / The luminous
tongue in the black world / has infi-
nite possibilities no longer.

II

Er kommt von messerdurchschlitzten Landschaften:
Ich sehe ihn in seiner Jugend über Sandbänke stampfen,
Staubwölkchen mit seinen Absätzen aufwirbeln,
die gesamte Geographie der Donga hinter sich lassen,
die gefräßige donnernde Sommer aufgezeichnet hatten.
Er glitt Abhänge hinunter wie der Wind, bis er,
gehetzt von Todesfeesirenen,
ihr Wehgeschrei zum Kern seiner Eloquenz erhob,
und sich eine zeitlang der Bewässerung
der Landstriche unserer unberührten Gemüter widmete.

So – mit präziser Empfindsamkeit –
stand er mit verschränkten Armen in einem Klassenzimmer,
überschaute ein Meer galvanisierter Dächer,
versteinert wie ein Schachspieler, nur
tief in ihm brütete seine Lyrik,
die flammen-weiche Bitterkeit der Liebe, die wieder aufbricht;
o die fatale Lieblichkeit des Landes
verführte die Laager Meister uns zu enteignen.

36 000 Fuß über dem Atlantik
hörte ich einen Bericht über einen fliehenden Mann
und wie sie ihm in den Magen schossen. Nichts jedoch
über einen Wärter, der die Maschen öffnete
auf einer wenig bekannten Gefängnisinsel, die einst
ein Guano-Fels war in einem diamantblauen Meer.

Seine Stimme am Telefon aus einer Londoner Vorstadt klingt
ernst und geduldig – die Jahre haben ihn gezähmt:
die Stimme in einem Untergang aus Asche, stetig wie der
                                                    Mond,
hütet sich vor Sonnenschein, der immer
mehr diagnostisch denn heilend war.

Die einstige Schärfe verlor sich auf Mittag zu,
der leuchtend zu Scherben der Dämmerung schmolz.
Die lichtvolle Zunge in der schwarzen Welt
besitzt ihre unbegrenzten Möglichkeiten nicht mehr.

Aus dem Englischen von Al Imfeld und Joachim Sartorius

Breyten Breytenbach

Nicht mit dem Stift / mit dem Maschinengewehr

Was soll ich dir sagen, Hans-Jesus von Nazareth
ich weißes afrikanisches Huhn ohne Federn
ich niemals Nackter
wie soll ich dir Kunde von meinem brackigen Land bringen
dir, der du doch auch dein Vermächtnis im Stich gelassen hast
in dessen Hinterlassenschaft Totenschädel in Weihrauch grinsen
in dessen Namen Gekreuzigte in Hügelwinden klappern
schlimmer noch, in dessen Namen die Geschöpfe der Nacht
eingesponnen sind in den Speichel aus dem Spinnenarsch
ich rede von Ordnung und Zivilisation?

Soll ich erzählen von
Hospitalbetten, in denen mit Kindern experimentiert wird
das Korn wird noch in jeder Saison geerntet
bleichen Kadavern, die sich in Todesangst am schwarzen
                              Herzen festtrinken
da hängen dem Klatschmohn auf dem Hügel die Köpfe
einigen wenigen, grün und blau geredet, geschiente Glieder
                              in jedem Spiegel
der Sommerhonig schmeckt nach Lavendel
einem schwarzen Mann, der sich verbittert
                       von der eigenen Hütte absetzt
die Sonnenvögel haben einen schillernden Leib
die Sonnenvögel kennen den schwarzen Mann nicht
der Weiße kennt eben noch die Sonne
kennt weder den Schwarzen noch den Mann
was soll da der schwarze Mann von Vögeln wissen wollen
und was soll ich dem Schwarzen von dir erzählen?

Von Demut, Menschhans von Nazareth
von welcher Demut
außer, daß ich nie wirklich wissen werde
nie wieder sagen möge
daß ich den Kelch an mir vorüber gehen lasse
der Demut

Nie met die pen nie maar met die masjiengeweer

Wat sou ek vir jou kon sê Jan-Jesus van Nasaret / ek wit Afrikaan veerlose hoender / ek nooit naak / hoe sou ek my brak land aan jou wete kon lê / jy wat ook jou sleepsel iewers versê het / in wie se erflot kopbene in wierook gryns / namens wie gekruisigdes in heuwelwinde klepel / erger nog in wie se naam hulle van die nag / toegespin sit in die speeksel van die spinnekop se poephol / ek praat van orde en beskawing?

Sou ek kon vertel van / hospitaalbeddens waar geëksperimenteer word met kinders / *die koring word nog elke seisoen geoes* / bleek kadawers wat in doodsvrees aan die swart hart bly drink / *daar knik papawers teen die bult* / die enkeling blou gepraat gespalk in ieder spieël / *die somer se heuning smaak na laventel* / 'n swartman sonder hom af in verbittering van eie krot / *die sonbesie se lyfie is groen* / die sonbeeste weet nie van die swartman nie / die witman weet net nog van die son / weet niks van die swart of man nie / wat wil die swartman nou weet van boomsingers / en wat sou ek die swart man kon vertel van jou?

Van nederigheid Mensjan van Nasaret / van watter nederigheid / behalwe dat ek nooit werklik sal weet / nooit weer mag sê nie / dat ek die beker by my laat verbygaan / die nederigheid / om nie te verloën nie maar te verag / nie te verraai nie maar uit te wis / en in wit op wit te skryf / Koning van die Jode

en die Kaffers Bobbejane? / Sal ek dan
nederig Jesusjan Mens van Nasaret /
hierdie geil karkas van 'n wêreld
beërf / ek wit Afrikaan veerlose hoen-
der / ek nooit weerloos ek nooit kaal /
ek so swart soos 'n ongeuite word-
woord

nicht zu verleugnen, sondern zu verachten
nicht zu verraten, sondern auszutilgen
und weiß auf weiß zu schreiben
König der Juden und der Kaffern, der Affen?
Soll ich denn demütig, Jesushans, Mensch von Nazareth
diesen üppigen Leichnam einer Welt beerben
ich weißes afrikanisches Huhn ohne Federn
ich niemals Wehrloser ich niemals Nackter
ich, so schwarz wie ein ungeäußertes Wort des Werdens

Vlerkbrand

Flügel verbrannt

wanneer jy dink aan jou land / sien jy /
vlegsels en 'n bril; 'n ou hond vol
bloed; / en 'n perd versuip in die rivier;
'n berg met vuur; / 'n ruimte met
twee mense sonder tande in die bed; /
donker vyge teen die sand; 'n pad,
populiere, / huis, blou, wolkskepe; /
riete; 'n telefoon; / sien jy

wenn du an dein Land denkst
siehst du
Flechten und eine Brille; einen alten Hund voller Blut;
und ein Pferd ersoffen im Fluß; einen Feuerberg;
einen Raum mit zwei zahnlosen Menschen im Bett;
dunkle Feigen auf dem Sand; einen Weg, Pappeln,
Haus, Blau, Wolkenschiffe;
Schilfrohr; ein Telefon;
siehst du

wanneer jy dink aan jou land / sien jy /
ons moet sterk wees; binnegoed vol
kraters en vlieë; / die berg is 'n slaghuis
sonder mure; / oor die duisend heu-
wels van Natal / die vuiste van die
krygers soos vaandels; / gevangenes lê
in die modder: sien jy / myne waaruit
slawe peul; die reën / is knetterend
hoog soos vonke bo teen die aand; /
tussen die riete vrot die skelet van die
dwerg

wenn du an dein Land denkst,
siehst du
wir müssen stark sein; Eingeweide voller Krater und Fliegen;
der Berg ist ein Schlachthof ohne Mauern;
über den tausend Hügeln von Natal
die Fäuste der Krieger wie Fahnen;
Gefangene liegen im Schlamm: siehst du
Minen, aus denen Sklaven hervorquellen; der Regen
steht prasselnd in der Höhe wie Funken über dem Abend;
im Schilfrohr verfault das Skelett des Zwerges

wanneer jy dink aan jou land / is dit
die evakuasie van alle denke; / as dit
suiwer is buite gooi jy die vensters
oop, / sien jy die sterre is pyle in die
niet; / hoor jy, klein soos 'n gerug,
hoor jy? / ‹ons is die volk. ons is swart,
maar ons slaap nie. / ons luister in die
donker hoe vreet die diewe in die
bome. / ons luister na ons krag wat

wenn du an dein Land denkst
ist das die Evakuierung allen Denkens;
wenn die Luft draußen rein ist, reißt du die Fenster auf,
siehst du, daß die Sterne Pfeile ins Nichts sind;
hörst du, leise wie Getuschel, hörst du?
«wir sind das Volk. wir sind schwarz, aber wir schlafen nicht.
wir lauschen im Finstern, wie die Diebe in den Bäumen fressen.

wir lauschen unserer Kraft, die sie nicht kennen können. wir
                                              lauschen
dem Herzen unseres Atems. wir hören, wie die Sonne
hinter dem Schilfrohr der Nacht zittert. wir warten, bis
die Fresser faul und gesättigt von den Ästen fallen –
einen Fresser wird man an seinen Früchten erkennen –
oder wir werden den Schweinen auf den Bäumen das Klettern
beibringen.»

Aus dem Afrikaans von Rosi Bussink

hulle nie kan ken nie. ons luister / na
die hart van ons asem. ons hoor die
son / bewe agter die nag se riete. ons
wag totdat / die vreters vrot en versa-
dig uit die takke val – / 'n vreter sal aan
sy vrugte geken word – / of ons sal die
varke in die bome leer klim.›

mene mene tekel

mene mene tekel

einige Exilanten
nach einer flammenden Flugbahn von Cocktails
sterben dann gekauert wie ein Fötus
mit ungekämmtem Kopf im Ofen
oder total am Ende in einer Plastikplazenta
und die posthume Notiz eine weiße Stille

some exiles / after a flamboyant tra-
jectory of cocktails / then die in the
foetal crouch / with an uncombed
head in the oven / or fucked in a plastic
placenta / and the posthumous note a
white silence

manchmal ist das Papierversteck ein offener Makel
der Berge betrogener Hoffnung
gegen die inneren Falten der Worte glättet,
zu anderen Zeiten ist es eine Art
den Schmerz der Fußspuren von Engeln
auf dem verschneiten Hang zu bemänteln

sometimes the paper hide is an open
blot / smoothing mountains of de-
luded hope / to inner folds of words, /
at other moments it is one way / to
cloak the pain / of angels' footprints
on the snowy slope

die Sache mit dem Graffiti auf blassem Kalk
ist immer in einer fremden Sprache
im Nirgendsland

the thing about wallwriting on pale
plaster / is always in a foreign tongue /
in nowhere land

im Nirgendsland
verwirkte ich das Vergnügen am Reim
stimme ich nicht länger das Gefühl auf meine Hand ab,
der Uhrwerkmond ist ein totes Auge das die Zeit bewacht
von vorgetäuschtem Puls zum Selbstgemetzel

in nowhere land / I fortfeited the
pleasure of rhyme / and no longer
trim the feeling to my hand, / the
clockwork moon is a dead eye watch-
ing time / from shammed throb to
self-slaughter

oh darkly beloved your body / a moving landscape of love as a lady / is no pleasantry / I do not court you for that final lay, / your pardon is to stay the fear / which even the whitest blackout cannot slay, / is there anywhere under the celestial spheres / a steadier cremation than soulfire?

o dunkel geliebt dein Leib
eine bewegliche Landschaft der Liebe an einer Lady
kann man sich die Finger verbrennen
ich mache dir nicht den Hof für diesen letzten Schlaf
dein Verzeihen ist ein Aussetzen der Angst
die selbst völliges Verlöschen nicht tilgen kann,
gibt es irgendwo unter den himmlischen Sphären
einen ewiger währenden Brand als Seelenfeuer?

take me now in my groom's paper suit, / take the bumps and the breaks, / the cape and the bull, / as well the flourish of these infinite lines

nimm mich jetzt im Papieranzug des Bräutigams
nimm meine Höhen und Tiefen,
das Cape und den Stier,
und auch den Tusch dieser grenzenlosen Zeilen

meaning and verbal meaning

Bedeutung und verbale Bedeutung

(for Hector Petersen)

*für Hector Petersen**

that he's had his fill writing about that primitive paradise / of gorillas and arse-ache and dwarves and fucking vowels – / mobilising mobs of words on the page / as so many black demonstrators fist in the sky / searching for fire to bury their dead / keep protesting against the pain / of living for life in such a domain

daß er die Nase voll hatte zu schreiben über dieses primitive
                                 Paradies
von Gorillas und Arsch-Weh und Zwergen und elenden
                                 Vokalen –
auf der Seite Gesindel aus Wörtern zu mobilisieren
wo so viele schwarze Demonstranten mit gen Himmel
                             gereckten Fäusten
auf der Suche nach Feuer um ihre Toten zu begraben
protestieren und protestieren gegen den Schmerz
für das Leben zu leben in solch einem Reich

that it makes him puke time and again – / these images of nausea on the late night screen / of Botha's troops of boers and pandours / with dog and whip and teargas and bullet / beating the shit out of the kaffirs: / tomorrow morning's list of so many / snuffed, and the wailed deathsongs of a thousand next-of-kin / looking upon blood as black / as printer's ink

daß es ihn kotzen macht fort und fort –
diese brechreizenden Bilder auf der Leinwand der
                                Spätvorstellung
von Bothas Truppen, Buren und Panduren,
mit Hund und Peitsche und Tränengas und Kugel
die Kaffer blutig schlagend:

---

* Hector Petersen wurde 1976 in Soweto von der Polizei erschossen. Er war das erste Opfer der Unruhen. Das Foto der Mutter, die den Leichnam ihres vierzehnjährigen Sohnes trägt, ging rund um die Welt und machte ihn zum Märtyrer.

morgen früh die Liste von so vielen
Verreckten, und die Klagelieder von einem Tausend nächster
Angehöriger
die auf Blut schauen so schwarz
wie Druckerschwärze
senge, senge dieses Land schwarz!
eintausend Wörter werden die Bahn einer Kugel nicht füllen!

daß es ihn zwingt das Seil zu werfen:
was immer, um dem Ersticken durch das Wort zu entgehen
auch wenn er lieber Gedichten Gestalt geben,
eine Zeile um Gottes Hals festzurren möchte
aus baumelnden Bildern, Delphinen
auf Pferderücken für die Buhlerei am Samstagabend
mit grauen Blusen wie silbriges Süßwasser,
das eine Kühle über ihre Brüste spült,
daß des Todes Herrschaft jenseits der Lebenssilhouette liegt,
getrennt davon, in einem fernen artikulierten Vers, einem
früheren Leben

denn eintausend Worte machen keinen Hund gesund!
senge, senge dieses Land unberührt . . .

wenn nur die toten Kinder aufhörten nach Afrika zu rufen . . .

Aus dem Englischen von Joachim Sartorius

burn, burn this land black! / a thousand words will not fill one bullet's crack!

that it forces him to throw out the rope: / anything to escape the choke of the word – / when he would rather be fashioning poems, / tying a line around God's neck, / of dangling images, of dolphins / on horseback for Saturday night's courting / with grey blouses like silvery sweet water / washing a coolness over their breasts, / that death's dominion lies far beyond the skyline of life, / apart, in a distant articulated verse, another past

for a thousand words will not cure a single dog! / burn, burn this land untouched . . .

if only the dead children would stop screaming for Africa . . .

Biographien

Kofi Nyidevu Awoonor

In einer autobiographischen Skizze bezeichnet sich Kofi Awoonor als «glühenden afrikanischen Nationalisten». Seine Herkunft – geboren in einem kleinen Dorf in Ghana, die Mutter Analphabetin, der Vater Schneider – sei typisch und gehöre «zu Afrika wie Dürren, Mißernten, Heuschrekken, dumme Stammeskriege, der IWF und die Schulden, die auf dem ganzen Kontinent lasten». Er durchläuft die Missionsschule, kommt auf ein britisches College, studiert Literatur an der Universität von Accra, geht, als Nkrumah 1966 stürzt, nach London und von dort in die USA. 1968 unterrichtet er an der Universität von Stony Brook und entwirft dort eines der ersten «Black Studies»-Programme des Landes. Als er 1975 nach Ghana zurückkehrt, wird er, dem Regime unliebsam, verhaftet und zehn Monate in Einzelhaft gehalten. Das «Sklavenhaus in Usher», von Holländern im 17. Jahrhundert gebaut, ist das Gefängnis, in dem er seinen Überlebenswillen immer wieder betont: «meinen Tod zu verschieben bis / zum Morgen nach der Freiheit». Nach seiner Freilassung nimmt er eine Literaturprofessur in Accra an.

Kofi Awoonor bezeichnet die überlieferte mündliche Poesie seines Volkes als früheste und prägende Quelle seiner Inspiration. Oft verwendet er Bilder aus afrikanischen Zeremonien und mischt das Englische auf mit aus seiner Muttersprache Ewe wortwörtlich übersetzten Wendungen und Sprüchen. In seiner Verpflichtung gegenüber oralen Traditionen fühlt er sich dem Südafrikaner Masizi Kunene verwandt, häufig ruft er in seinen Gedichten auch andere afrikanische Schriftsteller an wie Ngugi (Wa Thiong'o), Chinua (Achebe) oder La Guma, mit denen er sich im Kampf gegen wirtschaftliche Ausbeutung des afrikanischen Kontinents und gegen «die Übermacht eines westlich-christlichen Monologs voll rassistischer Überlegenheit» solidarisch fühlt.

«Until the Morning After», Collected Poems (1963 – 1985), New York 1986; «Guardians of the Sacred Word», New York 1974.

Tchicaya U Tam'si

«Er ist für Schwarzafrika, was Pablo Neruda für Lateinamerika ist ... der Vater unseres Traums», sagte Sony Labou Tansi über seinen kongolesischen Landsmann, den früh verstorbenen Tchicaya U Tam'si (1931 – 1988). «Geboren von unbekannter, käuflicher Mutter», in der Kindheit stark gehbehindert und zeitlebens von Malaria geplagt, war U Tam'si, nach dem Zeugnis seiner Freunde, ein aggressiver und kompromißloser Mann, der im Schreiben, in herausgeschleuderten Gedichten seine ihm geraubte Geschichte und «die Chronologie seines Landes» zurückerobern wollte. Fasziniert von Patrice Lumumba, den er 1960 in Léopoldville kennenlernte, und von seinem Vater, der – zum Abgeordneten der «Assemblée Nationale Française» ernannt – ihn 1946 mit nach Paris genommen hatte, träumte er von *einem* Afrika und *einem* Kongo. Mit der Ermordung Lumumbas zerbrach dieser Traum. Als Vorsitzender der «Union des Écrivains du Monde Noir» kämpfte er militant für die Anerkennung der postkolonialen Literaturen Afrikas und formulierte seine Revolte und zunehmende Verzweiflung in einer schwierigen Symbolsprache mit brutalen Bildern und einer oft bis zur Unverständlichkeit verdichteten Syntax. In der Vorrede zu «Epitomé» setzt er der Poetik Europas, die in kurzem Aufblitzen einer Erkenntnis und brillanten Sprachspielen bestehe, eine afrikanische Poetik entgegen, deren Mittel durch einen stetigen Rhythmus, Wiederholung und die Übersetzung des Schreis in Schreiben charakterisiert sind.

«Böses Blut / Le Mauvais Sang», zweisprachige Ausgabe, übersetzt von Beate Thill, Aachen 1993; «Le Mauvais Sang / Feu de Brousse / A Triche-Cœur», Paris 1970; «Le Pain et la Cendre, le Ventre», Paris 1979.

Christopher Okigbo

Der 1932 in Ojoto/Ost-Nigeria geborene Christopher Okigbo studierte klassische Literatur an der Universität von Ibadan. Er übte verschiedene Berufe aus – Bibliothekar, Regierungsangestellter, Lehrer und Verlagslektor –, bis er 1967 in die biafranische Armee eintrat. In einem der ersten Kämpfe des Bürgerkriegs starb er, vierunddreißigjährig, im September 1967. Seine poetischen Zyklen «Heavensgate» (1962), «Limits» (1962) und «Distances» (1964) wurden zunächst in Literaturzeitschriften wie ‹Transition› und ‹Black Orpheus› veröffentlicht. Die Gedichte, die er bewahrt wissen wollte, stellte Okigbo kurz vor seinem Tod zusammen. Sie wurden 1972 bei Heinemann publiziert. Okigbos kompromißloses Wesen und seine unverwechselbare, auf Wiederholung und beschwörenden Rhythmus angelegte Stimme übten einen großen Einfluß auf jüngere nigerianische Dichter aus. Er gilt heute – neben Wole Soyinka – als der herausragende Dichter seines Landes.

«Collected Poems», herausgegeben von Adewale Maja-Pearce, London 1986.

Arthur K. Nortje

Arthur K. Nortje wurde 1942 in der Provinz Kapstadt geboren. Er war kurze Zeit Lehrer und ging 1965 nach Oxford, wo er am Jesus College Englische Literaturwissenschaft studierte und, nach einem Zwischenaufenthalt in Kanada, an einer Dissertation schrieb. 1970 nahm er sich mit einer Überdosis Schlaftabletten das Leben. Seine bis dahin nur verstreut in Literaturzeitschriften wie ‹Black Orpheus› veröffentlichten Gedichte, für die er den «Mbari Poetry Prize» erhielt, erschienen erst postum in dem Band «Dead Roots» (1973), der in Südafrika Aufsehen erregte und in der Lyrik jüngerer afrikanischer Autoren immer noch nachwirkt.

«Dead Roots», London 1973.

Breyten Breytenbach

Der 1939 in Bonnievale/Südafrika geborene Dichter und Maler unterbrach das Studium der Bildenden Künste in Kapstadt und ließ sich nach ausgedehnten Europareisen (1959 – 1961) in Paris nieder. Nachdem seine Ehe mit der Vietnamesin Hoang Lien Yolande vom südafrikanischen Regime für ungültig erklärt wurde, bekämpfte er die Apartheid. Mit einem falschen Paß in Südafrika 1975 verhaftet, wird er zu neun Jahren Gefängnis verurteilt. Unter dem Druck der internationalen Solidarität wird sein Prozeß wiederaufgenommen und er schließlich 1982 freigelassen. In seiner Rede im Revisionsprozeß hat er die Rolle des Künstlers in Südafrika so beschrieben: «Ein Schriftsteller kann sich nicht erlauben, etwas zu verbergen. Selbst wenn er versucht, sich von seinem Land zu lösen, gelingt ihm dies nicht – er erfährt es wie ein Geschwür an seinem Körper. So bleibe ich auch meiner Sprache verbunden – sie ist die Fortsetzung meines Selbst.» Breytenbach schreibt seine Lyrik in Afrikaans und in Englisch. Er versucht, die sprachliche und politische Verkümmerung des Afrikaans durch zahlreiche Neologismen, durch Argot und Vulgärvokabular zu durchbrechen, bringt Surrealistisches und gewollt «Bastardhaftes» und vor allem die politische Argumentation, das heißt die afrikanische Realität, in die Literatursprache ein.

«Kreuz des Südens, schwarzer Brand», Gedichte und Prosa, Berlin 1977; «Judas Eye», London 1987.

Elizabeth Bishop

The Map

Land lies in water; it is shadowed green. / Shadows, or are they shallows, at its edges / showing the line of long sea-weeded ledges / where weeds hang to the simple blue from green. / Or does the land lean down to lift the sea from under, / drawing it unperturbed around itself? / Along the fine tan sandy shelf / is the land tugging at the sea from under?

The shadow of Newfoundland lies flat and still. / Labrador's yellow, where the moony Eskimo / has oiled it. We can stroke these lovely bays, / under a glass as if they were expected to blossom, / or as if to provide a clean cage for invisible fish. / The names of seashore towns run out to sea, / the names of cities cross the neighboring mountains / – the printer here experiencing the same excitement / as when emotion too far exceeds its cause. / These peninsulas take the water between thumb and finger / like women feeling for the smoothness of yard-goods.

Mapped waters are more quiet than the land is, / lending the land their waves' own conformation: / and Norway's hare runs south in agitation, / profiles investigate the sea, where land is. / Are they assigned, or can the countries pick their colors? / – What suits the character or the native waters best. / Topography displays no favorites; North's as near as West. / More delicate than the historians' are the map-makers' colors.

Die Landkarte

Land liegt in Wasser; es ist grün schattiert.
Schatten – oder ist es Wattenmeer? –
zeigen die lange Linie seegrasiger Riffe,
wo aus dem Grün der Tang dem schlichten Blau anhängt.
Oder lehnt sich Land hinab, hebt die See von unten
und zieht sie unbewegt um sich herum?
Am Schelf entlang, braun und fein besandet,
zerrt da das Land am Meer, von unten?

Neufundlands Schatten liegt platt und still.
Labrador ist gelb, wo der mondhafte Eskimo
es ölte. Unter einem Glas können wir sie streicheln,
diese hübschen Buchten, wie in Erwartung einer Blüte,
oder als sauberen Käfig für unsichtbaren Fisch.
Die Namen der Küstenorte laufen aus ins Meer,
Städtenamen überqueren benachbarte Berge
– hier überkommt den Drucker dieselbe Erregung,
wie wenn Gefühl den Anlaß weit übersteigt.
Diese Halbinseln nehmen das Wasser zwischen Daumen
                                              und Zeigefinger
wie Frauen beim Befühlen der Meterware.

Kartengewässer sind ruhiger noch als das Land,
passen dem Land die Form ihrer Wellen an:
und Norwegens Hase läuft aufgeregt nach Süden,
und Profile spüren der See nach, wo Land ist.
Teilt man sie zu oder wählen Länder ihre Farben?
– Wie's ihnen, wie's dem Wasser angemessen ist.
Topographie zieht keinen vor: Nord ist so nah wie West.
Zarter als bei Historikern sind der Kartographen Farben.

Reisefragen

Hier, da gibt's zu viele Wasserfälle;
die überfrachteten Ströme schnellen zu eilig hinab
zum Meer, und so vieler Wolken Druck auf die Gipfel
der Berge läßt sie in Zeitlupe die Seiten hinablaufen,
als Wasserfälle uns grad unter den Augen.
– Denn wenn auch jene Streifen, jene meilen-
langen glänzenden Tränenflecken,
Wasserfälle noch nicht sind,
so werden sie's wahrscheinlich doch sein,
in einem Zeitalter oder so,
schnell, wie es hier zugeht.
Doch falls sie immer weiter, weiter reisen,
die Ströme, die Bäume, gleichen die Berge,
schleimverhängt und muschelbesetzt,
den Rümpfen gekenterter Schiffe.

Denk an die lange Fahrt nach Haus.
Hätten wir zu Hause bleiben, an hier denken sollen?
Wo würden wir heute sein?
Ist es recht, Fremde in einem Spiel zu sehen
in diesem fremdesten aller Theater?
Was ist dies Kindische, das uns, solang der Lebensatem
in uns ist, zur Eile uns bestimmt,
die Sonne umgekehrt zu sehen?
Den kleinsten grünen Kolibri der Welt?
Um ein unerklärlich altes Mauerwerk zu sehen,
jedwedem Blick
unerklärlich und undurchdringlich,
augenblicklich gesehen, eine Freude auf immer und immer?
O müssen wir unsere Träume denn träumen
und sie auch haben?
Und haben wir Platz für einen Sonnenuntergang
mehr, der in seinen Falten warm noch ist?

There ar too many waterfalls here; the croweded streams / hurry too rapidly down to the sea, / and the pressure of so many clouds on the mountain-tops / makes them spill over the sides in soft slow-motion, / turning to wa-terfalls under our very eyes. / – For if those streaks, those mile-long, shiny, tearstains, / aren't waterfalls yet, / in a quick age or so, as ages go here, / they probably will be. / But if the streams and clouds keep travelling, travelling, / the mountains look like the hulls of capsized ships, / slime-hung and barnacled.

Think of the long trip home. / Should we have stayed at home and thought of here? / Where should we be today? / Is it right to be watching strangers in a play / in this strangest of theatres? / What childishness is it that while there's a breath of life / in our bodies, we are determined to rush / to see the sun the other way around? / The tiniest green hummingbird in the world? / To stare at some inexplicable old stonework, / inexplicable and im-penetrable, / at any view, / instantly seen and always, always delightful? / Oh, must we dream our dreams / and have them, too? / And have we room / for one more folded sunset, still quite warm?

But surely it would have been a pity / not to have seen the trees along this road, / really exaggerated in their beauty, / not to have seen them gesturing / like noble pantomimists, robed in pink. / – Not to have had to stop for gas and heard / the sad, two-noted, wooden tune / of disparate wooden clogs / carelessly clacking over / a grease-stained filling-station floor. / (In another country the clogs would all be tested. / Each pair there would have identical pitch.) / – A pity not to have heard / the other, less primitive music of the fat brown bird / who sings above the broken gasoline pump / in a bamboo church of Jesuit baroque: / three towers, five silver crosses. / – Yes, a pity not to have pondered, / blurr'dly and inconclusively, / on what connection can exist for centuries / between the crudest wooden footwear / and, careful and finicky, / the whittled fantasies of wooden cages. / – Never to have studied history in / the weak calligraphy of songbirds' cages. / – And never to have had to listen to rain / so much like politicians' speeches: / two hours of unrelenting oratory / and then a sudden golden silence / in which the traveller takes a notebook, writes:

«Is it lack of imagination that makes us come / to imagined places, not just stay at home? / Or could Pascal have been not entirely right / about just sitting quietly in one's room?

Continent, city, country, society: / the choice is never wide and never free. / And here, or there . . . No. Should we have stayed at home, / wherever that may be?»

Gewiß aber wäre es schade gewesen,
hätten wir an dieser Straße die Bäume nicht gesehen,
in ihrer Schönheit so übertrieben,
hätten ihre Gesten nicht gesehen,
diese noblen Pantomimen im rosa Kleid.
– Hätten zum Tanken nicht gehalten
und die zweitönig-traurige hölzerne Melodie
verschiedener Holzpantinen nicht gehört,
ihr nachlässiges Klappern auf dem schmierfleckigen Boden
der Tankstelle. (In einem anderen
Land wären alle Pantinen geeicht.
Jedes Paar wäre da gleich gestimmt.)
– Schade, hätten wir sie nicht gehört,
die andere, weniger primitive Musik
des fetten braunen Vogels über der defekten Benzinpumpe,
sein Lied im Jesuitenbarock der Bambuskirche:
drei Türme, fünf Kreuze aus Silber.
– Ja schade, hätten wir nicht überlegt,
ergebnislos und unscharf,
welche Art von Band wohl über Jahrhunderte
zwischen grober Fußbekleidung und,
so sorgfältig und pedantisch,
den zugespitzten Phantasien hölzerner Käfige sei.
– Hätten niemals Geschichte an der schwachen Kalligraphie
von Singvogelkäfigen studiert.
– hätten niemals dem Regen gelauscht,
der so sehr den Reden von Politikern gleicht:
zwei Stunden unaufhörlicher Rede
und dann plötzlich ein goldenes Schweigen,
bei dem in sein Notizbuch der Reisende schreibt:

«Was fehlt uns denn an Imagination,
das zu imaginären Orten uns treibt?
Oder war Pascal nicht ganz im Recht,
als er riet: zu Hause, da bleibt?

Kontinent, Land, Stadt, Gesellschaft:
die Auswahl ist niemals groß oder frei.
Und hier oder dort . . . Nein. Hätten wir zu Haus bleiben sollen,
wo immer auch das sei?»

315

Anapher

Soviel Gepränge und Musik
eröffnet jeden Tag
mit Vögeln, Glocken, Pfiffen der Fabrik;
auf Weißgoldhimmel öffnen sich
zuerst die Augen, solch helle Mauern,
so daß momentelang wir fragen:
«Die Musik, wo kommt sie her, die Energie?
Welch unbegriffnem Wesen, von uns verkannt,
war der Tag bestimmt?» O es
erscheint in irdischer Gestalt
     blitzartig, blitzartig fällt's,
     Opfer langer Intrige,
     findet Erinnern, wird sterblich,
     sterbensmüde.

Noch langsamer fällt's in den Blick,
betupfte Gesichter flutet es,
verdunkelt, dämmt dies Licht zurück;
entgegen allen Träumen,
die jener Blick darauf vertat,
duldet's unsern Brauch und Mißbrauch,
sinkt durch das Treiben der Körper,
sinkt durch das Treiben der Klassen
zum Abend, zum Bettler hin im Park,
der müde, ohne Buch und Lampe,
     stupende Studien plant:
     der feurige Ausgang
     jeden Tages in endlos,
     endlosem Aufgang.

Aus dem Amerikanischen von Klaus Martens

Anaphora

Each day with so much ceremony / begins, with birds, with bells, / with whistles from a factory; / such white-gold skies our eyes / first open on, such brilliant walls / that for a moment we wonder / «Where is the music coming from, the energy? / The day was meant for what ineffable creature / we must have missed?» Oh promptly he / appears and takes his earthly nature / instantly, instantly falls / victim of long intrigue, / assuming memory and mortal / mortal fatigue.

More slowly falling into sight / and showering into stippled faces, / darkening, condensing all his light; / in spite of all the dreaming / squandered upon him with that look, / suffers our uses and abuses, / sinks through the drift of bodies, / sinks through the drift of classes / to evening to the beggar in the park / who, weary, without lamp or book / prepares stupendous studies: / the fiery event / of every day in endless / endless assent.

John Ashbery

Le livre est sur la table

Le livre est sur la table

I

All beauty, resonance, integrity, / Exist by deprivation or logic / Of strange position. This being so,

We can only imagine a world in which a woman / Walks and wears her hair and knows / All that she does not know. Yet we know

What her breasts are. And we give fullness / To the dream. The table supports the book, / The plume leaps in the hand. But what

Dismal scene is this? The old man pouting / At a black cloud, the woman gone / Into the house, from which the wailing starts?

II

The young man places a bird-house / Against the blue sea. He walks away / And it remains. Now other

Men appear, but they live in boxes. / The sea protects them like a wall. / The gods worship a line-drawing

Of a woman, in the shadow of the sea / Which goes on writing. Are there / Collisions, communications on the shore

Or did all secrets vanish when / The woman left? Is the bird mentioned / In the waves' minutes, or did the land advance?

I

Alles, Schönheit, Widerhall, Unversehrtes,
Ist durch Beraubung so oder durch Logik
Seltsamer Anordnung. Da dies so ist,

Stellen wir uns eine Welt nur vor, in der eine Frau
Geht und ihr Haar trägt und alles weiß,
Was sie nicht weiß. Wir aber wissen,

Was ihre Brüste sind. Und wir geben Fülle
Dem Traum. Der Tisch hält das Buch,
Die Feder springt in der Hand. Doch was

Für ein trübes Bild ist dies? Den alten Mann
Verdrießt die schwarze Wolke, die Frau verschwunden
Im Haus, in dem das Jammern beginnt?

II

Der junge Mann stellt ein Vogelhaus
Gegen das blaue Meer. Er geht davon
Und es bleibt dort. Andere Männer

Erscheinen jetzt, doch sie leben in Gehäusen.
Das Meer beschützt sie wie eine Wand.
Die Götter beten eine Linienzeichnung an

Von einer Frau, im Schatten des Meeres,
Das weiterschreibt. Sind dort
Zusammenstöße, Verständigungen an der Küste

Oder verschwanden alle Geheimnisse mit
Dem Weggehen der Frau? Wird der Vogel erwähnt
In der Wellen Folge, oder kam das Land nach vorn?

Paradoxa und Oxymora

Dieses Gedicht befaßt sich mit Sprache auf einer sehr
                      einfachen Ebene.
Schau, wie es zu dir spricht. Du schaust zum Fenster hinaus
oder gibst vor, nervös zu sein. Du hast es, aber hast es nicht.
Du verfehlst es, es verfehlt dich. Beide verfehlt ihr euch.

Das Gedicht ist traurig, weil es gern deines wäre, und es
                      nicht sein kann.
Was ist eine einfache Ebene? Sie ist das und andere Dinge,
von denen sie ein System ins Spiel bringt. Spiel?
Ja, eigentlich schon, doch betrachte ich Spiel als

ein tieferes Außending, ein geträumtes Rollenmuster,
wie in der Verteilung von Gnade an diesen langen Augusttagen
ohne Beweis. Mit offenem Ausgang. Und bevor du dich
                      auskennst,
geht es im Dampf und Geratter von Schreibmaschinen unter.

Einmal mehr wurde es durchgespielt. Ich denke, du bist nur da
um mich dazu zu kriegen, es zu tun, auf deiner Ebene, und
                      dann bist du nicht zur Stelle
oder hast eine andere Haltung eingenommen. Und das Gedicht
hat mich sanft zu dir hinab gesetzt. Das Gedicht bist du.

This poem is concerned with language on a very plain level. / Look at it talking to you. You look out a window / Or pretend to fidget. You have it but you don't have it. / You miss it, it misses you. You miss each other.

The poem is sad because it wants to be yours, and cannot be. / What's a plain level? It is that and other things, / Bringing a system of them into play. Play? / Well, actually, yes, but I consider play to be

A deeper outside thing, a dreamed role-pattern, / As in the division of grace these long August days / Without proof. Open-ended. And before you know it / It gets lost in the steam and chatter of typewriters.

It has been played once more. I think you exist only / To tease me into doing it, on your level, and then you aren't there / Or have adopted a different attitude. And the poem / Has set me softly down beside you. The poem is you.

Film aus den Vierzigern

Der Schatten der Jalousie auf der getünchten Wand,
Schatten von Schlangenpflanzen und Kakteen, die Gipstiere
Rücken die tragische Melancholie des hellen Blicks
Ins Nirgendwo, ein Loch wie die schwarzen Löcher im All.
In BH und Schlüpfer schlängelt sie sich ans Fenster:
Ratsch! Hoch mit der Jalousie. Eine fragile Straßenszene
                      bietet sich an,
Mit hauchdünnen Fußgängern, die wissen, wohin sie gehen.
Die Jalousie fällt langsam, die Stäbe stellen sich langsam auf.

Forties Flick

The shadow of the Venetian blind on the painted wall, / Shadows of the snake-plant and cacti, the plaster animals, / Focus the tragic melancholy of the bright stare / Into nowhere, a hole like the black holes in space. / In bra and panties she sidles to the window: / Zip! Up with the blind. A fragile street scene offers itself, / With wafer-thin pedestrians who know where they are going. / The blind comes down slowly, the slats are slowly tilted up.

Why must it always end this way? / A dais with woman reading, with the ruckus of her hair / And all that is unsaid about her pulling us back to her, with her / Into the silence that night alone can't explain. / Silence of the library, of the telephone with its pad, / But we didn't have to reinvent these either: / They had gone away into the plot of a story / The «art» part – knocking what important details to leave out / And the way character is developed. Things too real / To be of much concern, hence artificial, yet now all over the page, / The indoors with the outside becoming part of you / As you find you had never left off laughing at death, / The background, dark vine at the edge of the porch.

Warum muß es immer so enden?
Eine Estrade mit einer lesenden Frau, mit dem Gewirr
                                        ihres Haares,
Und alles, was über sie ungesagt bleibt, zieht uns wieder zu
                                        ihr hin,
Mit ihr, in die Stille, die Nacht allein nicht erklären kann.
Stille der Bibliothek, des Telefons mit seinem Notizblock,
Aber wir mußten diese auch nicht wiedererfinden:
Sie waren eingegangen in die Handlung einer Geschichte, waren
Der «Kunst»-Teil – zu wissen, welche wichtigen Details aus-
                                        zulassen
Und wie Personen zu entwickeln sind. Dinge, zu wirklich,
Um von Belang zu sein, somit künstlich, aber jetzt doch
                                        über die ganze Seite ausgebreitet,
Das Hausinnere wird mit dem Äußeren ein Teil von dir,
Während du feststellst, daß du nie aufgehört hast, den Tod
                                        zu verlachen,
Den Hintergrund, dunkler Efeu am Rand der Veranda.

More Pleasant Adventures

Hübschere Abenteuer

The first year was like icing. / Then the cake started to show through. / Which was fine, too, except you forget the direction you're taking / Suddenly you are interested in some new thing / And can't tell how you got here. Then there is confusion / Even out of happiness, like a smoke – / The words get heavy, some topple over, you break others. / And outlines disappear once again.

Das erste Jahr war wie Zuckerguß.
Dann kam der Kuchen zum Vorschein.
Was auch in Ordnung war, außer daß du die eingeschla-
                                        gene Richtung vergißt.
Plötzlich bist du an einer neuen Sache interessiert
und kannst nicht sagen, wie du hierherkamst. Dann ent-
                                        steht Verwirrung
selbst aus Glück, wie Rauch –
Die Wörter werden schwer, einige kippen um, andere
                                        brichst du.
Und Konturen verschwinden einmal mehr.

Heck, it's anybody's story, / A sentimental journey – «gonna take a sentimental journey» / And we do, but you wake up under the table of a dream: / You are that dream, and it is the seventh layer of you. / We haven't moved an inch, and everything has changed. / We are somewhere near a tennis court at night. / We get lost in

Verflucht, eine alltägliche Geschichte,
eine empfindsame Reise – «geh auf 'ne empfindsame Reise»,
und wir gehen, du aber wachst auf unter dem Tisch eines
                                        Traums:
Du bist dieser Traum, und er ist deine siebte Haut.
Wir sind keinen Zentimeter vorangekommen, und alles hat
                                        sich verändert

Abends sind wir irgendwo in der Nähe eines Tennisplatzes.
Wir verlaufen uns im Leben, aber das Leben weiß, wo wir sind.
Man kann uns immer bei unseresgleichen finden.
Wolltest du dich nicht immer wie ein Hund zusammenrollen
und wie ein Hund einschlafen?

In dem Ausbruch von Abschieden und Sterbefällen (der neue
Dreh)
ist auch Raum, aus dem Leben auszubrechen.
Was immer passiert, wird ziemlich erfinderisch sein.
Kein Feld, um das jetzt nicht wieder gerangelt wird,
und Gemälde sind die eine Ware, die uns nie auszugehen
scheint.

Mein erotisches Double

Er sagt, daß ihm heute nicht nach Arbeit zumute ist.
Soll mir recht sein. Hier im Schatten
hinter dem Haus, vom Straßenlärm geschützt,
kann man alte Gefühle jeder Art überprüfen,
manche fortwerfen, andere behalten.
        Das Wortspiel
unter uns gewinnt an Heftigkeit, wenn es
weniger Gefühle gibt, um die Dinge zu verwirren.
Noch eine Runde? Nein, aber die letzten Dinge,
die du immer zu sagen findest, sind charmant und retten mich,
bevor die Nacht es tut. Wir schwimmen
auf unseren Träumen wie auf einer Barke aus Eis,
durchzogen von Fragen und Ritzen aus Sternenlicht,
Die uns wachhalten, in Gedanken bei den Träumen,
so wie sie sich gerade ereignen. Ein Vorfall. Du sagtest es.

Ich sagte es, aber ich kann es verbergen. Doch ziehe ich vor,
es nicht zu tun.
Danke. Du bist mir sehr sympathisch.
Danke. Du mir auch.

life, but life knows where we are. / We can always be found with our associates. / Haven't you always wanted to curl up like a dog and go to sleep like a dog?

In the rash of partings and dyings (the new twist), / There's also room for breaking out of living. / Whatever happens will be quite ingenious. / No acre but will resume being disputed now, / And paintings are one thing we never seem to run out of.

My Erotic Double

He says he doesn't feel like working today. / It's just as well. Here in the shade / Behind the house, protected from street noises, / One can go over all kinds of old feelings, /Throw some away, keep others. / The wordplay / Between us gets very intense when there are / Fewer feelings around to confuse things. / Another go-around? No, but the last things / You always find to say are charming, and rescue me / before the night does. We are afloat / On our dreams as on a barge made of ice, / Shot through with questions and fissures of starligth / That keep us awake, thinking about the dreams / As they are happening. Some occurrence. You said it.

I said it but I can hide it. But I choose not to. / Thank you. Your are a very pleasant person. / Thank you. You are too.

At North Farm

Somewhere someone is traveling fu-
riously toward you, / At incredible
speed, traveling day and night, /
Through blizzards and desert heat,
across torrents, through narrow
passes. / But will he know where to
find you, / Recognize you when he
sees you, / Give you the thing he has
for you?

Hardly anything grows here, / Yet the
granaries are bursting with meal, /
The sacks of meal piled to the rafters. /
The streams run with sweetness, fat-
tening fish; / Birds darken the sky. Is it
enough / That the dish of milk is set
out at night, / That we think to him
sometimes, / Sometimes and always,
with mixed feelings?

Auf der North Farm

Irgendwo reist irgendwer rasend auf dich zu,
reist Tag und Nacht, mit unfaßbarer Geschwindigkeit,
durch Schneestürme und Wüstenhitze, über Wildbäche,
                                durch enge Schluchten.
Wird er aber wissen, wo er dich finden soll,
dich erkennen, wenn er dich sieht,
dir das geben, was er für dich hat?

Kaum etwas wächst hier,
dabei bersten die Speicher vor Mehl,
die Mehlsäcke gestapelt bis an die Dachsparren.
Lieblich, fischreich rinnen die Bäche dahin.
Vögel verdunkeln den Himmel. Reicht es,
daß abends die Schüssel Milch hinausgestellt wird,
daß wir manchmal an ihn denken,
manchmal und immer, mit gemischten Gefühlen?

Aus dem Amerikanischen von Joachim Sartorius

James Tate

Was sich vorwärts bewegt

«. . . du bist allein mit dem Alleinigen,
und Er ist dran.»
Robert Penn Warren

Die alten Seeräuber treten jetzt
ab. Sie haben von allem reichlich
gehabt. Ein bläulicher Schein

legt sich um das unechte Gold,
und das echte, und sie
sind verwirrt. Alles

schimmert. Das Meer
schimmert wie ein prächtiger Bauch
von außen gesehen

bei einem Schneesturm in den Bergen.
Füreinander
schimmern sie.

Sie wissen nicht, welcher Glanz
jetzt an der Spitze des Focksegels
die Balance hält, was

es ist, das sich vorwärts bewegt,
auf sie zubewegt, dort unten.
Sie reiben sich die Körper.

Die Haut ist eine feine Spitze
aus Salz und Krankheit,
und etwas bewegt sich

direkt unter der Haut,
und sie wissen,
es ist nicht Blut.

The Move

. . . you are alone with the Alone,
and it is His move.
Robert Penn Warren

The old buccaneers are leaving / now.
They have had / their fill. A blue halo

has circled the imitation / gold, and
the real, and they / are bewildered. All

is shimmering. The sea / is shimmer-
ing like a marvelous belly / viewed
from the outside

during a blizzard in the mountains. /
For each other / they are shimmering.

They do not know what splendor / is
balanced / atop the foresail now, what

it is that is moving, moving / toward
them, down. / They rub their bodies.

The skin is a fine lace / of salt and
disease, / and something is moving

just under the skin / and they know /
that it is not blood.

Storm

The snow visits us, / taking little bits of us with it, / to become part of the earth, / an early death and an early return –

like the filing of tax forms. / And all you can say after adding up / column after column: «I'm not myself.»

And all you can say after the long night / of searching for one certain scrap of paper: / «It never existed.»

And when all the lamps are lit / and the smell of the stew / has followed you upstairs / and slipped under the door of your study: / «The lute is telling the story / of the life I might have lived, / had I not – »

In my study, which is without heat, / in mid-January, in the hills / of a northern province – only / the thin white-haired volumes / of poetry speak, quietly, like / unfed birds on a night visit

to a cat farm. And an airplane is lost / in a storm of fitting pins. / The snow falls, far into the interior.

The Book of Lies

I'd like to have a word / with you. Could we be alone / for a minute? I have been lying / until now. Do you believe

Sturm

Der Schnee sucht uns auf,
nimmt kleine Stücke von uns mit sich,
um Teil der Erde zu werden,
ein früher Tod und eine frühe Wiederkehr –

dem Ablegen von Steuerakten gleich.
Und alles, was du sagen kannst, wenn du die Kolonnen
addiert hast: «Ich bin nicht ich selbst.»

Und alles, was du sagen kannst nach der langen Nacht
der Suche nach einem bestimmten Fetzen Papier:
«Es hat ihn nie gegeben.»

Und wenn alle Lampen brennen
und der Geruch des Eintopfs
dir die Treppe hinauf gefolgt und unter die Tür
deines Arbeitszimmers geschlüpft ist:
«Die Laute erzählt die Geschichte
des Lebens, das ich hätte führen können,
hätte ich nicht . . .»

In meinem Arbeitszimmer, das nicht geheizt ist,
mitten im Januar, in den Hügeln
einer nördlichen Provinz – nur
die dünnen weißhaarigen Bände
mit Gedichten sprechen, ruhig, wie
ungefütterte Vögel bei einem nächtlichen Besuch

auf einer Katzenfarm. Und ein Flugzeug geht verloren
in einem Sturm passender Nadeln.
Der Schnee fällt, weit in das Innere.

Das Buch der Lügen

Ich würde dich gerne auf ein Wort
sehen. Können wir für eine Minute
allein sein? Ich habe bis jetzt
immer gelogen. Glaubst du,

ich glaube mir selbst? Glaubst du
dir selbst, wenn du mir glaubst? Lügen
ist uns angeboren. Vergib mir. Können wir
für immer allein sein? Vergib uns allen. Das Wort

ist mein Feind. Nie bin ich allein gewesen;
Bestechung, Verrat. Sogar jetzt
lüge ich. Kannst du das
glauben? Ich gebe dir mein Wort.

Ein Brief an ‹Data Service›

Gestern, von einer Kloake zurückgewiesen,
und schnaufend
durch Wälder laufend
fort von entfremdeten Tieren,
lief ich in ein Kartenhaus
und nannte es Poesie.
Ich drehte die Musik auf
98,6°,
bereitete ein Grillfest
für und von Diplomaten vor,
so weit weg waren die Freunde
an diesem trocknen, traurigen Nachmittag.
Die Bibliothek jammerte,
ich träumte von einem leeren Zimmer,
neunundzwanzig Jahre lang verschlossen.
Wie ich die leeren Seiten haßte!

Data Service, ich verdanke dir meine Tage.
Nicht immer läuft alles glatt, aber es gibt
einen monolithischen Schub
auf die allgemeine Eintönigkeit zu.
Ich bin ein passiver Verrückter, die Verbrechen
scheinen so gleichförmig verteilt.
Ich hoffe, es kommt was an, bevor du
dies erhältst, damit ich mich
fürs Schreiben schuldig fühlen kann.

I believe myself? Do you believe / yourself when you believe me? Lying / is natural. Forgive me. Could we be alone / forever? Forgive us all. The word

is my enemy. I have never been alone; / bribes, betrayals. I am lying / even now. Can you believe / that? I give you my word.

A Letter to Data Service

Yesterday, rebuffed by a sewer, / and humming while running / through woods / from estranged animals, / I ran into a house of cards / and called it poesie. / I turned up the music to / 98,6°, / arranged for a barbecue / for and of diplomats, / so distant were friends / that dry, grey afternoon. / The library cried, / I dreamed of an empty room / locked for some twenty-nine years. / How I hated the blank pages!

Data Service, I owe you my days. / There may be shades, but there is / a monolithic thrust / to the general sameness. / I'm a mad passive, the crimes seem / so evenly distributed. / I hope something arrives before / you receive this so I can feel / guilty for writing.

River's Story

There was a boy named river / got up one day on the right side of bed / so he ran up to the lake / and said excuse, have I lost my way? / Lake did not speak English. / River stood there with his pants down / pissing right into the lake. / Lake didn't even care, lake / is still lake, river still river

The next day river got up on the wrong side of bed, / river leapt up, reaching around to snap his spine, / that felt good, now watch this – through the forest / in a wild chase for life, stops at an unlikely cabin, gets his hide tanned for waking the lazy minister, / and also the visiting coalman delivered several exasperating / punches beneath the child's proud earring. / The world can be a crooked and crazy place for a boy named river.

A girl named Veronica Lake had it really good for a while. / Then it got progressively worse / until they had to dredge her main, / they were attempting to actually measure her depth / with hooks the size of a giant, an aberrant of say 12 stories. / But river's story was just a teardrop, a dewdrop the size of / Chicago and all its vast prairie of concrete.

Die Geschichte von Fluß

Es war ein Junge namens Fluß
stieg eines Tags an der rechten Seite aus dem Bett
also rannte er bis zum See
und sagte Entschuldigung, hab ich mich verirrt?
See sprach nicht Englisch.
Da ließ Fluß die Hosen runter
und pißte mitten in den See.
See scherte sich nicht darum, See
ist noch See, Fluß noch Fluß.

Am nächsten Tag stieg Fluß an der falschen Seite aus dem Bett,
Fluß sprang hoch, reckte sich, bis das Rückgrat knackte,
tat das gut! Und jetzt aufgepaßt – durch den Wald
auf einer wilden Jagd nach dem Leben, hält er vor einer
       unwahrscheinlichen Hütte,
kriegt das Fell gegerbt, weil er den faulen Pfarrer geweckt
        hat,
und auch der Bergmann auf Besuch plazierte mehrere
  ärgerliche Schläge unter den stolzen Ohrring des Kindes.
Die Welt kann ein verlogener und verrückter Ort sein für
     einen Jungen namens Fluß.

Ein Mädchen namens Veronika See hatte es eine Zeitlang
       richtig gut.
Dann wurde es immer schlimmer,
bis sie ihr Wichtigstes durchforschen mußten,
sie versuchten sogar, ihre Tiefe zu vermessen
mit Haken von der Größe eines Riesen, von der Norm
      abweichend mit ungefähr 12 Geschichten.
Aber die Geschichte von Fluß war nur ein Tränentropfen,
     ein Tautropfen von der Größe von
Chicago und seiner unendlichen Prärie aus Beton.

Aus dem Amerikanischen von Joachim Sartorius

Michael Palmer

Die Lehre der Blume / The theory of the flower

Einige von ihnen will ich lesen um sicher zu sein, daß es sie gibt
(logos werden wir übersetzen mit logos)

I will read a few of these to see if they exist / (We will translate logos as logos)

Er schwamm im Fels
Ich bin von weitem nah

He swam in the rock / I am here from a distance

«Küß ihre Möse jetzt»
«Jetzt nimm seinen Schwanz in die Hand»

«Now kiss her cunt» / «Now take his cock in your hand»

Der Film handelt von einem nächtlichen Garten
Sein Text ergibt keinen Sinn

The film is of a night garden / There is nothing meaningful about the text

Kein Text ergibt irgendeinen Sinn
Sie

There is nothing meaningful about a text / She

bürstete den Sand weg
bürstete die Hand weg

brushed away the sand / She brushed away the hand

Dies ist das Paradies, ein ununterbrochenes Buch
und dies eine Folge von Gesetzen

This is Paradise, an unpunctuated book / and this a sequence of laws

in welche der Nachthimmel einging
die Blume der Lehre ein dunkler Fleck

in which the night sky is lost / and the flower of theory is a black spot

in einer Digitalis purpurea
(Für jedes dieser Worte wurde bezahlt)

upon the foxglove / (These words have all been paid for)

er wendet die Augen aus der Sonne in den Schatten
sie rückt näher an den umgestürzten Stamm

He turns then to shade his eyes from the sun / She edges closer to the fallen log

Dies ist das Paradies, ein stockfleckiges Buch
zu lange aufbewahrt im Haus

This is Paradise, a mildewed book / left too long in the house

Now say the words you had meant to / Now say the words such words mean	Sprich jetzt die Worte die du sagen wolltest Sprich jetzt die Worte die diese Worte bedeuten
The car is white but does not run / It fits in a pocket	Das Auto ist weiß aber es fährt nicht Es paßt in die Hosentasche
He slept inside the rock, / a flower that was almost blue	Er schlief im Fels eine Blume, beinah blau
Such is order / which exenterates itself	Dies das Gesetz das hinauswächst über sich selbst
The islands will be a grave for their children / after they are done	Die Inseln werden ihren Kindern ein Grab sein wenn sie erledigt sind
You may use the paper with my name on it / to say whatever you want	Nimm mein Briefpapier, um in meinem Namen alles zu schreiben was du willst
I promise not to be so boring next time / never again to laugh and weep so much	Ich verspreche, das nächste Mal nicht so langweilig zu sein nie wieder so viel zu lachen oder zu weinen
which is how spring comes / to the measured center of the eye	denn auf diese Weise beginnt der Frühling in der abgewogenen Mitte des Auges
The mind is made up / but you forget who it was first spoke	Die Sache ist beschlossen doch vergißt du wer zuerst sagte
The mind is made up / and then and then	die Sache ist beschlossen dann und dann
This is the paradise of emptiness / and this the blank picture in a book	Dies ist das Paradies der Leere das fehlende Bild in einem Buch
I've looked over the photographs and they all are of you / just as we'd been warned	Ich habe die Fotos durchgesehen, es waren nur solche von dir wie man uns gewarnt hatte
How strange / The winged figure in tuxedo is bending from the waist	Eigenartig diese geflügelte Gestalt in Tuxedohosen, die Hüfte eingeknickt

327

Eine Über-Löwin, die in den Spiegel blickt
die Klänge eines klirrenden Fensters

The metalion addresses the mirror / and the music of the shattered window

wehen ungehört vorbei am darunterliegenden Fenster
Eigenartig

falls unheard past the window below / How strange

und doch nicht so eigenartig wie Sprache
die für ein Buch gehalten wird

but not so strange as speech / mistaken for a book

Der Ausdruck «für einen Augenblick» ist wohlbekannt auf
                                                                            der Welt
aber eigentlich nicht zum Gebrauch bestimmt

The phrase «for a moment» is popular in the world / yet not really meant to be said

Dies die dritte oder die vierte Welt
wo du ins Stocken geraten kannst mit der Zunge

That is the third or the fourth world / where you can step into a tremor with your tongue

Ich für mein Teil enthalte mich da
ich bevorzuge einen anderen Trank

I do not drink of it myself / but intend a different liquid

klar wie das Glas das ihn umschließt
die Lehre der Blume usw.

clear as the glass in which it's held, / the theory of the flower and so on

oder die Gegengewalt dieses Tals
das sich langsam mit Nebel füllt

or the counter-terror of this valley / the fog gradually fills

wie man uns gewarnt hatte
Wahr ist es nicht aber es muß geglaubt werden

just as we've been warned / It isn't true but must be believed

denn die klingenden Blätter dieses Glaubens
schaffen ein Paradies

and the leaves of the sound of such belief / form a paradise

(anders ausgedrückt)
aus dem wir auf ein Fenster zustürzen.

(pronounced otherwise) / from which we fall toward a window

Book of the yellow castle

This can be seen as placing a mirror against the page, / The mountain is where we live, a circus there, a triangle / of unequal sides the days no sun appears.

This is life in the square inch field of the square foot house, / a September particle, biochip, or liquid in a jar, / and here is snow for the month to follow, light easy to move

but difficult to fix. The cat on the book has fleas. / It's a real cat with real fleas at least, / while the book is neither fixed nor field.

As soon as you had gone an image formed in order to be erased. / First an entryway then a left and right which seemed to be the same. / This letter explains everything and must never be sent.

This other arranges figures along an endless colonnade / imperceptibly darkening toward red. One pretends to be the case / the other is. Mornings the hands tremble, evidence of a missing thought.

Arrows will tell you where the words are meant to lead, / from hall to hall apparently. The hair is thinner / and the veins stand out a bit more.

Who could have known he'd be dead within the week, / victim of a loosening thread, the system by which we perceive. / Thus the castle above valley and plain, the logical circuitry and other such tricks,

Das Buch der gelben Festung

Man kann dies deuten als einen der Seite vorgehaltenen
                                        Spiegel
Wo wir wohnen erhebt sich der Berg, kreisrund, die Tage
dagegen ein ungleichschenkeliges Dreieck fern der Sonne

Ein Leben auf einem Quadratmillimeter in einem qcm
                                        großen Haus
Septemberpartikel, Biochip, Flüssigkeit im Krug
und hier der Schnee der kommenden Monate, ganz leicht
                                        zu bewegen

aber schwer zu bewahren. Die Katze auf dem Buch hat Flöhe.
Zumindest ist es eine Katze mit echten Flöhen
während das Buch weder bewahrt ist noch bestellt wie ein Feld

Kaum warst du fort entstand ein Bild, das gelöscht werden
                                        mußte
Vorne ein Eingang, danach links oder rechts, was das
                                        gleiche schien
Jener Brief, der alles erklärt, soll nie abgeschickt werden

Jener andere ordnet Figuren entlang einer endlosen Kolonnade
unmerklich gegen ein Rot abdunkelnd. Man täuscht vor
                                        der andere
zu sein. Morgens zittern die Hände, Hinweis auf einen
                                        fehlenden Einfall

Pfeile werden dir zeigen worauf die Worte zielen
offenbar von einem Saal zum andern. Dünner nun das Haar
und die Adern treten stärker hervor.

Wer hätte geahnt, daß er binnen einer Woche tot sein würde
Opfer einer abklingenden Drohung, der Wahrnehmung
Dies also die Festung über Ebene und Tal, die logische
                                        Kreisbahn und ähnliche Tricks

die fortwährende Prüfung, in tausenderlei Erscheinungsweisen.
Solches der Unterschied zwischen Zeichen und Seufzer und
die Glocken, die eine Rückkehr ankündigen
Der Hund beherrscht die Ziege, der Mensch beherrscht den
Hund.

the constant scanning, all kinds of features built in. / And thus the difference between sign and sigh, and the bells which signal a return. / The dog instructs the goats, the man instructs the dog.

Sollten wir die verbliebenen Bäume zählen um auch herauszufinden was sie bedeuten
Wahrscheinlich Spuren eines Gesprächs, eines größeren Vorhabens du dringst in die Geschichte als stimmloser Laut
und durchschläfst sie, trotz anhaltender Warnung

Should we count the remaining trees to decide what they mean as well, / traces of a conversation possibly, or a larger plan. You enter the stories as a surd / and sleep through them, ignoring successive warnings,

Scherben von Cloisonné, zerbrochene Tischbeine, ein
Himmelbett
Sie sind hier weil alles andere verschwand
es sind die Schuppen eines Satzes

shards of cloisonné, broken table legs, a canopied bed. / They are there because the rest have left. / These are scalings of a sentence.

Fassade für Norma Cole

Facades for Norma Cole

Im Vorübergehen, die Ornamente
von denen dünne Linien herabfallen
das glatte, dunkle Haar, matt

These ornaments as we pass / to which thin lines are attached / the straight dark hair, bordered

oder glänzend gesäumt, geschraubte Locken
etwas ahnend vom Gewicht der Dinge
Könnte ich bloß zeichnen, dann

hollows and lights, double spirals / imagined weights of things / If only I could draw, then

säße hier eine Eule
da im Ulmenschatten ein Fuchs
Erinnerst du dich an den Chinesen im schmutziggrauen Mantel

there would be an owl here / a fox in the elm's shadow / Bill do you remember the Chinese man in the stained grey overcoat

der tot im Schnee lag, Bill?
an der Backsteinmauer
Ein eindringliches Bild

lying dead on the snow / by the brick wall / A remarkable document

das man nicht publik machen sollte.
Er drehte sich um, wollte antworten
doch sie war fort

which must never be published / He turned round to answer / but she was gone then ran through the streets before passing out / on the steps of a synagogue / the face no longer recognizable

rannte durch die Straßen, bevor sie
hinschied auf den Stufen einer Synagoge
das Gesicht entstellt zur Unkenntlichkeit

even to my closest friends / These crystals, however / Or put it this way

selbst für die engsten Freunde.
Jedoch diese Kristalle,
oder nennen wir sie

the particles circle and circle inside the ring / all the while accelerating / until finally by the billions they collide

die Partikel kreisen und kreisen in ihrer Bahn
sich immer stärker beschleunigend
bis sie, billionenfach, sich schließlich zertrümmern

That's how the missing one was found / Let's call it W for now / which fuels the stars

So wurde die Vermißte gefunden
Nennen wir es vorläufig W
Was die Sterne befeuert

and so add one more line / extending from the woman with naked breasts / at the center of the arch

und fügen wir noch eine Zeile hinzu
direkt aus den Brüsten der Frau
in der Mitte des Torbogens

to the cat asleep on the child's bed / They spoke of exactly this over coffee / until the glass door shattered

oder der Katze, die im Kinderbett schläft
Eben darüber sprachen sie beim Kaffee
als die Glastür klirrte

letting the damp wind enter / In her room she showed me / a photograph of her lover

und den dunstigen Wind hereinließ
In ihrem Zimmer zeigte sie mir
die Fotografie ihres Geliebten

young, heavily muscled and tanned / from several months at sea / We drank wine, smoked

jung, sehr muskulös und sonnengebräunt
von ein paar Monaten am Meer
Wir tranken Wein, rauchten Opium

opium through a glass pipe / and climbed to a place on the ridge / a field of nettles and anise

aus einer Wasserpfeife
und kletterten an eine Stelle der Klippen
wo Nessel und Anis wuchs

where the remains of the city could be seen / not this city but a previous one / called the pissing rose

von wo man die Reste einer Stadt erblicken konnte
nicht dieser Stadt, sondern einer früheren
welche die Pißrose hieß

oder Rose des Verseschmieds
oder Rose der geraden Zahlen
oder Rose der Unentschlossenheit

oder Rose der präzisen Beschreibung
oder la rose dialectique, Dominique
du kannst alles zurückhaben

in diesen zarten Schwingungen
unterm verdämmernden Himmel
«Schau, hier stand einst eine Mauer»

Niemand hat dies geschaffen
es entstand von selbst
während des gestrigen Sturms

Aus dem Amerikanischen von Gerhard Falkner

or the rhymesters' rose / or the rose of
even numbers / or the rose of indeci-
sion

or the rose of precise description / or *la
rose dialectique, Dominique* / all yours
again

in tenuous modes of oscillation /
'neath a vestigial sky / «Look – there
was a wall here once»

No one did this / It came about by
itself / during yesterday's storm

Clark Coolidge

Bei Ägypten

II

Pyramiden die Perlen der Erde
als ob Stein aufgefädelt sein (werden) könnte
ganz ungleich dem Menschen beschwert von Last
unter Mond Linie der Endlosen
unter Streck Wasser und dem Träger Siegel
die eingepferchte von begrabener Erde und die kleinere
die eine mit verkleinerten Köpfen im Hirn
Kommunikation keine zwischen irgendeiner von ihnen

> Er hat es gesagt
> Er hat es gesiegelt

Wie ich ein Kamel aus stumpfem Zustand hochreite Tonnen Erde
tischte meine Begierden damals und zersplitterten Posen
als ob Glockenturm zucken könnte wie ein Auto
die Schilder aller Dinge blau geworden beim Aufstieg
das soundsovielte Maß Erde, seine Buckel zu glätten
in Ebenen verbrannt wie immer, stark wie toter Knochen
der Atem gerötet die Pyramiden niemals vollständig in der Entfernung
aus Liedern ein besseres Heilmittel bauend, taten sie das?

> So barsten ihre Zungen
> Er sagt es tat

Ein Himmel so alles in allem blau es gibt keine Licht Quelle
um Teile auf dem Gelände die stakenden Steine
das Ding das von sich selbst geschält werden konnte und niemals enden
keine Lücke zum Atmen, kein Loch in der Böe
aber abgebrochene Steine

> So heißt es
> Er tat das

Die alte Stadt war ein Dorf, und dann ist es jetzt
ein leerer Platz, ein Gruben Feld, Leere mit Schmutz und Blechdosen
mit Punkten, zu sehen und umzudrehen, auch zurück gelassen
haben sie, die alten Alles-Leute mit ihren Fetzen verstreut
nicht einmal eine Flüssigkeit zu etwas Gesehenem, Ablenk Park
deutlich und verlassen, Loch in einem Alabaster oder
willst du, eine Liste aus Staub, links von den Regalen
ein behandeltes Wasser, gemeißelte Hälfte, Mann mit den Krümm Pfoten
die Lohfarbe die du von der Schmutz Strecke bekommst, Moder Gras
kapseln und tragen, es ist heraus, jetzt war es damals
das Ding das noch immer und niemals ist

Sagte es so
Er hat gelegt
Es ist weich

Die Linien von Dingen, Truhe mit Schubladen in einer abgelegenen Allee
der Verschluß von diesen, verloren beim Niederlassen, Partikels Mangel
Glockenturm Klöppel Zucken der Erde greifender Klumpen in deinem Getränk
er lebte . . . sechzig hier halb vergessen diese leerere Zeit
die flach herab fiel und lachte und an einen steifen Pfosten gebunden starb
war er für einen Moment, großer Glieder Stein Mann
Leder aus Bernstein steckt in Lösch-Schicht
ein Dom für eine Weile und das letzte Blatt eine Zunge unfähig
wild und sternen-gezogen, Makel ist diese ganze Ebene
liegt in der Halle die oben offen ist

Wo er
Der Gedanke an er
Trocknet es heißt es

Daß ich versuchte zu viel Unterhalten zuzuhören
wo die Stimme dieses Ortes, sie war gehauen, man sieht die Öffnungen
Vakuum von Spalte in Onyx so nahe gebaut, so Ladung
und die Lücken sind alles was wir erreichen im Schreiten für unsere Ohren
und der Anblick eines Fahrrades das auf dem Wasser läutet von dem es hier keins gibt
ein gewebter Bakschisch für die Partikel Tochter
das entsetzliche Häuten sie ducken sich vor so viel Grauen
langsam von Körpern, tief wie der Körper dieses Ortes zum Verschwinden
dann kommt der lebendige, dann lebt er indem er für sein Fortgehen bezahlt wird
könnte ich also der ursprüngliche Geist sein?

Er ist der flinkere
Es ist zu ihm gekommen
Es heil
Es verstreuen

Und im Erheben von der Materie sehe ich Sphinx vom Boden geschnitten
zunehmend angehalten, stand für die Lichter wie Reisen zu klingen
wie nichts dein Auge halb so lange darauf zu halten wie Musik
umklammert so Ton wie Wüste, ein Zeh hoch langer Sturz

Es ist unmöglich zu erreichen
Sein Ohr wendet
Er ab

Ich habe länger gelebt als das Blau das ich erkenne, ich
identifiziere, ich treffe das Wort hier, die Welt fortgewischt
der Wurf festgestopft zum Höhlen Schluß, glühende Stille, versengtes Innen
Brownisch in seinen Zungen Verwicklungen jetzt bei all seinem
Land will rollen, Augen machen Feuer, die Ohren
sprangen über den sogenannten Raum flink gemacht, trocken gehängt
an ein Schild «ANGST», an der Nacht die Menschen benötigen
sie reihen Sitze auf und gehen fort, die Entfernung feiner gefunden

Daß er sorgte
Daß es still ist

Das Licht sieben, es ist Rost
alles Geräusch kommt zurück vom Stein der Toten preisgegeben
ganzer voller Punkt, Faß bekannten Schlags, vertraut
wie Onyx unter Deckschicht, kein Feuer um das Leben leicht zu nehmen
ich schreie es alles zurück und gieße es in das Glas, unberührt
die Toten geben dir nicht, wir sind es die klappern und schreien
es sind unsere Kleider die verrotten, unsere Zeichen beenden unseren Aufstieg
wir murmeln zu uns selbst und ziehen keinen von ihrem Feuer
wie kann diese Szene so zerschmelzen wie gemalter Stein?
bei einer Wüsten Erwähnung, das Blut ist dieser Wind

Aus dem Amerikanischen von Hannah Möckel-Rieke

At Egypt

II

Pyramids the beads of earth
as if stone could be (turn) a strung thing
at all matchless to the human harried with load
under moon line of the endless ones
under stretch water and the carrier seal
the pent up one of buried earth and the smaller
the one of reduced heads in the brain
communication none between any of the ones

        He has said it
        He has sealed

As I ride a camel up out of blunt condition ton earth
tabled my desires then and splintered airs
as if belfry could twitch like a car
the plates of all things gone blue in the raise
the umpteenth heft of earth to settle its humps
burned into flats as ever, strong as dead bone
the breath flushed, the pyramids never entirely in the distance
building of songs a better remedy, did they do?

        So burst their tongues
        He sais it did

A sky so all in all blue there is no light source
around parts on the grounds the stuck stones
the thing that could be peeled from itself and never cease
no break for breath, no hole in the waft
but broke stones

        So it is said
        He did that

The old city was a village, and then it is now
a lot, a sink field, vacancy with dirt and tins
with dots, to see and turn, leave it too
they did, the old everything ones with their gone strewn
not even a fluid to anything seen, distract park
distinct and left, hole in a, alabaster or
do you want, a list of dust, left of the shelves
a treated water, carven half, man of the coil paws
pot but not in hand, nothing anymore and we leave it
the tan you put on from the stretch of dirt, mold sod
capsule and carry, it is out, now it was then
the thing that is still and it is never

        Said it so
        He has placed
        It is soft

The lines of things, chest of drawers in a backward avenue
the clasp of these, lost in the settle, drought of particle
belfry hamper twist of earth prehensile clod in your drink
he lived here in sixty . . . half forgot that blanker time
that fell down prone and laughed and died lashed to a stiff post
was him for a flash, big body stone man
leather made of amber stuck in cancel strata
a dome for a time and the last leaf a tongue unable
feral and star-raised, blemish this whole plain is
lies in the hall that is open at the top

> Where he
> The thought of he
> Dries it is said

That I tried to listen too much converse
where the voice of this place, it was hewn, you see the openings
vacuum of cleft in onyx build so close, so load
and the gaps are all we make striding for our ears
and the sight of a bicycle ringing on the water there is none of here
a woven bakshish for the particle daughter
the appalling flinch they duck from so much horror
slow of bodies, low as the body of this place to vanish
then the live one comes, then he lives by being paid to go away
could I so be the original haunter?

> He is the defter
> It is come to him
> It whole
> It scatter

And rising from the matter I see Sphinx cut from ground
increasingly haltet, stood for the lights to sound as travel
as nothing to hold your eye on half so long as music
clapsed so tone as desert, one toe high long lurch

> Is not possible to get to
> His ear he turns
> It away

I have lived longer than the blue I recognize, I
identify, I score the word here, the world brushed away
the hurl tamped to barrel cave, glowing hush, seared interior
Brownian in its tongue involvements now for all its
land will roll, eyes make fire, the ears
lept over the so-called space made deft, hung dry
to a singboard «FEAR», at the night the humans require
they string seats and go away, the distance found finer

> That he cared for
> That it's silent

Sifting the light, it's rust
all sound comes back from the stone of the dead relinquished
whole entire dot, barrel of known blow, familiar
as onyx under casing, no fire to take the life lightly
I shout it all back and pour it in the glass, untouched
the dead don't give you, it's we clap and shout
it's our clothes that rot, our signs cease our climb
we mumble to ourselves and draw none of their fire
how can this scene be as melt as drawn stone?
at a desert mention, the blood is this wind

Charles Simic

In the Library	In der Bibliothek
for Octavio	*für Octavio*

There's a book called / «A Dictionary of Angels.» / No one has opened it in fifty years, / I know, because when I did, / The covers creaked, the pages / Crumbled. There I discovered

Es gibt ein Buch, das heißt
Die Enzyklopädie der Engel.
Fünfzig Jahre lang hat es niemand geöffnet.
Das weiß ich genau, denn als ich es aufschlug,
knackte es in den Deckeln, und die Seiten
fielen auseinander. Dort entdeckte ich,

The angels were once as plentiful / As species of flies. / The sky at dusk / Used to be thick with them. / You had to wave both arms / Just to keep them away.

daß die Engel einst zahlreich waren
wie die Unterarten der Fliegen.
In der Dämmerung wimmelte
der Himmel von ihnen.
Man mußte mit den Armen rudern,
um sie abzuhalten.

Now the sun is shining / Through the tall windows. / The library is a quiet place. / Angels and gods huddled / In dark unopened books. / The great secret lies / On some shelf Miss Jones / Passes every day on her rounds.

Jetzt scheint die Sonne
durch die hohen Fenster.
Die Bibliothek ist ganz still.
Engel und Götter lauern
in dunklen, nie geöffneten Büchern.
Das große Geheimnis steht
auf irgendeinem Regal, und Miss Jones
geht dreimal am Tag daran vorbei.

She's very tall, so she keeps / Her head tipped as if listening. / The books are whispering. / I hear nothing, but she does.

Sie ist so groß, daß sie den Kopf
immer seitwärts beugt, als lauschte sie.
Die Bücher flüstern.
Ich höre nichts, sie aber versteht alles.

Verlorener Handschuh

Da liegt er, ein schwarzer Damenhandschuh.
Irgend etwas hat er zu bedeuten.
Ein umsichtiger Fremder ließ ihn liegen
auf dem roten Briefkasten an der Ecke.

Drei Tage lang war der Himmel unruhig,
bis heute ein paar Schneeflocken
auf den Handschuh fielen, den unterdessen
jemand umgedreht hatte,
so daß seine Finger sich ein klein wenig

schlossen ... Zur Faust hat es nicht gereicht.
Also wartete ich, und die Nacht kam näher.
Es war mir nicht erlaubt, mich zu rühren.
Hier, wo die Flammen aus den Mülleimern steigen
und wo die Obdachlosen im Stehen schlafen.

Kohlhaupt

Sie wollte eben den Kopf
entzweischlagen,
da ließen sie meine Worte
zaudern: «Das Kohlhaupt
symbolisiert das Geheimnis der Liebe.»

Das behauptete wenigstens Charles Fourier,
der noch viele andre wunderbare Dinge gesagt hat,
weshalb ihm die Leute nachsagten, er sei verrückt,

worauf ich ihren Nacken küßte,
sanfter denn je,

worauf sie das Kohlhaupt entzweischlug
mit einem einzigen Hieb ihres Messers.

Lost glove

Here's a woman's black glove. | It ought to mean something. | A thoughtful stranger left it | On the red mailbox at the corner.

Three days the sky was troubled, | Then today a few snowflakes fell | On the glove, which someone, | In the meantime, had turned over, | So that its fingers could close

A little . . . Not yet a fist. | So I waited, with the night coming. | Something told me not to move. | Here where flames rise from trash barrels, | And the homeless sleep standing up.

Cabbage

She was about to chop the head | In half, | But I made her reconsider | By telling her: | «Cabbage symbolizes mysterious love.»

Or so said one Charles Fourier, | Who said many other strange and wonderful things, | So that people called him mad behind his back,

Whereupon I kissed the back of her neck | Ever so gently,

Whereupon she cut the cabbage in two | With a single stroke of her knife.

The big machine	Die große Maschine

The insides of the machine at night /
Like a garden of carnivorous plants. /
There goes the mad doctor in short
pants / Wielding a butterfly net.

Die Eingeweide der Maschine, nachts,
wie ein Garten von fleischfressenden Pflanzen.
Da kommt er, der wahnsinnige Arzt, in kurzen Hosen
und schwenkt sein Schmetterlingsnetz.

Hairpins, shaving mirrors, blown-up
condoms / With spikes, or could they
be levers, / Pulleys, dangling counter-
weights / Enacting their shadow-
farces and tragedies?

Haarnadeln, Rasierspiegel, aufgeblasne Kondome
mit Stacheln, oder sind das gar Hebel,
Flaschenzüge, baumelnde Gegengewichte,
die ihre Farcen und Tragödien aufführen im Schatten?

Is it a lady's dainty slipper / They're
raising or lowering, / Or the ghost of
the machine / Riding an empty swing?

Was heben und senken sie da?
Das Pantöffelchen einer Dame?
Oder ist es der Geist der Maschine,
was da auf dieser leeren Schaukel reitet?

The Monster who can't tell / Plugs
himself into an electric outlet / And
gathers a spray / Of pig-iron immor-
telles.

Das Ungeheuer, das keine Antwort weiß,
schließt sich an eine Steckdose an
und pflückt einen Strauß
roheiserner Immortellen.

War	Krieg

The trembling finger of a woman /
Goes down the list of casualties / On
the evening of the first snow.

Der zittrige Finger einer Frau
fährt die Verlustliste entlang
am Abend des ersten Schnees.

The house is cold and the list is long.

Das Haus ist kalt und die Liste ist lang.

All our names are included.

Es stehen all unsre Namen darauf.

Aus dem Amerikanischen von Hans Magnus Enzensberger

Biographien

Elizabeth Bishop

Das schmale lyrische Œuvre von Elizabeth Bishop (1911 – 1979) bildet einen Höhepunkt der amerikanischen Poesie des Spezifischen und der Empirie, die im 19. Jahrhundert mit den Gedichten von Henry David Thoreau und Emily Dickinson einsetzt. Bishop verzichtet auf die große Geste, geht nicht vom Besonderen zum Allgemeinen, sondern gibt dem exakt beobachteten Detail seine heimliche Unvertrautheit zurück. Für Harold Bloom ist sie den Dichtern ihrer und der folgenden Generation (John Berryman, Robert Lowell und John Ashbery) durch ihre hintergründig-naive Subjektivität der Sehweise, die aber bohrend wie die eines Kindes Befindlichkeiten hinterfragt und bis in die Tiefenstrukturen der gebrauchten Sprache wirkt, ein Vorbild geworden. Aspekte des Geographischen, Kartographischen und Anthropologischen sind die zentralen Anlässe und Gegenstände der meisten Gedichte. *The Map* (Die Landkarte, 1946), das ihren ersten Gedichtband eröffnet, hat insofern programmatischen Charakter. Klaus Martens hat sie trefflich wie folgt gekennzeichnet und zugleich ihre Schwestern im Geiste benannt: «Sie war eine Reisende, die sich ihre Fahrkarten selbst ausstellte, ihre Landkarten selbst schrieb, in der Tradition von Emily Dickinson *(Die Seele sucht sich ihre eigene Gesellschaft)* und Marianne Moore *(Wirkliche Kröten in imaginären Gärten).*» Durch lange Auslandsaufenthalte (Paris, Algier, Mexiko und vor allem Brasilien – von 1952 bis 1971) hat Bishops Werk – trotz lokaler Details – einen internationalen Charakter. Amerika bedeutete für sie nicht nur den Norden des Kontinents, sondern auch Südamerika, das sie für die nordamerikanische Lyrik entdeckte. Neben Übersetzungen aus dem Spanischen und Portugiesischen veröffentlichte sie lediglich vier Gedichtbände und – in Zeitschriften verstreut – Erzählungen, die erst nach ihrem Tod in einem Band zusammengefaßt wurden.

«The Complete Poems», New York 1983; «The Collected Prose», New York 1984; «Das Meer und sein Strand», Gedichte, übersetzt von Klaus Martens, in: ‹Akzente› 4, 1986.

John Ashbery

John Ashbery sollte 1988 drei Monate nach Berlin kommen. Aber dann kam ein Brief, in dem Ashbery von seinen Reiseplänen Abstand nahm. Er schrieb, ganz könne er das selbst nicht verstehen, sei er doch einer jener Amerikaner, die den USA den Rücken gekehrt hatten. Er habe immerhin zehn Jahre (1955 – 1965) in Paris gelebt, gehöre also zu einer Art von zweiter «Lost Generation» und hänge nach wie vor an Europa. Doch sei er reiseunlustig geworden, fühle sich an seinen Schreibtisch im Chelsea-Viertel von New York und an seinen Garten in einem Haus am oberen Hudson gebunden.

Diese Geschichte spiegelt in etwa auch die poetische Entwicklung des 1927 in Rochester geborenen Dichters wider. 1950 trat er, begleitet von seinen Freunden Frank O'Hara und Kenneth Koch, als wilder junger Mann auf den Feten der Maler der New York School auf und debütierte mit provozierenden, antiliterarischen Gedichten in den Bänden «The Tennis Court Oath» (Der Schwur im Ballhaus) und «Rivers and Mountains» (Flüsse und Berge). So wie Kitaj und Larry Rivers, seine Malerfreunde, Reproduktionen, Pappe, Plexiglas und gemalte Teile in einem Bild aneinandersetzten, so gab es bei Ashbery in diesen frühen Gedichten ein Nebeneinander von Wort gegen Wort, von Alltagsslang und erhabener Sprache, von Versatzstücken unserer normierten Denkungsweise und traditionsbefrachteten Metaphern. Diese Gedichte waren frisch collagiert, experimentell, überraschend. In den späteren Gedichten – ab dem Band «The Double Dream of Spring» (Zweifacher Traum vom Frühling, 1975) – läßt die Zergliederung der Sprache, das sehr bewußte *dérèglement* nach, Zusammenhänge stellen sich her, lange Meditationen über Zeit und Illusion und Wirklichkeit. Der Bezug zu Walt Whitman, zu Wallace Stevens, mit fernen Echos von Wordsworth und Shelley, wird deutlicher.

«Selected Poems», New York 1986; «Selbstporträt im konvexen Spiegel», Gedichte 1856 – 1977, München 1978; «Eine Welle», Gedichte 1979 – 1987. Aus dem Amerikanischen von Joachim Sartorius, München 1988.

James Tate

Wann immer ich John Ashbery fragte, welche Dichter der ihm folgenden Generation er besonders schätze, so nannte er, neben Leslie Scalapino und Ann Lauterbach, stets James Tate. Tate beherrsche, so Ashbery, das Metier, «den Leser zu verwirren, zu kitzeln, zu verblüffen oder ihm einen Schrecken einzujagen». Aber all diese Fähigkeiten haben offenbar nichts daran zu ändern vermocht, daß James Tate bis zum April 1992 auch in den USA ein weithin Unbekannter geblieben ist. Die Klappentexte gaben kaum Aufschluß über den Poeten, repetierten nur jeweils: «1943 in Kansas City, Missouri geboren, dort aufgewachsen, gewann mit seinem ersten Buch den ‹Yale Series of Younger Poets Award› (den Preis übrigens, der Ashbery ein Dutzend Jahre zuvor von W. H. Auden zugesprochen wurde), unterrichtet an der University of Massachusetts und lebt in Amherst.» Dann, im April 1992, wird ihm *out of the blue* der höchste Lyrikpreis der USA, der «Pulitzer Prize for Poetry», zugesprochen.

Seine Gedichte erzählen Geschichten, die ohne logischen Erzählstrang auskommen. Der Boden wird ihnen weggezogen, andere Ebenen dafür eingezogen, doppelsinnig, doppel(fall)türig. Skepsis beherrscht die leicht surreale Szene, doch hat Tate eine komische Ader, die mit allen Mitteln der Farce, oft mit chaplinesken Einlagen, eine komfortable Düsternis oder einen Skeptizismus der deutschen Art verhindert. Vielleicht hat Donald Justice das Genaueste über sie gesagt: «Diese Gedichte beginnen damit, die Verzweiflung als erwiesenen Fakt anzusehen, und hören damit auf, uns zu zeigen, daß es möglich ist, das Gleichgewicht zu halten, indem wir auf der dünnen Luft über dem Abgrund tanzen. Sie sind komisch, pathetisch, verschroben, durchtrieben, liebevoll – nicht eins nach dem anderen wechselbadmäßig, sondern all das zugleich. Sie bleiben völlig frisch, völlig biegsam. Sie haben den Swing.»

«Viper Jazz», Hanover 1976; «The Lost Pilot», New York, 1978; «Riven Doggeries», New York, 1979; «Selected Poems», Hanover 1991.

Michael Palmer

Michael Palmer wurde 1943 in New York City geboren, studierte in Harvard und siedelte 1969 nach San Francisco über. Er hat sich nicht nur als Lyriker, sondern auch als Herausgeber, Kritiker und Essayist einen Namen gemacht und häufig mit Komponisten und Choreographen zusammengearbeitet. Majorie Perloff, Lyrik-Spezialistin in den USA, hat seine Poesie als Gegenteil von «direct speech, direct feeling» bezeichnet und sie, weil «antisyntaktisch und antireferentiell», der ‹language poetry› zugeordnet. Zwar gibt es bei Michael Palmer immer noch «das Bild» in seiner Spezifik und Konkretheit. Es wird aber als etwas Trügerisches vorgestellt, das gründlich durchsucht werden muß oder dem nur mit Parodie beigekommen werden kann. Palmer fühlt eine enge poetologische Geistesverwandtschaft zu Andrea Zanzotto. Seine Gedichte erteilen der «normalen Welt» eine Absage und versuchen sich in der Nachahmung der Mikrooperationen unseres vom Informationsüberfluß vollgestopften Verstandes.

«Without Music», 1977; «Notes for Echo Lake», San Francisco 1981; «Sun», San Francisco 1988.

Clark Coolidge

Clark Coolidge ist aus der Lyrik-Szene der USA nicht mehr wegzudenken. Seit den späten sechziger Jahren hat er ein zunächst kaum wahrgenommenes, dann angefeindetes, schließlich akzeptiertes und weitgespanntes Œuvre vorgelegt, das der ‹language poetry› im weitesten Sinn zuzurechnen ist. Dem 1939 geborenen Geologen, der als Höhlenforscher und Bibliothekar gearbeitet hat und immer noch die *drums* in verschiedenen Bands spielt, bedeutet die Metapher, das Bild nur noch wenig. Er konzentriert sich auf Wort und Syntax und betreibt eine Montage von «Daten», von wahrgenommenen Details aus Kunstgeschichte und Lebensgeschichte in einer Art wittgensteinschem Sprachspiel. Gewöhnliche Wörter in gewöhnlichen Konstruktionen – wie beispielsweise in dem Langedicht «At Egypt» *I came here, I don't know you, I say this* – werden denaturalisiert und dekontextualisiert, so daß der Leser die Sprachbeziehungen neu klären muß. Er wird in Coolidges unablässige Suche hineingezogen, jedes zu wissen und alles zu schreiben. Coolidge will den «writing mind» – den schreibenden Verstand – im Text selbst abbilden, seine

Geschwindigkeit, sein Zögern, seine Sprunghaftigkeit, das Vergebliche, Tastende und inspiriert Getriebene.

«Solution Passage», Poems 1978 – 1981, Los Angeles, 1986; «The Crystal Text», Great Barrington, 1986; «The Book of During», Los Angeles 1991; «The Rova Improvisations», Los Angeles 1994.

Charles Simic

In dem autobiographischen Text «Am Anfang . . .» erzählt der 1938 in Belgrad geborene Charles Simic von seiner Kriegskindheit in Jugoslawien, von der Auswanderung seiner Familie in die USA 1954 und seiner enormen Neugier auf die Neue Welt. Doch auch in Momenten der Begeisterung wird Realität nicht vergessen, bleibt Skepsis: «Mein vorheriges Leben hatte mich gelehrt, daß es Zeitverschwendung ist, Pläne zu machen. Mein Vater pflegte im Spaß zu fragen: ‹Wohin wandern wir als nächstes aus?› Alles war möglich in diesem Jahrhundert. Leute wie er und ich waren die Versuchstiere. Das Merkwürdige daran war, daß eine der Ratten Gedichte schrieb.» In diesen wenigen Sätzen leuchtet das Wechselspiel von Pathos und Sarkasmus auf, das auch seine Gedichte illuminiert. So osteuropäisch lakonisch und illusionslos sich Charles Simic immer wieder gibt, so sehr er nichts vergißt, nicht den Krieg und den Schmerz und die Leere der Glücksversprechen, so sehr bestechen seine Gedichte als Zeitkapseln für die Ewigkeit. Es nimmt nicht wunder, daß eines seiner schönsten Bücher dem Künstler Joseph Cornell gewidmet ist. Cornell hatte Krimskrams gesammelt, ein autodidaktischer Virtuose der Kindheit und – wie die Dichter – ein äußerst lernbegieriger und bewußter Tagträumer.

1992 wurde Simic's lyrisches Gesamtwerk mit dem «Pulitzer Prize for Poetry» ausgezeichnet.

«Selected Poems 1963 – 1983», New York 1990; «The Book of Gods and Devils», New York 1990; «Hotel Insomnia», New York 1992; «Ein Buch von Göttern und Teufeln», übersetzt von Hans Magnus Enzensberger, München 1993; «A Wedding in Hell», New York 1994.

Edward Kamau Brathwaite

Miss Own

I
Kattunstoffe zu verkaufen auf dem kaufmännischen schand-
stein: auch so hielt sie leib und seelsaum zusammen,
umgeben von rundschultrigen weißen auf broad street
von kaltschultrigen reichen auf dem milch

markt

im dunklen ghettoladen
zerrte, drehte, kreiste der stoffballen auf seinem holzgedonner

und enthüllte flüsse grüner beige und musselin-
blitze aus ausländerfabriken, marktstädten

unterschreiben sie eine rechnung hier

und der ladenschreiter
wandelt handelt

      gebunden an das gesetz des kaufmanns
      an die peitsche des kaufmanns
      an die schwächentliche bezahlung des kaufmanns

kommt

auf seinen platten füßen, um
die rechnung hier zu unterschreiben
figuren schlangen füchse

für die luxuswohnung eines verwöhnten mädchens hoch über new york
das auf dem rad einer selbstgefälligen trauer
roberta flack hört

während unser straßenhändler ausruft
lappen alte lappen: kleider alte kleider
haben sie alte flaschen heut'?

sie nippt an ihrem drink
und ich schlüpf raus in die glut von der sonne
und kauf was die welt mir an resten gönnt

2
sie verkaufte auch schuhe mit halbseele in der leder
abteilung, um so körper und seelsaum zusammenzuhalten

zehen: hohn: spann: wabenwand aus schachteln: recken; runterholen: absetzen: öffnen

die gerbereien marokkos, algeciras, sokotos, des stiefel-
beinigen lackitaliens: büffel und kuhhorn poltern

in die viehhöfe von styx von chicago
schlachthäuser mit speirohr und donner: abfallende schlachthöfe der
                              lederbeschlagenen bronx:

schreie rufe klappern metzger- hallen- stiermesser rek-
ken sich: stoßen hinab: stechen ab: öff-
nen das blut des ein-
wachsenden nagels: anbeten von knarren und rücken

schmerzen

3
denn der schuh ist eine sichere hütte für analphabetische bauern
die licht brauchen, fließend wasser und das unverwüstliche plastik der weichen
analpha/betischen gegenwart

unterschreiben sie eine rechnung hier

und sie kniet nieder vor dem altar des goldenen kalbes
ändert die spitze und den spann
hält leib und seelsaum zusammen

und der kaufmann, in seine vergießereien vertieft,
lächelt und beginnt seine barfüßige pilgerfahrt
quer durch die unaufrottbaren prärien

Miss Own

1
Selling calico cloth on the mercantile shame-
rock, was one way of keeping her body and soul-seam together
surrounded by round-shouldered backras on broad street
by cold-shouldered jews on milk

market

in the dark ghetto store
the bolt of cloth tugged, turned, revolved upon its wooden thunder

revealing rivers of green beige and muslin
lightnings of foreigner factories, bourgs

sign a bill here

and the storewalker
plodding prodding

       indentured to the merchant's law
       the merchant's whip
       the merchant's weakly pay

comes

on his own flat foot to
sign the bill here
figures snakes and foxes

for some pampered child's penthouse apartment high above new york
listening, on her wheel of self-indulgent sorrow
to roberta flack

while our barrow boy calls
rags ole rags: cloze ole cloze
got any ole bottles today?

she sippin she drink
an i slippin out into de heat o de sun
to buy what me scrape from she barrel

2
selling half-soul shoes in the leather
department, was another good way of keeping her body and soul-seam together

toes: scorn: instep: honeycomb of boxes: stretch up: pull down: put down: open

the tanneries of morocco, of algeciras, sokoto, of boot
leg lacquered italy: buffalo and cow horn rumbling

into the stockyards of styx of chicago
abattoirs of spout and thunder: sloped slaughterhouses of the chamois studded bronx:

cries calls clanks butchers' halls' bulls' knives stretch-
ing up: pulling down: putting down: open-

ing up the blood of the in-
growing toe-nail: worship of creak and spine

ache

3
for the shoe is a safe cottage to the illiterate peasant
needing light, running water, the indestructible plastic of the soft ill
lit/erate present

sign a bill here

and she kneels before the altar of the golden calf
altering its tip and instep
keeping body an soul-seam together

and the merchant smiles, lost in his founderies
setting out on his barefooted pilgrimage
across the inverterate prairies

Aufgehendes Rot

I
Als die erde geschaffen wurde
als die räder des himmels gedrechselt wurden
als meine lieder zum erstenmal in der stimme des bläßhuhns der eule zu hören waren
standen hillaby soufrière und kilimandscharo auf mich gerichtet mit wasser mit feuer

inmitten der luft

dort
im kiel des blaus
geht der sohn meines liedes, vatergeber, die sonne / summe,
die vier enden des magneten ab, gefangen im wind, blind

im auge seines eigenen hurrikans

und die bäume auf dem berg wer-
den zu den meinen: lebendes auge meiner äste
aus knochen; flöte
wo ist meine hoffnung hoffnung wo ist mein psalter

meine kinder tragen masken tanzen die mauserungen ihres ursprungs ihrer erde auf mich zu

so daß dieser ort, den man den meinen nennt,
der nie bekanntschaft macht mit dem kalten skalpell des schädels, dem hügel des mangels

gehirnkorallen zünden und ignorieren es

und daß dieser ort, der jetzt heißt,
nie wieder glühen wird: kohle ballon anthrazit: in die scheide-

wege der senken

schwarze stelle meines lebens: *yah*
blaue stelle meines lebens: *liebe*
gelbe stelle meines lebens: *iises*
rote stelle meines traumes der immer noch blüht blüht blüht

lasset uns danken

als die erde geschaffen wurde
als der himmel zum erstenmal mit der stimme des regen/bogens sprach
als der wind seiner musik milch schenkte
als die sonnen meines morgens aus ihren seichten kühn/dern hervorschritten

2
so daß ich nun seit jahrhunderten gegen diese gegensätze kämpfe
wie ich vom wasser in die luft gesaugt werde
wie die luft mich gänzlich blau umgibt

    vom meer bis ans andere ufer
    vom halleluja zum schwarzen höllenloch

    vom weißen ofen wo ich brenne
    zu den grünen ameisenhügeln aus sand, wo deine batate wächst

man könnte meinen, ich hasse eklipsen
    meine stärke zerstoben

doch das ist eine halluzination, lieber freund
ein fächer eine feder; der

schattenatem eines anderen
die kühle des mondes oder eines plan/eten

doch kannst du je erraten wie ich
der dich falsch

verkantet habe
mich auch danach sehne schwarz zu sein

ein teil des ganzen was uns zu sternen schrumpft zu wer
den

wie ich
mit all den loko

motiven in mir
gerne das augenich/selbst

erglätten erdrosseln würde

mir einen bart stehen lassen dunkle brille
das pack glatt zurückschlagen weit
wärts ins indigo hinein und ins vi
olette und weiter noch ins eis wie eine ra

kete

lieber als diese aufgegebene kurve
dieses süchtigmachende rad aus regen und zeit
gewetter in denen ich mir die haare raufe

nun weiß ich, ich werde nie den atlantik dieses sternennebels durchqueren

doch damit du leben mögest meine geliebte zurückweichende zukunft
werde ich die fesseln die fesseln akzeptieren die mich blind machen
werde mein gesicht hin/ab wenden auf meine näherkommende vergangenheit diese morgendlich
kühlen Kin/der

Aus dem Englischen von Margitt Lehbert

Red Rising

When the earth was made
when the wheels of the sky were being fashioned
when my songs were first heard in the voice of the coot of the owl
hillaby soufriere and kilimanjaro were standing towards me with water with fire

at the centre of the air

there
in the keel of the blue
the son of my song, father-giver, the sun/sum
walks the four corners of the magnet, caught in the wind, blind

in the eye of his own hurricane

and the trees on the mountain be-
come mine: living eye of my branches
of bone; flute
where is my hope hope where is my psalter

my children wear masks dancing towards me the mews of their origen earth

so that this place which is called mine
which will never know that cold scalpel of skull, hill of dearth

brain corals ignite and ignore it

and that this place which is called now
which will never again glow: coal balloon anthracite: into cross-

roads of hollows

black spot of my life: *jah*
blue spot of my life: *love*
yellow spot of my life: *iises*
red spot of my dream that still flowers flowers flowers

let us give thanks

when the earth was made
when the sky first spoke with the voice of the rain/bow
when the wind gave milk to its music
when the suns of my morning walked out of their shallow thrill/dren

2
So that for centuries now have i fought against these opposites
how i am sucked from water into air
how the air surrounds me blue all the way

 from ocean to the other shore
 from halleluja to the black hole of hell

 from this white furnace where i burn
 to those green sandy ant-hills where you grow your yam

you would think that i would hate eclipses my power powdered over as it were

     but it's hallucination my fine friend
     a fan a feather; some

     one else's breath of shadow
     the moon's cool or some plan/et's

     but can you ever guess how i
     who have wracked

     you wrong
     long too to be black

     be
     come part of that hool that shrinks us all to stars

     how i
     with all these loco

     motives in me
     would like to straighten

     strangle eye/self out

     grow a beard wear dark glasses
     driving the pack straight far

     ward into indigo and vi
     olet and on into ice like a miss

     ile

rather than this surrendered curve
this habit forming bicycle of rains and seasons
weathers when i tear my hair

i will never i now know make it over the atlantic of that nebula

but that you may live my fond retreating future
i will accept i will accept the bonds that blind me
turning my face down/wards to my approaching past these morning chill/dren

Eliseo Diego

Testamento	Testament
Habiendo llegado al tiempo en que / la penumbra ya no me consuela más / y me apocan los presagios pequeños;	Da ich an jener Zeit angelangt bin, wo der Dämmer mich nicht mehr tröstet und geringste Vorbedeutungen mich ängstigen;
habiendo llegado a este tiempo;	da ich an jener Zeit angelangt bin;
y como las heces del café / abren de pronto ahora para mí / sus redondas bocas amargas;	und weil der Kaffeesatz alsbald für mich seine runden bitteren Schlünde öffnet;
habiendo llegado a este tiempo;	da ich an jener Zeit angelangt bin;
y perdida ya toda esperanza de / algún merecido ascenso, de / ver el manar sereno de la sombra;	und schon alle Hoffnungen fahren lasse auf irgendeinen verdienten Aufschwung, auf den heiteren Anblick des Schattens;
y no poseyendo más que este tiempo;	und da ich weiter nichts als diese Zeit besitze;
no poseyendo más, en fin, / que mi memoria de las noches y / su vibrante delicadeza enorme;	da ich nichts weiter besitze letztlich als meine Erinnerung an die Nächte und ihre unsagbare zitternde Zärtlichkeit;
no poseyendo más / entre cielo y tierra que / mi memoria, que este tiempo;	da ich nichts weiter besitze zwischen Himmel und Erde als meine Erinnerung, als diese Zeit;
decido hacer mi testamento. / Es / éste: les dejo	beschließe ich, mein Testament zu machen. Dies ist es: ich hinterlasse euch
el tiempo, todo el tiempo.	die Zeit, die ganze Zeit.

Aus dem Spanischen von Hans-Otto Dill

Für die Trümmer des Ladens

Nicht der wirkliche, sondern der imaginäre Tod
des Mädchens Isabelita, das Nichtigkeiten
und glückliche Stoffe verkaufte.
Mit deinem hübschen Arm auf dem meinen
die zauberhaften Stufen emporzusteigen,

zwischen Einhörnern aus Kristall
und den flüchtigen Nebelhirschen, vergnügt
bis zum dritten Stock. Dort die Ladentische
im ständigen Licht in der übervollen

gleißenden Grelle des Ladens. Und dann
das Mädchen, das sanft und versunken sich nähert,
und uns eine Zeitlang mustert. Es ist Isabel,
wir plaudern. Und jahrelang so. Die Flure

mit ständiger Sonne, vom Wind durchzogen. Und dann
ist's eine andre, die kommt: Du siehst, die künstliche
Kälte nimmt zu, das Licht ist hart. Die Zeit
explodiert, die Gewalt heult auf

mit schriller Stimme im Spiegel: Es sind die blanken
geschwärzten Gerippe des Ladens. Wir haben Hunger:
Isabelita ist tot.

Nicht mehr

Ein Gedicht ist nicht mehr
als ein Gespräch in der Dämmerung
des alten Ofens, wenn alle
gegangen sind und nur der tiefe
Wald draußen ächzt; ein Gedicht,

das sind ein paar Worte nur,
die man geliebt hat und die ihren Platz
mit der Zeit verändern, und schon
sind sie nicht mehr als ein Fünkchen
von unaussprechlicher Hoffnung.

Para las ruinas de la tienda

No la muerte concreta, sino la ima-
ginada / muerte de Isabelita, la joven
que vendía / las telas venturosas, las
nonadas. ¡Subir / con tu brazo gentil
sobre mi brazo / las mágicas escalas,
ascendiendo

entre los unicornios de cristal, los fu-
gitivos / ciervos de humo, así, serena-
mente / hasta el piso tercero! Allí los
mostradores / en la perpetua luz, en la
blancura

sellada y suficiente de la tienda. Y lue-
go / la joven que se acerca, dulce,
absorta, / mirándonos el tiempo: es
Isabel: charlamos. / Y así los años, así
los corredores

de sol perenne que la brisa mueve. Y
luego / es otra la que viene: ves, arre-
cia / el frío artificial, la luz es dura.
Entonces / estalla el tiempo, aúlla, la
violencia

con un hilo de voz en el espejo: son
los huesos / pelados, renegridos de la
tienda. Tenemos hambre: / Isabelita
ha muerto.

No es más

Un poema no es más / que una con-
versación en la penumbra / del horno
viejo, cuando ya / todos se han ido, y
cruje / afuera el hondo bosque; un
poema

no es más que unas palabras / que uno
ha querido, y cambian / de sitio con el
tiempo, y ya / no son más que una
mancha, una / esperanza indecible;

un poema no es más / que la felicidad,
que una conversación / en la penum-
bra, que todo / cuanto se ha ido, y ya /
es silencio.

Ein Gedicht ist nicht mehr
als das Glück, als ein Gespräch
in der Dämmerung, wenn alle
andern gegangen sind, und schon
ist es Schweigen.

Cartagena de Indias

Cartagena de Indias

Ah! he was the flower of the flock,
was Flint
Treasure Island

Ah, er war doch der König der Piraten,
dieser Flint!
Robert Louis Stevenson, Die Schatzinsel

Ávidamente solo escondiste las mo-
nedas cansadas / y las joyas crueles e
inocentes como los ojos de un lagarto
/ entre la suave tierra madura.

Aus Gier nur hast du allein die müden Münzen versteckt
und die Juwelen, unschuldig grausam wie Eidechsenaugen,
in der sanften, gereiften Erde.

Los mapas que ornamentan los del-
fines de oro, / los surtidores escarlatas,
la verdinegra malla, / sostuvieron tus
manos de humo.

Auf die Landkarten, mit goldnen Delphinen geschmückt,
mit Purpurfontänen und sattgrünen Netzen,
stütztest du deine zitternden Säuferhände.

Y luego lavó el mar la miseria de tu
barco podrido / y en las noches elo-
giaron tu silencio / las blandas horcas
de Cartagena de Indias.

Und dann wusch das Meer das Elend von deinem
                              vermoderten Schiff,
und in den Nächten priesen die verwitterten Galgen
von Cartagena deine Stille.

Muy rápidamente atraviesa el cuerpo
de un hombre / la insaciable frescura
de las inmensas aguas. / Te acompañó
el escándalo de las gaviotas ávidas. /
Sólo tu hambre conoce las joyas
escondidas.

Sehr schnell durchquert eines Mannes Leib
die gefräßige Frische der unermeßlichen Wasser.
Um dich herum der gierigen Möwen Krakeelen.
Dein Hunger nur kennt das Versteck der Juwelen.

Las herramientas todas del
hombre

Alle Werkzeuge des Menschen

Éstas son todas las herramientas de
este mundo. / Las herramientas todas
que el hombre hizo / para afianzarse
bien en este mundo. / Éstas son las
navajas de / filo exacto con que se /
afeita al tiempo. / Y éstas las tijeras
para cortar los / paños, para cortar los
hipogrifos y las / flores y cortar las
máscaras y todas las tramas y, en / fin,
para cortar la vida misma del hombre,

Dies sind alle Werkzeuge der Welt,
alle, die sich der Mensch gemacht hat,
um sich fest in der Welt zu verankern.
Das sind die Rasiermesser mit der richtigen Schärfe, die
                              Zeit zu rasieren.
Und dies sind Scheren zum Schneiden des Tuchs,
zum Schneiden der Blumen, der Flügelrosse,

der Masken und aller Pläne und schließlich
zum Kappen des menschlichen Lebensfadens.
Das sind die Sägen, Fuchsschwänze – gleichfalls Messer,
                doch zweifellos dazu erdacht,
daß noch die Zacken am Rand ihren Zweck erfüllen.
Das ist der Löffel, der anspielt auf Kindheit und Alter und
                alles in allem
auf die erbärmliche Hilflosigkeit des Menschen.
Dieser Blasebalg soll das Feuer anfachen,
das dazu dient, das Eisen lebendig zu machen,
das wiederum dazu dient, das Beil zu schmieden,
um das edle Menschenhaupt abzuschlagen.
Das ist der Kompaß, die wahre Schönheit zu messen, damit
                das Herz
von Demut nicht überströmt und, brechend, den Menschen
                zerstört.
Das ist die Maurerkelle, um alle Bestandteile fest
                zusammenzufügen,
daß er glücklich wird und vor allem Schaden bewahrt bleibt.
Das sind Gewichte, Schlüssel, Federmesser und Brillen
(falls es welche sind, genau weiß man es nicht),
die in Wahrheit nur dazu dienen, ein für allemal
des Menschen Stellung zu festigen.
Diese Brillen sollen erkennen lassen,
ob das Vorstellbare, Vorhersehbare, Einfache und Unmögliche
                schon gemacht worden ist,
und prüfen, ob alle menschlichen Werkzeuge sicher sind.
Und das schließlich ist der Mörser, dem wir das Gemisch
                anvertrauen,
das die Abfälle, Kleinigkeiten, Stücke und Fetzen vereint,
wenn wir nicht rechtzeitig in allerletzter Minute, in den
Tag hinein, blindlings und endlich
zu nutzen lernen, zu meistern, zu sänftigen und zu handhaben
alle Werkzeuge des Menschen.

Aus dem Spanischen von Annemarie Bostroem

que es un hilo. / Éstas son las sierras y serruchos – también cuchillos, sin duda, pero imaginados / de tal modo que los propios defectos del borde sirvan al propósito. / Y ésta es una cuchara que alude a los principios y a / las postrimerías y en resumen / al incalificable desvalimiento del hombre. / Éste es un fuelle para atizar el fuego / que sirve para animar al hierro / que sirve para hacer el hacha / con que se siega la generosa testa / del hombre. / Éste es un compás que mide la bellaza justa / para que no rebose y quiebre y le deshaga / el humilde corazón al hombre. / Y ésta es una paleta de albañil con que / se allegan los materiales necesarios / para que sea feliz y se resguarde de todo daño. / Éstas son unas pesas, llaves, cortaplumas y anteojos / (si es que lo son, que no se sabe) / que en realidad no sirven para nada sino para establecer / de una vez para siempre la sólida posición del hombre. / Éstas son unas gafas se han de usar para mirar / si se ha hecho ya lo imaginable, lo previsible, simple e imposible / para tratar de asegurar las herramientas todas del hombre. / Y éste, en fin, es el mortero al que fiamos el menjurje / con que uniremos los pedazos, trizas, minucias y despojos / si es que a las útilimas y a tiempo, si / es que a las tondas y a las locas, si es que / a ciegas y al fin / no aprendemos a usar, amansar, dulcificar y manejar / las herramientas todas del hombre.

Édouard Glissant

Pour Laoka

An Laoka

Tu es l'autre raison, qui chemine au-
dedans, où les boues / Sont rouges de
nos cris et la graisse sur les cheveux
cille / Tu es le goût caché que nous
donnons à nos mots / Dans la nuit
quand la paille bouge le bambou
craque / Tu es renoncement, à tout
levant ô renoncée / Nous te repous-
sons dans l'étroit de nos tempes tu es /
Océan où brassés de fer nous posons /
L'algue fragile de nos souffles

Du bist der andre Grund im Innern wandernd wo der Morast
Rot ist von unsren Schreien und das Fett auf den Haaren blinkt
Du bist der heimliche Geschmack den wir in unsre Worte
                                                        legen
Nachts wenn das Stroh sich regt der Bambus knackt
Du bist Verzicht, o Aufgegebne bei jedem Morgenlicht
Verdrängen wir dich in die Enge unsrer Schläfen du bist
Ozean wo wir die Arme in Eisen
Die zarte Alge unsres Atems niederlegen

En ce qui passe ému semis et lasse /
Nous te vouons nos yeux / Le cuivre
battu monte à ton front tes chevilles
vantent / Tu es la femme qui navigue,
un enfant mort au sein / Tu es ce peu-
ple, il le faut, qui gravit et son souffle /
S'alourdit aux ravines où ne croît que
notre trace / Tu es orgueil qui cède au
cœur quand sur la Place / Ne roue
plus que le sable où se récrit ta race

In dem was vorübergeht aufgewühlt schleppend und müde
Weihn wir dir unsre Augen
Getriebner Kupfer geht dir bis zur Stirn die deine Knöchel
                                                        preisen
Du bist die Frau sie wankt ein totes Kind an der Brust
Du bist dies Volk, es muß so sein, es steigt auf und sein Atem
Wird schwer an Schluchten wo nur unsre Fährte wächst
Du bist der Stolz er weicht dem Herz wenn auf dem
                                                großen Platz
Nur mehr der Sand peitscht in den sich deine Rasse wieder
                                                        schreibt

M'allant sur le songe avec les jeunes
filles qui dament le fer / Je vois ce qui
du jour se fond en cette palme / Fille
de cuivre, lin du bronze, es-tu la trans-
humée / Qui du troupeau foule la
trace ouvre l'espace / A tant d'oublis
tant consumés / Je me constelle à cette
absence que tu fais / D'un bout de bois
un peu de feuille une criée / Mon
chant au sud ouvre folie errée

Gehe ich zum Träumen mit den jungen Mädchen die Eisen
                                                hämmern
Sehe ich was vom Tag in dieser Handbreit schmilzt
Mädchen aus Kupfer, Flachs der Bronze, bist du die
                                                Hierhergetriebne
Die der Herde die Fährte stampft den Raum erschließt
Für all das Vergessene und Ausgezehrte
Ich übersäe mich gegen diese Abwesenheit die du gibst
mit einem Stückchen Holz ein wenig Laub einer Brandung
Mein Gesang im Süden öffnet Verirrung und Wahn

Du bist jenem süß den du sich selbst entrückst
Als sei zu heißer Sand mit Sand der Mitternacht vermischt
Und wie die Hand der Vorzeit die Nacht lautlos verschließt
Du bist jenem süß der leuchtet selbst wenn du ihn betrübst

Der Herde Glocke tönt übers rote Gras, die Tiere
Weiden wie Buckel im Zufall blau
Er kommt von Göttern die dort schweben, wir töten sie
Die Erde kriecht an deiner Stirn krönt dich mit einem
                                    brennenden Baum
Was ist, auf halber Höhe der *filaos*, dieser Schmerz, diese Süße
Für wen, rolle die Matte auf und räume die Kopfstütze weit
                                    weg vom Feuer

Du sagst an wie den Morgen verbringen und wo
Deine Nacktheit umschließen du verrätst den Pfad
Wo das Feuer singt daß es dich schafft
Du schleuderst Herz Lava Ströme das Blut erstarrt
In dem Zyklon den du entfachst

Keiner weiß daß der Gesang aus der Lohe steigt in der das
                                    Kupfer schmilzt
Milos rotfingrig singt von einem so zarten Licht
Dichter als Mondwasser das auf uns niederschäumt
So viele Tode der Märchenerzähler mit jedem Wort auch stirbt
Er treibt einen Schwall Tiere und Düfte vor sich her
Und es ist der Spruch von Milos und Ichneumon der
Das Leiden am Land der Vorzeit löste
Von der verfallenen Schlucht in dem Land hier

Deux-Choux

Die Felsen die Nachtöde der Morast kein Himmel keine Spur
Der verbrannte Mandelbaum lauert, da ist ein Langes-Tier
Im Magma wo wir fallen brechen alle Meere herein
Die Desaster die Toten der Wirbel die Erdenfuhre

Tu es douce à celui que tu éloignes parmi lui / Tel un sable trop chaud mêlé au sable de minuit / Et comme main d'antan qui referme la nuit sans bruit / Tu es douce à celui que tu désoles mais qui luit

La cloche du troupeau bat sur l'herbe rouge, les bêtes / Essaiment en bosses dans le hasard bleu / Il est des dieux qui volent par là-bas, nous les tuons / La terre rampe à ton front, te couronne d'un arbre allumé / Quelle, cette douleur à mi-hauteur des filaos cette douceur / Pour qui roule la natte et range l'appuie-tête loin du feu

Tu énonces comment partager le matin et où / Serrer ta nudité tu dénonces le lé / Où le feu chante qu'il te crée / Tu lances cœur laves coulée le sang rivé / Dans ce cyclone que tu fais

Nul ne sait que le chant naît de ce boucan où fond le cuivre / Milos doigts rouges chante d'une si fragile lumière / Plus dru que l'eau de lune écumée sur nous / Souffre-t-il autant de morts en chaque mot / Le conteur pousse un gros de bêtes et d'arômes devant lui / Et c'est Milos et Ichneumon dont la parole a délacé / Le souffrir du pays d'antan / De la ravine délitée du pays-ci

Deux-Choux

Les rocs l'en-nuit les boues pas un ciel pas de trace / L'amande fauve qui épie, c'est bête-longue à flanc / Dans le magma où nous tombons toutes les mers vernues / les désastres les morts la turbulence le charroi

Bezaudin

Passé les roches de rivière / Flétries
loin au delà du souvenir / Un mulet
cabré déhale l'oncle qui n'a pas nom /
La véranda navigue, l'homme attaché
crie

Pointe des Châteaux

L'eau de la glace a pris au marbre de
l'écorce / Où le vent met sa touffe et
pousse en feux tremblants / Ce qui est
fixe s'est vanté en la mer, a mué la
roche / Comme l'enfant brasse un
manioc en ces écumes fracassé

Éget

Le même midi ouvre ce jardin, / Nous
étions au loin / Comme aigle ou mi-
lan. / La mer en diamants

Bezaudin*

Vergangen die Felsen im Bach
Verwelkt weit vor jeder Erinnerung
Das scheuende Maultier zieht den Onkel ohne Namen mit
Die Veranda wankt, der gefesselte Mann schreit

Pointe des Châteaux

Das Wasser des Eises hat vom Marmor Rinde geschält
Wo der Wind sein Dickicht setzt in bebenden Feuern bläst
Was fest ist hat sich darob gerühmt dem Meer, den Fels
                                        verwandelt
Wie das Kind einen Maniok stampft in diese zerfetzte Gischt

Éget

Derselbe Süden öffnet diesen Garten,
Wir sahen ihn von fern
Wie ein Adler oder Milan.
Das Meer aus Diamanten

Aus dem Französischen von Beate Thill

---

* Bezaudin: Geburtsort Glissants im ländlichen Norden von Mar-
tinique

Idea Vilariño

Traum

Ein schmaler Weg zwischen Büschen
einsam
gefährlich?
am Rande
am Rand?
am Ende eines Strandes
einer Stelle, die ich nicht kenne
was fürchte ich?
Weiß der weiße Strand
grün das Grün
die Luft reglos
und ich indessen
verloren?
zwischen dem Grün trete
auf diese Lichtung, diesen Weg?
der lau ist, einsam grün still
gefährlich?

Sueño

Un caminito entre arbustos / solitario /
¿peligroso? / al borde / ¿al borde? / al
final de una playa / de un lugar que no
conozco / ¿qué temo? / Blanca blanca
la arena / verde el verde / el aire quie-
to / y yo en tanto / ¿perdida? / entre lo
verde pisando / ese claro ¿ese camino?
/ tibio solo verde quieto / ¿ peligroso?

In der Mondnacht

Inmitten dieser großen weißen Nacht
zwischen Kiefern, Dünen und Mond
– heute sind die Amis zum Mond geflogen –
vor dem Meer, das ein weiteres Mal seine gewaltige
Welle am verlassenen Strand schlafen legt
– in Almería geht die Angst um, meldet die Zeitung
noch keine Spur von den Wasserstoffbomben
die dort aus Versehen ins Meer gekippt sind –
in der weißen, donnernden Stille
dieser prallen, einen, reinen Einsamkeit
– achthundert Vietcong getötet heute nacht
Hunger in Indien Hunger in Brasilien –
in der Schwermut und Schönheit der Mondnacht

En la noche de luna

En medio de esta enorme noche blan-
ca / entre pinares médanos y luna / –
hoy llegaron los yankis a la luna – /
frente al mar que otra vez acuesta su
ola / formidable en la playa abando-
nada / – hay miedo en Almería dice el
diario / no encontraron aún las bom-
bas hache / caídas en su mar por
accidente – / en el silencio blanco y
estruendoso / de esta soledad plena y
una y pura / – ochocientos vietcongs
muertos anoche / hambre en la India
hambre en el Brasil – en la melancolía
y la belleza / de la noche de luna entre
los pinos / con la luna ocupada y el
miedo en Almería / y la aldea arrasada
y con el hambre.

zwischen den Kiefern
mit dem besetzten Mond und der Angst in Almería
und dem zerstörten Dorf und mit dem Hunger.

O fueron nueve

Tal vez tuvimos sólo siete noches /
no sé / no las conté / cómo hubiera po-
dido. / Tal vez no más que seis / o
fueron nueve. / No sé / pero valieron /
como el más largo amor. / Tal vez / de
cuatro o cinco noches como ésas /
pero precisamente como ésas / tal
vez / pueda vivirse / como de un largo
amor / toda una vida.

Oder waren es neun

Vielleicht hatten wir nur sieben Nächte
ich weiß nicht
ich habe sie nicht gezählt
wie hätte ich sie auch zählen können.
Vielleicht nicht mehr als sechs
oder waren es neun.
Ich weiß nicht
aber sie waren so viel wert
wie die allerlängste Liebe.
Vielleicht
kann man
mit vier oder fünf Nächten wie diesen
aber genau solchen wie diesen
vielleicht
kann man leben
wie mit einer langen Liebe
ein ganzes Leben.

Aus dem Spanischen von Erich Hackl und Peter Schulze-Kraft

Gonzalo Rojas

Quedeshim qedeshot

Unglück bringt es, sich zu Phönizierinnen
zu legen, ich legte mich zu einer in Cádiz,
der schönsten, und kannte mein Horoskop nicht, bis daß
viel später das mediterranische Meer
mir noch und noch Wellenschlag abzufordern begann;
zurückrudernd langte ich ziemlich erschöpft bei der
12. Zenturie an: alles war weiß, die Vögel, das Meer,
das Morgengrauen waren weiß.

Ich gehöre dem Tempel, sagte sie, ich bin der Tempel. Keine
Hure, dachte ich, die nicht Worte vom Ausmaß
solcher Gefälligkeit äußerte. 50 Dollar
für den Eintritt in die Andere Welt, gab ich lachend zur
                                       Antwort, oder nichts.
50 Dollar oder nichts. Krampfhaft
weinte sie gegen den Spiegel an, malte darauf
mit Rouge und Tränen einen Fisch: Fisch,
erinnere dich an den Fisch.

Sie redete und beschien mich mit ihren großen
flüssigen Augen aus Türkis, und begann gleich da auf dem
                                       Teppich
mit dem ganzen Ritual ihres Tanzes, legte
zuerst eine Platte aus Babylon auf und
spannte das Lager, löschte die Kerzen: das Lager
war ohne Zweifel ein tausendjähriges Grammophon, von
solcher Pracht war die Musik; Tauben, auf
einmal tauchten Tauben auf.

All das natürlich in ihrer ganz nackten Nacktheit mit
rotem Haar und diesen hohen Schuhen, grün, die sie
marmorn und heilig hervorhoben wie
in Tyros, als sie ausgelost wurde unter den anderen Hafen-
nutten, oder Karthago,
wo sie Tänzerin war mit Recht auf Laken,
mit fünfzehn; all dies.

Qedeshím qedeshóth

Mala suerte acostarse con fenicias, yo
me acosté / con una en Cádiz bellí-
sima / y no supe de mi horóscopo has-
ta / mucho después cuando el Medi-
terráneo me empezó a exigir / más y
más oleaje; remando / hacia atrás lle-
gué casi exhausto a la / duodécima
centuria: todo era blanco, las aves / el
océano, el amanecer era blanco.

Pertenezco al Templo, me dijo: soy
Templo. No hay / puta, pensé, que no
diga palabras / del tamaño de esa com-
placencia. 50 dólares / por ir al otro
Mundo, le contesté riendo; o nada. /
50, o nada. Lloró / convulsa contra el
espejo, pintó / encima con rouge y lá-
grimas un pez: – Pez, / acuérdate del
pez.

Dijo alumbrándome con sus grandes
ojos líquidos de / turquesa, y ahí mis-
mo empezó a bailar en la alfombra el /
rito completo; primero puso en el aire
un disco de Babilonia y / le dio cuerda
al catre, apagó las velas: el catre / sin
duda era un gramófono milenario /
por el esplendor de la música; palo-
mas, de / repente aparecieron palo-
mas.

Todo eso por cierto en la desnudez
más desnuda con / su pelo rojizo y
esos zapatos verdes, altos, que la / es-
culpían marmórea y sacra como /
cuando la rifaron en Tiro entre las
otras lobas / del puerto, o en Cartago /
donde fue bailarina con derecho a sá-
bana a los / quince; todo eso.

Pero ahora, ay, hablando en prosa se / entenderá que tanto / espectáculo angélico hizo de golpe crisis en mi / espinazo, y lascivo y / seminal la violé en su éxtasis como / si eso no fuera un templo sino un prostíbulo, la / besé áspero, la / lastimé y ella igual me / besó en un exceso de pétalos, nos / manchamos gozosos, ardimos a grandes llamaradas / Cádiz adentro en la noche ronca en un / aceite de hombre y de mujer que no está escrito / en alfabeto púnico alguno, si la imaginación de la / imaginación me alcanza.

Aber ach, nun in Prosa gesprochen wird man
verstehn, daß so ein engelgleiches
Schauspiel mir das Rückgrat verschob und ich geil
und gierig über sie herfiel in ihrer Ekstase, als ob
dies nicht ein Tempel sei, sondern ein Puff, und sie
rauh küßte und ihr
weh tat, und sie
mich ebenso küßte
in einer Flut aus Blütenblättern, wir
genossen und befleckten uns gegenseitig, brannten in auf-
lodernden Flammen tief in Cádiz in der
heiseren Nacht in einem Öl aus
Mann und Frau, wovon in keinem punischen Alphabet
geschrieben steht, wenn die Einbildung
einer Einbildung mich nicht täuscht.

Qedeshím qedeshóth, personaja, teóloga / loca, bronce, aullido / de bronce, ni Agustín / de Hipona que también fue liviano y / pecador en África hubiera / hurtado por una noche el cuerpo a la / diáfana fenicia. Yo / pecador me confieso a Dios.

Qedeshim qedeshot, Weib, wahnsinnige
Theologin, Bronze, Geheul
aus Bronze, nicht einmal Augustinus
von Hippo, der auch leichtsinnig und
sündig in Afrika war, wäre
eine ganze Nacht dem Leib der
schimmernden Phönizierin ausgewichen. Ich,
Sünder, bin geständig vor Gott.

Qedeshim qedeshot: auf phönizisch Kurtisane des Tempels

Octubre ocho

Achter Oktober

Así que me balearon la izquierda, ¡lo que anduve / con esta pierna izquierda por el mundo! Ni un árbol / para decirle nada, y víboras, y víboras, / víboras como balas, y agárrenlo y reviéntenlo, / y el asma, y otra cosa, / y el asma, y son las tres. Y el asma, el asma, el asma.

So daß sie mir also das linke trafen! Was bin ich doch
mit diesem linken Bein durch die Welt gegangen! Und
                                    nicht ein Baum,
mit dem ich reden konnte, und Schlangen, und Schlangen,
Schlangen wie Kugeln, und Faßt ihn! Stecht ihn!
und das Asthma, und was noch alles,
Asthma, und fast schon drei, und dieses Asthma!

So daß es also schon drei ist, oder schon nicht mehr drei,
auch nicht der achte, noch Oktober. So daß hier also
die Schlucht des Yuro zu Ende ist, also die Schlucht
des Lebens, und es kracht. So daß es also gewaltig
krachen wird, und schossen mich nieder im Oktober.

So daß sie dafür fünftausend Dollar zahlten, oder waren es
                                                    fünfzigtausend,
ach Gott, für das was wir waren und was wir sind,
für all das, was wir waren und sind! Fünftausend
für meine Augen und Hände, fünfzigtausend für alles,
mit Asthma und allem. Und das, ihr heiseren Lungen,
wo wir singend schon auf die Vierzig zugehen!

Singend den sirrenden Tod: hoch,
hoch die Armen, die Tapferkeit vor dem Feind, willkommen
der Kugelhagel, wenn hinter uns andere stehn,
und auf, machen wir uns auf,
den Toten müssen wir rächen!

Mein (was ist mein?) ist: diese Rose, dieses Amerika
mit seinen alten Dornen. Den ganzen Morgen schon
verurteilen sie mich auf englisch. Was ist denn mein?
Und ist mein nicht auch dein, Bruder? Das war ein Schlag,
und ins Herz. Hier
fängt alles erst an, und schluckt eure Angst hinunter.

So daß sie mich niedermachten und fesselten.
Nach Vallegrande, wozu, und im Hubschrauber!
Ach, es ist gut, die Luft mit Blut anzureichern,
wenn sie mich auch verbrennen danach, und mir die
                              Hände abschneiden,
meine beiden Hände.
                    So schieß doch endlich,
ich bin auf dem Weg zu Bolívar, aber komme wieder.

Así que son las tres, o ya no son las tres, / ni es el ocho, ni octubre. Así que aquí termina / la quebrada del Yuro, así que la Quebrada / del Mundo, y va a estallar. Así que va a estallar / la grande, y me balearon en octubre.

Así que daban cinco mil dólares por esto, o eran cincuenta mil, / sangre mía, por esto que fuimos y que somos, / ¡y todo lo que fuimos y somos! Cinco mil / por mis ojos, mis manos, cincuenta mil por todo, / con asma y todo. Y eso, roncos pulmones míos, / que íbamos a cumplir los cuarenta cantando.

Cantando los fatídicos mosquitos de la muerte: / arriba, arriba, arriba los pobres, la conducta / de la línea de fuego, bienvenida la ráfaga / si otros vienen después. Vamos, vamos veloces, / vamos veloces a vengar al muerto.

Lo mío – ¿qué es lo mío? –: esta rosa, esta América / con sus viejas espinas. Toda la madrugada / me juzgan en inglés. ¿Qué es lo mío y lo mío / sino lo tuyo, hermano? La cosa fue de golpe / y al corazón. Aquí / va a empezar el origen, y cómanse su miedo.

Así que me carnearon y después me amarraron. / A Vallegrande – a qué – ¡y en helicóptero! / Bueno es regar con sangre colorada el oxígeno / aunque después me quemen y me corten las manos, / las dos manos. / – Dispara sin parar / mientras voy con Bolívar, pero vuelvo.

En cuanto a la imaginación de las piedras

En cuanto a la imaginación de las piedras casi todo lo de carácter copioso es poco fidedigno: / de lejos sin discusión su preñez animal es otra, / coetáneas de las altísimas no vienen de las estrellas, / su naturaleza no es alquímica sino música, / pocas son palomas, casi todas son bailarinas, de ahí su encanto; / por desfiguradas o selladas, su majestad es la única que comunica con la Figura, / pese a su fijeza no son andróginas, / respiran por pulmones y antes de ser lo que son fueron máquinas de aire, / consta en libros que entre ellas no hay Himalayas, / ni rameras, / no usan manto y su único vestido es el desollamiento, / son más mar que el mar y han llorado, / aún las más enormes vuelan de noche en todas direcciones y no enloquecen, / son ciegas de nacimiento y ven a Dios, / la ventilación es su substancia, / no han leído a Wittgenstein pero saben que se equivoca, / no entierran a sus muertos, / la originalidad en materia de rosas les da asco, / no creen en la inspiración ni comen luciérnagas, / ni en la farsa del humor, / les gusta la poesía con tal que no suene, / no entran en comercio con los aplausos, / cumplen 70 años cada segundo y se ríen de los peces, / lo de los niños en probeta las hace bostezar, / los ejércitos gloriosos les parecen miserables, / odian los aforismos y el derramamiento, / son geómetras y en las orejas llevan aros de platino, / viven del ocio sagrado.

Was die Vorstellung von den Steinen betrifft

Was die Vorstellung von den Steinen betrifft, so sind fast
alle ihrer reichlich bekannten Merkmale wenig glaubwürdig:
zuerst einmal werden sie zweifellos ausgetragen wie
          Lebewesen,
gleichaltrig mit den entferntesten Sternen kommen sie
          nicht von dort,
ihre Beschaffenheit ist nicht alchimistisch, sondern Musik,
wenige sind Tauben, fast alle Tänzer, daher auch ihr Zauber,
unförmig oder verschlossen, ihre Majestät verbindet sich als
          einzige mit dem Bild,
trotz ihres engen Zusammenhalts sind sie nicht androgyn,
sie atmen mit Lungen, und bevor sie wurden, was sie sind,
          waren sie Luftmaschinen,
auch steht in den Büchern, daß unter ihnen keine
          Himalayas sind,
noch Huren,
sie tragen keinen Umhang, ihr einziges Kleid ist die Häutung,
sie sind mehr Ozean als das Meer und haben geweint,
sogar die allergrößten fliegen des Nachts in alle Richtungen
          und verlieren nicht den Verstand,
sie sind von Geburt an blind und schauen Gott an,
ihre Substanz ist die Ventilation,
sie haben Wittgenstein nicht gelesen und wissen doch,
          daß er irrt,
sie begraben nicht ihre Toten,
das Originelle einer Rose ekelt sie an,
sie trauen nicht der Eingebung, noch essen sie Glüh-
würmchen, noch glauben sie an die Farce des Humors,
sie mögen Gedichte, solange sie nicht tönen,
mit Beifall handeln sie nicht,
sie werden in jeder Sekunde siebzig Jahre älter und lachen
          über die Fische,
das mit den Kindern im Reagenzglas macht sie gähnen,
glorreiche Armeen erscheinen ihnen verächtlich,
sie hassen Aphorismen und das Sich-Verströmen,
sind geometrisch und tragen Ringe aus Platin in den Ohren
und leben vom heiligen Nichtstun.

Aus dem Spanischen von Dieter Masuhr

Roberto Juarroz

ZWISCHEN DEINEM NAMEN UND MEINEM
gibt es eine Lippe, die die Gewohnheit des Nennens abgelegt
hat.

Zwischen der Einsamkeit und der Gesellschaft
gibt es eine Geste, die bei keinem anfängt und bei allen
aufhört.

Zwischen dem Leben und dem Tod
gibt es zertretene Pflanzen,
auf denen nie jemand lief.

Zwischen der Stimme, die ging, und der, die kommen wird,
gibt es eine schweigsame Gestalt der Stimme,
wo alles aufrecht steht.

Zwischen dem Tisch und der Leere
gibt es eine Linie, die sowohl der Tisch als auch die Leere ist,
wo das Gedicht kaum gehn kann.

Zwischen dem Gedanken und dem Blut
gibt es einen verhaltenen Blitz,
wo sich die Liebe auf einem Punkt hält.

Auf diesen Rändern
kann niemand lang bleiben,
aber auch Gott, der ein andrer Rand ist,
kann nicht lange Gott sein.

DIE ERINNERUNGEN SPRINGEN AUS DEN AUGEN
wie Farben aus dem Käfig eines Lichts,
das nicht mehr duldet als das Weiß,
picken an den Wangen
einzelner Dinge, die verloren durch die Welt ziehn
und zurückkehren, erneut durch die Augen,
in ihren Wald der Weichheit und Rückseiten.

Entre tu nombre y el mío / hay un
labio que ha dejado la costumbre de
nombrar.

Entre la soledad y la compañía / hay
un gesto que no empieza en nadie y
termina en todos.

Entre la vida y la muerte / hay unas
plantas pisadas / por donde nadie ha
caminado nunca.

Entre la voz que pasó y la que vendrá /
hay una forma callada de la voz / en
donde todo está de pie.

Entre la mesa y el vacío / hay una línea
que es la mesa y el vacío / por donde
apenas puede caminar el poema.

Entre el pensamiento y la sangre / hay
un breve relámpago / en donde sobre
un punto se sostiene el amor.

Sobre esos bordes / nadie puede ser
mucho tiempo, / pero tampoco dios,
que es otro borde, / puede ser dios
mucho tiempo.

Los recuerdos saltan desde los ojos /
como colores desde la jaula de una luz /
que no admite más que el blanco, / se
van a picotear las mejillas / de algunas
cosas que andan perdidas por el mun-
do / y retornan, otra vez por los ojos, /
a su selva de molicie y respaldos.

Pero hay uno, un recuerdo o tatuaje, / que no quiere pasar de nuevo por los ojos / y se queda dando vueltas como un éxodo mudo, / ojo él mismo, flotando hacia ninguna parte, / memoria que ha abolido el pasado.

¿No llegará la noche, o quizá algo más hondo, / a formarle otro cuerpo, otra privada selva / de minúsculos signos, / donde pueda, sin tiempo, su alucinante pérdida / ser un sitio ya inmóvil entre manos amantes?

En una noche que debió ser lluvia / o en el muelle de un puerto tal vez inexistente / o en una tarde clara, sentado a una mesa sin nadie, / se me cayó una parte mía. / No ha dejado ningún hueco. / Es más: pareciera algo que ha llegado / y no algo que se ha ido. / Pero ahora, / en las noches sin lluvia, / en las ciudades sin muelles, / en las mesas sin tardes, / mes siento de repente mucho más solo / y no me animo a palparme, / aunque todo parezca estar en su sitio, / quizá todavía un poco más que antes. / Y sospecho que hubiera sido preferible / quedarme en aquella perdida parte mía / y no en este casi todo / que aún sigue sin caer.

Aber eine gibt's, eine Erinnerung oder Tätowierung,
die nicht noch einmal durch die Augen hindurch will
und Kreise zieht, einem stummen Exodus gleich,
Auge selbst, auf dem Weg nirgendhin,
Gedächtnis, das die Vergangenheit abgelegt hat.

Wird die Nacht nicht kommen oder vielleicht etwas Tieferes,
um einen andren Körper dafür zu bereiten,
einen eignen Wald aus kleinsten Zeichen,
wo der gewaltige Verlust außerhalb der Zeit
ein regloser Ort zwischen liebenden Händen sein kann?

IN EINER NACHT, die Regen bringen sollte,
oder an einer Hafenmole, die womöglich nicht existiert,
oder an einem hellen Nachmittag, da niemand mit am
                        Tisch saß,
fiel mir ein Stück meiner selbst hin.
Es hinterließ kein Loch.
Mehr noch: es schien, als ob etwas angekommen,
und nicht, als ob etwas gegangen wär.
Aber jetzt,
in den regenlosen Nächten,
in den Städten ohne Molen,
an den nachmittagslosen Tischen
fühle ich mich auf einmal mehr als allein
und getrau mich nicht, mich zu spüren,
obwohl alles an seinem Platz zu sein scheint,
vielleicht noch ein wenig mehr als zuvor.
Und ich erahne, daß es vorzuziehn wär,
bei jenem verlornen Stück meiner selbst zu verweilen
und nicht bei diesem beinah Ganzen,
das noch immer nicht fällt.

JEDES GEDICHT MACHT DAS VORHERIGE VERGESSEN,
radiert die Geschichte aller Gedichte aus,
radiert seine eigene Geschichte aus
und auch die Geschichte des Menschen,
um ein Gesicht aus Worten zu gewinnen,
das der Abgrund nicht ausradieren kann.

Auch jedes Wort eines Gedichts
läßt das vorherige vergessen,
löst sich einen Moment
vom vielgestaltigen Baumstamm der Sprache
und trifft sich danach mit den anderen Worten wieder,
um den unumgänglichen Ritus zu erfüllen,
eine andere Sprache zu begründen.

Und auch jede Stille des Gedichts
läßt die vorhergehende vergessen,
geht in die große Amnesie des Gedichts ein
und umhüllt Wort um Wort,
bis sie später hervorkommt und das Gedicht einhüllt
wie eine Schutzhülle,
die vor den anderen Sprecharten bewahrt.

Das alles ist nichts Außergewöhnliches.
Im Grunde
läßt auch jeder Mensch den Vorgänger vergessen,
alle Menschen vergessen.

Wenn sich nichts gleich wiederholt,
dann sind alle Dinge letzte Dinge.
Wenn sich nichts gleich wiederholt,
dann sind sie auch erste Dinge.

(im Gedenken an Antonio Porchia)

Cada poema hace olvidar al anterior, / borra la historia de todos los poemas, / borra su propia historia / y hasta borra la historia del hombre / para ganar un rostro de palabras / que el abismo no borre.

También cada palabra del poema / hace olvidar al anterior, / se desafilia un momento / del tronco multiforme del lenguaje / y después se reencuentra con las otras palabras / para cumplir el rito imprescindible / de inaugurar otro lenguaje.

Y también cada silencio del poema / hace olvidar al anterior, / entra en la gran amnesia del poema / y va envolviendo palabra por palabra, / hasta salir después y envolver el poema / como una capa protectora / que lo preserva de los otros decires.

Todo esto no es raro. / En el fondo, / también cada hombre hace olvidar al anterior, / hace olvidar o todos los hombres.

Si nada se repite igual, / todas las cosas son últimas cosas. / Si nada se repite igual, / todas las cosas son también las primeras.

(en la memoria unitiva de Antonio Porchia)

Aus dem argentinischen Spanisch von Tobias Burghardt

Biographien

Edward Kamau Brathwaite

Der 1930 in Bridgetown/Barbados geborene Edward Kamau Brathwaite ging nach dem Studium in England nach Ghana (1955 – 1962), wo er Schulbücher schrieb, ein Kindertheater leitete und für den Rundfunk arbeitete. Später lehrte er Geschichte an der University of West Indies in St. Lucia und Kingston/Jamaika. Heute gilt er neben Derek Walcott als bedeutendster Dichter der Karibik. Sein Ruf gründet auf zwei Trilogien: «The Arrivants» und «Bajan Trilogy». Lange Zeit bezeichnete man Brathwaite als «kollektive monolithische Stimme der schwarzen Diaspora». Das ist ungerecht angesichts der Vielfalt der Themen, des Reichtums der poetischen Techniken und der großen Geschmeidigkeit seiner lyrischen Sprache.

Häufig spricht das lyrische Ich von seinen karibischen Erfahrungen, sowohl in einer ganz privaten Dimension als auch in ihrer Bedeutung für die westindische Kultur. In dieser spielt Afrika eine entscheidende Rolle, als historische Wurzel und als zeitgenössischer Kern schwarzer Präsenz auf der Welt. Brathwaite gelingt eine Vermengung des heutigen Afrika mit der modernen Karibik. Er hat die Fähigkeit, persönliche und öffentliche Stimme zu verbinden, ohne daß deren jeweilige Besonderheit verlorenginge. Brathwaite zählt Autoren wie James Baldwin, Wole Soyinka, Chinua Achebe und, in einem eher negativen Sinne, V. S. Naipaul zu einer Gruppe von Schriftstellern, die zu kämpfen und Signale an die «Dritte Welt» weiterzugeben bereit sind.

«The Arrivants», Oxford 1981; «Sun Poem», Oxford 1982; «X/Self», Oxford 1987; «Middle Passages», London 1992.

Eliseo Diego

«Es ist nicht klug, die Dämmerung mit dem guten Willen der Zeit zu verwechseln», hat Eliseo Diego einmal, etwas obskur, formuliert. Aber die Zeit ist der opake, manchmal auch durchscheinende Fond fast aller seiner Gedichte. Immer wieder versuchte er, Lebenszeit und historische Zeit, das eigene Befinden und «das unendliche Schweigen da draußen» aufeinander zu beziehen.

Bereits zu Lebzeiten des kubanischen Nationaldichters Nicolas Guillén galt der 1920 in Havanna geborene Eliseo Diego als «der andere große Lyriker Kubas». Doch sucht man bei ihm vergeblich die wilde Metaphorik karibischer und lateinamerikanischer Dichter. Das Barocke, die Hitze, afroamerikanische Mythen, Politik, Korruption und Revolution fehlen in seiner Lyrik fast gänzlich, sind allenfalls unter der Oberfläche aufzuspüren. Als verkrachter Jurastudent hatte er sich in den vierziger Jahren der von José Lezama Lima gegründeten literarischen Gruppe ‹Origines› angeschlossen, die die gleichnamige Zeitschrift von 1944 bis 1956 herausgab. Diego spricht von dieser Zeit als «der diabolischen Farce der vierziger Jahre (. . .) wo der Professor ein Krämer, der Politiker ein Dieb, der Regierende eine Marionette und die Nation selber eine Tragikomödie war». Er schlägt sich mit Englischunterricht durch und veröffentlicht seine ersten Gedichtbände. Die Revolution hat er zunächst begrüßt, sich dann lange Jahre hindurch politisch zurückgehalten und in den letzten Jahren seines Lebens das Regime offen kritisiert. Er starb am 3. März 1994 in Mexico City. Für ihn, den praktizierenden Katholiken, waren Augustinus, Franz von Assisi, Ernesto Cardenal und der kolumbianische Guerillero und Priester Camilo Torres Vorbilder für das eigene Schreiben. Er liebte, wie Lezama, die dunklen Bilder und die literarischen Anspielungen. Bei ihm kam noch eine starke mystische Komponente hinzu. Den Glauben an die Poesie, an das Gedicht als «Fünkchen von unaussprechlicher Hoffnung» formulierte er so: «Ich habe mein Leben lang mit Worten gearbeitet, und ich bedaure es nicht, noch schäme ich mich dafür, denn Wörter sind nichts anderes als ein Material wie Holz oder Eisen, und mit Wörtern, Holz oder Eisen kann man dem Menschen dienen und die Welt durch Schönheit bereichern.»

«In meinem Spiegel», Gedichte und Prosa, herausgegeben von Hans-Otto Dill, Berlin 1984.

Édouard Glissant

Michel Leiris bezeichnete die Antillen wegen der vielen verschiedenen äußeren Einflüsse als «echten kulturellen Kreuzungspunkt». Wie Aimé Césaire, wie Frantz Fanon stammt auch Édouard Glissant aus Martinique. 1928 in Sainte-Marie geboren, studierte er in Paris an der Sorbonne und am Musée de l'Homme, wo Leiris sein Lehrer wurde. Mit Romanen wie «Die Hütte des Aufsehers» oder «Die Entdecker der Nacht» hat er sich als sprachmächtiger Chronist der antillischen Geschichte erwiesen. In ihnen spürt er der Frage nach, was für ein Bewußtsein von Herkunft und Geschichte die Nachfahren der afrikanischen Sklaven gewinnen können, die heute zusammen mit den Nachkommen europäischer Pflanzer, asiatischer Vertragsarbeiter und arabischer Händler die Bevölkerung der Antillen bilden. Unendlich schwierig ist es und mühsam, aus der allein aufgezeichneten Geschichte des allmächtigen Kolonisators – des «Herrn» – herauszutreten. Glissant will die Geschichte der Antillen aus der Perspektive des Opfers beschreiben. «Nachtseite der Kolonialgeschichte, aber auch Nachtseite der Suche nach dem antillischen Ursprungsmythos»: So umreißt Lothar Baier Glissants Romanwerk.

Suche nach und Bewußtmachung einer antillischen Identität bestimmen auch seine Essays. In seiner Lyrik, metaphernbefrachtet, nicht ohne Anklänge an den Surrealismus, klingt diese Suche, wenn auch verschleierter, ebenfalls an. Glissant möchte das literarische Sprechen zugunsten einer verschütteten oralen Tradition zurückdrängen. «Europa ist ein Nagelbrett», Afrika wird beschworen, wie in dem langen Liebesgedicht *Für Laoka*. Laoka ist Afrika, das in Glissants Dichtung oft als Frau erscheint, die immer müde ist.

Das kreolische Idiom kann nicht auf der Ebene des Vokabulars, aber vielleicht in der Syntax und in der narrativen Struktur der längeren Gedichte durchscheinen. In einer kurzen Vorrede zu dem Gedicht *Carthage* findet sich der Kern seines Schreibens in großartiger Verdichtung: «Ein Volk kommt; man wird ihm sein Maß Salz auf die Fron der Wunden legen. Endlich frei klagt es über der Asche. Für immer hat sich das Salz dem Blut verbunden und den verletzten Steinen, die Menschenwerk waren.»

«Le Sel Noir», Paris 1960; «Le Sang rivé», Paris 1961; «Boises», Paris 1979, und «Fastes», Toronto 1991.

Idea Vilariño

Idea Vilariño wurde 1920 in Montevideo geboren. 1945 erscheint ihr erster, schmaler Gedichtband «La suplicante» (Die Bittstellerin). 1954 entstehen die ersten politischen Gedichte unter dem Eindruck des Staatsstreichs in Guatemala. In die frühen fünfziger Jahre fällt auch der Beginn ihres politischen Engagements auf seiten der Sozialisten. Viele ihrer Gedichte und Lieder werden später, den Widerstand begleitend, von Daniel Viglietti, Alfredo Zitarrosa und dem Duo Los Olimarenos vertont. Nach dem Ende der Militärdiktatur hat sie von 1985 bis 1987 den Lehrstuhl für uruguayische Literatur an der Universität Montevideo inne. Sie lebt heute in ihrer Geburtsstadt und im Fischerdorf Las Toscas am Atlantik.

Ihr lyrisches Werk ist schmal. «Das Schreiben von Gedichten ist etwas ganz Privates, die intimste Handlung in meinem Leben», hat sie gesagt, «es geschieht in größter Einsamkeit und tiefster Versunkenheit, für niemanden und für nichts. Sosehr mich jedes moralische Urteil über mein Verhalten – in politischer, in gewerkschaftlicher Hinsicht usw. – beschäftigt, sowenig hat mich immer interessiert, was über meine Literatur gesagt wurde.» So blieb sie immer nur ihrer eigenen Rigorosität verpflichtet. Die Öffentlichkeit, der Ruhm haben sie dennoch eingeholt. Aufgrund weniger Gedichtzyklen wie «Pobre Mundo», «Nocturnos» und «No» gilt sie heute in Lateinamerika als eine der bedeutendsten Autorinnen dieses Jahrhunderts. Den größten Erfolg hatten ihre Liebesgedichte «Poemas de amor», die 1957 erstmals erschienen sind und bis heute in zahllosen Varianten immer wieder aufgelegt werden. Anlaß dieser Gedichte war die kurze und leidenschaftliche Beziehung zu Juan Carlos Onetti (dem das Buch auch gewidmet bleibt). Es sind karge, trauernde, illusionslose Gedichte – «Gedichte der unmöglichen, der unerwiderten, der abwesenden, der verschmähten und verschlampten Liebe» (E. Hackl).

«Poemas de amor», Montevideo 1957; «Pobre Mundo», Montevideo 1966; «An Liebe», Gedichte, übersetzt von Erich Hackl und Peter Schulze-Kraft, Salzburg 1994.

Gonzalo Rojas

Von Santiago angeekelt, der Surrealistengruppe ‹Mandragora› entfremdet, enttäuscht schließlich von der «lächerlichen und illusorischen geisteswissenschaftlichen Fakultät» der chilenischen Hauptstadt, zog sich Gonzalo Rojas in den vierziger Jahren in die Kordilleren des El Orito zurück und unterrichtete dort Bergarbeiter und ihre Kinder, «Analphabeten, die mir so viel beibrachten wie die Sterne». In einem skizzenhaften Selbstporträt, das er einer Lesung seiner Gedichte in

Berlin voranstellte, kam er auf dieses für ihn zentrale Erlebnis zurück und fügte lächelnd hinzu: «Meine Dichterfreunde in Santiago nannten mich ‹den Verrückten, der Berggipfel braucht›.»

Der 1917 in Lebó/Chile geborene Rojas kennt äußeres Exil (in den Jahren Pinochets) und dieses innere Exil, das er «intraexilio» nennt. Dieses allein sei gut für den Dichter, meint er, der sich der ‹Generation von 38› zurechnet. Deren Mitglieder zählten damals 21 Jahre und schworen sich, «Chile zu entprovinzialisieren» und die lateinamerikanische Poesie zu erneuern – zu einer Zeit, als der spanische Bürgerkrieg die Welt in Atem hielt und die Volksfront in Chile Triumphe feierte.

Huidobro, der Kontakt zu Breton, Gris, Ernst und Arp hielt, war für den zwanzigjährigen Rojas eine Vaterfigur. Aber sehr schnell begriff Rojas, daß die ästhetische Lage der Dinge in Paris mit der Lage der Dinge in Santiago nichts gemein hatte. Von da an verstand er sich nicht nur als lateinamerikanischer Dichter, sondern auch als Mittler, der zwischen 1958 und 1962 eine Reihe von in Lateinamerika inzwischen legendär gewordenen Begegnungen unter allen Schriftstellern des Kontinents initiierte. Rojas sagt von sich, daß er seit langem keinen Vater mehr suche: «Ich bin kein genealogischer Dichter, aber ich glaube an die Genealogie der Labyrinthe, an die Genealogie der Geologie, und ich liebe die Steine.» Sein Universum werde von drei Flüssen gespeist, «dem Numinosen im Gefühl vor dem Heiligen; der Erotik und der ganzen Dialektik der Liebe; dem unmittelbaren Zeugnis des unmittelbaren Lebens». Dazu gehöre auch die Übung des politischen Zeugnisses, «aber ganz ohne Weisung».

«Am Grund von alledem schläft ein Pferd», Gedichte, übersetzt von Dieter Masuhr, Frankfurt a. M. 1993.

Roberto Juarroz

Der 1925 in Dorrego bei Buenos Aires geborene Lyriker war Professor für Bibliothekswissenschaften, Literaturkritiker und Herausgeber der für Lateinamerika wichtigen Zeitschrift ‹Poesía = Poesía›. Seit Mitte der fünfziger Jahre arbeitet er an dem lyrischen Großprojekt «Vertikale Poesie», die nun – immer noch nicht abgeschlossen – in dreizehn gleichlautenden Gedichtbänden (1959 – 1994) vorliegt und die Poesie «als Suche oder Obsession oder Pilgerschaft meines Schicksals durch die Sprache» vorstellt. Der Einfluß des Existentialismus à la Juan Carlos Onetti, mehr noch des Surrealismus, der in Südamerika immer stark war, ist in kompromißlos philosophischen Gedichten zu spüren, die sich den großen Zyklen der Natur – Raum und Zeit, Licht und Schatten, Stille und Tod – stellen und um radikale Selbsterkenntnis ringen. Juarroz ordnet sich in eine lateinamerikanische Ahnenreihe ein – César Vallejo, Vicente Huidobro, Octavio Paz –, zeigt aber auch Wahlverwandtschaften zu René Char, Jorge Guillén und Wallace Stevens. Octavio Paz sagte von der äußerst verdichteten Lyrik seines Kollegen: «Jedes Gedicht ist eine überraschende Kristallisation des Wortes, reduziert auf einen Tropfen Licht.»

«Vertikale Poesie». Werkauswahl, herausgegeben und übersetzt von Tobias Burghardt, Stuttgart 1993.

Danksagung

36 der hier versammelten 65 Lyrikerinnen und Lyriker wurden zwischen 1990 und 1993 in der ‹tageszeitung› vorgestellt. Die taz hatte mir einmal im Monat eine ganze Seite eingeräumt, um einen Poeten oder eine Poetin mit Gedichten und einem kurzen Porträt samt Foto vorzustellen. Diese Arbeit bildete die Grundlage des Atlas. Viele Gedichte, die in der taz erstmals veröffentlicht wurden, im Original oder in deutscher Übersetzung, sind wenige Jahre später in Gedichtbänden in deutschen, österreichischen und schweizerischen Verlagen erschienen. Ich danke Arno Widmann, der auf meinen Vorschlag zu dieser Lyrikreihe entschlossen einging, und Elke Schmitter, die diese Reihe beherzt und wohlwollend begleitete.

Mein herzlicher Dank geht auch an Angelika Uebel und Helga Thron, die die Mühe, meine Handschrift zu entziffern, nicht scheuten, und an alle Übersetzerinnen und Übersetzer, die mir mit wertvollen Hinweisen und Ratschlägen weiterhalfen.

Ohne Michael Naumann, den Verleger, der meine weitfliegenden Pläne prüfte und billigte, ohne Delf Schmidt, den Lektor und Freund, und ohne Andreas Anter, der mit Umsicht und Ausdauer die vielen kniffligen Fragen löste, wäre es nicht zu diesem Atlas gekommen.

J. S. Berlin, im Dezember 1994

Urheberrechts- und Quellenhinweise

János Pilinszky: *Ravensbrücker Passion, Großstadtikonen, Tagebuch, Beziehung, Dreifarbiges Banner, Wohin, wie?, Aufgeschreckt, Hier und jetzt, Alkohol, Schleier*, aus: Lautlos gegen die Vernichtung. © 1989 by Ammann Verlag & Co., Zürich.

Ryszard Krynicki: *Wie richtet er sich auf, Poesie lebt, posthume Reise (1), Panzerkreuzer ‹Potjomkin›, die sich immer weiter entfernen, Und wir wußten wirklich nicht, Posthume Reise (II), Nichts, die Nacht, Ich habe nicht gewußt*, aus: Wunde der Wahrheit. © 1991 by Suhrkamp Verlag, Frankfurt a. M.

Györgi Petri: *Was bleibt, Imre Nagy*, aus: Zur Hoffnung verkommen. © 1986 by Suhrkamp Verlag, Frankfurt a. M. *Ehe, Abenddämmerung, Gnade, Grüne Weihnacht, Der Spaziergang*, aus: Schöner und unerbittlicher Mummenschanz. © 1989 by Suhrkamp Verlag, Frankfurt a. M.

Hans Magnus Enzensberger: *Konjunktur, Gedicht für die Gedichte nicht lesen, Die Verschwundenen, Jacques de Vaucanson (1709–1782), Früher*, aus: Gedichte 1950–1985. © 1986 by Suhrkamp Verlag, Frankfurt a. M. *Paolo di Dono, genannt Uccello, Asphodelen*, aus: Kiosk. © 1995 by Suhrkamp Verlag, Frankfurt a. M.

Judith Herzberg: *Daglicht, Zeedrift, Tussen ijstijden, Commentaren op het hooglied* © by Judith Herzberg. *Tageslicht, Treibgut, Zwischen Eiszeiten, Zeichen für Dynamit, Kommentar zum Hohen Lied*, aus: Tagesreste. Gedichte. © 1986 by Agora-Verlag, Berlin.

Manfred Peter Hein: *Douane, Ozersk, Fluchtquartiere, Lappland, Buch der Unruhe, Zilpzalp*, aus: Ausgewählte Gedichte. © 1993 by Ammann Verlag & Co., Zürich. *El Greco*, aus: Zwischen Winter und Winter. Fünfundzwanzig Gedichte. © 1987 by Rowohlt Verlag GmbH, Reinbek bei Hamburg.

José Angel Valente: *Das Verbrechen, Chronik II, 1968, Das Gedicht, Ich trank von dir*, aus: ZAS Schnitte durch die spanische Lyrik 1945–1990, hg. von Teresa Delgado. © 1994 by Peter Kirchheim Verlag, München. *El Crimen, El poema, Crónica II, 1968*, aus: Punto Cero, © 1972 by José Angel Valente; *Bebí de ti*, aus: Material Memoria © 1979, 1992 by José Angel Valente. *Poeta en tiempo de miseria, Fragmentos fracturados* © by José Angel Valente.

Jürgen Becker: *Im Frühling, Winter; belgische Küste, Zwei Nächte, Sommerregen, Vom Älterwerden*, aus: Gedichte 1965–1980 © 1981 by Suhrkamp Verlag, Frankfurt a. M. *Was man kann, Oderbruch*, aus: Foxtrott im Erfurter Stadion. © 1993 by Suhrkamp Verlag, Frankfurt a. M.

Christopher Middleton: *Snake Rock*, aus: Der Taschenelefant. Neue Rabenpresse, Stierstadt/Ts. 1969. *A Revenant*, aus: The Balcony Tree, © by Carcanet Press Ltd., Manchester 1992. *Wild Flowers, Old Water Jar, The Measure*, aus: Two Horse Wagon going by, © by Carcanet Press Ltd., Manchester 1986.

Bernard Noël: L'été langue morte. © 1993 by Éditions Gallimard, Paris.

Cees Nooteboom: Bashō I–IV, aus: Gedichte. © 1992 by Suhrkamp Verlag, Frankfurt a. M.

Gerhard Falkner: *alles das je gesiedelt, es verdroß mich von je, du schläfst und liegst bei deinem Haar*, aus: so beginnen am körper die tage, Luchterhand 1981. © 1981 by Gerhard Falkner. *klage um bernhard, schwarz/rot/gold, der umarmte augenblick, gebrochenes deutsch*, aus: wemut, Luchterhand 1989. © 1989 by Gerhard Falkner.

Michael Hofmann: *Looking at you, Museum Piece, Nights in the Iron Hotel*, aus: Nights in the Iron Hotel, Faber & Faber, London 1990. *Kurt Schwitters in Lakeland*, aus: Corona, Corona, Faber & Faber, London 1993. *Dich anblickend, Kurt Schwitters in Lakeland, Museumsstück, Nächte im Eisen-Hotel* © 1993 by Joachim Sartorius.

Lavinia Greenlaw: *Night Photograph, The Astronomer's Watch, Electricity*, aus: Night Photograph. © by Faber & Faber Ltd., London 1993.

Durs Grünbein: *Après l'amour*, aus: Schädelbasislektion. © 1992 by Suhrkamp Verlag, Frankfurt a. M. *Biologischer Walzer, Mensch ohne Großhirn, Das Ohr in der Uhr*, aus: Falten und Fallen. © 1994 by Suhrkamp Verlag, Frankfurt a. M.

Göran Sonnevi: *Vad förmår, Nu, jag andas in, Livskrona, dödskrona* © by Göran Sonnevi. *Was vermögen die Strukturen, Jetzt, ich atme ein tief, Lebenskrone, Todeskrone*, aus: Werkausgabe, Bd. I und II. © 1988/89 by Kleinheinrich Verlag, Münster.

Guido Ceronetti: *Poesie per vivere e non vivere, Frammenti di poesie per vivere e non vivere, Ritratto di Madame Victor Baltard*, aus: Compassioni e Disperazioni. © 1987 by Einaudi Editore, Turin. *Canzone per Vincent van Gogh*, aus: Scavi e Segnali. © 1992 by Alberto Tallone Editore, Alpignano.

Arto Melleri: *Mystisiä lukuja, Varjon suura, Tequila sunset, varis minun vaakunalintuni, Ilmalaiva ‹Italia›, Aamuisin katson taivasta toisin.* © by Otava, Helsinki.

Stefán Hördur Grímsson: *Fangleinenboot, Der Stein, Nachmittag, Magere Gegend, Verfalldaten, Gletscher, Novembermorgen*, aus: Geahnter Flügelschlag. Ausgewählte Gedichte. © 1992 by Kleinheinrich Verlag, Münster. © der Originalfassungen by Stefán Hördur Grímsson.

Reinhard Priessnitz: *am offenen Meer, in stanzen, wischung*, aus: vierundvierzig gedichte. © 1986 by Droschl Verlag, Graz.

Friederike Mayröcker: *wie Hase bewegtes Uralt, auch dies; Junifragment/für Inger Christensen, das besessene Alter, Todes Auffassung/für Andrea Zanzotto*, aus: Das besessene Alter. © 1992 by Suhrkamp Verlag, Frankfurt a. M.

Andrea Zanzotto: *Vorsatz, Sonett I, II, III, Nachsatz*, aus: Lichtbrechung. © 1987 by Droschl Verlag, Graz. *Premessa, Sonetto I, II, III, Postilla.* © by Mondadori, Mailand. *Al Mondo.* © by Andrea Zanzotto.

Inger Christensen: *Alphabeth Nr. 9, Nr. 10*, aus: Alphabeth. © 1988 by Kleinheinrich Verlag, Münster. © der Originalfassungen by Inger Christensen.

Paul Wühr: *Jetzt weiß ich nicht mehr, Als sie sich auszieht, Mein Vater hat die Luft eingebacken, Zwar ist es schon zu heben*, aus: Grüß Gott ihr Väter ihr Mütter ihr Söhne. Gedichte. © 1976 by Carl Hanser Verlag, München Wien. *Aber nie zu verstehen*, aus: Rede. Ein Gedicht. © 1979 by Carl Hanser Verlag, München Wien.

Peter Waterhouse: *Wir blinden Zäune*, aus: Menz. © 1986 by Droschl Verlag, Graz. *Jetzt, Nase, Spaziergang als Himmelskunst*, aus: Passim. © 1986 by Rowohlt Verlag GmbH, Reinbek bei Hamburg. *Brand in der Puppenfabrik in Bangkok.* Erstveröffentlichung. © 1995 by Peter Waterhouse.

Felix Philipp Ingold: *Vorwort, Jandlear, Iris, Injektion*, aus: Restnatur. Kleinheinrich Verlag, Münster 1994. © 1994 by Felix Philipp Ingold.

Michel Déguy: *Fragment du cadastre*, aus: Poèmes 1960–1970. © 1960 by Éditions Gallimard, Paris.

Giampiero Neri: *L'Albergo degli Angeli, Il nuovo Dottor Livingstone, Storia Naturale, Stagioni, Pesce d'aqua dolce*, aus: Dallo stesso luogo, Coliseum, Mailand 1992.

Ahmad Shamlu: *Immer noch denke ich an den Raben*, in: Akzente 1/1985. *Ein düsteres Lied, Rede zum Begräbnis*, aus: Echo des Beginns. Vier Klassiker der modernen persischen Lyrik. © 1994 by Mehr Verlag, Köln.

Oktay Rifat: *Schicksal, In tausend Gewändern*, aus: Yüksel Pazarkaya (Hg.), Die Wasser sind weiser als wir. © 1987 by Schneekluth Verlag, München.

Fazil Hüsnü Dağlarca: *Neue Geschöpfe, Zurückliegend, Liebe ähnelt dem Schlaf, Da sagte Özdemir aus Ezurum, Das sagte Tevfik Fikret, Die Wirklichkeit der Sprache*, aus: Brot und Taube. Volk und Welt, Berlin 1984. © 1984 by Gisela Kraft. © der Originalfassungen by Fazil Hüsnü Dağlarca.

Kateb Yacine: *Ouverte la voix, Poussières de Juillet, Fragment, Septembre, Poème au douar Sfahli*, aus: L'Œuvre en fragments, Sindbad, Paris 1986. *Offen die Stimme, Staub des Juli, Fragment, Einmal mehr ging ich im September, Gedicht auf den Douar Sfahli.* © by Joachim Sartorius.

Abdellatif Laâbi: *Les singes électroniques*, aus: Le Règne de Barbarie, © 1980 by Éditions du Seuil, Paris.

Kofi Nyidevu Awoonor: For Ezeki, Grains and Tears, The Picture, aus: Until the Morning After. Collected Poems, New York 1986. © by Kofi Nyidevu Awoonor.

Tchicaya U Tam'si: *Le mauvais sang XVII, Böses Blut XVII*, aus: Böses Blut, Mauvais Sang, © 1993 by Rimbaud, Aachen. *Préface, Nocturne Marin, Arc Musical*, © by Éditions l'Harmattan, Paris.

Christopher Okigbo: *Two Poems from «Distances», Come Thunder*, aus: The Penguin Book of Modern African Poetry, London 1984.

Inhalt

Georg Aescht · Annemarie Bostroem · Tobias Bu

Rosi Bussink · Donatella Capaldi · Karl Dedec

Hans Magnus Enzensberger · Gerhard Falkner ·

Gazzetti · Franz Gislason · Sergej Gladkirch ·

Grössel · Margita Gutmane · Erich Hackel · I

Irmela Hijiya-Kirschnereit · Peter Hoffmann ·

Imfeld · Felix Philipp Ingold · Ernst Jandl · K

Klopfenstein · Gisela Kraft · Michael Krüger · Wc

Laschen · Margitt Lehbert · Klaus-Jürgen Liedtke

Martens · Dieter Masuhr · Hannah Möckel-Riek

Bahman Nirumand · Hans-Henning Paetzke · C

Paulmichl · Yüksel Pazarkaya · Ard Posthuma · Jo

Scharf · Johannes Schenk · Wolfgang Schiffer ·

Peter Schulze-Kraft · Werner Söllner · Rosen

Strieder · Petra Strien · Alain Claude Sulzer · Be

Walter Thümler · Cornelia C. Walter · Peter Wat